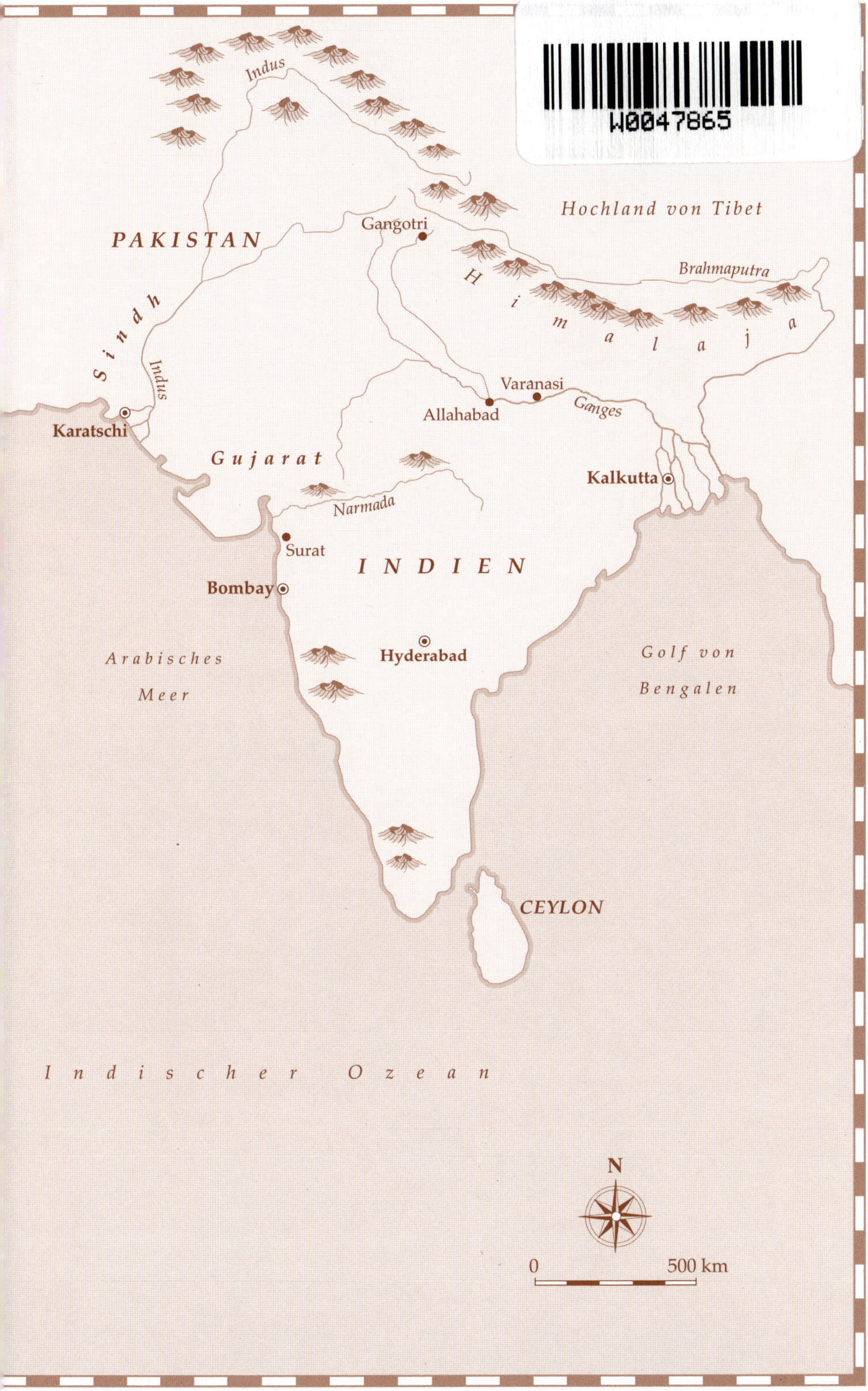

Indus

PAKISTAN

Gangotri

Hochland von Tibet

Brahmaputra

H i m a l a j a

S i n d h

Indus

Varanasi

Allahabad

Ganges

Karatschi

Gujarat

Kalkutta

Narmada

Surat

I N D I E N

Bombay

Arabisches
Meer

Hyderabad

Golf von
Bengalen

CEYLON

I n d i s c h e r   O z e a n

N

0   500 km

Ilija Trojanow

Die Versuchungen der Fremde

Unterwegs in Arabien, Indien
und Afrika

MALIK

Mehr über unsere Autoren und Bücher:
www.malik.de

MIX
Papier aus verantwor-
tungsvollen Quellen
FSC® C006701

ISBN 978-3-89029-404-9
© Piper Verlag GmbH, München 2011
Vollständig überarbeitete und erweiterte
Sonderausgabe der Einzelbände:
»In Afrika«: © 2001 Piper Verlag GmbH, München;
© 1996 Deutscher Taschenbuch Verlag GmbH & Co. KG, München;
© 1993 Ilija Trojanow, Marino Verlag
»An den inneren Ufern Indiens«:
© 2003 Carl Hanser Verlag, München/Wien
»Zu den heiligen Quellen des Islam«:
© 2004 Piper Verlag GmbH, München
Karte: Eckehard Radehose, Schliersee
Satz: Fotosatz Amann, Aichstetten
Gesetzt aus der Quadraat
Druck und Bindung: CPI – Ebner & Spiegel, Ulm
Printed in Germany

INHALT

Reisen in den ersten Blick
Vorwort von Roger Willemsen 7

In Afrika 15

An den inneren Ufern Indiens 165

Zu den heiligen Quellen des Islam 353

Nachwort 488

Glossar 493

Reisen in den ersten Blick
Vorwort von Roger Willemsen

Einer muß wandern. Ihm kann es nicht genügen, die Wirklichkeit zu überfliegen, Momentaufnahmen, »Schnappschüsse« zu apportieren, Trophäen flüchtiger Bodenberührungen. Er will teilhaben, mehr noch, maßloser noch: Er möchte die Realität der Fremde über sich zusammenschlagen fühlen, möchte, wie Joseph Conrad es nannte, »ins Herz der Finsternis« gelangen, das Milieu der Fremde in seinem Wesen erkunden. Zugleich aber weiß er zu gut, daß dies eine Fiktion ist, eine Spezialität von Dichtern, und nicht minder weiß er, daß er selbst eine absurde, in sich widersprüchliche Existenz führt: Durch Bewegung möchte er das Reglose, das Bei-sich-Sein eines Ortes erkunden, reisend in einen Dauerzustand gelangen, um schließlich zu erfahren: Die Orte reisen auch. Es gibt keinen Dauerzustand. Sie alle sind instabil wie er selbst. Was tun?

»Nur wer zu Fuß geht, sieht mit dem ganzen Körper«, schreibt Ilija Trojanow, und so sehen wir ihn wandern, nicht als Flaneur, sondern als Augenzeuge mit der seltenen Bereitschaft, sich aus sich selbst zu lösen in einem großherzigen Akt des Selbstverzichts. Der Reisende, das ist der Mensch, der aufbricht, der etwas hinter sich läßt, verläßt. Wie gerne würde er sagen, daß er auch sich selbst dabei überwindet, aber das stimmt nicht. Er erfährt sich ja gerade als unausweichlich und ebendies stärker als der Mensch, der daheim bleibt. Wenn es also etwas Unentrinnbares gibt auf Reisen, dann ist es der Reisende, und wenn etwas unabschließbar ist und an kein Ende kommt, dann ist es das Reisen. Es hört nie auf.

Trojanow reist, indem er die weiche Stelle in der Fremde sucht, den Ort, die Situation, die ihn einlassen werden. In diesem Moment wird er weniger das Fremde als vielmehr das Vertraute im Fremden entdecken. Dabei setzt er sich den Risiken des Nicht-Verstehens, der Ablehnung, der Feindschaft, auch der Gewalt aus. Er ist ein Abenteurer, ohne daß er es sagt, bescheiden darin, daß er keinen persönlichen Heroismus feiert, keine Strapazen übertreibt, nicht den Reporter gibt, der seine Erträge unter Schmerzen einfährt und im Drama seines Innenlebens schwelgt. Nein, er möchte etwas sein wie das Medium der Fremde, das Element, in dem man vor allem sie sehen kann, mehr noch, in dem sie sich selbst erkennen könnte, wenn sie könnte.

Deshalb kann er kein Tourist sein, kann nicht aus Souvenirs Existenzbeweise ableiten. Sein Werk vollzieht eine Abkehr vom »Sehenswürdigen« und wendet sich dem Signifikanten zu. Trojanow weiß, der Reisende der Gegenwart ist nicht mehr Entdecker, er füllt keine weißen Flecken auf der Karte. Trotzdem gibt es auch heute noch etwas so Bemerkenswertes wie das Reisen in den ersten Blick. Immerhin kann man die Welt auf den jüngsten Stand bringen, kann erkunden, welchen Entwicklungsstand Rationalität und Aberglauben an einem Ort erreicht haben, kann die Koexistenz von Spiritualität und Weltwirtschaft an einem Ort wie Mekka beobachten, kann den Hochmut westlicher Aufklärung in Afrika auf den Begriff bringen, wo in Frauenkonferenzen die Frauen der Ersten Welt denen der sogenannten Dritten immer noch sagen, wie sie ihr Leben führen sollten, kann in Indien die Durchdringung von geistigem Leben und technologischem Pragmatismus bis zu einem Punkt verfolgen, wo sie offenbar verfließen.

Trojanows Texte sind weniger Reportagen im engeren Sinne – denn die journalistische Welt interessiert ihn nur begrenzt –, sie sind eher Zustandsbeschreibungen, Schilderungen, Reisebilder, Augenzeugenberichte, Suchmeldungen. Unterwegs sind sie, der Welt des Anderen auf die Spur zu kommen, aber nicht, indem sie dieses Andere in der Differenz beschreiben und den eurozentristischen Blick inthronisieren. Vielmehr lassen sie dem Anderen das eigene Recht. An allen Plätzen, die er bereist, gleich, ob es sich um Afrika, Indien oder Mekka handelt, erweist sich Trojanow als Aufklärer mit einem weiteren Verständnis dessen, was man »Vernunft« nennt und nicht vor dem »Spirituellen« zu retten suchen sollte, ganz gleich, wie merkantil oder folkloristisch dieses auch sonst gedeutet werden mag.

Trojanow weiß, daß Orte in ihrem Kern nicht aus der Versammlung von Baudenkmälern oder aus Infrastruktur bestehen. In ihrem Wesen bestehen sie vielmehr aus Erfahrung. Deshalb muß der gute Reisende Kenntnisse haben und sie vergessen können, er muß eingeweiht und unschuldig zugleich sein. Der Reisende, der sein Wahrnehmen mit Wissen überfrachtet, verliert Anschauung. Der Sklave des Augenscheins versteht flach oder gar nicht. Trojanow dagegen legt in Phänomenen immer wieder die Pfahlwurzel der Historie frei und ist doch zugleich ganz gegenwärtig. Wenn er also beispielsweise ein Beschneidungsritual bezeugt, bei dem der Junge unter Schmerzen zum Mann wird, dann wird die Darstellung der Bedeutung des Rituals samt seiner unmittelbaren Anschauung schließlich in die Schlußsätze fließen: »Die gelbe Schürze ist zur Seite gerutscht, darunter wird ein Adidas-T-Shirt sichtbar. Das hat er als Junge getragen. Das trägt er auch als Mann.«

Das Charakteristikum dieser Weise des Reisens und Schreibreisens besteht in der genreübergreifenden Energie der Neugier, die es dokumentiert. Sie überträgt sich. Sie wird zur Form, in der Leser und Leserin ihr eigenes Reisen reorganisieren, den Blick erneuern: Die Historie wird so wichtig gefunden wie die Tagespolitik, das Glaubensleben so sehr wie das Kinderspiel, das Unsichtbare teilt sich dem Sichtbaren mit. Mit den Metamorphosen des Interesses, des teilnehmenden Blicks, der Empathie oszilliert auch das Schreiben zwischen dem Protokollarischen, Dokumentarischen, Literarischen, Lyrischen. Nur in diesem Changieren der Farben ist der Text wie die Fremde selbst und erlaubt eine Text-Nachbarschaft von Reflexion, Kritik, Darstellung und lyrischem Sensitivismus in rein poetischen Sätzen wie: »Die Stimme von Madonna dreht sich vor den alkoholverhangenen Augen eines jungen Mannes im Kreis.«

Entsprechend begegnet man bei Trojanow dem schweifenden, nicht dem spezialisierten Blick. Sosehr er weiß, daß Orte erst in der Lebenspraxis ihrer Bewohner, der Bleibenden, entstehen und daß diese es sind, die diesen Orten Zusammenhang und Plausibilität geben, sosehr er seine Beobachtungen in die Historie bettet und immer wieder zum Geschichtsschreiber wird, so sehr identifiziert er in der Politik die Organisation des aktuellen Gemeinschaftslebens. Doch unterhalb ihrer findet er immer noch eine Ebene, die von ihr wie unberührt liegt. Er liebt diese Orientierung am Leben von innen: am Arbeiten, Essen, Beten, Feiern, Fahren, Palavern. Er liebt es, in das Leben der Menschen zu treten und sich darin aufzulösen. So ist er Augenzeuge von Ritualen, der Betrachter, dessen Blick das Geschehen nicht ändert, es vielmehr

Geschehen sein läßt, das Treiben in der Bar, die Schlägerei, das Gedränge im Bus, im Bahnhof, auf dem Markt, im Boot, auch das Motorrad, auf dem ein Mann vorbeifährt, der in zwei Trauben 150 zusammengebundene Hühner transportiert.

Nicht umsonst wird von alters her die Bewegung auf der Erde mit dem Wissenserwerb parallelisiert. In dieser Welt ist der Reisende Trojanow dem Fragenden verwandt, dem auch das In-die-Irre-Gehen erlaubt ist, das Nichtverstehen, das Ratlos-Werden. So ist es nicht ohne Ironie, wenn er nach monatelangem Reisen an den Ufern des Ganges in die Behausung des Baba kommt, eines Erleuchteten und Einsiedlermönchs, sich niederläßt und das Peinlichste entdeckt: daß er nämlich keine Fragen hat. Aus dem Dilemma hilft er sich mit dem verlegenen, dem unpassendsten Mittel: Er versucht sich in Konversation, und das so lange, bis er entdeckt, daß der Weise das Schweigegelübde abgelegt hat. In solchen Episoden setzt sich Trojanow glücklich über sich selbst hinweg und verrät: Die Fremde wirft nicht immer das gewünschte Selbstbild zurück.

Trojanows Fähigkeit zu verschwinden, ein Unscheinbarer zu werden, teilt darüber hinaus etwas mit über den Zeitindex seiner Reisen, sein Verweilen. Um schauen zu können, wie er es tut, muß man verharrt sein, man muß sich die Zeit genommen, dasselbe immer wieder getan haben, bis sich die Welt herstellte, wie sie ohne den Schreibenden war. So sehr interessiert er sich für das, was immer ist an einem Ort, nicht für das spektakuläre Ereignis. Doch was wäre spektakulärer als die Gewohnheit mancher Orte, das Beieinanderliegen archaisch wirkender Rituale und technologischer Beherrschung, die Mischungsverhältnisse zwischen Unvernunft und Logik, Profanem und Heiligem! Erst in ihrer Einheit kristallisiert sie sich heraus, die Wirklichkeit an einem Ort.

Hier angekommen, beantwortet Trojanow die Grundfrage aller wahren Reisenden: Wo war ich? Es schwingt ein Doppelsinn in ihr, denn sie meint: Wo wurde der Erzählfaden des Lebens durch die Reise unterbrochen, wie läßt sich durch die Reise anknüpfen? Sie meint aber auch: Wo war ich wirklich? Was war das eigentliche Ziel meiner Reise, wo verdichtete sie sich zu etwas, das wirklich wurde?

Diese bleibt eine Grundfrage, denn die dauernde Berührung mit der Fremde stellt ja nicht notwendigerweise mehr Wirklichkeit her. Sie kann sich im Gegenteil in einer Entfremdung vom eigenen Selbst, von der Fähigkeit, sich zu objektivieren, niederschlagen. Der Reisende mag das Privileg genießen, unbekannte Zonen der eigenen Person zu erschließen, er muß dabei aber auch den Zustand des Nichtverstehens riskieren, der eigenen Peinlichkeit, Ausgesetztheit, Vereinzelung, Ablehnung, der Gefahr, und er kann sich dabei selbst verlorengehen.

Die Fremde ist ein Medium, in dem sich Verläßliches auflöst: In ihm erlebt der Reisende das Fremdwerden der Heimat wie die Heimatwerdung der Fremde. Ihre Aneignung, also auch das Verlangen nach einer Beheimatung im Fremden, sie bestimmt sein Reisen. So erfährt er zugleich die Durchlässigkeit der Grenze zwischen dem Eigenen und dem Anderen. Denn eine sterile Trennung zwischen dem Vertrauten und dem Fremden existiert ja in der Erfahrung nicht, wo ich in einem Fernsehspot beheimatet sein kann und von der Liebe befremdet.

Gleichwohl taucht nun Trojanow nicht in die Stromschnellen seines eigenen Seelenlebens. Verglichen mit jenen, die schon aus dem Überschreiten der deutsch-deutschen Grenze einen Abenteuerroman machen, ist er ein alter Reiseschriftsteller, einer von jenen, die zurücktreten, um vor allem die Welt sprechen zu lassen. Darin steht er in der Tradition der muslimischen Autoren. Er ist das Prisma, in dem sich die Welt zeigt, nicht das Ego des Betrachters und besitzt die Abgeklärtheit eines Blicks, der viel gesehen hat und das Lakonische hochschätzt.

Auch deshalb hat Trojanow immer wieder darauf bestanden, die Kategorie der Recherche werde in der deutschen Literatur vernachlässigt. Sie wirke oft blutleer aus Mangel an Kenntnissen, an Stoff. Wohl auch, weil er selbst sich nicht als der Autor versteht, der ist, sondern als Autor, der immer noch werden muß – das heißt auch, der sich sein Recht zu sprechen immer neu erarbeiten muß –, verwendet Trojanow mitunter viel Zeit auf die innere Vorbereitung auf eine Reise, läßt sich zum Beispiel ausführlich schulen, bevor er nach Mekka pilgert, verweigert aber klugerweise die Antwort auf die Gretchenfrage: Wie hältst du es mit dem Islam? Als Augenzeuge schätzt und provoziert er beim Leser ein induktives Sehen, das nicht Meinungen bebildert, sondern Anschauungen liefert statt Weltanschauungen. Auch Mekka ist ihm kein reiner Akkord, vielmehr besteht dieser Ort aus Ekstase, Zweifel, Überraschung, Erfüllung, rituellen Abläufen und Marktgesetzen, Zeremonien und kommerziellen Initiativen, überwölbt von der Ahnung eines perfekten, reinen Lebens und dem Gespenst des falschen, beide versammelt über einer Menschheit »auf der Töpferscheibe Gottes«.

Nach seiner Flucht aus Bulgarien fand der junge Ilija Trojanow die Kantinentische in den Flüchtlingslagern besetzt mit Vertretern vieler Nationalitäten, »ein europäisches Parlament der frühen Stunde sozusagen«, so nannte er es später. Man kann seinen reiseliterarischen Texten immer noch entneh-

13

men, wie leicht es dem Autor gefallen ist, Brücken zu schlagen, Verbindungswege zu finden. Man entnimmt ihnen auch, wie er sich auf förmlich osmotische Weise eine Welt angeeignet hat, die keineswegs vor allem entgegenkommend war. Sie unterliegt dem Neugierigen, Kundigen, Empathischen, sie ergibt sich schließlich dem Fußgänger und infiziert den Leser mit der Lust, nicht vor allem selbst Reisender zu werden, sondern auf diese Weise Reisender zu sein, Aufbrechender, Unterwegs-Seiender, Suchender und schließlich Erfahrener.

IN AFRIKA

Wie ich die Fremde kennenlernte ...

Die Fremde lernte ich in einer amerikanischen Militärgarnison kennen. Die Garnison war von den GIs verlassen; die italienischen Behörden füllten die dreistöckigen Normbauten mit Asylsuchenden. In jedem Zimmer waren mehr Menschen untergebracht, als es dem Zimmer und den Menschen guttat. Wir, das waren meine Eltern und ich, teilten uns einen kleinen Raum mit einer Zigeunergroßfamilie. Wohin ich auch guckte, saß einer von ihnen. Die Zigeuner sprachen radebrechend Rumänisch und wir großstädtisches Bulgarisch. Die Frauen kochten am eigenen kleinen Herd, die Wände waren verrußt und mit einer Tapete von Speiseresten überzogen. Es roch wie aus einem jahrelang nicht geputzten Backofen. Mein Vater stritt sich mit den Zigeunern, meine Mutter wurde von gelegentlichen Weinkrämpfen geschüttelt, und ich staunte über die Gerüche, über die Schreie und das Feuer, auf dem ständig etwas köchelte. Eine Kochstelle im Schlafzimmer – das war mir fremd!

Einige Monate später wurde ich von Vogelgezwitscher aufgeweckt. Ich roch an der Luft – sie roch unvertraut. Dann klopfte es an der Tür, ein schwarzer Mann trat in das Zimmer und servierte Tee. Ich staunte. Wir befanden uns in dem Norfolk Hotel in Kenias Hauptstadt Nairobi, einem Hotel, das schon Queen Elisabeth II. und Ernest Hemingway verköstigt

17

und gebettet hatte. Nachdem mir meine Mutter erklärt hatte, daß die Briten Tee mit Milch und Zucker tranken und nicht wie wir mit Zitrone, schlich ich in den Innenhof, wo einem schweren Gespann aus Kolonialzeiten eine ehrenvolle Pensionierung zuteil geworden war, nahe einer Voliere, in der sich die Stimmen gegenseitig nicht zu Wort zwitschern ließen. Der Innenhof hatte die Form einer Wagenburg. Er bot maximalen Schutz gegen die Geräusche und Gerüche des Lebens draußen, gegen das Chaos der Metropole, gegen die Fremde Afrikas. An dieses geschützte und privilegierte Leben gewöhnte ich mich schnell.

Wir zogen in ein heckenbewehrtes Haus um und kauften uns einen Hund, um dem Schild am Tor – *Mbwa kali, Vorsicht, Hund* – ein wenig Glaubwürdigkeit zu verleihen. Mein Vater erzählte von der Arbeit, von seinem Laufburschen namens Benson und seinem Chef namens Hedges. Er lachte über meine Vorstellung, daß die beiden in der Mittagszeit zusammensaßen und Zigaretten der betreffenden Marke rauchten. Auch erzählte er von seinem Kollegen Fofo. So nannte er ihn; sein richtiger Name war Vogt. Ein penibler Mann, der meinen Vater an Schulden in Höhe von zehn Cent erinnerte. Zehn Cent waren damals so viel wert wie eine halbe Banane und eine Banane in Kenia so viel wie in Europa ein halbes Kaugummi. Zwei Wochen nach unserer Ankunft überredete Zehn-Cent-Fofo meine Eltern zu einer Reise in den Norden des Landes. Wir erreichten die Schranke von Isiolo, die den sicheren Teil des Landes von dem wilden Northern District trennt. Ein älterer uniformierter Mann näherte sich unserem Auto, unter der Last eines überformatigen Buches taumelnd, das nicht nur die Namen der nach Norden Reisenden verzeichnete, sondern auch den Staub der Straße und den Schweiß des Wachpostens. Traurig zog der Mann die Schranke hoch, seine Hände an dem Seil so bedächtig entlangtastend, als bestiege er eine Steilwand.

Kaum hatten wir die ersten felsigen Fingerzeige bestaunt, die sich zu beiden Seiten der Piste erhoben, platzte einer der Reifen. Kein Problem für meinen technisch versierten Vater. Das Auto wurde aufgebockt, das Rad gewechselt. Ich guckte nach links: Steine. Nach rechts: Steine. Nach hinten: Steine. Vor mir hingegen standen zwei prallgelbe Ford Escorts. So lernte ich das Reisen in Ostafrika kennen, gemeinhin *Safari* genannt.

In der scheinbar menschenleeren Landschaft erschien es uns eine Pflicht anzuhalten, als ein gebrechlicher Mann, in Tuchfetzen gehüllt, am Wegrand winkte – der Nomade wollte mitgenommen werden. Er stieg hinten ein, neben mir, saß unbehaglich auf dem Kunststoffpolster. Wir tauschten verstohlene Blicke aus. Meine Mutter sank in sich zusammen, ich rückte, so nahe es ging, an das Fenster – im Nu war das Auto von sehr fremden Gerüchen erfüllt. Das Fenster konnten wir nicht aufkurbeln, denn vor uns bewegte sich der Staubschweif von Zehn-Cent-Fofo mit weniger als dreißig Stundenkilometern über die Wellblechpiste.

Eine Stunde später hielten wir neben einem liegengebliebenen Peugeot 404. Wir wurden von Verwandten eines amerikanischen Missionars gebeten, sie zu der nahe gelegenen Missionsstation zu fahren. Dort gebe es einen Mechaniker und einen Traktor. Doch wir hatten nicht genug Platz im Auto. Die Erwachsenen standen in einer Gruppe mitten auf der Piste und beratschlagten. Linker Hand Steine, rechter Hand Steine, und auch hinter mir nur Steine – vor mir drei Autos. Der Samburu-Mann blieb regungslos sitzen. Da rief Zehn-Cent-Fofo mit lauter Stimme in einem alles durchdringenden Englisch: Schmeißt doch den Neger raus.

Bei unserem ersten Besuch in Europa einige Jahre später – wir landeten in Athen, um sogleich an den Wurzeln europäischen Selbstverständnisses anzuknüpfen und im spiegelnden Marmor unsere verwilderten Augen zu reinigen – starrte ich nach der Landung aus dem Fenster und sah etwas sehr Verblüffendes. »Mami, hier arbeiten ja weiße Männer«, sagte ich und kam ein weiteres Mal aus dem Staunen nicht heraus über die weißen Arbeiter, die Müll wegräumten, Gepäck umherschoben oder sich unter Maschinen wälzten. Das nun war mir wirklich sehr fremd.

WELLEN DER VERÄNDERUNG

Das Meer, der Wind und die Dhaus

Noch vor dem ersten Licht hört man in Lamu dieselben Worte wie in Bagdad, Damaskus oder Casablanca. Der Muezzin ruft die Gläubigen zum Gebet. Nur einzelne Gestalten huschen zur Moschee. Später am Morgen, wenn die Läden öffnen, wird die Hauptstraße zu einem tosenden Strom geschäftigen Treibens. Schwarze Schleier flattern zu den Händlern hinein und wieder hinaus, im Einklang mit den hektischen Rufen von Männern, die ihre vollbeladenen Karren im Laufschritt voranschieben. Katzen und Fußgängern bleibt nur ein schneller Sprung zur Seite, in die Sicherheit der unzähligen Häusernischen. Aus dem Bauch der Geschäfte hört man das Sägen von Holz, das Schlagen von Nägeln; Nähmaschinen rattern. Wer etwas zu tun hat, erledigt es jetzt, denn es dauert nicht mehr lange, bis der Müßiggang wieder Einzug erhält... auf den steinernen Bänken neben den Hauseingängen entspannen sich die Männer: die Hausherren und ihre Besucher. Sie sitzen oder liegen, dösen oder diskutieren, ihre Blicke schweifen umher oder vertiefen sich in eine Zeitung. Wer vorbeikommt, verweilt, aus einem flüchtigen Gruß wird ein mehrstündiges Gespräch. Wenn man mit der Ignoranz des Fremden fragt, ob sie müde seien, lachen sie nachsichtig: *I'm only relaxing.* Entspannen ist eine Kulturform, nichts Funktionelles, kein Energietanken, um wieder arbeiten zu können.

Wenn die langen heißen Stunden des Mittags überbrückt sind, kommt wieder Leben in die Gassen. Vor der Moschee an der Uferpromenade sitzen würdige alte Männer, gekleidet in blütenweiße *kanzus* und mit wertvollen *kofias* auf dem Kopf, deren Musterung so viele Löcher hat wie die Nacht über Lamu Sterne. Sie lehnen sich entspannt an die Mauer und beobachten das nachmittägliche Leben. An ihnen vorbei treiben Spediteure ihre laut aufschreienden Esel, trippeln Kinder, schlendern Touristen. An ihnen vorbei fährt das einzige Fahrzeug der Insel, der Landrover des *District Commissioners*.

Die Blicke der alten Männer heißen die einlaufenden Boote willkommen. Traditionelle Dhaus, Segelboote mit einem Mast und einige motorisierte Flitzer. Verschwitzte Träger entladen Säcke und Kartons mit Reis, Seife, Kochfett, Zucker, Stoffen, Zigaretten und vielem mehr, was auf der Insel nicht produziert wird. Fischer sind mit kleineren Reparaturen beschäftigt, ehe sie sich auf hohe See wagen oder entlang des Mangrovendickichts auf Krabbenfang gehen.

Die alten Männer haben ihren Platz gut gewählt: Die Brise mildert die Hitze, der Anblick des Meeres erfrischt. Sie unterhalten sich über das Inselleben. Wenn einer von ihnen eine gelungene Bemerkung macht, lachen sie ausgiebig: Sie strecken ihre Hälse aus, beugen sich vor, glucksen tief aus der Kehle heraus, schnalzen mit der Zunge, das Lachen zieht von Mann zu Mann. Durch die dunklen Brillengläser, die meist eine Augenkrankheit verbergen, betrachten sie geduldig ihre Welt, in der die Gezeiten ständige Veränderung bringen, Bedrohung und Verheißung.

Das Meer, der Wind und die Dhaus, sie haben sich wenig verändert durch die Jahrhunderte an der ostafrikanischen Küste. Sie gehören zusammen, seit Menschengedenken. Schon immer hat die Natur den Weg zum östlichen Afrika geebnet, schon die ersten Händler, die ersten Matrosen und Kapitäne, Forscher und Eroberer konnten sich auf die Winde verlassen. Soweit es den Indischen Ozean betraf, hätte das Dampfschiff nicht erfunden werden müssen. Von Asien aus segelte man entlang einer ozeanischen Autobahn. Die einheimischen Suaheli nennen den vom Nordosten kommenden Monsunwind *kazkazi*, ihm verdanken sie eine angenehm erfrischende Brise zwischen Oktober und April. Und sein Gegenläufer, der in den sechs Monaten danach in die entgegengesetzte Richtung atmet, heißt *kuzi*. Beide haben die Eigenschaften eines Dieselmotors: zuverlässig, beständig und selten ungestüm.

Die ersten Nutznießer dieser Fernstraße waren Händler aus Kleinasien, Persien, Indien und China, noch vor unserer Zeitrechnung. Sie tauschten Porzellan, Seide und Gewürze gegen Ambra, Elfenbein und Gold. Um so erstaunlicher, daß diese Straße der Reichtümer lange Zeit den raffgierigen Spähern Europas entging. Zwar schilderte ein Matrose aus Alexandrien im zweiten Jahrhundert nach Christus in seinem auf griechisch verfaßten Reisebericht über den Indischen Ozean ausgiebig den blühenden Handel, ohne damit jedoch einen antiken Goldrausch auszulösen. Ostafrika und Arabien fielen in einen Dornröschenschlaf, aus dem sie erst ein halbes Jahrtausend später erwachen sollten; nicht durch einen Kuß, sondern durch den Ruf des Propheten.

Mohammed starb im Jahre 632 nach Christus, die Einheit des Glaubens überdauerte seinen Tod nur wenige Jahre. Der Anspruch des Propheten, die Menschheit in einer Gemeinschaft Gleicher, der *umma*, zu vereinen, zerbrach an den wachsenden Widersprüchen von Machterhalt und Eroberung. Die Kämpfe um die Nachfolge führten zur Aufspaltung in zwei große Glaubensgemeinschaften: die Sunniten und die Schiiten. So waren die Wanderungsbewegungen der Küste entlang nach Süden nicht immer freiwillig, und ähnlich wie bei der Besiedlung von Nordamerika waren auch hier Flüchtlinge vor religiöser Verfolgung die Vorreiter.

Den Neuankömmlingen muß die Küste mit ihren vorgelagerten Inseln wie ein Paradies vorgekommen sein – ein Land des Überflusses. Es gab frisches Wasser, der Fisch brauchte nur aus dem Meer geholt, die Früchte von den Ästen gepflückt zu werden. Sie ließen sich nieder und vermischten sich mit der einheimischen Bevölkerung, wie schon in den Jahrhunderten davor die verschiedenen Bantuvölker mit Indonesiern, Persern, früheren Arabern und Kuschiten. So entstand die Zivilisation der Suaheli, mit einer eigenen Sprache und einer eigenen urbanen Kultur. Die ostafrikanische Küste von Somalia bis Mosambik öffnete sich dem Indischen Ozean und wurde vertraut mit den Regeln und Instrumenten des Handels. Es begannen goldene Zeiten im Reich des Zinj – im »Land der schwarzen Menschen«.

Auf den Spuren dieser Vergangenheit muß man aufpassen, wo man hintritt: »Verlassen Sie ja nicht die Wege«, beschwört mich der Führer, »überall sind Schlangen.« Wir und die Schlangen befinden uns in Shanga, einer Ruinenstadt, deren Ursprung bis auf das neunte Jahrhundert zurückgeht. Die Wege sind kaum erkennbare Pfade, die eine Archäologenexpedition aus Oxford vor vielen Jahren durch das Gebüsch geschlagen hat, um die Moscheen, Häuser und Gräber freizulegen. Die Archäologen sind wieder abgezogen und die Quader dem Wildwuchs unterlegen. Büsche haben sich auf Mauern niedergelassen, ihre Wurzeln hängen wie langes Haar zu Boden. Bäume wachsen aus einem Zimmer heraus, die Äste quellen über die Wände und durch alle Löcher.

Nach einem anstrengenden Marsch in unwegsamem Gelände quer durch die kenianische Insel Paté sind die riesigen Wände willkommene Schattenspender. Doch erst als eine Lichtung den Blick auf die Hauptmoschee freigibt, kann ich mir eine Vorstellung von dem machen, was Shanga einst gewesen ist: ein blühendes Handelszentrum. Aus dem Inland stammten die Waren für den Export – Shanga war einer der zentralen Orte, sie abzusetzen. Was den Import betraf: Mit den steigenden Profiten wurde auch der Geschmack kultivierter. Große Dhaus brachten Teppiche und Seide aus Persien, geschliffene Edelsteine und Schmuck aus Indien, silbernes Geschirr und Schwerter aus gehärtetem Stahl aus dem Morgenland. Chinesische Dschunken lieferten feines Porzellan. Jenseits des Indischen Ozeans war alles vorhanden, und es wurde, nahm man die langen Transportzeiten in Kauf, zuverlässig geliefert.

Die Ausmaße der Hauptmoschee sind imposant: fast vier Meter hohe Mauern, ellenbreit und auf der wettergeschützten Seite noch vollständig erhalten, eine Säulenreihe und Platz für mehrere hundert Gläubige. An der Nordseite der Moschee befindet sich eine bogenartige Einbuchtung: das *mihrab*. Bei vielen Ruinen ist nur noch dieser Wegweiser für das Gebet erhalten. Hier begann der *imam* die fünf täglichen Gebete mit der Beschwörung Allahs: *Gott Allmächtiger, Herrscher über alles Große und Kleine ...* Das Gebet, die Menschen und das *mihrab* mußten der heiligen Stadt Mekka zugewandt sein. Wie waren die Menschen damals in der Lage, die Richtung so genau zu bestimmen? Das *mihrab* von Shanga gibt erstaunliche Auskunft. Die heutige Ruine steht auf insgesamt sieben Vorläufern, die nacheinander während der Ausgrabungen zutage kamen. Die Grundrisse aus verschiedenen Jahrhunderten sind sich sehr ähnlich, aber sie scheinen sich um die eigene

Achse zu drehen. Und zwar so, daß die Ausrichtung gen Mekka von Mal zu Mal genauer wird. Während im neunten Jahrhundert nur der Stand der Sonne die Architekten geleitet hat, besticht der letzte Bau durch mathematische Präzision. Durch die Jahrhunderte haben die Baumeister von Shanga ihre Berechnungen um dreißig Grad verbessert.

Die Lagune vor der Ruinenstadt gleicht einem großen Tuch aus Seegras zwischen einzelnen Mangrovenbäumen und die Stirn des abziehenden Meeres einem blauen Saum. Seit fünfhundert Jahren ist dieser natürliche Hafen nicht mehr angelaufen worden, seit fünf Jahrhunderten existiert das alte Shanga nicht mehr. Vielleicht ist der Hafen versandet, oder aber Durst vertrieb die Einwohner. Umgeben vom Meer, gilt die größte Sorge der Bewohner kleiner Inseln dem Trinkwasser. Das absinkende Grundwasser kündigt die Katastrophe an, die Brunnen müssen tiefer und tiefer gegraben werden – die Suaheli waren meisterhafte Brunnenbauer, bis zu fünf Meter im Durchmesser und so tief, daß man eine ganze Sure aufsagen kann, während ein Steinchen hinunterfällt.

Auch heute bedroht die Wasserknappheit die Dörfer der Suaheli. Mein Führer, Bakari Maalim, hat mich auf einem Boot nach Paté gebracht, dessen Fracht nur aus gelben Kanistern bestand. Hunderte von Kanistern, mit Trinkwasser gefüllt. »Unser Wasser schmeckt seit einigen Monaten nicht mehr. Zum Waschen ist es noch brauchbar, aber trinken können wir es nicht. Es ist salzig und abgestanden.« Jeder Familie werden zwei Kanister pro Woche zugeteilt. Am kommenden Wochenende stehe ein Gemeindetreffen bevor, auf dem sie weitere Maßnahmen besprechen wollten. Er sei dafür, Geld zu sammeln, um noch tiefere Brunnen zu bohren. Denn die einzige langfristige Alternative wäre, die Insel zu verlassen, und das wollten die wenigsten.

Ganz früh am Morgen, noch bevor Bakari seinem Neffen auftrug, mich aus dem Bett zu scheuchen, hatte ich die Schritte seiner zwei ältesten Töchter gehört, die sich auf den Weg zu dem kilometerweit entfernten Brunnen machten. Jeden Morgen füllen sie ein Becken mit dem ungenießbaren Wasser auf. Mit einer Kanne schöpft die Familie Wasser heraus, um sich zu waschen. Getrunken wird nur aus dem Kanister, schlückchenweise.

Hinter den Dünen sind Gruppen von Häusern aus Lehm und Korallenstein zu sehen, mit Dächern aus Palmenblättern. Die Gärten sind bestellt, zerzauste Hühner laufen umher, der Pfad ist ausgetreten. Trotzdem fehlt etwas: die Menschen. Wir sind schon am Rande des Dorfes angelangt und haben noch niemanden gesehen. Es ist die schönste Zeit des afrikanischen Tages, die Zeit der sanften Farben am späten Nachmittag. Auch die ersten Häuser bleiben stumm. Erst in der Dorfmitte treffen wir auf einige alte Männer, die im Schatten vor ihren Häusern ihrer Leidenschaft für das Brettspiel *bao* frönen. Reihum begrüßen wir jeden einzelnen der Alten und werden von jedem von ihnen ausgiebig willkommen geheißen. Bakari muß zuerst die Nachrichten vom anderen Ende der Insel loswerden, ehe ich erfahre, wieso das Dorf so verlassen wirkt: Zu dieser Jahreszeit segeln die Männer auf Fischfang hinaus.

»Sie sind mehrere Wochen unterwegs, schlafen auf den Booten oder landen irgendwo, wenn die Pforten des Riffs es zulassen. Sie fischen mit Leinen, mit sehr langen, hölzernen Reusen und mit großen Netzen, mit denen man nur auf offener See fischt. Dort auf offener See, hinter dem Riff, leben die *jnuun*, die Geister der Tiefe. Um sie zu besänftigen, wird jedes Jahr beim ersten Hinausfahren eine Ziege in den vorderen Teil

28

der Dhau gebracht. Während das Boot durch das Riff fährt, wird ihr die Gurgel durchgeschnitten, und das Blut fließt ins Meer. So werden die bösen Geister abgelenkt.«

Fischen ist die einzige Einnahmequelle des Dorfes. Die Frauen beackern ihre kleinen Felder und beschwören Allah und die Ahnen, ihre Männer heil zurückzubringen.

Zurück in seinem Heimatort Siyu, schleppt mich Bakari noch von Haus zu Haus, bis ich erschöpft den Eindruck habe, alle Einwohner des Dorfes kennengelernt zu haben. Dann setzen wir uns auf die Steinbank vor seinem Haus und entspannen uns, soweit es die Moskitos erlauben. Die Insel Paté ist berüchtigt für ihren Insektenreichtum, und die Bewohner der drei Städte Paté, Siyu und Faza leiden allabendlich unter der geflügelten Plage. Da es Siyu nicht nur an Wasser, sondern auch an Strom fehlt, richtet sich das Leben nach dem Rhythmus von Tag und Nacht, und im Reichtum der Gespräche liegt der vergnüglichste Zeitvertreib. Die wenigen Petroleumlampen lassen die Gesichter der versammelten Nachbarn nur erahnen. Ein einziges Gebäude leuchtet dank eines Generators: die Moschee.

Bakari hat bei seinen Töchtern Tee bestellt. Seit Stunden bereiten sie mit ihrer Mutter das Abendessen in einem offenen Raum neben dem Haus. Siyu sei einmal die größte Stadt auf Paté gewesen, sagt Bakari mit dem Stolz eines Lokalpatrioten. Anfang des siebzehnten Jahrhunderts haben an die zehntausend Einwohner hier gelebt. Das Fort sei 1780 von Arabern erbaut worden. Bakari ist der Kurator des Forts, eines viertürmigen Baus, so groß wie die Bedeutung der einstigen strategischen Lage, ausgestattet mit einer Brustwehr, Schießscharten und einem Gefängnis samt eigener Moschee, damit die Häftlinge nicht den Zuspruch Gottes entbehren mußten.

Das Fort bewachte einst den Wasserzugang nach Siyu und beherbergt heute in den Zimmern der Wachmannschaften einen Kindergarten. An den kühlen Wänden hängen drei Tafeln: die Zahlen auf Kisuaheli, ein bebildertes englisches Alphabet, einige arabische Buchstaben. Auf dem Boden krümmt sich eine ausgefranste Bambusrohrmatte; einige Plastikteile in verschiedenen geometrischen Formen liegen verstreut herum.

»Die meisten Leute sind weggegangen, nach Mombasa, nach Sansibar, manche sogar nach Nairobi. Das Leben hier bietet nichts. Du siehst es mit eigenen Augen«, Bakari unterbricht seine Erklärung, um nach einem Moskito zu schnappen. »Wir hatten zwei Arten von Menschen auf Paté. Die *Nabahani*, das heißt *weiße Leute*, und die *Kichokwe*, die Armen, die Sklaven. Die haben die harte Arbeit erledigt. Das war ein Zentrum der Künste. Schöne Verse, schöne Häuser, schöne Frauen. Aber die Menschen liebten das Kämpfen zu sehr. Ständig gab es Kriege zwischen den Städten. Lamu gegen Paté, Shela gegen Paté, Siyu gegen Paté, Shela gegen Lamu. Die Menschen von Paté waren ehrgeizig, sie wollten die anderen ein für allemal in die Schranken weisen. Sie boten eine große Kriegerschar auf, die am Strand von Shela landete. Die Angreifer wurden bis auf den letzten Mann getötet. Bis vor einigen Jahren konnte man noch Knochen in den Dünen finden.«

Es waren erbitterte Kämpfe zwischen aufstrebenden Handelsstädten, deren Wohlstand von der Kontrolle der Seewege abhing. Nach der Schlacht von Shela verfiel Paté wie auch Shanga. Keiner hat den Untergang schöner und trauriger besungen als der große Dichter Sayyid Abdalla Bin Ali Bin Nassir, Nachfahre eines Sharifs und somit des Propheten selbst:

Ihre beleuchteten Paläste glühten
mit kupfernen Lampen und Kristall,
bis die Nacht selbst wie Tag war.
Und in ihren Sälen wohnte
die Schönheit an jedem Ort.
Zur Ruhe begaben sie sich
mit Massage und Fächern,
mit Frauen in den Farben der Sinne
und Musikanten, die sie vergnügten,
bis in den Schlaf.
Den Schlaf fanden sie
auf exquisiten Betten aus feinstem Holz,
auf sanften Matratzen und grünen Kissen,
bestickt auf allen Seiten mit Silber und Gold.
Jetzt rascheln die Schaben in leeren Höfen,
wo Männer sich einst trafen, lärmen die Grillen.
Die Stimmen gewichen Schmutz und Verfall.
Die Räume ersticken an Unkraut und Dornen.
Die Männer fürchten die gähnenden Türen,
denn hinter ihnen herrscht allmächtig
das Schweigen der Dunkelheit.
(aus Al-Inkishafi, *Katechismus der Seele*)

Das Schicksal einer Geisterstadt teilt Paté mit einer Reihe anderer Küstenstädte, die bewundert und gefürchtet wurden, bis sie der Vergessenheit oder der Knechtschaft anheimfielen. Kriege und Trockenheit: Das sind die zwei Triebkräfte der Geschichte der Suaheli.

Die Suaheli

Suaheli bedeutet auf arabisch *Bewohner der Küste*. Die Suaheli selbst geben sich Namen, die ihren Clan und ihre Herkunft bezeichnen, etwa *Shirazi* nach der persischen Stadt Shiraz. Oder aber Namen, die ihre Klassenzugehörigkeit und ihre Abstammung kundtun, wie *waungwana* – »freie Menschen«. Neben dem Handel und der Seefahrerei betrieben sie traditionell auch kleine Farmen, *shambas*. Sie pflegten Kontakt zu den Jägern und Sammlern des Hinterlandes und zu den benachbarten Ackerbauern. Es ist das Schicksal der Suaheli, daß sie weniger bekannt sind als ihre Sprache: Kisuaheli, eine Mischung aus verschiedenen Bantuidiomen, Arabisch, Urdu und Englisch. Die einfach scheinende, aber grammatikalisch ziemlich komplexe Sprache ist heute die Verkehrssprache Ostafrikas, die sich nur in Tansania als offizielle Einheitssprache durchgesetzt hat. Zwar eignen sich sogar die flüchtigsten Besucher der Region einen bescheidenen Wortschatz an, doch die meisten Kenianer oder Ugander, denen ein joviales *jambo*, *habari* oder *muzuri* entgegenschallt, vernehmen nicht ihre Muttersprache. Gerade im Landesinneren wird Kisuaheli nur benutzt, wenn eine Zweit- oder Drittsprache vonnöten ist. Daher wird Kisuaheli meist fehlerhaft gesprochen. Wie reagieren die Suaheli darauf, daß ihre Verben nur im Infinitiv benutzt und ihre Substantive nicht dekliniert werden? Sie antworten höflich und zuvorkommend, als hätte man sie nicht in einem Kauderwelsch angesprochen, und manchmal korrigieren sie einen grammatikalischen Fehler oder eine schiefe Aussprache. Ihrer Meinung nach wird wahres Kisuaheli eh nur auf Lamu und Sansibar gepflegt. Ihr Stolz beruht nicht zuletzt auf den geschwungenen Linien arabischer Buchstaben, die ihnen eine Schriftkultur ermöglicht haben, die es in Ostafrika sonst nur bei den Amharen in Äthiopien gegeben hat.

Ali Fanni Mohammed, einer der Mitarbeiter des Museums von Lamu, ist eine ergiebige Informationsquelle – bei ihm halten sich Stolz und Zorn die Waage. Stolz über die Vergangenheit und Zorn über die Gegenwart. Er führt mich durch seine Stadt anhand eines Plans, der nur in seinem Kopf existiert und der alle Ecken und Enden verzeichnet, die ihn begeistern oder entsetzen. Er zeigt mir restaurierte Gebäude, verfallene Häuser, das alte Fort, Leichenwannen, Schlacht- und Friedhöfe und vieles mehr. Und stets begleitet er seine Erklärungen mit Flüchen, Weisheiten, Seufzern und Geschichten. Der Spaziergang beginnt an der Kreuzung zweier Gassen. Er weist auf einen großen Stein am Boden.

»Kinoni stone. Hier schärfte man sein Schwert oder seinen Dolch. Und weißt du, wieso der Stein sich an einem Eck befindet? Damit der Mann nach allen Seiten Ausschau halten kann, ob ihm nicht Feinde auflauern. So war das. Wer nicht aufpaßte, wurde gleich ...« – die Geste ist unmißverständlich.

Einige Flüche und Seufzer später bleibt er vor einer quadratischen Nische an der Außenseite eines Hauses stehen.

»Wie du weißt, ist Freitag für Moslems der Tag der Wohltätigkeit. Man muß spenden. Da gibt es kein Entrinnen. Die Armen, die Bettler gehen von Haus zu Haus und fordern Geld. Dieser Herr wollte es sich ganz einfach machen. Er warf das Geld im ersten Stock in eine Öffnung, und hier unten kam es heraus. Leg deine Hand hinein. Siehst du, das Loch führt nach oben. So erfüllte er seine Pflicht zu spenden, ohne sich mit den Bettlern einlassen zu müssen.« Ali ist generell überzeugt von der Schlechtigkeit der Menschen und im Spezifischen, daß die anderen Menschen noch eine Spur schlechter sind als die Suaheli.

Die restaurierten Häuser sind eine Pracht. Eines von ihnen ist als *Swahili House Museum* Besuchern zugänglich. Die anderen wurden unter der Auflage, sie zu erhalten und zu pflegen, an die ehemaligen Eigentümer zurückgegeben. Bei aller Schönheit zeigt die Bauweise Sinn fürs Praktische. Mehrere Stockwerke und das flache Dach bieten Platz für die großen Familien, die engen Gassen liegen stets im Schatten, das städtische Labyrinth erschwert dem Feind die Orientierung. Die Bausubstanz aus Korallenstein und rotem Lehm, die Mangrovenpfähle als Stützen haben sich so gut bewährt, daß viele der Häuser heute noch im traditionellen Stil gebaut werden.

Die Innenarchitektur verbindet religiöse Vorstellungen mit alltäglichem Nutzen. Die Wände sind mit kunstvollem Stuck, die Decke mit bemalten Balken verziert. Unzählige Nischen an der Wand, mit Nippes und kleinem Hausrat gefüllt, verschönern nicht nur den Raum, sondern dämpfen auch den Schall.

Die Küche befindet sich im ersten Stock, da am offenen Feuer gekocht wird und der Rauch so einen natürlichen Abzug hat. Die wichtigste Mahlzeit ist das Mittagessen. Zuerst wird den Männern und Jungen im Wohnzimmer, dem größten Zimmer und Mittelpunkt des Hauses, auf ausgelegten Matten serviert. Wenn sie fertig gespeist haben, essen die Frauen und Mädchen in der Küche.

Die Zimmer werden zusätzlich mit farbigen Tüchern geschmückt, *kangas* genannt, gleichzeitig ein beliebtes Kleidungsstück der Frauen. Die Männer benutzen sie als eine Art

Morgenrock. Auf den *kangas* stehen provokant ironische Sprüche. Ali breitet eines der Tücher aus und übersetzt: *mficha uchi hazai* – wer seine Nacktheit versteckt, produziert keine Kinder. Dann führt er mich in den faszinierendsten Raum eines Suahelihauses, in den *Raum des Lebens und des Sterbens*.

Zunächst das Leben: Auf einer Liege aus grobem Geflecht liegt die Hochschwangere. Unter dem Bett sorgt glühende Holzkohle für die nötige Wärme. Die Hebamme schläft in dem Bett daneben. Niemand sonst darf das Zimmer betreten. Nach der Geburt verbringt die Mutter in Gesellschaft der Hebamme sieben Tage auf dem Bett. Die Hebamme reibt sie mit Sesamöl ein. Sie ißt nur mit Sesamöl zubereitetes Essen. Eine kleine Schwingtür ermöglicht den direkten Zugang zum Bad.

Dann der Tod: Unter dem anderen Bett, auf das die Leiche aufbewahrt wird, hebt man eine etwa zwanzig Zentimeter tiefe Grube in der Größe des Bettes aus. Über Nacht wird ein Stein auf den Bauch der Leiche gelegt. Ein Leichenwäscher wird gerufen. Er beendet die Arbeit des Steins und preßt die Leiche so lange auf das Geflecht, bis die letzten Reste aus den Gedärmen in die Grube hinabgeflossen sind. Dann wäscht und parfümiert er die Haut, stopft alle Löcher des Körpers mit Baumwolle und umwickelt die Leiche schließlich mit weißen Tüchern. *Der Leichenwäscher kennt die Mängel der Verstorbenen*, lautet ein Sprichwort der Suaheli.

Während der anschließenden Trauerzeit (*eda*), die vier Monate und zehn Tage dauert, darf die Witwe das Haus nicht verlassen. Eine *eda* ist auch für die Zeit nach einer Scheidung vorgesehen – die Frau muß drei Monate lang allein bleiben. So soll zur Klärung der Erbfolge herausgefunden werden, ob die Frau schwanger ist.

Der *Raum des Lebens und des Sterbens* ist von einer besonderen, beruhigenden Schönheit. Nur eine Tür führt in ihn hinein.

Durch sie wird der Mensch als Baby in die Welt hinaus- und durch sie wird er nach seinem Tod wieder hereingetragen. Von dieser Ecke des Hauses aus findet der Suaheli zu seinem Leben, und hier wird er in den ersten Tagen nach seinem Tod aufbewahrt. Der natürliche Kreislauf schließt sich in diesem Raum.

Draußen setzen wir uns auf die schattige Steinbank neben dem Eingang. »Männer, die nicht zur Familie gehören, dürfen das Haus nicht betreten. Wenn ein Bekannter oder Freund vorbeischaut, wird der Mann gerufen. Er setzt sich mit dem Gast hier auf die Bank, oder sie gehen woanders hin – jedenfalls wird der Gast nicht einfach hereingebeten. Denn im eigenen Haus sind die Frauen und Mädchen unverschleiert.« Vorsichtig versuche ich, ihm eine Äußerung über diese Einengung der Freiheit der Frauen zu entlocken. Er lacht.

»Ihr Europäer glaubt immer, die Frauen seien bei uns eingesperrt. Aber der Schleier hat auch Vorteile, die unsere Frauen sehr gut zu nutzen wissen. Wenn sie eine Liebschaft haben, geben sie vor, eine Kusine oder Freundin zu besuchen. Verschleiert gehen sie dann aber zu dem Liebhaber. Keiner kann sie erkennen. Wenn der Mann sie abholen kommt, läuft eine Freundin durch die Hintertür zu dem Haus, wo die Frau sich gerade vergnügt, und warnt sie. Währenddessen wird der Mann vertröstet. Er weiß ja, wie gern die Frauen plaudern. Man kann sie nicht gleich zum Aufbruch zwingen. Er wartet geduldig vor der Tür, redet mit den anderen Männern – er darf ja nicht hinein. Schließlich kommt seine Frau heraus, und alle sind zufrieden. So läuft das.« Nach einiger Zeit auf Lamu ist man als Mann nicht abgeneigt, den Worten Ali Fannis Glauben zu schenken. Die schwarzen *buibui*, die oft selbst Mund, Stirn und Nase verschleiern, halten die Frauen nicht vom Flirten ab. In den engen Gassen streifen sie vorbei und grüßen flüchtig mit einem Augenaufschlag. Bevor die Gasse im rechten Winkel abbiegt – noch ein Blick, das Tuch eine Sekunde lang gelüftet, ein Lächeln – und die Verschleierte entschwindet. Manchmal grüßen sie einen und tuscheln dann untereinander, frech und schamhaft zugleich, begutachten einen offensichtlich, kichern. Hinter der Sicherheit des *buibui* könnte manches möglich sein – das versprechen die verspielten, herausfordernden, lachenden Augen. Zwei Augen können aufregender sein als vollständig entblößter Körper.

Die erste weiße Welle

Das alte Kilwa an der Küste Südtansanias ist ein Friedhof mit Grabsteinen suahelischer Kultur. Begraben wurde hier ein ostafrikanisches Venedig, ein unabhängiger blühender Stadtstaat. Der weißhaarige Mann, der einige Münzen vor sich im Staub ausgebreitet hat, weiß von dem Begräbnis zu berichten. Er war früher Fischer, ehe ihn die Kräfte verließen. Jetzt fängt er mit dem Köder seiner Münzen und Geschichten neugierige Besucher. Als Kind hat er die deutsche Kolonialzeit erlebt, den Ersten Weltkrieg. Im zweiten Krieg habe er selbst mitgekämpft, in Burma und in Nordafrika. Er präsentiert seine Erinnerungsstücke, die Schulterklappen, das Soldbuch, das Entlassungsbüchlein, das seinen Dienst fürs britische Empire kalendarisch genau festhält: vier Jahre und zweihundertvierundfünfzig Tage. Zum Schluß zieht er stolz einen Orden aus seiner Brusttasche, Auszeichnung für besonderen Mut in einem fernen Land, in Schlachten zwischen zwei europäischen Mächten, die sich auch um Tansania gerangelt haben.

Aber das war einige Invasionen später als die Ankunft der Portugiesen. Vielleicht ist der alte Mann ein Nachfahre jenes Fischers, der die Flotte des Hochgeborenen Francisco d'Almeida als erster sichtete. 1508 war das, wenige Jahre nachdem mit Vasco da Gama der erste Portugiese die Küste hinaufgesegelt war. Ein seltsamer Anblick waren diese Fremden: Sie tauchten ohne Waren und Empfehlungsschreiben auf, aber dafür mit schönen Geschenken. Sie wurden in den stämmigen Steinhäusern aufgenommen und bewirtet. Der Glanz der goldenen Stadt Kilwa muß ihnen den Mund wäßrig gemacht haben. Die weichen, stilvollen Teppiche aus Isfahan und Gujarat, der opulente Wandschmuck, das schwanenfeine Sung-Porzellan ... ihre Gedanken versanken in einem Strudel der Gier, nachdem sie die Kammern voller unschätzbarer Kostbarkeiten gesehen hatten. Nachts lagen sie in Seide gebettet, umgarnt vom Flüstern des Ozeans und von einer grenzenlosen Gastfreundschaft. In ihren Träumen rissen sie nicht nur die Reichtümer an sich, sondern auch den Handel. Das war ihr erster Besuch. Einige Jahre später kam Francisco d'Almeida in Begleitung einer ganzen Flotte ...

Schneller, als das Lächeln der zum Empfang Bereitstehenden fliehen konnte, schwärmten die Portugiesen in die überrumpelte Stadt aus und nahmen sie mit aller Brutalität. Als das Werk vollbracht war, ging der Generalvikar d'Almeida mit einigen Franziskanermönchen an Land. Innerhalb einer halben Stunde hatte sich einiges geändert – die Geräusche, die Farben, die Gerüche, selbst die Namen, eine Welt war untergegangen, ihr Reichtum ausgesaugt von den Parasiten mit den überlegenen Waffen. Es dämmerte, als die Prozession den Weg bergauf zum Palast einschlug. Die Männer trugen zwei Kreuze und sangen feierlich das *Te Deum*. Die Franziskaner waren hervorragende Sänger: *Wir loben Dich, Herr*, ihr gerechtes Auge auf das Kreuz gerichtet, während zu ihrer Rechten und zu ihrer Linken Tote und Sterbende lagen. Die Prozession erreichte ihr Ziel, die Mönche stellten das Kreuz auf, das bereitete ihnen in dem verlassenen Palast keine Mühe, und in die Stille hinein kniete Generalvikar Francisco d'Almeida nieder und betete.

Hier endet die Geschichte – die Stadt wird geplündert, zwei Tage später in Brand gesetzt. Kilwa wird zum Friedhof.

»Und jetzt«, sagte der alte Mann, »jetzt wirst du mir einige Münzen abkaufen.«

Harusi – eine Suahelihochzeit

Von weitem könnte man den Menschenauflauf für eine politische Versammlung halten. Die Menge hat auf einem zum Meer hin offenen Platz eine Arena gebildet, im Durchmesser gute dreißig Meter breit. An der einen Seite bläst und trommelt eine fünfköpfige Musikergruppe, angeführt von einem flötespielenden alten Mann, der von vier verschiedenen Trommeln begleitet wird. Der beständige Rhythmus drängt, fordert heraus. Der alte Mann hält die Flöte starr waagerecht, nur die Augen scheinen mit ihrem Blinzeln, Rollen, Schließen und Öffnen der Melodie zu folgen. Er setzt die Flöte über eine Stunde lang kein einziges Mal ab – rätselhaft, woher dieser Alte mit der rubinroten kofia-Kopfbedeckung, dem pastellgrünen feierlichen Überhang und der regungslosen Miene solche Ausdauer nimmt. In der Arena stehen sich zwei Männer gegenüber, belauern sich tänzelnd, in der einen Hand einen Stock, der behende vor Gesicht und Brust geschwungen wird, während der andere Arm sich über den Kopf biegt – in der graziösen Haltung eines Flamencotänzers. Voller Spannung betrachtet das Publikum dieses Spiel zwischen lauerndem Abtasten und blitzschnellem Zuschlagen.

Das Fest der Stockkämpfe, kirumbizi genannt, gehört zum öffentlichen Teil einer Hochzeit und wird in der Woche der Vermählung an drei aufeinanderfolgenden Tagen in den Stunden vor Sonnenuntergang gefeiert. Nur der Bräutigam ist

41

anwesend – die Frauen feiern an diesen Abenden getrennt –, gekleidet in einen eleganten Anzug samt Krawatte, ein stattlicher, nicht mehr blutjunger Mann, sein Hals geschmückt von einem Kranz weißroter Blumen, seine Schulter von einem farbenfrohen Tuch. Er steht neben der Bank, auf der sich die Ehrengäste niedergelassen haben. Seine Freunde, zur Feier des Tages tragen sie einen roten Punkt auf der Stirn, übertreffen sich gegenseitig an Kampfeseifer. Reihum fordern sie sich heraus, springen in die Arena, reißen den Kämpfenden den Stock aus der Hand, nehmen Haltung an ... der Kampf geht weiter, er darf nicht erlahmen. Einer täuscht links einen Angriff vor, eine gelungene Finte, auf die sein Gegner reinfällt, falsch ausweicht und mit einem Schlag auf die Schulter bestraft wird. Ein kurzer Schrei, ein Zusammenzucken, bevor sich der Gegner in einen Gegenangriff stürzt. Doch kaum haben sich die Kämpfer wieder unter die Zuschauer gemischt, ist jegliche Aggression verflogen. Einträchtig stehen sie nebeneinander und kommentieren die Leistungen der anderen jungen Männer, lachen über das Eingreifen der Aufseher, die die Übereifrigen zur Mäßigung ermahnen, sie, wenn nötig, sogar aus der Arena verbannen.

Hat sich ein Mann für eine Frau entschieden, besucht zunächst sein Vater das Haus der Erwählten. Er spricht ausgiebig mit ihrem Vater über dieses und jenes – und schließlich auch über den wahren Grund seines Besuches. Beim Abschied bittet man ihn, in zwei Tagen zurückzukehren. Die Familie berät sich. Das Mädchen wird gefragt, und wenn sie zustimmt, wird die Höhe der Mitgift erörtert. Einigen sich die Väter bei ihrem zweiten Gipfeltreffen hierüber, legt der Vater des Bräutigams ein Datum für die Übersendung der Mitgift fest. Erst wenn diese überbracht ist, wird ein Termin für die

Hochzeit angesetzt. Zu diesem Zeitpunkt ist die Braut schon längst unter eine Art Quarantäne gestellt, ohne daß sie sich langweilen müßte, denn eine erfahrene Frau, die *kungwi*, lehrt sie, wie sie mit ihrem zukünftigen Ehemann umgehen soll, wie sie ihn und sich selbst beglücken kann.

Das dem *kirumbizi* nachfolgende Fest wird traditionell im engsten Familienkreis gefeiert, und deshalb erscheinen bei dieser Hochzeit nur drei- bis vierhundert Gäste. Die Mehrheit der Eingeladenen sind Frauen mit ihren Kindern. Dem Anlaß entsprechend, haben sie sich fürstlich herausgeputzt. Ein Triumphzug schillernder Abendkleider. An Pomp und Eitelkeit könnte das Fest es mit einem Opernball aufnehmen.

Zwei Musikgruppen spielen abwechselnd. Um ein Podest herum sind Stühle aufgereiht, für die gesetzten Damen. Die Jüngeren tanzen und singen. Jeder zweite Verwandte ist mit einer Kamera oder einem Camcorder unterwegs, eifrig bemüht, das Ereignis einzufangen. In den Pausen zwischen den langen Musikstücken werden Spezialitäten gereicht. Das Fest ist in vollem Gang, von dem Brautpaar fehlt jedoch weiterhin jegliche Spur. Der Bräutigam? Er feiere noch mit seinen Freunden. Aber die Braut sollen wir bald zu Gesicht bekommen.

Eine allgemeine Aufregung ist auf einmal spürbar, die Gäste formieren sich zu einer unordentlichen Schlange, die nur gemächlich über die Veranda in Richtung eines großen Zimmers vorankommt. Es scheint das Wohnzimmer zu sein, bis auf ein Sofa leergeräumt. Das Sofa wird von Scheinwerfern angestrahlt, und auf dem Sofa sitzt – die Braut. Eine Siebzehnjährige, hübsch wie eine gekonnt aus Wachs gegossene Figur. Während die Familienangehörigen und Freunde in den Raum strömen, zeigt sie keinerlei Regung unter ihrer starken

Schminke. Die Hennamuster auf ihren Händen und Füßen verkünden, daß sie in den Stand der Ehe tritt. Seit Tagen sitzt sie geduldig da, während eine Meisterin der Hennaverzierung in stundenlanger Kleinarbeit die filigranen Ornamente mit einem winzigen Stöckchen aufmalte, immer wieder die Linien nachzog, sie trocknen ließ, bis die Farbe auf der dunklen Haut intensiv leuchtete.

Inzwischen ist vor lauter Gästen kaum mehr Raum zum Atmen, vor allem für die in einem korsettengen blaugrünen Hochzeitskleid eingezwängte Braut. Ihre Nasenflügel beben, und ihre Augen zucken gelegentlich voller Unbehagen. Zu ihren Füßen liegt ein silbernes Tablett, das sich dank der vorbeidefilierenden, spendablen Gäste mit Schillingen füllt. Ab und an leert die Mutter der Braut das Tablett und stopft die Geldscheine in eine Plastiktüte, während sie jedem, der ihr zuhört, erklärt, sie sei die Mutter dieser zauberhaften, glücklichen, wundervollen Braut...

Der stolze Vater steht derweil hinter dem Sofa, seine jüngere Tochter im Arm, und läßt sich mit seinen beiden Einnahmequellen ein ums andere Mal ablichten. Die Gäste stellen sich daneben, zum gemeinsamen Bild mit der Braut, dann verlassen sie das Zimmer durch den hinteren Ausgang, um Platz zu machen für die Nachrückenden.

Geschlossen wird die Ehe in der Moschee, die Zeremonie unterscheidet sich nicht sehr von der christlichen. Es werden Verse aus dem Koran über die Treue vorgelesen, zwei Zeugen verbürgen den Akt, und danach gibt es ein großes Mahl mit Freunden und Verwandten. Und schließlich die Hochzeitsnacht: Die Braut hat sich schon etwas früher verabschiedet, der Ehemann folgt ihr später zum Haus ihrer Eltern. An der Tür sagt er sich wortreich los von der Junggesellenwelt und tritt hinein. Doch die Tür zum Schlafzimmer ist abgesperrt. Er klopft, und eine Tante seiner Frau öffnet. Er gibt ihr symbolisch etwas Geld, sie nimmt ihm Kopfbekleidung und Umhang ab. Dann verläßt sie das Zimmer, die Neuvermählten sind zum ersten Mal allein ...

Sansibar oder »Land des Überflusses«

Als Sultan Seyyid Said von Oman, einer der Mächtigen der Region, 1828 wieder einmal Mombasa und dessen aufmüpfige Herrscher, die Mazrui, bekriegte, legte er kurz in Sansibar an. Seit dem 18. Jahrhundert herrschte seine Familie über große Teile der ostafrikanischen Küste. Sansibar gehörte zu den abgelegeneren Besitztümern, denen die Sultane bis dahin wenig Beachtung geschenkt hatten. Doch Seyyid Said verliebte sich auf den ersten Blick, wie nach ihm viele andere Besucher, die dem Reiz dieser Insel erlagen. Seyyid Said machte ernst mit seiner Liebe. Er siedelte nach Sansibar um und verlor keine Zeit beim Aufbau von Sansibar-Stadt und beim Anbau von Nelken auf dem dafür bestens geeigneten Inselboden. Er verfügte, daß stets drei Nelkenbäume zu pflanzen seien, wenn eine Palme gefällt wurde oder umfiel. Das Nelkenmonopol Asiens war bald gebrochen, und Sansibar entwickelte sich zu dem weltweit größten Produzenten.

Der Kern von Sansibar-Stadt, die heutige Stone Town, wurde rasch errichtet. Aus dem kleinen Fischerdorf mit nur einigen wenigen Steinhäusern entstand in kürzester Zeit eine imposante Metropole. Anfänglich hatte man die Häuser vor allem für arabische Höflinge und indische Händler gebaut, die den Lockrufen des Sultans gefolgt waren. Doch die niedrigen Steuern und der rege Außenhandel rückten die Insel ins Interesse der westlichen Welt, und so ließ sich schon 1837 der erste Konsul nieder, ein Amerikaner. Mit der Handelsstadt Salem in Connecticut/USA entwickelten sich lukrative Handelsbeziehungen. In den feinen Clubs an der Ostküste wurde ein *Sansibar Room* im Stil der Suaheli eingerichtet. Die europäischen Handelsmächte überließen das Feld keineswegs der Konkurrenz, auch Kaufleute aus den Hansestädten eröffneten ihre ostafrikanischen Kontore – Mitte des 19. Jahrhunderts waren sie zum wichtigsten Geschäftspartner des Imperiums von Sansibar geworden.

Das Reich von Seyyid Said und seinen Söhnen Majid und Barghash war ein Imperium, immerhin durchzogen ihre Karawanen ein Zehntel der Fläche Afrikas, aber sie herrschten nicht im üblichen Sinn des Wortes über dieses Gebiet. Es diente ihnen als Einnahmequelle, als Rohstofflieferant. Solange das Landesinnere ausgebeutet werden konnte, hielten sich die Sultane nicht mit überflüssiger Verwaltung auf. Sie hatten keine Besiedlungs- oder Eroberungspläne. Die Routen der Karawanen entsprachen den Schächten einer Goldmine. Diese zu halten und zu schützen war oberstes Gebot. Was abseits davon geschah, interessierte sie nicht. Die Sultane und die Klasse der arabischen und indischen Händler konnten zufrieden sein. Ihre Geschäfte florierten. Die positiven Bilanzen hatten jedoch eine besonders unrühmliche Kehrseite: Sie schrieben schwarze Zahlen auf dem Rücken von Sklaven. Denn viel mehr als Nelken, Felle oder Kautschuk finanzierte die menschliche Ware den Reichtum dieser Mächtigen. Mitte des neunzehnten Jahrhunderts überstiegen allein die Steuereinnahmen des Sultans aus diesem makabren Geschäft einhunderttausend amerikanische Dollar, eine Summe, die heute fünfzehn- bis zwanzigmal höher anzusetzen wäre ...

Dort, wo eingepferchte Sklaven ihre Arme und Hände durch die Gitter einer unerreichbaren Freiheit entgegenstreckten, winden sich heute knorrige Äste durch die verrosteten Stäbe nach außen. Ein Baum hat sich neben der Mauer des verfallenen Verlieses niedergelassen und ist mit ihr eins geworden, der Blick durch die Löcher auf das Türkis des Ozeans täuscht eine Idylle vor. Die Ruinen auf der Insel Changuu, auch Prison Island genannt, erinnern an eine Zeit, als das Leben eines Afrikaners so viel wert war wie ein Stück getrockneten Haifischfleisches oder ein Seidentuch aus Indien. Die Erinnerung ist schwach wie die Brise, die nur wenig Linderung von der trockenen Hitze verschafft. Die touristischen Schilder geben magere Auskunft über die Geschichte, und die prächtigen Pfauen und Riesenschildkröten rücken die Vorstellung von dem unsäglichen Leid und den unzähligen Opfern in weite Ferne.

Von Sansibar aus organisierten die Araber den Sklavenhandel; ihre Erfahrung und ihre Menschenverachtung waren das Öl, das eine zuverlässige Maschinerie schmierte. Ihre Karawanenrouten öffneten das Landesinnere wie eine reife Frucht. Legitimiert durch die blutrote Flagge des Sultans und seine Ermächtigungsschreiben, nutzten sie die Konflikte zwischen den Stämmen im Landesinneren aus. Durch den gezielten Verkauf von Waffen vertieften sie die Feindschaften. Für die besser Gerüsteten war es ein leichtes, ihre Feinde zu besiegen. Der Lohn für die Anstifter war die Ausbeute an Gefangenen. Die Sklavenhändler waren so mächtig, daß jedes Dorf bemüht war, sich mit ihnen gutzustellen. Oft trieben die einheimischen Häuptlinge Handel mit den Karawanen: Menschen gegen Perlen, Sklaven gegen Stoffe – besonders beliebt war eine billige amerikanische Baumwollsorte, die den passenden Namen *merikani* trug.

Der Sklavenhandel ist eines der düstersten Kapitel in der Geschichte von Macht und Gier. Er hat ein System errichtet, in dem eine Unterscheidung zwischen räuberischen Fremden und unschuldigen Einheimischen nicht möglich ist. Die Vorstellung vom Menschen als Ware setzte sich so sehr durch, daß jeder, der die Sicherheit seiner Gemeinschaft verließ und sich in die Fremde wagte, zum Freiwild wurde.

Die Sklaven wurden nach ihrer Gefangennahme mit Hilfe schwerer hölzerner Jochs aneinandergekettet. Zusätzlich mußten sie schwere Ladungen Elfenbein und andere Güter schleppen. Die Leiden sind unvorstellbar. Die Tagebücher von Reisenden wie David Livingstone enthalten grauenerregende Beschreibungen: verhungerte, verdurstete, niedergemetzelte und erschossene Menschen; ausgemergelte Männer, mißhandelte Frauen, von Hyänen zerfressene Kinder. Millionen von Afrikanern ließen so ihr Leben. Vorsichtige Schätzungen vermuten, daß für jeden bis zur Küste gelangten Sklaven zehn weitere gestorben sind. Dabei stand den Sklaven das Schlimmste noch bevor: die Schiffsüberfahrt nach Arabien oder Indien. Seuchen, Hunger und Durst, Enge und Luftmangel: Totenhäuser segelten über den Ozean. Trotzdem war das Geschäft profitabel. Die beste Umschreibung der wirtschaftlichen Logik lieferte der englische Missionar Waller, ein Bekämpfer der Sklaverei: »Es ist, als würden sie einen großen Eisblock nach London schicken. Der Großteil schmilzt auf dem Weg, aber was übrigbleibt, genügt ihren Bedürfnissen.«

Der bedeutendste aller Sklavenhändler, ein arabischer Multimillionär namens Tippu Tib, lebte in Sansibar. Er war nicht nur ein erfolgreicher Geschäftsmann und Finanzier, sondern auch der Förderer zahlreicher Expeditionen europäischer Forscher und Abenteurer. Manche Reise dieser oft von maßlosem Ehrgeiz getriebenen Männer wäre ohne sein Dazutun

nicht möglich gewesen. Denn eigentlich waren Elfenbein-
und Sklavenhändler, Araber und Suaheli die wahren Pioniere
bei der »Entdeckung « Ostafrikas. Einerseits gaben die Engländer der Bekämpfung der Sklaverei oberste Priorität – das
große Alibi für die Einmischung des britischen Empires –,
andererseits verließen sich die Männer, die im Auftrag des
Empires unterwegs waren, vollends auf die Infrastruktur
der Sklavenhändler und auf die Unterstützung durch deren
Auftraggeber.

Die Geschichte der vor Sansibar gelegenen Insel Changuu
entbehrt nicht der Ironie. Nach Abschaffung des Menschen-
handels wurde dort ein Gefängnis gebaut, das jedoch nie genutzt wurde; später diente die Insel als Quarantäneort für die
gesamte tansanische Küste ... und heute ist sie dem Tourismus vorbehalten – es existieren sogar Pläne, das Gefängnis
in ein Hotel umzuwandeln. Viele Bootseigentümer ernähren
sich von der etwa halbstündigen Fahrt zur Insel. Nach keinem
anderen Ort wird häufiger gefragt, wenn sich die Sansibari
danach erkundigen, was man schon gesehen habe. Die Insel
wird angepriesen. Der Strand ist bei Ebbe wirklich schön und
die Riesenschildkröten eindrücklich, doch eines stimmt mit
Sicherheit nicht: Der verrostete Riesenkessel auf der dem
Meer zugewandten Seite der Insel diente nicht der Verbrennung von Menschen, wie manch ein Sansibari schauerlich
erzählt, sondern dem Dampfwaschen.

Von Händlern und Meistern

Jeder Tag in Sansibar-Stadt ist ein Markttag, und ganz Sansibar wirkt ein einziger großer Markt. Von dem Fischumschlagplatz hinter dem Hafen, der seine glanzvollen Momente in den frühen Morgenstunden hat, über die kleinen Läden, die *dukas* heißen und jede Nische besetzen, bis hin zum Hauptmarkt, der teils überdacht ist, teils im Freien liegt, voller Händler mit festem Standort sowie Gelegenheitsverkäufern. Hier gibt es eine kleine Schlachterei für Hühner, in der das gerade erstandene Federvieh umgehend getötet, gerupft und in kochendheiße Jauche getaucht wird. Aber das alles ist nichts im Vergleich zur Einkaufsstraße, der Darajani Street, die sich rund einen Kilometer vom Rand der Altstadt nach Nordosten zieht und in der sich ein Geschäft an das nächste reiht.

Ich hatte mir ein Fahrrad ausgeliehen, dem Rat des Verleihers folgend, ein Zweirad sei das perfekte Fortbewegungsmittel für die Innenstadt, doch eingangs der Darajani Street, wo das Getümmel eines großen Platzes in die Enge der gassenbreiten Geschäftsstraße fließt, mußte ich absteigen. Ich wunderte mich, wie ich mit dem Fahrrad in der Menschenmenge vorankommen sollte. Da ertönte hinter mir ein eifriges Klingeln, und ein Jugendlicher strampelte vorbei. Er verschwand inmitten der Menge, die ihm instinktiv einen Weg bahnte.

Die Lust an der Geschwindigkeit und am engen Auffahren – eine wahrlich globale Seuche – hat auch die Fahrradfahrer Sansibars infiziert. Vor jeder Kurve wird geklingelt, um dann mit Karacho um die Ecke zu biegen. Unheimliche Begegnungen bleiben natürlich nicht aus: Bremsen quietschen, Lenkräder werden herumgerissen, Männer springen oder fallen aus dem Sattel. Das Aufeinandertreffen wird je nach Laune mit einem Lachen und witzigen Bemerkungen oder aber mit einem stoischen Gesichtsausdruck quittiert.

Ich schiebe mein Fahrrad weiter, auf der Suche nach Suleimans Laden. »Ganz einfach«, hat er mir bei unserer Verabredung erklärt, »vor unserem Laden hängen Tücher und ein großes Namensschild.« Es gibt nur ein kleines Problem: Vor fast jedem Laden hängen Tücher, Tücher in allen Farben, Kikois und Kangas, afrikanische und asiatische, mit frivolen oder mit religiösen Motiven versehen. Und der Familienname von Suleiman ist häufiger als Schmidt und Müller zusammengenommen. Mutlos suche ich weiter, gehe die Straße dreimal auf und ab, und meine Verwunderung wächst. Es ist so, als bestünde die eine Seite einer Fußgängerzone aus einer langen Reihe von Drogerien, während die vielen Geschäfte gegenüber alle nur Lebensmittel anbieten. Noch bevor ich mein Ziel finde, wird mir klar: Auf jeden Handwerker kommen mindestens fünfzig Händler, und das jeweilige Dutzend gleicher Läden ist die natürliche Folge dieser Konkurrenz.

Schließlich erblickt Suleiman mich. Er winkt und wundert sich über meine Orientierungslosigkeit. »Und was bietest du an?« frage ich, und er zeigt mir gründlich sein Sortiment: Sandalen aus Indien, Schleier und Schals aus Dubai, Hemden und Shampoo aus England, Zahnpasta und Stoffrollen aus Kenia, Plastikschmuck aus Fernost, dazu Duftstoffe aus Sansibar. Meine Blindheit geht mir auf – die Unterschiede zu den Nachbargeschäften sind erst auf den zweiten oder dritten Blick sichtbar. Die Schuhe zum Beispiel hat er erst neulich in Kalkutta erworben. Die ganze weite Reise, nur um einige hundert Paar Sandalen einzukaufen und nach Sansibar zu transportieren. Die Lieferung ist fast verkauft, die Einnahmen decken die Flug- und Reisekosten ab und werfen einen kleinen Gewinn ab. Wie diese Einkaufsstrategie funktioniert, bleibt das Geheimnis von Suleiman und einigen tausend anderen Händlern auf Sansibar. Auf jeden Fall wissen die Kunden auf das besondere Angebot des Augenblicks zu achten – jeder Händler hat seine eigenen Einkaufsquellen.

Suleiman ist der jüngste und cleverste von drei Brüdern. Er wirkt schläfrig, aber es ist der leichte Schlaf der Verschlagenheit. Die beiden anderen heißen Mohammed und Hussein. Den Brüdern ist die arabische Abstammung deutlich anzusehen; sie halten noch Kontakt zu ihren Verwandten auf der Arabischen Halbinsel. Hussein ist der stille, verantwortungsbewußte Erstgeborene. Er betreibt das *Jambo Inn*, eine kleine Pension, die er erst kürzlich nach einer sorgfältigen Renovierung eröffnet hat. Das Haus gehört schon seit den Tagen des Sultans der Familie. Service und Sauberkeit sind tadellos. Mohammed dagegen, den lockeren und witzigen Lebenskünstler, treibt der Ehrgeiz am wenigsten um. Seine Stelle als Landwirtschaftstechniker im Regierungsdienst hat er gekündigt, weil ihm weder Reglementierung noch Hierarchie gefielen und er es vorzog, seinen Brüdern zu helfen.

Kurz nach Sonnenaufgang gehen wir schwimmen. Abgesehen von einigen Frühaufstehern, die nach dem ersten Gebet des Tages nach Hause zurückkehren, sind die Gassen menschenleer. Die Orientierung fällt deswegen nicht leichter. Wir biegen um viele Ecken, scheuchen Katzen und Gockel auf und erreichen schließlich einen kleinen Strand hinter einem ehrwürdigen Haus namens *mambo msiige – Ahme nichts nach!* Nicht nur die Vielfalt der architektonischen Formen ist unnachahmlich, sondern auch die Geschichte des Gebäudes. Der englische Konsul, zeitweise der erste Mann der Insel, residierte hier von 1874 bis 1913. In dieser Zeit soll sich Henry Morton Stanley im obersten Stock auf seine »Entdeckungsreisen« vorbereitet haben. Heute walten Beamte von Ministerien und Staatsanwaltschaft hinter den Fassaden, die bis zur Unkenntlichkeit verputzt worden sind. Doch der Putz bröckelt wieder verstärkt ab. Die Sportler des Viertels treffen sich hier, vor der Kulisse der Frachter im nahe gelegenen Hafen. Gutgebaute junge Männer machen sich warm, Kinder spielen Fußball, ältere Herren joggen, Mädchen planschen vollständig angezogen am Wasserrand. Die Dehnübungen des Mannes im T-Shirt einer amerikanischen Universität könnten aus einem Fitnesslehrbuch stammen, und der Ziegenbärtige läuft seine Runden am Strand mit beharrlicher Bedächtigkeit. Die Jungen dagegen treten ungestüm auf den Ball ein und mimen die Fußballheroen der Bildschirmwelt. Ein seltener Anblick an einer Küste, wo das Meer Arbeitsplatz und nicht Vergnügungsort ist. Wir schwimmen hinaus, weiter als die Füße Boden finden, und betrachten das Sansibar der frühen Morgenstunde.

An einem der folgenden Tage fahren wir mit Suleimans ramponiertem Auto aufs Land hinaus, durch den dichtbesiedelten Westen der Insel, wo der Boden fruchtbar und Wasser reichlich vorhanden ist. Die Straße steigt bald die hundertundzehn Meter zum höchsten Punkt der ansonsten ebenen Insel an. Jedes Stückchen Land ist bebaut. Die Vegetation scheint bei bester Gesundheit, die Gärten strotzen vor Pflanzen. Ein großer Teil von Sansibar sehe so aus, sagt Suleiman, abgesehen von den trockenen, unwirtlichen, verkarsteten Gebieten des Ostens und dem kleinen Jozani Forest im Süden, wo noch einige Wildtiere leben, unter anderem eine nur auf Sansibar vorkommende Seidenaffenart. Früher gab es große tropische Regenwälder auf Sansibar. Aber die Natur war dem Ansturm von Sklaven und Bauern, Großgrundbesitzern und Händlern nicht gewachsen. Die Tierwelt wurde dezimiert. Selbst die berühmte Colobus-Kirkii-Affenart drohte auszusterben. 1884 war sie schon eine Seltenheit. Der britische Generalkonsul, ein Tierfreund, schickte seine Jäger auf die Suche. Ein Gerücht ging um, daß sich einige Affen in einem noch unberührten Waldstück aufhielten. Eine Woche später kehrten die Jäger zurück, ihre Kleider schlammverkrustet, ein triumphales Lächeln auf den Lippen.

»Nun, habt ihr sie gefunden?«

»Ja«, antworteten die Männer stolz, »und wir haben alle getötet«, worauf sie dem Generalkonsul zwölf Kadaver vor die Füße warfen. Der Colobus Kirkii war an der Aufmerksamkeit des Menschen ausgestorben.

Suleiman hält an. »Hier steigen wir aus«, sagt er und lacht über mein erstauntes Gesicht. Die Überraschung ist ihm gelungen. An einem Baum direkt an der Straße lehnt ein Türstock. Links davon liegen Türteile aufeinandergestapelt, das oberste ein Meisterwerk der Holzschnitzkunst, eine Hommage an runde Ornamente, scheinbar aus einer einzigen Bewegung heraus geformt. Wir sind offensichtlich in einer Türwerkstatt gelandet. Hier werden die massiven Holztüren hergestellt, die seit Jahrhunderten den Eingang zu den reichen Häusern der Suaheli verschönern. Es sind Statussymbole, den Reichen vorbehaltene Kunstwerke, die jedem Passanten kundtun, daß er vor dem Haus einer bedeutenden Familie stehengeblieben ist. Der

Meister Salim Kitmana Salim selbst erscheint. Er hat sich gerade seine Arbeitskleidung übergezogen: kurze, zerrissene Hosen. Auf dem Arm trägt er die jüngste Tochter. Die anderen Kinder spielen mit Meißel und Holzstücken im Schatten der nach allen Seiten hin offenen Holzhütten. Vormittags unterrichtet er am örtlichen Gymnasium Mathematik und Englisch, am Nachmittag führt er die über Generationen vererbte Tradition fort.

Das Holz kommt überwiegend vom Festland: Kassiabäume namens *mvule* und *minga*. Die großen Stämme werden zuerst zugeschnitten, von zwei Männern mit einer riesigen Säge. Die Tür besteht aus zwei Flügeln, einem Türstock und einem Bogen in Form eines Halbkreises. Die Ornamente werden mit Bleistift vorgezeichnet. Dabei geht Salim meist von traditionellen Vorbildern aus, die er zu persönlichen Schöpfungen umwandelt. Die nun folgende Arbeit erfordert eine enorme Präzision. Mit einfachsten Werkzeugen, von spielenden Kindern, Fliegen und Moskitos abgelenkt, schnitzt er zarteste Linien, in der Tiefe gleichmäßig, als Relief auf mehreren Ebenen. Und wenn sich die zwei Hälften der Tür spiegeln sollen, gelingt ihm das so deckungsgleich, als hätte er mit Pauspapier gearbeitet. Nach einem Monat konzentrierter Arbeit ist eine Tür fertig.

»Ich hatte hier Besuch von eurem Präsidenten«, sagt er stolz.

»Welcher denn?«

Er nickt. »Euer Präsident.«

Der Meister ist glücklich über seinen Beruf, er identifiziert sich mit ihm. Er gibt mit ähnlicher Präzision Auskunft, mit der er den Meißel führt. Seine Hände haben sich schon oft an der Härte des Holzes gemessen, der Händedruck ist entsprechend. Und er tritt mit einer Souveränität auf, die so bemerkenswert ist wie seine Türen. Er ist ein Mann mit Wurzeln, die in mir unbekannte Tiefen reichen. In seiner Werkstatt scheint alles zusammenzugehören: die Bäume, die Hütten, die Kinder, das Holz, vom gefällten Stamm bis zur fertigen Tür, die zwei sägenden Männer und Salim Kitmana Salim, einer der letzten Meister der Schnitzkunst auf Sansibar. Seine Kinder werden den Beruf weiterführen, so hofft er. Aber es gebe immer weniger Leute, die sich für solche Berufe entscheiden. Zu anstrengend, zu schwierig, zu lange Lehrzeiten. Das wolle niemand mehr auf sich nehmen. Die Jüngeren suchen einen Weg zum schnellen Reichtum und vermuten diesen im Handel und im Tourismus. Er nimmt einen Auftrag von mir an, eine kleine Truhe, und verabschiedet sich so verbindlich, wie er uns begrüßt hat. Eigentlich, geht mir durch den Kopf, hätte Herr von Weizsäcker mit Stolz erzählen müssen, wen er im fernen Sansibar kennenlernen durfte …

Gegen Ende der siebziger Jahre des letzten Jahrhunderts war das Reich der Sultane von Oman eine zu attraktive Beute im imperialistischen Wettrennen um die Aufteilung Afrikas, als daß es von Eindringlingen verschont geblieben wäre. Die Engländer, die Deutschen und die Franzosen versuchten Einfluß in Ostafrika zu gewinnen, und einer der Schlüssel zum Erfolg war die Kontrolle über Sansibar. Wenn die Bemühungen der Missionare, Abenteurer, Scharlatane, Offiziere, Journalisten und Forscher im Dienste ihres Vaterlandes nichts fruchteten, wenn die Einheimischen sich aufmüpfig zeigten, wurde die Marine zu Hilfe gerufen. Sansibar war angesichts seiner geostrategischen Lage ein prädestiniertes Opfer für Einschüchterungen durch Kriegsschiffe, die vor dem Hafen der Stadt ankerten und ihre Kanonen auf Palast und Fort richteten, während die Konsuln und Gesandten am Hofe des Sultans Barghash intrigierten.

Die erste Runde des kolonialen Ringens um Ostafrika ging an die Deutschen, in deren Reihen sich ein Aufschneider und Fanatiker befand, der selbst in dieser an fragwürdigen Persönlichkeiten reichen Epoche herausstach: Dr. Karl Peters. Als Gründer und eifrigstes Mitglied der *Deutsch-Ostafrikanischen Gesellschaft* (DOAG), eines anfangs ohne jegliche staatliche Unterstützung tätigen Vereins, reiste er auf dem Festland von Dorf zu Dorf, von Volksgruppe zu Volksgruppe, und schloß mit den Häuptlingen »Verträge« ab, die den afrikanischen Unterzeichnern großzügig den Schutz des Deutschen Reiches zusicherten. 1886 beschloß die Regierung Bismarck, die Vorarbeit von Peters zu nutzen. Man erteilte der DOAG einen Schutzbrief und übernahm somit offiziell die Verantwortung für deren Aktivitäten. Sultan Barghash wurde gezwungen, fast das gesamte Festland abzutreten.

Doch der Heißhunger von Peters war damit keineswegs gesättigt. In einer abenteuerlichen Aktion gelang es ihm, auch mit Mwanga, König der Buganda und Herrscher über große Teile des heutigen Uganda, einen »Schutzvertrag« abzuschließen. Als Peters wieder in die Küstenstadt Bagamoyo – den Verwaltungssitz der Kolonie – zurückkehrte, erfuhr er, daß die Außenpolitiker Großbritanniens und Deutschlands sich am 1. Juni 1890 endgültig über die Verteilung der Pfründe geeinigt hatten. Peters' Anstrengungen waren umsonst gewesen, denn Uganda wie auch das gesamte Kenia und die Inseln Sansibar, Pemba und Mafia fielen unter britische Herrschaft. Deutsch-Ostafrika blieb auf Tanganyika, Ruanda und Burundi begrenzt. Als kleines Zuckerstückchen gaben die Briten Helgoland ab. Diese Vereinbarung ging als *Helgoland-Sansibar-Vertrag* in die Geschichtsbücher ein – im nachhinein gesehen, zu

Recht, denn keine dreißig Jahre später war dem Deutschen Reich nur noch die kleine Nordseeinsel geblieben. Die Geschichte von Karl Peters endet auf einer ironischen Note. Das Denkmal, das man ihm zu Ehren in Dar-es-Salaam errichtet hatte, wurde 1918, wenige Jahre nach seinem Tod, nach Helgoland umgesiedelt. Fast wundert es einen, daß die Statue vor Wut nicht aufgeschrien hat.

Die Steinerne Stadt

In der Mittagszeit sitzen die Kinder am Fenster und spielen
mit ihren Kulleraugen und ihren Gedanken. Oder sie werfen
sich in den schattigen Gassen Bälle aus zusammengeknüll-
tem Papier zu und zielen gelegentlich auf die pomadigen
Gockel. Sie spielen mit leeren Plastiktüten oder mit meinen
Fragen, die sie mir im Mund umdrehen. Woher kommst du?
Die beliebteste aller Fragen. Wie heißt du? Wieso sprichst du
so wenig Suaheli? Hast du einen Stift für mich? Oder Geld?
Die ganz Kleinen kreischen *mzungu* (Weißer, Europäer) und
greifen nach meiner Hand. Hin und wieder zeigt sich ein Er-
wachsener, vergewissert sich, daß alles in Ordnung ist, und
verschwindet wieder.

Stone Town, die Altstadt Sansibars, ist ein Ort der Frag-
mente. Von den Frauen sieht man nur die Augen und die Füße,
von den Gebäuden nur eine Seite oder gar eine Ecke und hinter
den Fenstern nur einen Arm, einen Kopf oder eine Nase. Von
den Häusern sieht man nur den Eingang, von dem Eingang
nur die Treppe und von der Treppe nur die ersten Stufen, dahinter Dunkelheit. Das macht den Reiz aus: Man sieht genug,
um angeregt, aber nicht so viel, um gesättigt zu werden.

Die Architektur von Stone Town bietet mancherlei Komfort. Nicht nur Schatten, auch viele Sitzgelegenheiten auf den
steinernen Bänken. Die Häuservielfalt reicht von neuerrichteten, weißgetünchten Stadtpalästen und Hotels bis hin zu

Gemäuern, die Pilze und Moos angesetzt haben, Auswirkungen der Meeresluft, die einen neuen Wandanstrich im mehrjährigen Turnus nötig machen.

Nur vom Meer aus könnte man sich einen Überblick verschaffen, doch der idyllische Eindruck von Sansibar-Stadt aus der Ferne würde täuschen, heute so wie schon im neunzehnten Jahrhundert. Das Labyrinth von schmutzigen, übelriechenden Gassen voller Ungeziefer, die sich durch die Abfälle eigene Wege bahnten, erstickte damals jegliche Verklärung. So reinlich die Sansibari im eigenen Heim waren, so wenig Bedenken hatten sie, ihren Müll in die Gassen zu werfen. David Livingstone nannte Sansibar »Stinkibar« und fügte noch hinzu (als würde dieser Kosenamen noch nicht reichen): »Der nächtliche Gestank ist so kraß, daß man sich daraus ein Stück schneiden könnte, um damit den eigenen Garten zu düngen.« Erst die Reformen des Sultan Barghash zur Jahrhundertwende, vor allem der Bau einer Kanalisation, verbesserten die Lebensverhältnisse.

Nach der Revolution von 1964, bei der die Sultansherrschaft blutig beseitigt wurde und die Aufständischen die Oberschicht der Araber sowie die meist vermögenden indischen Kaufleute vertrieben, wurden deren Häuser enteignet und zu symbolischen Mieten an Bedürftige beziehungsweise an Verwandte und Bekannte der neuen Machthaber vermietet. Froh über ein solides Dach über dem Kopf, hatten diese Menschen weder die Mittel noch die nötige Bildung, ihre einst fürstlichen Unterkünfte zu erhalten.

Nach den zwei englischen Verbesserungsplänen aus früheren Jahren, deren bescheidene Absichten in bescheidenem Ausmaß verwirklicht worden waren, wurden 1968 Fachkräfte aus der DDR zu Hilfe gerufen, denn die regierende Einheitspartei gab sich nach der Revolution staatssozialistisch. Die ostdeutschen Architekten erstellten einen dritten *master plan*. Sie entwarfen – mit dem ihnen eigenen Blick fürs Wesentliche – ein Behördenviertel mit einer Verbindungsstraße zur Altstadt. Die Straße wurde gebaut, nicht aber die Verwaltungsgebäude. Dafür errichteten sie unmittelbar hinter der Stone Town Wohnsiedlungen, die *Michenkanzi Flats*, deren Trostlosigkeit direkt aus der DDR importiert wurde. Wenn man nicht wüßte, daß sie zu Hause nicht anders gebaut haben, müßte man meinen, sie wollten den Sansibari Böses.

In den frühen achtziger Jahren stürzten viele Häuser aus Altersschwäche ein, besonders während der Regenzeit. Profitgierige Bauunternehmer, denen der Platzmangel im Weg stand, nutzten die entstandenen Lücken aus. Das Grundbuch war kein Hindernis, denn es hatte seit zwanzig Jahren keine umfassende Aktualisierung mehr erfahren. Die Stadtverwaltung bat um internationale Hilfe. Die UN fertigte eine Studie an. Mit finanzieller Unterstützung des Aga Khan wurde ein weiterer *master plan* ausgearbeitet, wie auch für die Altstädte in Mombasa und Lamu.

Damit ist zwar ein Rezept vorhanden, nur fehlt es an der Medizin. Eingereichte Baupläne werden nach ihrer Bewilligung oft wesentlich geändert. Zudem lassen sich die Behörden mit Geld von (fast) allem überzeugen. Häuser werden errichtet, die die architektonische Eigenart und Einheit von Stone Town brutal aufbrechen, so als würde man mitten in Rothenburg ob der Tauber einen McDonald's-Drive-in errichten lassen. Die Stone Town Conservation and Development Authority (STCDA), eine 1985 ins Leben gerufene Abteilung des Bauministeriums, soll den Erhalt der Altstadt sichern. Doch ihr legaler Status ist nicht klar genug bestimmt, und sie verfügt über keinerlei Möglichkeit, ihre Vorstellungen durchzusetzen. Proteste, Vorladungen der Schuldigen, sogar Gespräche mit dem Präsidenten von Sansibar haben bislang wenig gefruchtet. Daher wird momentan ein weiterer Baunutzungsplan erstellt, der Gesetzeskraft erhalten soll.

In den letzten Jahren hat sich die Politik der Regierung in einigen wichtigen Bereichen geändert. Die strikte staatliche Kontrolle von Privateigentum und geschäftlicher Initiative wurde gelockert. Reiche Exilsansibari und andere Investoren strömen nach Sansibar. Einerseits verfügen sie über die nötigen Mittel, die Häuser zu renovieren, andererseits haben sie Geschäftsinteressen, die dem Erhalt der Altstadt zuwiderlaufen. Trotz allem sind die Zuständigen vorsichtig optimistisch, daß die Bausubstanz und somit der Charakter der einzigartigen Stone Town erhalten werden kann.

Aus Hollywood, Hongkong und Bombay

Eines Abends in Sansibar beschließe ich, ins Kino zu gehen. Die allgegenwärtigen Plakate mit amerikanischen und indischen Filmhelden, die Wandgemälde zu Commando Schwarzenegger oder Rambo haben meine Neugier geweckt. Das Gebäude ist imposant, zwei Etagen hoch. Eine breite Treppe führt außen zur Veranda und den Rangplätzen hinauf. Der Eintrittspreis ist niedrig, und der Platzanweiser, ein seniler Inder mit weißgrauen Bartstoppeln, dem das Aufstehen von seinem am Eingang postierten Hocker Atembeschwerden verursacht, reißt umständlich das Ticket ein, das einen zweistelligen Betrag angibt, der nicht einmal mehr als Münze existiert. Eine Gruppe Halbstarker auf der anderen Straßenseite raucht, kaut das beruhigende *miraa* und gafft mich verwundert an. Nachdem ich zu den Rangplätzen hochgegangen bin, begreife ich, wieso: Ich bin dort oben ganz allein – um genau zu sein, auch im Parkett befindet sich niemand –, und da weder Werbung noch Nachrichten laufen, habe ich reichlich Zeit, die Plätze im Saal zu zählen: 380 im Parkett, 168 auf dem Balkon, allesamt leer.

Gerade als der Film beginnt, bekomme ich Gesellschaft von zwei Arabern. Das Geschehen auf der Leinwand ist so undeutlich zu erkennen wie das Motiv auf einem verwaschenen T-Shirt. Anfangs fehlt der Ton, der den Schemen Sinn geben könnte. Plötzlich knistert es heftig, und verzerrte Stimmen sind zu vernehmen – die Sprache kann ich nicht ergründen. Allmählich verbessern sich auch die Lichtverhältnisse, und ich erkenne einen Bodybuilder, der mit einem Jeep und in Begleitung von Frauen mit kurzen Hosen und blonden Mähnen auf einer tropischen Insel hin und her fährt. Er trägt einen Revolver und wird angeschossen. Während eine der Frauen ihn verarztet, sind seine Oberkörpermuskeln ausgiebig zu bewundern. Inzwischen ist auch das Mikrophon am oberen Bildrand zu sehen, was aber nichts an den Tonverhältnissen ändert, zumal bin ich von den zahlreichen Moskitos abgelenkt.

Zwanzig Minuten nach Filmbeginn stehe ich wieder auf der Treppe. Die Halbstarken lachen. Ich gehe zu ihnen und biete Zigaretten an.

»Zuwenig Liebe, wie? Keine schönen Mädchen?«

Sie empfehlen ein anderes Kino, das sei besser.

Das Kino von Lamu hingegen ist mehr als einen Besuch wert. Dort, wo hinter den Hügeln der Stadt Stein in Lehm übergeht, befindet sich das Freilichtkino. In einem riesigen Innenhof reihen sich alte Stühle aneinander, einer Wand zugewandt. Programm und Vorführtechnik müßten jeden Zuschauer das Fürchten lehren, aber die Atmosphäre entschädigt, denn das Auditorium versteht sich als antiker Chor. Mit Schadenfreude und Mitgefühl, mit Entsetzen und Lachen kommentiert es die Abenteuer lächerlicher, überzeichneter Helden. Bei Kußszenen zieht ein kennerhaftes Schnalzen durch die Reihen, bei Gefahr wird die Luft angehalten, bei Kämpfen der Gute lautstark angefeuert. Das Verhalten der Chinesen, Inder, Kalifornier und Österreicher auf der Leinwand wird kommentiert, von moralischer Warte aus: Böse Frau, was für eine böse Frau ... Ooooooh, das kannst du doch nicht machen, das macht man nicht ... Weiter so, so ist es richtig ... nicht aufgeben ...

Zuschauer gehen ein und aus, werfen sich Witze über die Reihen hinweg zu, die Stühle quietschen bei jeder ihrer Bewegungen. Hin und wieder beleuchtet ein Streichholz ein Gesicht. Nach einer Stunde ist der Spaß plötzlich vorbei – irgendwo zwischen der Produktion und dem Abspielen im Freilichtkino von Lamu ist ein beachtlicher Teil des Films verschwunden. Wer sich trotzdem langweilt, der kann den Sternenhimmel betrachten – ein Vergnügen, das die Studiolichter von Hollywood, Hongkong und Bombay überdauern wird.

Menschen von Lamu

Ich hatte das Glück, Lamu dreimal ausgiebig zu besuchen – in einem Abstand von jeweils zehn Jahren. Beim ersten Mal mit dem Auto, auf Straßen, die alles daransetzten, einen vom Zielort fernzuhalten. Die einstige Mühsal des Reisens in Afrika war noch spürbar. Zur Überquerung des Tana River, des größten Flusses Kenias, der etwa hundert Kilometer südwestlich von Lamu in einem wenig erforschten Delta in den Ozean fließt, stand nur ein Floß zur Verfügung. Um durch die starke Strömung zur anderen Uferseite zu gelangen, mußten alle Reisenden an zwei Seilen ziehen, an denen das Floß befestigt war. Die Straße endete an einem Parkplatz, wo man sein Auto zurückließ und mit einem Boot nach Lamu übersetzte. Damals wie auch heute sind Autos auf Lamu verboten, mit Ausnahme natürlich des Landrovers des *District Commissioners*.

Beim zweiten Mal, Anfang der achtziger Jahre, fuhr ich mit dem Bus. Es waren unsichere Zeiten. Die *shiftas*, schwerbewaffnete Banden, meist Somalier, überfielen regelmäßig Transporte in den Norden Kenias. Also fuhr der Bus im Konvoi mit einigen Polizisten an Bord. In Witu wurde haltgemacht, einem verschlafenen Städtchen, das sich wohl kaum geändert hat, seit Karl Peters von hier aus ins Landesinnere aufbrach. Mädchen verkauften karamelisierte Süßigkeiten, die so lecker waren, wie sie durstig machten.

Beim dritten Mal flog ich hin, eine angenehm kurze Reise mit einem kleinen Propellerflugzeug. Nach der Landung auf der Insel Manda gegenüber von Lamu ging es einen staubigen Weg zum Bootssteg hinunter, der anläßlich des Präsidentenbesuchs kurz zuvor errichtet worden war.

Bei jedem Aufenthalt fand ich Lamu und die gleichnamige Inselgruppe verändert vor, und doch schien vieles gleichgeblieben zu sein. In den frühen Siebzigern galt Lamu als Geheimtip, als es von Hippies, Weltenbummlern und ambitionierten Selbsterfahrungsreisenden entdeckt wurde. In den folgenden Jahren wurde Lamu zum mystischen Refugium, zum legitimen Nachfolger von Katmandu, von wo die neuen Gäste zuvor vertrieben worden waren. Sie ließen sich auf den Dächern Lamus nieder, rauchten Gras, shit und Hasch und verloren ihre Gedanken in dem Labyrinth der Gassen. *Bhang*, wie das Kraut in Kenia heißt, war damals – wie auch heute – leicht und preiswert erhältlich. (Marihuana spielte in vielen afrikanischen Gesellschaften traditionell eine wichtige Rolle. Es wurde in den Gärten angebaut und als vielseitiges Heilmittel verwendet, unter anderem gegen Epilepsie und Augenerkrankungen.)

Die Einwohner von Lamu waren schockiert. Traditionell gastfreundlich und stolz, liegt es ihnen fern, Not oder Armut nach außen hin zu zeigen. Lieber das Allerletzte hergeben, als den Eindruck erwecken, die eigene Familie leide Mangel. Auch schätzen sie persönliche Reinlichkeit sehr. Ein alter Mann namens Bakari Abedi vertraute einem Journalisten aus der Hauptstadt seine Eindrücke an: »Ich bin sehr erstaunt, diese jungen Menschen in solch einem Zustand zu sehen. Sie stinken und sind schmutzig. Das Haar ist ganz verwahrlost. Irgend etwas Schreckliches muß in ihrer Heimat passiert sein, eine Hungersnot oder eine Dürre, die sie gezwungen hat, nach Lamu zu kommen. Sie sind wie Bettler, und wenn sie billige Nahrung auf dem Markt kaufen, schachern sie stundenlang um den Preis.«

Als sich aber die Fremden nackt am Strand tummelten, die Mädchen in enger Umarmung mit jungen Einheimischen, war die Geduld der Älteren erschöpft. In einer Reihe von Pensionen führte die Polizei Razzien durch, das Campen am Strand wurde verboten, und einige Unbelehrbare wurden ausgewiesen. Angesichts der steigenden Touristenzahl in Kenia rettete nur die Abgelegenheit und Enge Lamus die örtliche soziale Struktur.

Anfang der Neunziger sind weitere Gefahren aufgetaucht. Während sich die Hauptstraße *usita wa mui*, von einigen Souvenirläden abgesehen, durch die Jahrzehnte hinweg kaum verändert hat, ist Shela, einst ein verschlafenes Dorf hinter einem schönen Strand, nicht wiederzuerkennen. Eine Villa reiht sich an die andere, ein Hotel an das nächste, und dazwischen drängen sich bescheidenere Pensionen. Reiche Europäer aus Nairobi oder Übersee haben die besten Grundstücke erworben und imposante Ferienhäuser errichtet, die sie ein- oder zweimal im Jahr besuchen. In der Zwischenzeit sprengt ein Hausverwalter den Rasen. Es ist abzusehen, daß Shela bald einem der touristischen Dörfer Südeuropas ähneln wird, in denen nur noch so viele Einheimische leben wie zur Bedienung der Touristen nötig.

Aber noch ist es nicht soweit, das bezeugt der Alltag in vielfältiger Weise – der Alltag von Menschen wie Nikolas dem Schneider, Isaiah dem Friseur und Monojama dem Sänger.

Nikolas hat eine kleine Schneiderei an einer der größeren Gassen. Er verrichtet seine Arbeit im Schatten eines Vordachs unter der umtriebigen Anteilnahme seines kleinen Sohnes.

Zwar hat er eine Werkstatt, doch ihm ist der Arbeitsplatz draußen lieber. Hier kann er den Kontakt zu seinen Kunden besser pflegen ... – »mit dieser Hose würde ich nicht mehr herumlaufen, schau dir dieses Hemd an, du willst wohl nicht heiraten« ... – und mit Bekannten plauschen. Er sitzt an einer klapprigen Nähmaschine, *made in the People's Republic of China*. Er beeilt sich zu versichern, daß er drinnen eine Singer stehen habe, für anspruchsvollere Arbeit. *Singer* und *Pfaff*, das seien Maschinen, die was taugen. Bei den chinesischen könnte jeder Stich der letzte sein. (Eine ähnliche Hochachtung genießen die englischen Fahrräder, die ihren chinesischen Verwandten nur preislich unterlegen sind.) Nikolas hat eine Ausbildung zum Schneider an einer Berufsschule in Malindi abgeschlossen. Nun flickt er meist zerrissene Jeans oder Hemden. Er würde liebend gerne einmal etwas kreieren, aber die Leute haben selten genug Geld, sich einen Stoff zu kaufen und zu ihm zu kommen. Dann, ja dann würde er aus eigenen Entwürfen etwas zaubern. Er bietet auch einen Bügelservice an und verkauft für fünfzig Cents »Eis« aus einer Kühltruhe an die Kinder: gefrorener Passionsfrucht- und Orangensaft. Aber das Wichtigste sei die Musik, das mache einen gut geführten Laden aus.

Nikolas kommt einigermaßen über die Runden. Er hat sich alles allein aufgebaut, ohne Anleitung und ohne Unterstützung. Eine andere Möglichkeit, Geld zu verdienen, sagt er entschieden, gäbe es für ihn nicht.

Auch Isaiah kann eine Ausbildung vorweisen, ein halbes Jahr Friseurschule in Mombasa. Auch er verfügt über einen kleinen Raum mit einem Tisch, einigen Stühlen, einem Spiegel und einem Rasierapparat mit vier verschiedenen Einstellungen. Die Wände sind beklebt mit Illustriertenausschnitten, Bildern von modisch gekleideten Schönheiten, indischen

Filmstars und von Mike Tyson. Vor dem Friseurladen hängt eine Tafel mit sechs Typen von Haarschnitten, in einem naiven Stil gezeichnet. Ob der Friseur die ausgefallenen Frisuren beherrscht? Auf den Straßen Lamus habe ich sie noch nie erblickt. Solche Tafeln gehören zum fortschrittlichen Stil des »Salons«. Verglichen mit den Haarschneidern auf dem Dorf, die unter einem Baum einen Stuhl postieren und mit Glasscherben bewaffnet ihre Opfer traktieren, ist Isaiah ein moderner Friseur.

Isaiah hat reichlich Kundschaft. Auf die Frisur, vor allem auf das fachmännische Gespräch darüber wird großen Wert gelegt. An den Haaren der meisten Männer, die vorbeischauen, gibt es kaum etwas abzuschneiden. Isaiah bessert nach, stutzt. Die Kunden lieben es kurz. Nur die Rastas haben langes Haar, ein Symbol, das in Kenia während des Mau-Mau-Aufstandes gegen die englischen Kolonialherren aus Jamaika importiert wurde. Noch heute werden Rasta-Locken als Zeichen von Rebellion und Widerstand verstanden, weswegen gelegentlich ihre Träger von jugendlichen Anhängern der Regierungspartei KANU verprügelt oder zwangsfrisiert werden. Aber die Begeisterung über die militärkurzen Haare, die Isaiah meinem Kopf noch gelassen hat, ist eher ästhetischer Natur. »You look very nice«, meinen die wartenden Kunden. Zuvor, mit langen, zottigen Haaren und einem zerknitterten Hemd unterwegs, hatte man mich keines Blickes gewürdigt. Aber nun, mit ordentlichen Haaren und einem frischen Hemd, entsprach ich den Vorstellungen von einem gepflegten Mann.

Wenn Nikolas und Isaiah ihre Läden abgesperrt haben und nach Hause gegangen sind, tritt Monojama auf. Die Nacht hat sich über Lamu gelegt. Nur wenige Lebensmittelläden haben noch geöffnet, nur Verspätete sind unterwegs. Monojama lehnt an der Tür eines kleinen Ladens und singt. Seine Kleidung wirkt ärmlich, sein Körper gebrechlich. Die Augen aber sind so lebendig wie seine Stimme. Und sein Gesang findet in den engen Gassen die Ohren, die er verdient. Die wenigen Kunden im Laden sind schon in Bann geschlagen, und es kommen immer mehr Menschen hinzu, setzen sich auf Stufen und vereinzelte Steine oder stehen im Hintergrund und hören zu.

Dies ist die Stunde von Monojama. Er besingt die Geschichte Lamus, die großen Taten und die kleinen Schwächen der Vorfahren. Er ist ein Nachfolger des Dichters aus Paté, Sayyid Abdalla Bin Ali Bin Nassir, und wie dieser ein Bewahrer des Vergänglichen. Aber sein Gesang ist lebendig, und Monojama findet allabendlich ein Publikum, das seine Kunst mit einer bescheidenen Gabe zu würdigen weiß.

Ein politisches Fest

Jeden Tag um sechs Uhr abends wird die kenianische Flagge vor dem Büro des District Commissioners am Kai eingeholt. Ein Polizist trillert einmal mit seiner Pfeife, und jede Bewegung auf der geschäftigen Hafenpromenade erstarrt. Das ist Vorschrift. Nur die Ohren einiger Esel und eine flatternde Plastiktüte bewegen sich. Die Kinder haben sichtbar Mühe stillzuhalten, und als der erlösende Pfiff eine Minute später ertönt, brechen sie in ein Jaulen, Schreien, Hüpfen und Kreischen aus, um all das nachzuholen, was sie in der einen Minute versäumt haben. Die Gespräche werden fortgeführt, und die Beine setzen sich wieder in Bewegung.

Zu dieser Tageszeit hat der District Commissioner, der als eine Art Provinzgouverneur der mächtigste Mann der Region ist, seinen Landrover schon längst bestiegen und ist die dreihundert Meter von seinem Amtsbüro hinter der Fahne zu seiner Residenz gefahren. Die prachtvolle Villa stammt von den Engländern, die das Talent besaßen, ihre Verwaltungssitze an den landschaftlich schönsten Stellen zu errichten. Für die Bewohner von Lamu ist der Commissioner ein ständiges Ärgernis. Nicht so sehr, weil er sich im einzigen Auto der Stadt kutschieren läßt und auch sonst reichlich Privilegien genießt, sondern weil er ein Zugereister ist, ein Fremder. Ein Mann aus dem Landesinneren, der nach Lamu versetzt wurde. Denn die Zentralregierung und die mächtigen Volksgruppen des Hochlandes und der Steppe trauen der Küstenbevölkerung nicht.

Dieser auf Gegenseitigkeit beruhende Argwohn, von historischen, religiösen und ethnischen Motiven getragen, prägt die Politik der kenianischen Küstenregion. In Tansania ist dieses Mißtrauen zwar auch vorhanden, aber der Umgang damit war bislang konfliktfreier. Sansibar hat politische Autonomie in fast allen Bereichen, außer der Landesverteidigung und der Außenpolitik, und es hat einen Anteil am Namen des Staates: Tan-*san*-ia. Darüber hinaus ist Kisuaheli die vorherrschende Sprache, im Gegensatz zu dem dominierenden Gebrauch des Englischen in Kenia. Und bis 1995 war mit Ali Hassan Mwinyi ein Sansibari Präsident des Landes. Aber auch in Tansania schlagen die Wogen in letzter Zeit höher, es mehren sich die Stimmen, die völlige Unabhängigkeit fordern.

Ali Fanni sitzt vor dem Museum und pocht erzürnt auf die Zeitung. Wenn das gerecht ist! Die Worte sprudeln aus ihm heraus, als seien sie zu lange von seiner stoischen Miene zurückgehalten worden. Ich setze mich auf die Bank gegenüber und versuche, seinen Zorn zu begreifen. Die Zeitung berichtet über ein *settlement scheme*, eine Umsiedlungsaktion der Regierung, bei der besitzlosen Bauern fern ihrer Heimat Land zugeteilt wird. Und in diesem Fall ist es Küstenland.

»Wir *coast people* werden ständig benachteiligt. Das gesamte Gebiet zwischen Witu und Kiwau war unser Stammesgebiet vor und während der englischen Kolonialzeit. Nach der Unabhängigkeit haben die Stämme vom Landesinneren unser Land an sich gerissen und unter ihren eigenen Leuten verteilt. Mit diesen *settlement schemes* wollen sie den Landhunger der Bevölkerung befriedigen und rauben uns dabei unser angestammtes Land. Außer in Lamu gibt es in keinem unserer Orte ein ordentliches Grundbuch, in dem die traditionellen

Rechte verankert wären. Ich lebe in einem Haus, das seit meinem Urururgroßvater unserer Familie gehört, aber ich bekomme keine Eigentumsbestätigung für den Grund. Seit dem achten Jahrhundert sind wir hier. Und seitdem haben wir internationale Kontakte, Kultur, Entwicklung. Jetzt sollen wir die Dummen sein. Das wird viel böses Blut geben.«

Viele Suaheli klagen über den verstärkten Zuzug von Menschen aus dem Landesinneren. Sie fühlen sich betrogen – die Neuankömmlinge würden ihnen das Land wegnehmen, so ihr Vorwurf. Die Proteste wurden erst in den letzten Jahren öffentlich. So zum Beispiel mit der Gründung der IPK, der Islamischen Partei Kenias, die schnell zweifelhafte Berühmtheit erlangte, als ihr Führer Balala im Gefängnis verschwand und eifrige Streiter einige Busse und Autos in Mombasa in Brand setzten. Doch die politische Identifikation mit dem Islam und die Abgrenzung von Andersgläubigen erweist den Suaheli einen Bärendienst. Die meisten von ihnen erkennen diese Gefahren. Doch was eine legitime Interessenvertretung angeht, haben sie kaum eine Wahl. Man kann nur (auch für die Suaheli) hoffen, daß sie andere Wege der Selbstbehauptung finden werden als den des islamischen Fundamentalismus.

Eines späten Nachmittags sitze ich an dem Nähtisch von Nikolas und überlege mir eine Antwort auf seine Frage, ob denn auch in meinem Land eine Minderheit die Mehrheit unterdrücke, als plötzlich eine große Menschenmenge die Straße überflutet. In ihrer Mitte ein Dudelsackspieler, um dessen schrille Töne herum sich einige Trommler scharen. Begleitet werden die Musiker von festlich gekleideten Frauen und Kindern jedes Alters. Sie tanzen, singen, schwenken ihre Arme. Die Menge erreicht das Ende der Straße, hält vor einem Eßlokal. Jetzt erst fällt mir ein zappliger Mann auf, mit dem erregten Gesichtsausdruck eines Hysterikers. Er schreit mit heiserer Stimme kämpferisch klingende Parolen hinaus und stürzt in das Lokal. Die Trommler überbrücken schlagend seine Abwesenheit, die Kinder tanzen weiter, die Menge orientiert sich neu und fließt die Gasse wieder herab, sobald der Agitator seine Nachricht von der bevorstehenden Veranstaltung losgeworden ist. Am nächsten Tag ist ein großes Fest angesagt – KANU lädt ein. Fünf Minister werden erwartet und jede Menge Besucher aus dem Umland. Ort des Geschehens wird der Platz vor dem Fort sein; Schauplatz eines ungewohnten Ereignisses – einer Wahlveranstaltung in Vorbereitung auf die erste Wahl seit Jahrzehnten, bei der verschiedene Parteien zugelassen sind.

Schon früh am Morgen beginnen die Trommeln, die Bewohner von Lamu auf die Veranstaltung einzustimmen. Am Anlegeplatz hat sich eine Aktivistengruppe versammelt, um die Ankömmlinge zu begrüßen. Auf den weißen T-Shirts prahlen ein roter Hahn und der Schriftzug KANU, der sich auf den Sonnenkäppies wiederholt, die großzügig verteilt werden. Die Minister sind schon eingeflogen, sie beraten sich gerade mit der örtlichen Verwaltung. Währenddessen wird die kleine Tribüne auf dem Platz vor dem Fort fertiggestellt und sogleich von unzähligen Kindern besetzt. Auf der anderen Seite des Platzes stimmen sich einige Trommler mit frenetischen Rhythmen ein. Eine kleine Gruppe Musikanten marschiert durch die Gassen: ein Zeremonienmeister in bügelfrischer, grüner Uniform und einige rotgekleidete Musiker, mit Flöte, mehreren Trommeln sowie dem dudelsackähnlichen Instrument.

Am Nachmittag ist das Fest im vollen Gange, doch von der für zehn Uhr angesetzten Wahlveranstaltung keine Spur. Die Trommler haben tanzende Gesellschaft bekommen. Frauen trippeln, ihren Schleiern zum Trotz, behende im Kreis umher, während die Männer mit Armen und Händen den Kopf der Tänzerinnen überdachen, Kronen formen, Kränze, Hüte. Die Außenstehenden klatschen in die Hände oder schauen still zu, bis sie auf einmal selbst zu tanzen beginnen. Neben den Tanzenden, einige Meter entfernt und doch eine ganze Welt weiter, gehen Händler und Eselstreiber ihrer Arbeit nach. Erstaunlich ist, daß dieser rhythmische Kreis sich nicht auflöst, als ein Mikrophon knistert und ein Mann im Anzug auf der Tribüne den Beginn des offiziellen Hauptereignisses ankündigt.

Die Minister haben sich eingefunden. Sie sitzen wie Ausstellungsstücke vor der Menge. Der erste Teil der Veranstaltung ist der Huldigung vorbehalten. Ein Sänger nach dem anderen tritt hervor und lobt die beste aller möglichen Welten: die Republik Kenia unter der Führung von KANU. Eine schrille, sich ständig überschlagende Stimme genießt besondere Hochachtung. Ihr atemloser Gesang dauert eine halbe Stunde lang, nur selten unterbrochen von dem Moderator, der neben der Tribüne mit einem Mikrophon in der Hand steht und emphatische Zwischenrufe einstreut, wenn er nicht gerade an seiner Zigarette pafft. Der Schweiß rinnt ihm über das Sakko, mit dem Ärmel wischt er sich gelegentlich die Stirn ab. Von Zeit zu Zeit spenden die Ehrengäste Geldscheine, die der Sängerin unter das Kopftuch geschoben werden. Das erinnert an die westafrikanische Tradition der *griots*, Dichter und Sänger, die von Mäzenen abhängig waren, deren Lob sie zu besingen und deren Größe sie zu verkünden hatten. Adlige Geschlechter und reiche Familien hielten sich einen eigenen Chronisten, der die Geschichte des Hauses – verknüpft mit der Geschichte der Gemeinschaft – wiedergab, ausschmückte und in allgemeine Geschichte verwandelte.

Wenn die Minister mit ihren zumeist massigen Körpern einige Takte lang mittanzen, noch einige Geldscheine verteilen und dann selbstzufrieden zu ihren Sitzen zurückkehren, zeigen die Zuschauer einen Anflug von Begeisterung. Ansonsten bleiben sie stumm, beobachten regungslos. Selbst die auffordernden Akklamationen der Aktivisten provozieren sie nur zu einigen halbherzigen Rufen. Die stoische Ruhe des Publikums wird von den Aktivisten mit um so mehr Geschrei aufgewogen. Sie sind schon den ganzen Tag auf den Beinen, mit Liedern und Parolen auf den Lippen, und obwohl sie nicht zahlreich sind, lag die Stadt den ganzen Tag lang unter einer Lärmglocke. Als um sechs Uhr abends die Flagge eingeholt wird, jubelt der harte Kern ein letztes Mal und zieht von dannen, während die Alten auf den Bänken vor der Moschee auch diesen Tag mit Kopfschütteln, ironischen Bemerkungen und Witzen kommentieren.

Nicht nur die Alten haben ein tieferes Verständnis von Macht und Politik. Selbst ein bekennender Anhänger von KANU äußert sich tags darauf abfällig über das Parteiblatt *Kenya Times.* »Ach, eigentlich sollte ich es ja lesen«, stöhnt er und wirft dann einen flüchtigen Blick auf den Sportteil. Oft beginnt ein Gespräch mit der Feststellung, von der Politik sei nichts zu erwarten, die Politiker dienten nicht den einfachen Menschen, sondern nur den Reichen, Gierigen, Korrupten. Auch hier hat der »kleine Mann« den Durchblick, ohne aber irgendwelche Konsequenzen daraus zu ziehen. »Bei uns ist Alkohol verboten, weil es einen besoffen macht, aber die an der Macht, die sind ständig besoffen.« Für Ali Fanni jedoch, dem das letzte Wort gebührt, sind die Suaheli selbst an ihrem Zustand schuld. »Wir sind nicht reif genug. Wir tun nichts, wir reden nur. Den ganzen Tag. Nichts als reden.« Und er vertieft sich wieder in die Zeitung, die eine der kürzeren Reden abgedruckt hat, die bei der KANU-Feier gehalten wurden.

Die letzte Welle der Weißen

Die Zeiten, in denen man nicht nach Hawaii fuhr, weil es dort kein Bier gab, sind längst vorbei. Heute kann man stundenlang durch dürre, unwirtliche Gebiete fahren – man erreicht unvermeidlich eine touristische Oase und bestellt sich ein *Tusker* oder *White Cup*, ein *Tuborg* oder *Heineken.* In dieser Hinsicht vorbildlich ist der kenianische Küstenort Malindi. Vor zwei Jahrzehnten noch ein ruhiges Städtchen mit traditionsreicher Altstadt, bedient es heute Touristenmassen, die die Einwohnerzahl um ein Vielfaches übersteigen. Malindi ist das beste Beispiel für die Schrecken, die Lamu und Sansibar bevorstehen, wenn die bewahrenden Kräfte unterliegen sollten.

Nördlich und südlich von der Säule, die an die Landung des ersten Europäers, Vasco da Gama, erinnert, erstreckt sich die Kette der Hotels. Infrastruktur und Organisation sind hervorragend: eine asphaltierte Hauptstraße vom Süden her, ein Flughafen in unmittelbarer Nähe. Auch die Afrikaner, die in den Hotels arbeiten, sind meist Fremde, auf Arbeitssuche zugezogen aus dem Landesinneren. Zäune und Wächter schirmen das Umland von den Touristen ab, so erfolgreich, daß kaum ein Besucher auf die Idee kommt, sich weiter hinauszuwagen als auf die Einkaufschaussee hinter den Hotels. Dort wird in Hunderten von kleinen Bretterschuppen angeboten, was als Bodensatz afrikanischer Kultur billig und massenhaft herzustellen ist.

Einen Schritt weiter befindet sich eine Promenade mit deutschem »Biergarten«, der mit einer riesigen schaumgekrönten Maß lockt. Ein Schild am Eingang grüßt: »Essen wie bei Muttern«; die Übersetzung für die italienischen Gäste steht gleich daneben. Die Bedienung spricht ebenso Deutsch wie Italienisch, und die Speisekarte bietet neben Bier alles, was der Tourist sonst noch zum Leben braucht: von Spaghetti bis Bockwurst. So kann man sich in der Fremde heimisch fühlen. Wie die mehrheitlich moslemische Bevölkerung dieses Monument der Trunkenheit bewertet, kann man sich leicht vorstellen.

Am Abend hat der Besucher die Qual der Wahl. Wilde Einheimische führen ein Potpourri ungestümer Verrenkungen auf, gekleidet in Nachahmungen von Leopardenfell. Das ist so authentisch, als würden Sizilianer und Lappen in Plastikbärenfellen einen Schuhplattler aufführen. Wem das nicht gefällt, der wird den vollklimatisierten Discos vielleicht mehr abgewinnen können. Dort gibt es Einheimische zum Betatschen und günstig dazu ...

Nach zwei Wochen Malindi kehrt man entweder sehr glücklich oder als Misanthrop nach Hause zurück.

Am letzten Tag in Mombasa schlendere ich durch die Altstadt. Es ist beruhigend zu sehen, daß sich die Häuser noch immer nicht aus ihrer gegenseitigen Umarmung gelöst haben.

Ein quadratisches, beiges Haus im klassizistischen Stil erweckt meine Aufmerksamkeit. Von weitem sehe ich Säulen, Fenstervorsprünge und ganz oben, im Bogen der Fassade, eine Uhr, die den Nachmittag anzeigt. Als ich etwas später wieder vorbeikomme, zeigt sie immer noch dieselbe Zeit an. Eine Uhr, die nur zweimal am Tag recht hat. Erst aus der Nähe offenbart sich die Täuschung, mit viel Farbe liebevoll aufgemalt. Auch die Arkaden bestehen nur aus Farbe. Über ihnen bieten Firmen mit reißerischen Namen und grellen Schildern ihre Dienste an. *Wollen Sie das Blaue vom Himmel? Kein Problem.* Nur mit dem Liefertermin könnte es Schwierigkeiten geben. Ich trete durch die gähnenden Türen in einen engen Innenraum. Das Mobiliar besteht aus einer Theke, einigen Blechkisten und dem Porträt des Präsidenten. Ein junger Mann hält einen Telefonhörer und wartet geduldig darauf, daß jemand zu ihm spricht. Daneben zählt ein Araber rote Quittungen. Auf der den Raum in zwei Hälften teilenden Theke liegen einige Bestellformulare. Die allgemeinen Geschäftsbedingungen auf kisuaheli umfassen fünf Punkte, und mehrmals kommt das Wort *tafadhali* vor: »bitte«. Ein anderer Mitarbeiter vergleicht endlos scheinende Zahlenreihen, die sich am Tagesende der Ordnung fügen werden, und wenn nicht, dann bleibt der morgige Tag ...

Vieles in der Welt der Suaheli bleibt einem Außenstehenden fremd. Vieles wird geheimgehalten. Neugierigen Fragen begegnen die Suaheli oft mit kunstvollen Phrasen und ausgesuchter Höflichkeit. Zu Ungläubigen haben sie nicht viel Vertrauen. Die Suaheli waren nicht nur die Zwischenhändler, sondern auch die Mittelsmänner bei der Umwälzung Ostafrikas, und sie schufen die erste kosmopolitische Kultur der Region. Wenn es eine gesamtafrikanische Sprache geben sollte, kommt nur ihre in Frage. Und doch müssen sie um die Erhaltung ihrer Traditionen kämpfen. Gegen die eigene Regierung und gegen die Fremden aus Europa und Nordamerika. Denn die Schönheit und der Reichtum des Küstenstreifens, der einst ihre Vorfahren hergelockt hat, weckt weiterhin Begierden. Nur kommen diesmal die Wellen der Veränderung nicht über den Indischen Ozean.

 RISSE IM INNEREN

Das Rift Valley

Es rumort im Inneren der Erde. Eine kochendheiße Fontäne zischt aus Bodenritzen in die Höhe, das Wasser läuft in Rinnsalen über den Felsen, über die Terrassen aus orangefarbenen Verkrustungen, Algen und pilzförmigen Ablagerungen. Umhüllt von einer Dampfwolke und die heiße Gischt im Gesicht, übersieht man leicht die warnende Tafel: *Do not go beyond this point.* Denn wer am Ufer des Bogoria-Sees im Schlamm versinkt, kommt nie wieder heraus. Nur einige Meter weiter, im seichten Wasser, staksen Tausende von Flamingos an ihrem bevorzugten Brutplatz umher – ihnen scheint die Hitze zu behagen.

An den Geysiren des Lake Bogoria zeigt der Große Ostafrikanische Graben (das *Rift Valley*) sein wahres heißblütiges Temperament. Meist liegt er ruhig da, wie eine eingeschlafene Schlange, vom Weltall aus sichtbar: den Kopf im Jordan-Tal, der Schwanz in Mosambik und dazwischen der Körper, siebentausend Kilometer lang – ein Sechstel des Erdumfangs. Selten breiter als fünfzig Kilometer und durchschnittlich einen halben Kilomter tief, zeugen seine vielen Vulkane und Krater, das allgegenwärtige Lavagestein und die Erdspalten von vergangenen Ausbrüchen und warnen vor neuen Eruptionen. Die Erde beherrscht ihren Jähzorn über Jahrtausende hinweg, hält die Hitze und den inneren Druck unter Kontrolle. Bis sie eines Tages den verborgenen Kräften freien Lauf läßt ...

Dreißig Vulkane sind im Rift Valley noch aktiv. Der imposanteste von ihnen ist der Mount Lengai. Schon auf den ersten Blick stellt sein knapp zweitausend Meter hoher gleichmäßiger Kegel die anderen Vulkane im nordtansanischen »Hochland der Riesenkrater« in den Schatten. Richtig ehrfürchtig wird man aber, wenn man ihn zu besteigen versucht. Jeder Schritt über die steilen, rutschigen Lavarippen nach oben läßt einen die Erhabenheit des Oldoinyo le Engai verspüren, des Heiligen Berges der Massai – die solcher Heiligkeit vernünftigerweise aus sicherer Entfernung huldigen.

Den Aufstieg sollte man nicht vor Einbruch der Dunkelheit wagen, denn sonst müßte man es nicht nur mit dem Vulkan, sondern auch mit der Sonne aufnehmen. Wir gehen um Mitternacht los. Je tiefer die Nacht wird, desto steiler geht es hinauf. Stundenlang tasten wir uns voran, in direkter Linie nach oben: Die ausgeprägten vertikalen Lavarippen erlauben keinen serpentinenartigen Aufstieg. Immer wieder rutschen wir ab, spähen im Mondlicht nach ersten Anzeichen des Kraterrands, nehmen enttäuscht und erschöpft einen Schluck aus der Wasserflasche. Wir können Schwefel riechen, der in Dampfwolken hangabwärts treibt. Später, die aufgerissene Haut brennt bei jeder Bodenberührung, stolpern wir über den Kraterrand! Die erstarrte Lava schimmert, einige Schlote rauchen paffend vor sich hin, Gase steigen kerzengerade in den Nachthimmel. Die erstarrte Lava bricht wie Glas unter unseren Füßen. Später geht die Sonne auf, der Krater kleidet sich in Schönheit.

Bei dem letzten großen Ausbruch des Lengai im Jahre 1966 hatte sich so viel Magma angesammelt, daß die Erdkruste aufbrach und der Vulkan glühende Lava und eine schwarze Wolke aus heißer Asche über die spärlich besiedelte Ebene spie. Was hier im kleinen passierte, geschah in Urzeiten in gewaltigen, kaum vorstellbaren Ausmaßen. Teile der Erdoberfläche gaben nach, und der Boden sank ab: Das Rift Valley entstand.

Einst gab es nur einen einzigen riesigen Kontinent, Gondwanaland genannt. In seinem Inneren glühte eine unbändige Hitze, die einen Teil der Erdkruste schmolz. Die Schmelze setzte sich in Bewegung, die unterirdischen Strömungen stiegen zur Oberfläche, Gondwana zerbrach, die Teile trieben auseinander, zwischen ihnen bildeten sich Ozeane: vor etwa vierzig Millionen Jahren auch der Indische Ozean. Die groben Umrisse Ostafrikas waren gezeichnet. Es blieb neuerlichen Bewegungen überlassen, das narbige Gesicht zu formen. Vor etwa siebzehn Millionen Jahren begann die Erdkruste wieder aufzureißen. Die Vulkane tobten, Verwerfungen türmten sich auf, Erdplatten verschoben sich. In geologischen Größenordnungen ist das Rift noch jung und unreif, ein Kind, das mit dem Feuer spielt.

Ob im Alten Testament – das Ertrinken des ägyptischen Heers im Roten Meer oder die Zerstörung der sündigen Städte Sodom und Gomorrha –, ob in den Ursprungslegenden afrikanischer Völker, vieles weist darauf hin, daß sich Mythen aus unserem kollektiven Gedächtnis auf die Zeit der letzten großen Erdumwälzungen beziehen. Doch der Jähzorn ist noch nicht verflogen, wie dreißig aktive Vulkane nahelegen.

Ohne das Rift Valley wären große Teile Ostafrikas flach und trocken. Abgesehen von Ausnahmen wie dem Viktoria-See verdanken ihm alle Binnengewässer ihre Existenz, so auch der eingangs erwähnte Bogoria-See. Die vulkanischen Berge kitzeln den Regen aus den Wolken und spenden fruchtbare Erde. Die Hitze, der Rauch, die Gase, das Feuer, die Steinniederschläge verwandelten die Umgebung zunächst in eine leblose Landschaft, aber im Laufe der Zeit wird aus vulkanischem Boden mit Hilfe von Regenfällen bester Humus. Durch die

Verwerfungen tritt oftmals Wasser an die Oberfläche, das sonst tief im Inneren verborgen läge, und in den vielen Senken kann sich der Regen sammeln. Das Chaos unmittelbar nach der Zerstörung weicht fruchtbarer Vielfalt: reichlich Seen, Höhendifferenzen, schwankende Temperaturen und saisonale Niederschläge. Die neue Umgebung war für Lebewesen sehr einladend. Auch für Menschen ...

Unsere Vorgeschichte ist in wichtigen Teilen noch nicht geklärt, aber eines ist sicher: Nirgendwo sonst auf der Welt führen paläontologische Funde weiter in unsere Vergangenheit zurück als jene aus dem Rift Valley. Funde, die womöglich das langgesuchte *missing link*, das Bindeglied zwischen den Affen und den ersten Menschen, bieten. Die Paläontologen vermuten, daß das Rift Valley eine Art Testgelände war, auf dem drei Prototypen des Menschen gegeneinander antraten: der *Australopithecus africanus*, der *Australopithecus boisei* und der *Homo habilis*, der schließlich das Rennen machte. Aus ihm entwickelte sich der *Homo erectus* und schließlich der *Homo sapiens*. Dieser hatte nicht nur mehr Gehirnmasse, sondern er ernährte sich sowohl von Pflanzen als auch von Fleisch, was vielleicht sein entscheidender evolutionärer Vorteil war.

Im Rift Valley wurden die ersten kulturellen Triumphe gefeiert: Werkzeuge, Feuer, Waffen und Behausungen. Die frühen Menschen hinterließen in unwirtlichen Gegenden Spuren, die dem Rift Valley den ehrenvollen Titel »Wiege der Menschheit« eintrugen.

Unter Menschen und Affen

Einen Blick in unser evolutionäres Photoalbum ermöglichen die Menschenaffen Afrikas: die Schimpansen, Gorillas und Bonobos. Wenn man sie bestaunt, schaut man in einen nur leicht verzerrten Spiegel: Die Ähnlichkeiten sind deutlicher als die Unterschiede. Primaten erinnern Menschen an eine ferne gemeinsame Vergangenheit und an eine nahe Verwandtschaft.

Im dichten Bergnebelwald von Ruanda, Uganda und Zaire, inmitten der Virunga-Vulkane, leben die letzten Berggorillas. Daß sie in den vergangenen Jahrzehnten überlebt haben, verdanken sie zu nicht geringen Teilen der amerikanischen Verhaltensforscherin Dian Fossey, deren Lebensgeschichte Hollywood einen Film wert war. Als die Ausrottung der Gorillas drohte, alarmierte sie die Weltöffentlichkeit, initiierte eine Truppe zur Bekämpfung der Wilderei und verteidigte die Heimat der Gorillas mit Zähnen und Klauen und schließlich mit ihrem eigenen Leben – eines Nachts wurde sie, wahrscheinlich von Wilderern, ermordet. Die Gorillas, die sich im Laufe von Fosseys Forschungstätigkeit an Menschen gewöhnt hatten, wurden zum touristischen Großereignis, das dem Staat von Ruanda in friedlichen Jahren bis zu zehn Millionen US-Dollar einbrachte – der drittgrößte Devisenbringer des Landes. Selbst der Genozid in Ruanda hat nicht die Ausrottung der Gorillas verursacht; es werden wieder Besucher zu ihnen

geführt – der Fußmarsch beginnt an einem völlig niederge-
brannten Forsthaus.

Trotz aller Filme und Artikel, ich bin auf die emotionale Wirkung des Anblicks nicht vorbereitet, der sich uns nach einem
langen Fußmarsch auf einer Höhe von dreitausend Metern
bietet: Ein gewaltiger, tiefschwarzer Gorilla sitzt gelassen da,
dreihundert Kilo schwer und regungslos wie eine Buddhastatue. Mit der Autorität und der Selbstsicherheit eines Patriarchen richtet er einen prüfenden Blick auf uns. Wir scheinen
ihn nicht zu beeindrucken. Er hält Audienz, um ihn herum ist
die Großfamilie versammelt: einige fürsorgliche Frauen und
jede Menge herumtollende Kinder. Er selbst ist schon ergraut,
ein *Silberrücken*, ein ausgewachsener Mann mit weißen Strähnen, dem der Ruf eines strengen Familienvaters vorauseilt.
Wenn er es einmal zum Anführer einer Gruppe von Gorillas
gebracht hat, richtet er sich einen Harem ein und herrscht mit
absoluter Macht über seinen Clan. Meinungsverschieden-
heiten mit anderen männlichen Gorillas werden menschlich
ausgetragen, mit Gewalt. Gelegentlich bringen sich Gorillas
gegenseitig um, manchmal töten sie sogar ihre eigenen Kinder. Sie sind aber auch zu Freundschaft und Mutterliebe, zu
Treue und Aufopferung fähig. Die Jungtiere werden monatelang von ihren Müttern umsorgt, denn sie brauchen lange, bis
sie auf eigenen (vier und zwei) Beinen stehen können.

Wie nahe wir an den Gorillas dran sind, wird uns erst bewußt,
als einer der Kleinen nach einer Kameratasche greift und sich
davonzustehlen versucht. Der Wildhüter stößt einige strenge
Laute aus, und der Kleine bekommt Angst vor der eigenen
Courage. Er springt in die Sicherheit eines benachbarten Baumes, blickt uns interessiert an, springt wieder hinunter und
schlägt sich mit den Fäusten auf die Brust, während er den

Oberkörper aufbläht. Das bißchen Respekt, den er sich erdrohen konnte, verfliegt, als er das Gleichgewicht verliert und zu Boden plumpst. Ich könnte schwören, daß ein Lachen durch seine Augen huscht.

Unsere Neugier wird von dem Silberrücken als Majestätsbeleidigung aufgefaßt. Er richtet sich zu seinen vollen zwei Metern auf und brüllt. Untertänig lassen wir uns zu Boden fallen und verstecken unser Gesicht. Wer einem ausgewachsenen Gorilla in die Augen schaut, fordert ihn heraus – das hat uns der Wildhüter erklärt und hinzugefügt, daß wir es tunlichst vermeiden sollten, einen Silberrücken herauszufordern, denn er könne uns mit einer einzigen Handbewegung den Arm aus der Schulter reißen. Zu unserer Erleichterung läßt sich der Patriarch durch unterwürfige Gesten wieder besänftigen. Er kehrt uns seinen massiven Rücken zu, reißt eine Riesensenezia aus dem Boden und knabbert an ihr wie unsereiner an einer Möhre.

Nomaden im Zwiespalt

Stolze Krieger, hochaufgeschossene Tänzer, rotgewandet, schlank und flink – die Massai sind das bekannteste Volk Ostafrikas, in unzähligen Büchern und Filmen verewigt. In den Ebenen des Rift Valley begegnet man ihnen oft, die Kinder beim Hüten der Herde, die Älteren im Schatten einer Akazie, festtagsgeschmückte junge Männer an touristischen Knotenpunkten, die sich gegen Honorar ablichten lassen oder ihre Speere verscherbeln.

Es gab Zeiten, da trieben die Massai mit Fremden keinen Handel, sondern spießten sie auf. Ihre Kriegerkaste, die *ilmoran*, konnte den Vergleich mit den furchterregendsten Kämpfern der Weltgeschichte aufnehmen. Wie die römischen Legionen gingen sie in geordneter Formation in die Schlacht, die Schilder dicht an dicht. Wie die Hunnen waren sie keine Eroberer, sondern Erbeuter. Und wie die Wikinger ehrten sie den Kampf und den Tod, übten sich im Töten und erbarmten sich keines Gegners. Nachdem sie im 17. und 18. Jahrhundert vom Oberen Nil nach Süden gewandert waren, jagten sie den restlichen Bewohnern Ostafrikas Angst und Schrecken ein. Sie waren die uneingeschränkten Herren einer Ebene von der Größe Deutschlands. Sie verachteten die Bantuvölker, die in sicherem Abstand zu ihnen im Hochland Ackerbau betrieben, und zogen die weite Savanne vor, wo sie als Nomaden mit ihren Herden zusammenlebten. Sie glaubten, daß alle Rinder der Welt ihnen gehörten (diesen Glauben teilten sie mit den hamitischen Nuern im Sudan, die zum Glück mehr als tausend Kilometer entfernt leben). Gott hat sie seinen Kindern überreicht, als er sie von seinem heiligen Vulkan, dem Oldoinyo le Engai, an den Zweigen des Wilden Feigenbaums herabließ.

Vom deutschen Missionar Ludwig Krapf, dem Pionier unter den europäischen Predigern in Ostafrika, stammt die erste Beschreibung der Massai: »Sie sind gefürchtete Krieger, die alles mit Feuer und Schwert vernichten, so daß die schwächeren Stämme es nicht wagen, offen Widerstand zu leisten, sondern ihnen ihre Herden überlassen und sich zu retten versuchen.«

Rinder sind weiterhin die Grundlage ihrer Kultur: ihre Nahrung, ihr Vermögen, ihre Macht. Wer hundert Rinder besitzt, gilt als wohlhabend. Die Herde gibt ihm die Sicherheit eines prallen Bankkontos. Ein Massai kennt jedes Tier persönlich und empfindet größere oder geringere Zuneigung zu ihm. Er ist mit seinem Charakter, seiner Stimme, seinem Geruch vertraut. Geschlachtet werden die Rinder nur zu bedeutenden zeremoniellen Anlässen, denn wichtiger als das Fleisch sind die Kuhmilch und das Blut der Rinder. Auch wird ihr Urin als Heilmittel und zum Waschen verwendet, der Dung als Baustoff, die Hufe als Schmuck, das Fell als Kleidung. Die Krals, *engang* genannt, sind funktional auf die Rinder abgestellt. Hinter einem Zaun bilden igluartige Häuser einen Kreis, in dessen Mitte am Tagesende das Vieh zur Nachtruhe zusammengetrieben wird.

Als der Schotte Joseph Thomson 1883/84 als erster Europäer das Massailand durchquerte, bestand er eine Mut- und Geduldsprobe, an der vor ihm schon einige gescheitert waren. In seinem Buch ›Through Massai Land‹ beschreibt er seine Expedition, die man zu den beeindruckendsten Reisen durch das Afrika des 19. Jahrhunderts zählen muß. Nach knapp fünftausend Kilometer Fußmarsch in vierzehn Monaten kehrte er an die Küste zurück. Es sollte nur wenige Jahre dauern, bis englische Eroberer und Siedler über die Massai hereinbrachen, sie umbrachten, verdrängten oder korrumpierten.

An den Magadi-See, zwei Autostunden von Nairobi entfernt, werden keine Herden zur Tränke geführt. Er ist reich an Sodasalz (so auch die Bedeutung von *Magadi* auf kisuaheli), reicher als jeder andere Ort der Welt. Die *Magadi Soda Company Ltd.* baut mit Unterstützung internationaler Investoren das Weiße Gold für die Glas- und Waschmittelindustrie Europas und Asiens ab. Und weil es niemanden in diese unwirtliche und heiße Gegend zieht, besteht die Arbeiterschaft vor allem aus Massai, die auf ihrem angestammten Land dem nachgehen dürfen, was sie am meisten verachten: Lohnarbeit.

Noch sind die Förderanlagen ein unwirklich flimmernder Umriß in der Ferne, da sperrt eine fleckige Schranke die Straße. »Purpose of visit?« Wir haben einen alten Mann aus seinem winzigen Wärterhäuschen gescheucht, dem die förmlichen Worte schwer über die Lippen kommen. »Just looking around.« Danach ein langes Schweigen, das zweierlei bedeuten kann: Die Englischkenntnisse des alten Mannes sind erschöpft, oder ihm fehlt es an Verständnis für solch ein Interesse. Kopfschüttelnd trägt er in gemalten Buchstaben *Tourist* in sein schwarzes Buch ein und öffnet uns die knarrende Schranke.

Der See besteht aus rosafarbenen Verkrustungen, zwischen denen das hellblaue Wasser durchschimmert. Ein eigentümlicher Geruch besetzt die Luft, als wäre eine große öffentliche Toilette mit Unmengen billigen Parfüms besprengt worden.

Die reflektierenden Sonnenstrahlen blenden uns derart, daß wir mit zusammengekniffenen Augen vorsichtig weiterfahren, über eine deichartige Anhebung mitten durch den See zum anderen Ufer, hinter dem die Konturen der Loita Hills aufragen. Zu beiden Seiten des Weges erstrecken sich Förderbänder, denen man nicht ansieht, daß sie sich auch bewegen können. Aus der Silhouette der Fabrik löst sich ein kleiner Punkt und nähert sich langsam.

Zwei Minuten später radelt ein Massai auf seinem Dienstfahrrad an uns vorbei, sein rotes Gewand im Fahrtwind gehißt. Wir mustern uns gegenseitig; die Hitze und sein Blick laden zu keinem Gespräch ein. Als wir beginnen, die stillstehenden Förderanlagen zu knipsen, taucht von nirgendwo ein Mann auf: »No pictures, no pictures!« Wir schauen ihn verwundert an, und er besinnt sich seines wenig offiziellen Aussehens. Er klopft sich den weißen Staub von der schwarzen Uniform, rückt einen glänzenden Plastikhelm zurecht. Darunter erkennen wir den typischen Ohrschmuck der Massai, der an einem münzgroßen Loch im Ohrläppchen befestigt ist.

Wir entschuldigen uns wortreich und bitten nachträglich um Erlaubnis. Ein kurzes Nicken seinerseits entspannt die Situation. Der Mann erklärt uns bereitwillig, man warte auf ein Ersatzteil. Die Arbeiter seien in ihren Wohnungen, dort oben, und er deutet mit seinem Schlagstock auf die dreistöckigen Flachdachbauten oberhalb des Sees. Manche seien wohl in der Bar. Dann zuckt er mit den Schultern und lächelt uns an, mit mehr Lücken als Zähnen. Er bleibt zurück, ein Einsamer auf seinem Posten, den die Gegenwart abgestellt hat, um etwas zu bewachen, das für ihn keinen Wert hat.

Der Werkssiedlung sieht man an, daß sie nach unbelehrbaren Architektenplänen erbaut worden ist. Die wenigen

Meter Straße sind asphaltiert und mit einem Gehweg ausgestattet, die Kreuzungen ordentlich ausgeschildert, wie im
Verkehrsunterricht. Eine windlose Geisterstadt. Erst von
nahem erkennen wir, daß die Häuserblocks bewohnt sind:
Im ersten Treppenhaus laufen uns zwei Ziegen entgegen,
ihrem nachklingenden Trippeln folgt ein in seine rote Shuka
gehüllter Massai einen dunklen Gang hinunter. Die Wände
sind verrußt, und ein Blick auf die Balkone erklärt, wieso:
Offene Feuer flackern auf dem Beton; die Massaifrauen bereiten das Essen in althergebrachter Manier zu. In den Bodenritzen sprießt das Unkraut, und man spürt, daß die Massai,
die Natur und die Zeit mit vereinten Kräften diesen Betonbau
besiegen werden.

Weder die englischen Kolonialherren noch die nachfolgenden
Regierungen der Anfang der sechziger Jahre unabhängig ge-
wordenen Staaten Kenia und Tansania haben die Massai zur
Seßhaftigkeit zwingen können. Sie haben sie immer wieder
vertrieben, bis den Massai nicht einmal ein Drittel des Landes
übrigblieb, das sie ursprünglich durchwandert hatten. Verloren haben sie fruchtbares Land an Farmer und Bauern, denn
die Landwirtschaft genießt höhere Priorität. Verschiedenste
Entwicklungshilfeprojekte postulierten das Ziel, die Nomaden
seßhaft zu machen. Sie versandeten, wortwörtlich. Eigentlich
bedürften die Massai keiner Einmischung von außen. Sie gehen vorbildlich mit dem trockenen und empfindlichen Boden
um. Ihre Lebens- und Wirtschaftsweise ermöglicht eine Existenz unter ungünstigen Bedingungen. Sie schonen die Res-
sourcen und achten auf den Erhalt des Naturkreislaufes. Doch
je mehr ihre Räume begrenzt werden, je mehr man ihnen die
Nutzung von Wäldern, Hochebenen oder Oasen verwehrt,
weil diese für den Anbau von exportträchtigen Pflanzen benö-

tigt werden, desto mehr entwickeln sie sich zu einer ökologischen Bedrohung: Wenn das Areal der Freizügigkeit zu klein wird, grasen die Herden die schmale Vegetationsdecke unregenerierbar ab, Erosion setzt ein, das Land stirbt.

Auf dem Beton vor der Bar ist jegliche Absicht, sich draußen aufzuhalten, längst verdunstet. Drinnen quäkt Discomusik aus einer alten Jukebox. Eine Frau liegt auf der Theke und schläft. Der Anblick scheint die Massai-Männer an den Steintischen nicht zu stören, die Wirtin ebensowenig. An der Schlummernden vorbei reicht mir eine adrett gekleidete Kellnerin ein warmes White Cup, ein einheimisches Bier, das auf seinem Etikett die Frische des Mount Kenia verspricht. Die Stimme von Madonna dreht sich vor den alkoholverhangenen Augen eines jungen Mannes im Kreis. In seinem Alter, während der sieben Jahre währenden Zeit als *moran*, wäre ihm traditionell jeglicher Alkoholkonsum verboten.

Es wird kaum gesprochen, erst recht nicht zwischen den Massaimännern und der sehr zurückhaltenden ortsfremden Geschäftsinhaberin. Sie hat ein Schild angebracht, das ihr offenkundig aus dem Herzen spricht: »Warning: if you have nothing to do, please don't do it here.« Etwas zu tun gäbe es, wenn der hölzerne Rahmen noch das dazugehörige Dartsbrett umranden würde. Aber ein weißer Abdruck gähnt an der Stelle, wo es sich einst befunden hat, und ein letztes Stückchen Kreide erzählt von den besseren Zeiten dieses importierten Spiels, dessen Reiz sich den Massai, die ihre Speere zu Hause gelassen haben, kaum erschließen dürfte.

Die ortsfremde Unternehmerin kassiert wortkarg ab. Erstaunlich wenige Geschäfte und Kneipen werden von Massai betrieben. Vielleicht ist der Schritt vom stolzen Krieger zum Ladeninhaber kaum zu bewerkstelligen. In dieser Hinsicht haben sie sich erst wenig angepaßt.

Die Behörden versuchen weiterhin mit allen Maßnahmen, den Massai das Beharren auf ihren Traditionen auszutreiben. Weil zum Beispiel ihre Bekleidung immer wieder Anstoß erregt – unter dem locker umgeschlungenen Stoff wird manchmal zuviel sichtbar –, verbot man ihnen in Tansania, sich derart gekleidet in Bussen oder Zügen blicken zu lassen. Die Massai trieben alte Hosen auf, mit denen sie ein noch un(an)-gezogeneres Bild abgaben. Sie verwendeten sie nur, um ohne Beanstandung in den Bus ein- und wieder auszusteigen. Irgendwann schlief das Verbot ein ...

Bob der Massai ist unter diesem Spitznamen allseits bekannt. Meist treibt er sich irgendwo in Nairobi, Nakuru oder an der Küste herum, wo er Tätigkeiten nachgeht, die so geheimnisvoll sind, daß er wahrscheinlich selbst seine Geschäftspartner im unklaren darüber läßt. Vielleicht tut er auch nichts. Er ist unehelicher Sohn eines ehemaligen Ministers, einst der einzige Massaiminister in Kenia. Doch jetzt hält sich Bob wieder in dem Städtchen auf, in einer der Bars an der Hauptstraße, läßt sich zum Bier einladen (soweit ich weiß, hat niemand je erlebt, daß Bob sich selbst einmal ein Bier spendiert hätte) und scherzt mit dem Barbesitzer herum, mit Kellnerinnen, Besuchern und Prostituierten. Auf der einen Wand der Bar rast ein gepinselter Bus auf die angetrunkenen Besucher zu, die Karosserie geschmückt mit prahlerischen Schriftzügen. Gegenüber durchbohrt ein stark stilisierter junger Massaikrieger einen fauchenden Löwen, der gerade zum Sprung angesetzt hat. Zwischen den beiden Wänden und vor den kleinen Tischen tanzen einige Freier mit Begleitung zum neuesten Schlager aus Zaire.

Bob freut sich, mich zu sehen, doch ich werde das Gefühl nicht los, daß er sich meinen Namen nur gemerkt hat, um im zweiten Atemzug um ein Glas Whiskey zu bitten. Er klopft mir auf den Rücken, wir begehen ein kompliziertes Ritual des Händedrückens und Händeschüttelns, und Bob stürzt sich in einen langen Monolog über die Ungerechtigkeit des Lebens, insbesondere seines eigenen. Etwas später steht er ohne Erklärung auf und begibt sich an einen anderen Tisch. Er bleibt stets nur kurz irgendwo am Stuhlrand sitzen, für einige Schlucke, so als sei er auf dem Sprung, und obwohl er viele Stunden in der Bar verbringt, vermittelt er den Eindruck, er sei in Eile.

Bob hat ein sympathisches, offenes Gesicht; er ist beliebt. Einen Teil seines Stolzes und Hochmutes scheint er stückchenweise in den Bars liegengelassen zu haben. Er erzählt oft und gerne von den Traditionen der Massai, insbesondere von seinem Großvater, zu dem er ein enges Verhältnis hat – in vielen afrikanischen Gesellschaften pflegen Großeltern und Enkel eine intensive Beziehung zueinander. Doch er erzählt nie, daß er seiner Familie einen Besuch abgestattet habe, daß er in ihr Dorf zurückgekehrt sei.

Bob der Massai trinkt gerade aus einem Glas von einem verwaisten Tisch, als ein Pärchen vom Tanzen zurückkommt und reklamiert, daß es sich um ihren Tisch und auch um ihre halbvollen Gläser handelt. Der Mann, vor seiner Freundin in Zugzwang, beginnt Bob zu beschimpfen. Bob, zwei Köpfe kleiner und auch sonst körperlich nicht konkurrenzfähig, richtet sich zu voller Größe auf.

»Woher soll ich denn wissen, daß es dein Bier ist?«
Der Mann flucht und zetert.
»Kannst du denn beweisen, daß es dein Bier ist?«
Der Mann ist nahe dran, handgreiflich zu werden.
»Könnte ja jedermanns Bier sein!«
Der Mann schubst Bob gegen die Tischkante. Einige Be-

kannte versuchen, Bob in seinem Übermut zu bremsen und wegzuziehen. Doch er befreit sich und argumentiert weiter. »Pffff ... kommt dieser Typ daher und behauptet, es sei sein Bier, einfach so, kann jeder sagen, kann es nicht einmal beweisen ... was ist das für ein Typ ...«

Die Massai wandern auf dem schmalen Grat zwischen der Bewahrung ihrer Lebensweise und der Anpassung an eine veränderte Welt – das leere Gesicht von Bob spät in der Nacht war Ausdruck eines Absturzes. Die Prüfung, durch die der *moran*, der Krieger, Aufnahme in die Erwachsenenwelt erfährt, fand ihren Höhepunkt einst im Erlegen eines Löwen. Doch seit der Vertreibung der Massai aus den in den letzten Jahrzehnten errichteten Tierreservaten sind die Löwen nur noch von Touristenbussen umzingelt. Bei allem Mut, der den Massai angeboren und anerzogen ist, steht ihnen die größte Herausforderung noch bevor – nicht das Schicksal der Löwen zu erleiden. Es besteht wenig Hoffnung, daß sie ihre Lebensweise erhalten können. Wahrscheinlich werden sie nur als Relikt im Freiluftmuseum fortbestehen.

In den Ministerien und internationalen Organisationen scheint Einigkeit darüber zu herrschen, daß die Nomaden entnomadisiert werden sollen. Ihre Kultur wird als Krankheit oder bestenfalls als Anachronismus angesehen, der mit vereinten Kräften weltweit ausgerottet werden muß. Wieso? Vielleicht, weil die Mächtigen seßhaft sind und ein tiefes Mißtrauen gegenüber Nomaden hegen, so wie sie alles Unkontrollierbare und Unreglementierte fürchten? Vielleicht weil die Nomaden überwiegend in staatenlosen, egalitären Gesellschaften organisiert sind, deren funktionierende Ordnung dem alleinseligmachenden Anspruch des modernen Nationalstaates mit all seinen systemimmanenten Ungerechtigkeiten ein Dorn im Auge ist. Vielleicht, weil die Lebensweise der Nomaden so wenig den Bedürfnissen der modernen Finanzwirtschaft genügt, sich so wenig für Investitionen und Profite eignet. Wer letztlich überleben wird, ist nicht ausgemacht. Die Nomaden leben nomadisch, weil ihre Umwelt nur diese Lebensform zuläßt. Das begreifen die kurzsichtigen Bürokraten nicht.

Beschneidung

Der Bezirk Mbale im östlichen Uganda ist eine der Gegenden Afrikas, die keinem Klischee entsprechen. Am Fuße des viertausenddreihundert Meter hohen Mount Elgon ist es diesig und kalt. Der Boden ist fruchtbar genug, um die Menschen zu ernähren, die in kleinen, verstreuten Dörfern leben. Gewiß keine Idylle, aber nicht wenige Bewohner der südlichen Hemisphäre würden wahrscheinlich gerne mit den Bewohnern von Mbale tauschen.

Die Wege, die von der Provinzhauptstadt Mbale in das Bergmassiv des Mount Elgon hinaufführen, sind schon nach wenigen Kilometern schwer passierbar. Je weiter wir hochfahren und den Gipfel durch den Dunst zu erahnen suchen, desto traditioneller leben die Menschen. Fahrräder werden seltener, Autos kommen uns kaum noch entgegen. Wann immer wir anhalten, sammelt sich eine Schar stummer Beobachter in extravaganter Kleidung: Skimützen und Baretten, farblosen Stoffkleidern und grellen Pullovern, Gummistiefeln und Sandalen (manche barfuß). Der Nebel gibt nicht nach. Die Bananenpflanzen wachsen dichter, die Stauden tragen schwer an den Früchten. Wir halten an einem Bach. Etwas weiter aufwärts waschen Frauen und Kinder. Die sauberen Kleidungsstücke haben sie auf den Kuppeln eines Felsens ausgebreitet. Auf dem Hügel hinter ihnen stehen einige junge Männer, regungslos wie Skulpturen. Sie tragen rockartige Gewänder.

Das sind die gerade Beschnittenen, erklärt unser Begleiter Peter Mayeku, ein Gebrauchtkleiderhändler, dessen Ware, in vielen Plastiktüten verstaut, wir mühsam im Auto untergebracht haben.

Hier, am Fuße des hohen Berges, hat sich die Tradition der Jungenbeschneidung erhalten. Ein Initiationsritual, das den Abschied von der Kindheit und die Aufnahme in die Welt der Erwachsenen markiert; die »Röcke« symbolisieren diesen Übergang. Der Schmerz – »so schmerzhaft, daß man es nicht ausdrücken kann«, wie Peter sagt – soll auf das Leben vorbereiten, die Zeremonien, während deren die Jungen wochenlang im Mittelpunkt stehen, beschenkt und gefeiert werden, stärken ihr Selbstbewußtsein und vermitteln ihnen die Wertschätzung, die sie in der Gemeinschaft genießen. Den Ahnen wird mit der Beschneidung kundgetan, daß die Jungen bereit sind, Verantwortung zu übernehmen. Die Beschneidung verbindet Generation mit Generation, die Lebenden mit den Ahnen. Die Initiierten eines Jahrgangs sind untereinander ihr Leben lang in Freundschaft und Verpflichtung verbunden.

»Scherze nicht mit *imbalu*, mein Bruder! *Imbalu* ist nicht gut! *Imbalu* ist Qual! Auf dem Hof und im Haus. Wochen voller Schmerz! Du schmierst dir das Pulver des bittersten Heilkrauts der Welt auf die Wunde. Es brennt, als ob die Erde sich krümmt und aufbricht! Du sorgst willentlich dafür, daß es brennt! Denn Mannsein ist Schmerz! Willentlicher Schmerz! ... Sag mir, bist du immer noch darauf erpicht, dem Messer entgegenzutreten? Wenn du entschlossen bist, mach weiter. Wenn du aber den leisesten Zweifel hast, warte bis zum nächsten Mal.«

So beschreibt der ugandische Autor Timothy Wangusa in seinem Roman ›Der Berg am Rande des Himmels‹ die Beschneidung. Er hat mich in der Hauptstadt Kampala auf die Beschneidungsfeste hingewiesen und Peter gebeten, uns in sein Heimatdorf zu begleiten.

Alle geraden Jahre werden die 15–18-jährigen *vom Messer gegessen*. Im August die Jungen aus den Dörfern und im Dezember die Schulgänger. Nur eine einzige Volksgruppe im nördlichen Uganda praktiziere die Klitorisbeschneidung, informiert mich eine Lehrerin.

»Er trat in das Zelt voller trockener Bananenblätter. Vollführte drei Luftsprünge. Eins! Zwei! Drei! Setzte seine Füße fest auf den Boden, die Hände in die Seite gestemmt. Zum Berg hin. Und dann trat Butoto wa Mutoto mit dem Messer ein – und mit dem Messer tausend gespenstische Stimmen:

Er hat dir geschnitten das Oberste! ...
Er fängt an, dich tief zu schneiden! ...
Er stutzt dich rund herum.
Überlaß es Ihm, Ihm, Ihm! ...
Dort dort dortdortdortdort! ...
Sililililililililililili! ...
I!i!i!i!i!i!i!i!i!i!i!i!i!i!i!i! ...

Die dreiminütige Ewigkeit war zu Ende! Die Ewigkeit der Messerklinge war zu Ende! Er trat hinaus ... zu den Glückwünschen.

Mein Ebenbürtiger, sagte sein Großvater, ich wußte, du würdest es schaffen. Oh, du standest so fest. Kein Blinzeln, kein Muskelzucken. So stehen wir in unserem Clan. Von Anfang an. Wir stehen ganz still, während das Messer uns ißt. Ich sage dir, die Vögel erblickten deinen Mut und starben vor Schreck an diesem Morgen. Oh ja. Vögel sterben an diesem Morgen.«

»Nach der Beschneidung«, sagt Peter, »müssen die Beschnittenen die Wunde zuerst heilen lassen. Wenn sie verheilt ist, erfolgt eine Zeremonie, die wir *Verbrennen der Matten* nennen. Die Matten, auf denen die Beschnittenen geschlafen haben. Manchmal verbrennen die Beschnittenen auch, was sie zuvor getragen haben. Dann bereiten sie sich auf den *inemba* vor, den rituellen Abschluß der Beschneidung. Die Clans bestimmen den Ort der Zusammenkunft. Dort werden sich die Beschnittenen aus jedem Clan treffen. Während des Festes singen sie zusammen, um sich die Zeit zu verscheuchen, da sie nur Jungs waren; jetzt sind sie Männer. Deshalb stehen sie im Mittelpunkt und gebärden sich wie Männer. Traditionell kann der Beschnittene am heutigen Abend nach Sonnenuntergang das Mädchen, das er begehrt, zu sich ziehen. Damit zeigt er an, daß er sich mit ihr in die Büsche schlagen will. Es ist tabu, daß das Mädchen sich weigert. Das heißt nicht, daß die beiden für immer zusammenbleiben. Vielleicht trennen sie sich am nächsten Morgen.«

Ich bitte Peter, mir die Festvorbereitungen genauer zu erklären.

»Einem bestimmten Clan fällt die Aufgabe zu, *inemba* zu organisieren. Das Fest wandert alle zwei Jahre von Dorf zu Dorf, hier oben in den Bergen. Zuerst benötigt man die Trommler. Bei *inemba* wird auf vier Trommeln ein bestimmter Rhythmus gespielt, zu dem die Leute tanzen. Während des Trommelns verschmelzen die Lieder mit dem Rhythmus. Lieder, die sich über die Beschnittenen lustig machen: *Kommt uns* nicht nahe, wir können euch riechen, und gleich müssen wir uns übergeben. Ein schönes Lied.«

Peter beginnt zu singen, *omosinde* ... etwas kratzig, aber melodiös. Er kann so gut singen, wie Gebrauchtkleiderhändler nur in Afrika singen können. Ein schmächtiger Mann, der in meiner Achtung wächst. In der Stadt war er mir mit seinem beigen Kolonialanzug und gestutzten Schnurrbart wie ein provinzieller Krämer vorgekommen, der sich mit dem Verkauf alter Kleidung mühsam durchs Leben schlägt. Fast unmerklich wechselt er wieder ins Englische.

»Die meisten Lieder sind Spottlieder. Die Beschnittenen bleiben beieinander, sie sind sehr stolz. Gemeinsam wächst der Stolz. Manche sind mit Ocker bemalt, andere mit anderen, leuchtenden Farben. Sie tanzen, die Frauen schließen sich ihnen an, es gibt ein großes Besäufnis, alle möglichen Festlichkeiten. So endet das Beschneidungsritual. Die Älteren unter den Beschnittenen können nun heiraten.«

Inzwischen haben wir Peters Dorf erreicht. Die Bewohner scharen sich um das Auto und begrüßen uns herzlich. Peter erweist sich als Respektsperson, als erfolgreicher Mann. Er bekleidet den wichtigsten politischen Posten im Dorf, er ist so wohlhabend, daß er sich zwei Frauen leisten kann. Die zweite hat er gerade geheiratet, er ist dabei, an seinem Haus anzubauen. Stolz zeigt er auf den mit Bananenblättern bedeckten Grund.

Peters Dorf liegt am Fuße eines Gipfels, der wie eine Warze auf der Nase eines schlafenden Riesen aussieht. Das Nachbardorf, Geburtsort von Timothy Wangusa, hat einige hundert Einwohner mehr und somit auch ein Triumvirat örtlicher Würdenträger, die darauf bestehen, uns herumzuführen. Der Bürgermeister geht strammen Schrittes voran, seine zwei Assistenten hinterher. Die Häuser sind eher Gehöfte, weit auseinanderliegend und von großen Gärten umgeben, in denen Bananen, Mais und verschiedene Gemüsearten den Grundstock an Nahrung garantieren. Früher pflanzten die Dorfbewohner Kaffee und Sisal an, aber seitdem die Weltmarktpreise gefallen sind und ihnen die Ernte, wenn überhaupt, nur noch zu niedrigen Preisen abgenommen wird, haben sie umgestellt. Die Entwicklung geht zurück zur Subsistenzwirtschaft, zur Autarkie. Es gibt keine Kioske und keine Kneipen. Was unbedingt eingekauft werden muß, holen sie sich in der nächstgelegenen Stadt. Sonst kommen sie fast ohne Geld aus. Sie tauschen untereinander, was sie anpflanzen. Jeder im Dorf besitzt etwas Land. Nach der Heirat erhält man es von den Eltern geschenkt.

Wir erreichen eine kleine Lehmkirche, etwa zehn Meter lang, mit einem Wellblechdach versehen. Ein karges Bauwerk. Wer beim Gottesdienst sitzen will, bringt einen Stuhl mit. Drei weiße Kreuze sind an die Wand gemalt. Ein klappriger Holztisch dient als Altar. Über dem linken Kreuz hängt eine verwelkte Blume. Alle im Dorf seien Christen, meint der Bürgermeister. Jeden Sonntag gebe es Gottesdienst, heute allerdings nicht. Denn der Pfarrer wolle auch dem *inemba* beiwohnen. Er sagt das mit einer Selbstverständlichkeit, als hätten die christlichen Pfarrer, meist Missionare, solche »primitiven« Traditionen schon immer begrüßt. Das Gegenteil ist der Fall: Lange Jahre haben sie alles verboten, was ihnen anrüchig erschien und was sie mit der reinen Lehre nicht in Verbindung bringen konnten. Selbst die traditionelle Kleidung war in den christlichen Importkirchen verboten. Die stoische Geduld Afrikas hat im Endeffekt gesiegt: Die Missionare und ihre einheimischen Zöglinge tolerieren sehr viel mehr Althergebrachtes, seitdem »Afrikanische Kirchen« drohen, mit selbsternannten Propheten, schwarzen Heiligenbildern und

einer phantasiebegabten Mischung ursprünglicher Weltvor-
stellungen mit testamentarischen Bruchstücken populärer
als die institutionalisierten Kirchen zu werden.

Das Fest findet auf einer abschüssigen Wiese statt. Der Anstieg dahinter bildet eine natürliche Tribüne. Wir werden von
dem örtlichen Vorsitzenden des Resistance Council (kurz
RC) empfangen. Seit Yoweri Musevenis Machtübernahme
Anfang 1986 wird in Uganda der institutionalisierte Widerstand praktiziert. Auf allen Ebenen werden Räte formiert, die
den Neuaufbau des völlig zerstörten Landes in eigene Hände
nehmen sollen. Jeder Erwachsene ist aufgefordert, sich im
Widerstandsrat seines Dorfes zu engagieren. In diesem Rat
werden neun Mitglieder in ein höheres Komitee gewählt, den
RC1. Die RC1-Räte eines Bezirks kommen zusammen und
wählen einen weiteren Rat, den RC2. Und so weiter bis zum
RC5. Darüber stehen nur noch der Nationale Widerstandsrat
(NRC) sowie das Parlament. Wir werden einer Reihe weiterer RC-Funktionäre vorgestellt. Sie überlassen uns ihre
Stühle (alle anderen sitzen auf dem Boden) und bestehen
darauf, daß wir Platz nehmen. Sie bieten uns *malwa* an,
ein Hirsegebräu, das aus großen Töpfen gesaugt wird, und
lachen über unsere Versuche, die taktlose Spontaneität unserer Geschmacksnerven zu verbergen.

In der Mitte der Wiese werden zwei riesige Trommeln geschlagen. Der Takt sucht nach tanzenden Begleitern, doch die
Menschen warten noch ab. »Bald geht's los«, verspricht der
RC-Vorsitzende. »Es werden viele Leute kommen.« Die Aufmerksamkeit und die Zeit plätschern dahin. An einem Feuer
werden Ersatztrommeln gewärmt. Das soll ihren Klang verbessern; sie kommen zum Einsatz, wenn die Stimmen der
zwei anderen Trommeln ermüden.

Aus der Höhe des dichtbewachsenen Hügels plötzlich ein Schrei, der wie eine Lawine hinabrollt: die erste Gruppe von Beschnittenen. Ungefähr zwanzig junge Männer rennen einen Pfad herab, mit gelben Schürzen, grünen Astkränzen und drei Meter langen, bemalten Stöcken, die herumgewirbelt werden. Nahe der Wiese werden ihre Schritte schneller, ihre Schreie lauter. Die Trommeln atmen schwerer, die Schreienden stürzen sich in die Arena, überschwenglich, wuchtig.

Jetzt hat es richtig begonnen. Junge und Alte gesellen sich zu den Initiierten, die tanzend die Trommel umkreisen. Der Tanz besteht aus der langsamen Gewichtsverlagerung von einem Bein auf das andere, mit betontem Hüftschwung. Das unbelastete Bein wird hochgehoben und einen kleinen Schritt nach vorne gesetzt. Viele der Anwesenden betrachten die Vorgänge teilnahmslos. Manche von ihnen, vor allem die Kinder, interessieren sich mehr für unsere Kamera- und Tonbandausrüstung als für die Festlichkeiten. Sie beäugen uns. Ich wünsche mir, sie alle würden ekstatisch weiterfeiern und mich einfach vergessen. Der RC-Vorsitzende kann wohl Gedanken lesen: Ein alter Mann mit weißer Mütze und blauen Jeans tanzt unmittelbar vor uns, in seiner Hand eine Coca-Cola-Flasche mit Bananenbier. Etwas an ihm stört wohl das Bild, das sich mir bieten soll. Der RC-Mann versucht ihn wegzuschubsen. Mein lautes Protestieren läßt ihn etwas hilflos werden, dann noch aggressiver. Was will dieser Weiße eigentlich? Da müht man sich ab, ihm unverfälschte Tradition zu präsentieren, und er ist trotzdem unzufrieden ...

Immer wieder kommen Gruppen mit Beschnittenen den Hügel herab, laut und selbstbewußt. Die Zuschauer springen wohlweislich aus dem Weg, ein gewisser Abstand ist geboten. Eine alte Frau wird umgerissen. Ein Mann schleift sie ziemlich grob an den Schultern aus dem Weg und läßt sie am

Rande der Tanzfläche liegen. Erst als sich die Neuankömmlinge unter die Tanzenden gemischt haben und von ihnen keine Gefahr mehr ausgeht, kümmert sich jemand um sie. Die Tanzenden sind zu einem Getümmel verschmolzen, aus dem nur die farbigen Stöcke ragen, zwischen den Trommeln festgesteckt, damit sie nicht zerbrechen. Das würde Unheil bringen. Jeder Stock hat eine eigene Musterung, die es dem Beschnittenen ermöglicht, ihn am Ende des Tages wiederzufinden. Eine alte Frau betrachtet mich seit längerem. Ihr Gesicht und ihr Kleid heben sich von der Umgebung ab. *Mulembe*, grüßt sie provozierend. *Mulembe*, antworte ich. Sie blinzelt zufrieden und legt in einem Gemisch aus Kisuaheli und anderen Sprachen, die ich nicht verstehe, los. Die Männer lächeln, als wüßten sie genau, was jetzt folgt.

»Ich bin die Mutter aller weißen Kinder.« Das sagt sie auf englisch. Mutter aller weißen Kinder? Da das auch mich betrifft, frage ich nach und erfahre, daß die Frau in Nairobi gearbeitet hat, noch während der Kolonialzeit. Sie war dort bei so vielen europäischen Familien als *Ayah* (Kindermädchen) angestellt, daß ihre Freundinnen ihr diesen Titel verliehen haben. Er ist das einzige, was sie noch auf Englisch zu sagen vermag: Mutter aller weißen Kinder. Sie lacht mich verschwörerisch an, als teilten wir beide nun ein Geheimnis.

Allmählich zeigen sich auf den Gesichtern der Beschnittenen erste Anzeichen von Trance. Sie wirken abwesend, so als hätten sie sich in das Innere des Rituals hineingetanzt. Die Zuschauer haben sich eigenen Freuden zugewandt, sie trinken, scherzen, spazieren herum auf der Suche nach Bekannten. Bei Sonnenuntergang sind alle erschöpft. Der Eisverkäufer hat sein Geschäft gemacht; jetzt sitzt er sinnierend auf seiner leeren Kühlbox. Und neben ihm lehnt einer der

Beschnittenen seinen schweren Kopf an die Truhe. Die gelbe Schürze ist zur Seite gerutscht, darunter wird ein Adidas-T-Shirt sichtbar. Das hat er als Junge getragen, das trägt er auch als Mann.

Bier und Freundschaft

Nicht weit entfernt, beim Volk der Iteso, haben sich die Bauern zu einem anderen Fest versammelt, das, wie jedes soziale Ereignis bei ihnen, vom Hirsebiertrinken beherrscht wird. Die verschiedenen Anlässe, Bier zu trinken, tragen jeweils eigene Namen. An diesem Abend wird das *Bier der Arbeit* geteilt. Damit bedankt sich eine Frau oder ein Mann bei den Freunden, die bei der Feldarbeit oder beim Errichten eines Hauses geholfen haben. Die Sitzordnung ist streng festgelegt, weil sie das Gefüge zwischenmenschlicher Beziehungen in diesem Dorf nicht nur abbildet, sondern festlegt. Der äußere Kreis wird von sitzenden Männern gebildet, der innere von knienden Frauen. Mit dem Biergenuß wird nicht nur die Freundschaft aufrechterhalten – Konflikte in der Gemeinschaft, Spannungen und Brüche, erhalten über seine bis in die Kleinigkeiten hinein ritualisierten Formen einen Ausdruck. So ist es von großer Bedeutung, wann und wen man einlädt, wie die Eingeladenen sich benehmen. Das Grundprinzip ist jedoch einfach: Mit wem ich das Bier nicht teile, mit dem bin ich nicht befreundet.

Im Biertrinken der Iteso zeigt sich ein in vielen ostafrikanischen Gesellschaften vorherrschendes Ideal freundschaftlichen Umgangs miteinander, bei dem sich Solidarität und Geselligkeit vermischen. Beides wird von den Mitmenschen eingefordert. Wer diesen Ansprüchen nicht genügt, wird schwerlich viele Freunde finden. Wer sich der Großzügigkeit der anderen entzieht, weil er sich angesichts des strikten reziproken Systems von Geben und Nehmen keine Verpflichtungen aufbürden will, gilt als stolzer, arroganter und gieriger Mensch, der sich selbst genügt, und das ist eine sehr schlechte Eigenschaft.

Die Harmonie der Lebenden mit den Toten sowie die Harmonie der Menschen untereinander hat höchsten Stellenwert. Individuelles Handeln führt zu Antagonismen unter einzelnen, zu Haß. »Haß bringt keinen Ertrag; das Fleisch wird gegessen, nachdem es einen Tag auf dem Feuer verbracht hat«, sagt ein Sprichwort. Und ein anderes ergänzt: »Freundschaft ist nur halbvoll, wenn sie nicht von einem gemeinsamen Essen gesättigt wird.«

Einen dominanten Einfluß haben in vielen ostafrikanischen Gesellschaften die Altersklassen. Menschen aus einer Generation durchwandern gemeinsam den aus verschiedenen Altersklassen bestehenden Zyklus des Lebens. Sie erleben die *rites de passage* von der Kindheit zur Jugend und von der Jugend zum Erwachsensein. Die Altersklasse umfaßt eine Spielgemeinschaft, eine gemeinsame Reise durch die Initiation, bei der man miteinander tanzt, sich gegenseitig die Haare flicht und sich viel berührt. Unter den Altersgleichen (*age-mates*) entstehen *ties of dependence*, die man nicht aufkündigen kann. Die Altersklassen sind nicht nur entscheidende gesellschaftliche Markierungen, sie dienen auch der zeitlichen Orientierung – ein Ereignis wird terminiert, indem man benennt, welche Generation damals die Initiierten stellte.

Wie im späteren Leben die Bande dieser Freundschaft enger geknüpft werden, zeigt sich am Beispiel der Massai: Als Erwachsene sind die Männer für die eigene Familie und somit für eine eigene Herde verantwortlich. Aus Gründen der Sicherheit überlassen sie einige ihrer Rinder den Freunden. Absichtlich begibt man sich in gegenseitige Abhängigkeiten, die zum einen die Solidarität zementieren und zum anderen gegen Katastrophen jeglicher Art (Dürre, Rinderpest, Krieg) rückversichern sollen.

All das erklärt, wieso es die für Europäer so selbstverständlichen Pärchenfreundschaften selbst in den afrikanischen Metropolen nicht gibt. Ob Schweizer, Norweger oder Italiener, wer für einige Zeit nach Afrika zieht, wird bald feststellen, daß es schwierig ist, Herrn und Frau Koinange zum Abendessen einzuladen. Aufgeschlossene Fremde können die jeweiligen Geschlechtsgenossen in eigenen gesellschaftlichen Räumen treffen und mit ihnen freundschaftlich verkehren. So war es für mich in den vielen Jahren Aufenthalt in Afrika als Mann unmöglich, einen Einblick in Frauenwelten zu erhalten.

Das Bett auf dem Dach

Transport ist in Afrika eine Angelegenheit, die geduldig und erfinderisch gemeistert wird. Fahrpläne existieren nicht; wer sich auf eine Reise begibt, weiß, was ihn erwartet. Wenn ein Boot am frühen Morgen losfahren soll, dann wissen alle, daß sie vor der Sonne aufstehen müssen. Im Dunkeln strömen sie von allen Richtungen zum Pier und rufen sich Morgengrüße zu. Der Gehilfe des Bootsführers, für die Abfahrt zuständig, schreit hinaus: Kommen da noch welche?, und in der letzten Dunkelheit der Nacht hüpft die Frage weiter bis zu den Nachzüglern, die einen Schritt zulegen und ihrer Absicht mitzufahren Gehör verschaffen. Das Boot legt ab, einen Meter nur, der Gehilfe kündigt die Abfahrt an, und aus dem Schatten springen die letzten Passagiere herbei. Solange vom Land her noch Schreie zu hören sind, wird das Seil nicht von der Mole gelöst ...

Wenn der Bus an einer Raststation anhält, leert er sich so schnell wie überall auf der Welt. Nach einiger Zeit finden sich alle wieder ein – ohne daß ein Zeitpunkt angegeben worden wäre oder der Fahrer zum Aufbruch gerufen hätte. Manchmal wird ein Passagier, der sich ein zweites Bier nicht versagen konnte, vergessen. Der Bus biegt auf die Fernstraße ein, da rufen die hinteren Reihen laut aus. Alle Passagiere drehen sich um und blicken durch die Rückscheibe – der Vergessene sprintet hinter dem Bus her. Der Fahrer bremst nicht sofort ab, der Nachzügler zieht beim Laufen Arme und Beine über-trieben weit nach vorne und nach hinten, um sich vor seinem neugefundenen Publikum zu profilieren. Der Bus hält an, der Mann trabt gemächlich zur Tür und steigt ein, begrüßt von den geistreichen Kommentaren der Mitreisenden. Er lacht, der Fahrer lacht, die Passagiere lachen, der Bus fährt wieder an, beschwingt von überbordender Heiterkeit.

Der öffentliche Transport funktioniert aufgrund von Ahnungen, wechselnden Prioritäten und Zufällen – aber er funktioniert. Getreu dem Motto, daß sein kann, was sein muß. Die Menschen sind sehr mobil. Kaum ein Stadtbewohner, der nicht einmal im Monat seinem Heimatdorf einen Besuch abstattet, kaum ein Händler, der nicht hierhin und dorthin zum Einkaufen fährt, hier und dort ein Schnäppchen macht und wieder nach Hause strebt. Kaum ein Bauer, der nicht seine Ernte zu den Märkten transportieren oder in der Stadt Saatgut besorgen muß.

Die Mobilität ist größer als das Transportangebot. Das wird nicht hingenommen. Und siehe da, der zusätzliche Platz findet sich. Oft kann man nur staunen, was alles in einen Bus, einen Zug, ein Auto oder gar auf ein Motorrad paßt ..., der Bauer auf seinem kleinen Motorrad tuckert mit seiner seltsamen Fracht einen Anstieg hinauf. Wir überholen ihn, halten, winken ihm zu, er hält auch. Tatsächlich! Der Mann transportiert Hühner, mehr als wir zählen können. Hundertundfünfzig sind es, erzählt er, etwas belustigt von unserem fassungslosen Interesse. Hundertundfünfzig lebende Hühner! Er sei auf dem Weg zum Markt, um das Federvieh von seiner und von den benachbarten Farmen zu verkaufen. In seinem Dorf gebe es nur das eine Motorrad, also habe er die Hühner zusammengeschnürt, zu zwei großen Trauben gefaßt und an seinem Motorrad befestigt. Er sei guter Dinge, noch am selben Abend ohne die gefiederte Last zu seiner Farm zurückkehren zu können. Nach diesen Erklärungen steigt er wieder auf sein Motorrad und fährt davon. Von weitem sehen die Hühner wie riesige Satteltaschen aus.

Schon der Weg vom eigenen Haus zur Bushaltestelle erfordert manchmal einen »Spediteur«. Was von den vielen Verwandten und Nachbarn nicht auf dem Kopf und mit den Händen geschleppt werden kann, muß auf große Schubkarren geladen werden. *Mkokoteni* werden diese auf Kisuaheli genannt, und ihre Eigentümer bilden die unterste Stufe des Transportgewerbes. Während die Autos an ihnen vorbeirasen, ziehen diese Männer am Straßenrand ihre Karren, die Adern quellen hervor, die Füße schleifen durch den staubigen oder matschigen Untergrund. Und wenn einer der Laster oder großen Busse sie überholt, umhüllt eine schwarze Wolke den Ziehenden und seine Fracht, aus der er hustend und fluchend herauskommt. Oft haben diese Männer einen wilden Blick und ein verwahrlostes Aussehen, und fast immer ziehen sie Lasten, die ihre ausgemergelten Körper überfordern. Aber sie erreichen schließlich die Bushaltestelle, und für den Reisenden beginnt die zweite Etappe.

Busbahnhöfe sind das soziale Herz vieler Orte. Eine Reihe von Buden, Geschäften und Kneipen umranden einen weiten Platz, von dem aus man nicht nur verreist: Für Händler, Schausteller, Gauner und Hochstapler ist dies der Arbeitsplatz, für Halbstarke und Säufer das Vergnügungsviertel.

An einem Morgen, an dem die Sonne sich bedeckt hält, warten wir auf den richtigen Bus. Die Menschen sind noch Schatten, das Leben sammelt sich allmählich. Mehrere Busse haben ihre Türen geöffnet und warten darauf, sich zu füllen, bevor sie abfahren können, so gibt es der Fahrplan vor. Ein jugendlicher Schaffner reibt sich den Schlaf aus den Augen und setzt seine Mütze wieder auf, das einzige, das entfernt an eine Uniform erinnert. Mit Fistelstimme ruft er den Zielort seines Busses aus, schubst unsichere oder verwirrte Fahrgäste in den Bus hinein und ihr Gepäck auf das Dach, wo ein Kollege es verstaut und mit Seilen zusammenbindet. Im Hintergrund hält sich ein Kumpel auf, mit dem er herumblödelt, wenn es mal nichts zu tun gibt. Dieser schleicht sich heran und startet einen Überraschungsangriff. Übermütig schlägt er mit allen Gliedern auf den Freund ein, der sich mit einem Lächeln und einer Mischung aus Karate und Schattenboxen verteidigt. Plötzlich verschwindet das Lächeln: Der Kopf des Nichtsnutzes wird in Würgegriff genommen. Der Schaffner dreht mit ihm eine Runde um den Bus, so als führe er einen Kürbis spazieren. Der Kürbis reißt die Augen auf und brüllt, schreit, flucht, zieht Grimassen und beteuert seine Unschuld, seine Reue, seine zukünftig friedlichen Absichten. Die Beine stolpern hinterher. Der Schaffner läßt den Kürbis zu Boden plumpsen und widmet sich wieder dem Geschäft. Die schon eingestiegenen Passagiere schauen belustigt durch die verstaubten Fenster. Der Provokateur wartet in seiner Ecke, leckt seine Wunden und sehnt den Augenblick der Rache herbei.

Der Schaffner hat einige schwergewichtige Mütter und ihr Gepäck zu ordnen: große Kartoffelsäcke, deren Nähten man besonders gut zureden muß, damit sie halten, sowie einige vollgepackte Plastiktaschen. Die Frauen versuchen, das Buspersonal hin und her zu dirigieren. Die Taschen dort, und fest zubinden, und nicht drücken, nein, das nicht, das können wir mit hineinnehmen. Und wo sollen dann die anderen Passagiere hin? Säcke kommen nach oben! Geschafft. Der Schaffner blickt sich gerade nach neuen Aufgaben um, als jemand von hinten einen Ringergriff ansetzt. Ein kurzes Gemenge, und der Nichtsnutz ist wieder einmal besiegt. Doch diesmal ist der Schaffner empört. Er beschließt, Strafmaßnahmen zu ergreifen. Seine Lippen haben sich über einem Satz zusammengekniffen: Das machst du mit mir nicht noch einmal! Das Radio im Bus spielt einen trampelnden Hit. Die Morgenmüdigkeit ist vertrieben, die Gerüche sind gereift, Kinder laufen umher und bieten Kaugummi, Bananen, Zigaretten, Eis, Erdnüsse zum Verkauf an. Der Platz ist voller Reisender, mit ihren Kindern und ihrem Federvieh. Einer zieht eine bockige Ziege hinter sich her, und zwei verschwitzte Männer schleppen ein Bett herbei, das noch auf das Dach muß.

Der Provokateur scheint verletzt zu sein. Er zieht das eine Bein nach! Sein Züchtiger empfindet nun Mitleid und Fürsorge und stützt den angeschlagenen Freund. Gemeinsam humpeln sie zur Bar, in der sich schon einige Männer mit Bier stärken. Die Flasche an den Lippen, beobachten sie dieses Schauspiel. Sie lachen, machen spöttische Bemerkungen. Ein jeder gibt seinen Kommentar ab, während der Nichtsnutz sich krümmt und jault. Es ist ein erfolgreiches Buhlen um die Aufmerksamkeit aller. Die ganze Bar sieht hinaus: auf zwei Freunde, die sich Schmerz und Sorge teilen und in der Not zueinander stehen. Eine ergreifende Szene.

Doch dann, am breiten Eingang der Bar, macht der Verletzte dem Theater ein Ende, tritt seinen Helfer in den Hintern und sprintet mit einem Siegesgrinsen davon. Der Schaffner verfolgt ihn, ehrenhalber, schickt ihm eine Tirade hinterher und widmet sich unter dem herzhaften Lachen der Biertrinker wieder seinen Passagieren. Da kommen ihm die zwei mit dem Bett gerade recht. Er hält ihnen eine ausgiebige Standpauke über die Unvereinbarkeit von Bett und Bus, über ihre verspätete Ankunft und mangelnde Voraussicht. Über ihre Dummheit! Dann hieven sie zu viert das Bett nach oben und schnüren es fest. Beim Hinabsteigen unterhalten sie sich schon freundschaftlich. Der Fahrer hupt zum Aufbruch – die Bettbeine formen ein Siegeszeichen vor dem sonnigen Himmel.

Der Himmel über Kapiri Mposhi, einem Verkehrsknotenpunkt im Norden Sambias, hat sich mit der Sonne verkracht. Der Ort wirkt wie die Kulisse für einen Western, in dem nur noch einige lustlose Statisten auftreten. Die staubige Hauptstraße ist so breit wie ein Flugfeld, die großen Laster fahren einfach rechts ran, die Fahrer löschen ihren Durst in einer der vielen Bars.

Kapiri Mposhi hat eine Durchgangsstraße und einen Bahnhof, die Endstation der berühmten TAZARA (*Tanzanian Zambian Railways*), die in Dar-es-Salaam beginnt. Von den Chinesen geplant, durch großzügige Kredite finanziert und mit 15 000 Bauarbeitern unterstützt, genießt dieses Mammutwerk international einen schlechten Ruf. Kaum eine andere Eisenbahnlinie wurde so oft totgesagt. Und doch fährt die TAZARA seit ihrer Eröffnung im Oktober 1975 Tausende von Kilometer durch spärlich bewohntes Gebiet und bildet die einzige ernsthafte Verbindung zwischen den beiden Ländern.

Nach Süden reisende Passagiere müssen in Kapiri Mposhi auf einen Zug umsteigen, der zwischen Sambias Hauptstadt Lusaka im Süden und den Kupferminen im Norden verkehrt. Der Bahnhof besteht aus einem Gebäude vor dem Bahndamm. Die Wartenden nisten sich am Bahndamm ein, in Decken gehüllt, von Lagerfeuern erwärmt. Entlang dem gesamten Bahndamm lodern Flammen. Frauen halten zwischen Körper und Decke ihre Kinder warm, ihre Oberkörper nach vorne gekrümmt. Das Gepäck wölbt Plastiktüten aus. Transistorradios, neben den Plastiktüten das am weitesten verbreitete westliche Kulturgut, vertreiben rauschend die Zeit.

Niemand weiß genau, wann der Zug ankommen soll – es wird irgendwann in dieser Nacht sein. Die Atmosphäre des Wartens verflüchtigt sich nach Mitternacht. So als stünde nun der Zug außerhalb der Zeit. Die Wartenden legen sich hin, kauern sich zusammen. Die Bar im Bahnhaus schließt. Die Trinker gönnen sich eine letzte Flasche und hocken sich vor der Außenwand nieder.

Noch bevor die insektenbehängten Lichter des Zuges zu sehen sind, explodiert die Schläfrigkeit zu börsenartiger Hektik. Die Wartenden können wohl die Lokomotive hören. Feuer austreten, Kinder auf die Schulter, Decke in die Plastiktüte, Transistorradio in die Hosentasche, Bierflasche wegwerfen, Körbe unter den Arm klemmen und nichts wie den Abhang hinauf: Die Ausgangsposition ist entscheidend. Der Zug fährt Minuten später durch ein Spalier übermüdeter Reisender. Er hält an, und der letzte Rest an Müdigkeit wird im Kampf um den Einstieg erdrückt. Die Stärkeren ergreifen die Eisenstange neben der Tür und ziehen sich in den Zug hinauf, gleichzeitig die Konkurrenten zur Seite schiebend. Dann lassen sie ihre Reisebegleiter unter den Armen hindurchschlüpfen, die Hinteren drücken die Vorderen hinein, das Gepäck wird nachgereicht, wandert über die Köpfe, wird geworfen, während Schreie widersprüchliche Anweisungen geben. Ich spüre die Nähe, rieche den Schweiß, fühle Haut, Stoff, Speichel. Für Ekel ist kein Platz, auch nicht für Nachgiebigkeit. Wer nicht mitschiebt, bleibt draußen.

Die Abteile und Gänge sind schon voll. Die Zusteigenden füllen den Vorraum hinter der Tür: Auf drei Quadratmetern kommen zwanzig Menschen unter. In der einen Ecke schlummern Arbeiter aus den Kupferminen, halb liegend, halb sitzend auf Säcken und Körben. Frauen haben sich so hingehockt, daß die Kleinen auf ihren Knien schlafen können. Ein junger Mann steht wie ein Storch auf einem Bein, das andere stützt sich an der Wand ab. Bei der nächsten Station, eine halbe Stunde später, wollen Leute zusteigen. Drei Frauen schaffen es, dann drückt ein großgewachsener Mann, der einen Platz hinter der Tür gefunden hat, diese zu. Draußen bleibt ein Jugendlicher, auf den Einstiegsstufen – er versucht, die Tür aufzudrücken. Nein, kein Platz mehr, nichts geht mehr, unmöglich, wird ihm bedeutet. Der Jugendliche beharrt darauf hereinzukommen. Er stemmt sich gegen die Tür, pocht darauf. Der Mann von drinnen hat mehr Kraft; die Tür weicht kein Stück. Der Zug fährt an, der Junge preßt sein Gesicht gegen die Scheibe und fordert Einlaß. Die Worte hört niemand, will niemand hören. Nein, es reicht. Diejenigen, die drinnen sind, haben das beschlossen. Fünfundzwanzig Menschen auf drei Quadratmetern, das reicht, irgendwo muß man eine Grenze ziehen. Wir können niemanden mehr aufnehmen. Aber der Jugendliche hat keine Alternative, er kann sein Glück nicht bei einem anderen Waggon suchen – der Zug hat inzwischen zu sehr Fahrt aufgenommen. Der Wind rauscht an seinem irritierten und zunehmend verschreckten Gesicht vorbei. Die Zusammengepferchten im Inneren haben ihn abgeschrieben. Sie haben sich geeinigt, daß er draußen bleiben soll. Ein jeder versucht, ein wenig Schlaf zu ergattern.

Minuten später versucht der Jugendliche, den großgewachsenen Mann zu überraschen. Unvermittelt drückt er mit beiden Beinen gegen die Tür, die auffliegt und einer Frau in den Rücken knallt. Der Mann reagiert schnell, wirft sich dagegen, der Jugendliche hängt weiterhin draußen, bei voller Fahrt. Er verlagert sein Gewicht, auf der Suche nach einer besseren Stellung. Nach einiger Zeit vernachlässigt der großgewachsene Mann seine Aufgabe, die Augen fallen ihm zu. Der Jugendliche wirft sich ein letztes Mal mit aller Kraft gegen die Tür, sie springt auf, und er windet sich rasch hinein, zwischen die Frauen und den großgewachsenen Mann. Die beiden blicken sich kurz und stumm an. Es ist vorbei, der von draußen hatte die größere Ausdauer. Nachträglich erscheint es als unausweichlich, daß er sich durchgesetzt hat.

Frauen und Kinder

1985 fand in Nairobi eine internationale Frauenkonferenz statt, zu der Tausende von Delegierten aus der ganzen Welt anreisten. Im großen Saal des modernen Kenyatta Conference Centre wurden unzählige Vorträge gehalten, besonders von Frauen aus Ländern mit hohem Bruttosozialprodukt. Im Verlauf der Konferenz stieg die Irritation der afrikanischen Frauen im Saal. Die Vorträge erweckten in ihnen den Eindruck, die Amerikanerinnen und Europäerinnen wollten ihnen vorschreiben, wie sie ihre Lage verbessern könnten, wie sie sich zu befreien hätten. Die Rhetorik der Patentlösungen störte sie. Die Afrikanerinnen sagten: Wir brauchen keine Fremden, die uns belehren; unsere Wirklichkeit ist anders als eure; wir haben unsere eigenen Instrumente. Wir sind nicht nur Opfer, wir sind nicht so wehrlos, wie ihr uns darstellt. Es war eine Demonstration von Selbstbewußtsein.

Tatsächlich ist es für einen Fremden schwer, sich in die Welt der afrikanischen Frau hineinzuversetzen. Rein äußerlich gesehen, steht sie im Mittelpunkt des alltäglichen Geschehens. Ob auf den Märkten oder auf den Feldern, überall erledigt sie die Arbeit, schleppt Lasten auf ihren Schultern, Holz, Wasser, Säcke. Selbst Stadtfrauen mit vermögenden Ehemännern treiben irgendwelche Geschäfte. Im Haushalt helfen derweil ärmere Frauen aus der Familie oder aus dem Heimatdorf als Dienstpersonal. Die afrikanische Frau leidet nicht unter mangelnder Arbeit oder Verantwortung. Sie ist der Dreh- und Angelpunkt der Gemeinschaft. Aber ihre Rechte sind in den überwiegend patriarchalischen Gesellschaften sehr begrenzt. Die Männer haben das Eigentum an Land und Vieh, sie bestimmen über die Verteilung der von den Frauen erwirtschafteten Überschüsse. Die Männer verfügen über die Früchte der weiblichen Arbeit. Und wenn es einer Ehefrau nicht gelingt, sich ihres Mannes zu erwehren, ihre Einnahmen vor diesem zu verstecken, muß sie oftmals um die Versorgung der Familie und die Ausbildung der Kinder bangen. Für manchen Mann genügt der Anblick einer Bierflasche, damit er alle seine guten Vorsätze über Bord wirft.

»Die Frauen bei uns sind ständig beschäftigt«, sagt Teresa Kakooza, eine imponierend energiegeladene Uganderin, die in der Erwachsenenbildung tätig ist. »Ihre Arbeit endet nie. Das ist normal bei uns, das akzeptieren sie. Der Mann darf sich derweil ausruhen. Nur die Frauen in den Städten beginnen allmählich, sich dagegen aufzulehnen. Die einfachen Frauen sind meist sogar zufrieden, wenn sie ihren Angelegenheiten nachgehen können und der Mann sie nicht ständig stört oder Ärger macht. Sie stehen früh auf, denn der Brunnen ist oft weit entfernt, und sie müssen fünf oder zehn Kilometer laufen, um Wasser zu holen. Dann müssen sie Brennholz besorgen, das Feld umgraben und bestellen, Essen zubereiten, die Kleinen füttern. Und während sie schuften, tragen sie ihr Baby auf dem Rücken.«

Die Einführung kapitalistischer Wirtschaftsstrukturen hat die Stellung der Frauen verschlechtert. Auf den Plantagen erhalten sie niedrigere Löhne als die Männer, von vielen Arbeitsstellen sind sie ausgeschlossen, und bei der Bildung stehen sie hintenan.

Eine große Erniedrigung für viele afrikanische Frauen sind die häufigen Seitensprünge ihrer Männer. Im traditionellen Rahmen der polygamen Ehe waren die verschiedenen Frauen in eine Solidargemeinschaft eingebunden. Während dabei das Zusammenleben sowie die Rechte der Beteiligten klar definiert und somit für die Frauen bei allen Nachteilen doch mit einer gewissen Sicherheit verbunden waren, weckt die heutige Untreue der Männer vor allem in städtischen Gebieten große Ängste bei den Frauen: Aids bringt in Afrika mehr Menschen um als irgendwo sonst auf der Welt.

Gleichzeitig herrscht ein starker sozialer Druck auf die Frau, Kinder zur Welt zu bringen. Die Männer haben das Recht, Nachwuchs zu fordern. So können die Frauen den Geschlechtsverkehr mit ihrem Ehemann nicht verweigern, wollen sie nicht verstoßen werden.

Lisa, eine gebildete Geschäftsfrau, mit einem erfolgreichen Rechtsanwalt verheiratet, hat größte Schwierigkeiten, mit ihrem Ehemann über Aids zu reden. Er verneint glatt, daß es so etwas gibt. Das sei eine Erfindung der Weißen. Die Bücher, die sie ihm hingelegt hat, hat er nicht einmal aufgeschlagen. Seine Ehre als Mann läßt ein offenes Gespräch darüber nicht zu. Dabei hat Lisa gar keinen konkreten Anlaß zu vermuten, daß ihr Mann sich eine Geliebte hält. Sie geht selbstverständlich davon aus. Denn daß sich erfolgreiche Männer mit jungen Gespielinnen umgeben, ist die Norm. Die Gefahr liegt darin, erklärt sie, daß die Männer annehmen, diese Frauen seien nur ihre Gespielinnen. Dabei wisse doch jeder, daß sie sich gleichzeitig von mehreren Sugardaddies aushalten lassen oder sich nebenbei mit einem jüngeren Mann vergnügen.

Weniger wohlhabende Männer suchen Prostituierte auf, deren Zahl zunimmt. Die Verarmung der Bevölkerung, zum Teil aufgrund der Sparmaßnahmen, die IWF und Weltbank vielen Ländern aufoktroyiert haben, trifft am stärksten die Frauen. Wenn Kürzungen anstehen, werden sie zuerst entlassen. In den Städten gibt es keine Arbeit, der sie erfolgreicher nachgehen könnten als der Prostitution.

Teresa Kakoozas Lebensgeschichte sagt viel über die Schwierigkeiten aus, mit denen ehrgeizige Frauen, die aus ihrer traditionellen Rolle ausbrechen wollen, zu kämpfen haben. »Meine Eltern waren Bauern, beides Analphabeten. Als ich geboren wurde, kamen gerade die Missionare, die weißen Väter. Also war es eine Art Mode, die Kinder zu taufen. Da begann mein Glück. Mein Vater trug mich zum Missionar, und ich erhielt den Namen Teresa. Später war ich sehr darauf erpicht, Lesen und Schreiben zu lernen, denn ich bewunderte die Menschen auf der Mission, die das beherrschten. Ich wollte unbedingt zur Schule gehen. Aber mein Vater war skeptisch. Es war ihm zu teuer, obwohl ich glaube, daß eher seine Einstellung im Weg stand. Er war der Ansicht, Mädchen würden in der Schule schwanger werden, und dann wäre seine Investition verloren. Also begann ich die Schule erst mit neun Jahren. Früh am Morgen mußte ich erst das Feld umgraben, ehe ich zum Unterricht durfte. Mein Vater sagte: Bevor du nicht dieses Stück umgegraben hast, darfst du nicht weg – also fing ich um sechs Uhr in der Früh an. Danach waren meine Füße schlammig, und da wir manchmal kein Wasser hatten, schleifte ich meine Füße durch den Tau die fünf Kilometer zur Schule. Dort wurde ich bestraft, wenn ich zu spät kam, sie schlugen mir auf die Beine: Wieso haben dir deine Beine nicht geholfen, schneller herzukommen?

Die Schulen waren nach Mädchen und Jungen getrennt. Aber eine höhere Mädchenschule gab es in unserem Bezirk nicht. Das war für meinen Vater der willkommene Anlaß, mich aus der Schule zu nehmen, denn er wollte mich nicht weggehen lassen. Auch fehlte ihm das nötige Geld für die Schulgebühren. Die Priester haben mir geholfen. Sie erklärten sich bereit, für die nötigen Ausgaben aufzukommen, wenn ich ein bißchen für sie arbeiten würde, und sie überredeten meinen Vater. Also ging ich in eine fünfzig Kilometer entfernte Schule, und später kam ich ins Gymnasium nach Kampala, wo ich sechs Jahre lang blieb. Es war eine Missionsschule der weißen Nonnen. Da ich gute Noten hatte, beschlossen die Nonnen, mich nach England zu schicken. Das war 1959. Plötzlich waren meine Eltern sehr glücklich darüber, oh ja, ihr Status war gestiegen, ihr Kind ging nach England, sie waren die wichtigsten Leute im Dorf: Unsere Tochter studiert in England!

Ich blieb sechs Jahre lang in England, sechs lange Jahre von der Familie getrennt. Alles war sehr fremd für mich, so groß, so laut, so chaotisch, so verwirrend. Ich habe mich ständig verlaufen. Das bißchen Geld, das ich erhielt, gab ich für Taxis aus, weil alles zu kompliziert war für mich, die U-Bahn und die Straßen. Ich drehte mich immer wieder im Kreis, aber die Taxifahrer drehten sich auch im Kreis, um mir mehr Geld abzuknöpfen. Ich heiratete in England, bekam Kinder. Zurück in Uganda, wurde ich Lehrerin an meiner ehemaligen Schule.«

Teresa Kakooza engagiert sich in einer Frauengruppe; sie bringt den Jüngeren bei, sich zur Wehr zu setzen, sich eine gewisse Freiheit zu erkämpfen. »Die Frauen schließen sich zunehmend zu Gruppen zusammen, um ökonomisch unabhängig von den Männern zu werden, um ihr Geld zusammenzuhalten. Sie wollen Rücklagen für Krankheiten oder Notfälle bilden, ihren Kindern eine bessere Ausbildung ermöglichen – dazu brauchen sie Geld. Sie bilden eine gemeinsame Kasse und versuchen, mit dem Geld Gewinne zu erwirtschaften, indem sie Handel betreiben, in Maschinen oder Häuser investieren. Oft – vor allem in der Stadt – heiraten sie bewußt nicht. Wozu Männer, sagen sie? Die können uns gestohlen bleiben, die müssen wir dann auch noch durchfüttern. Die Kinder, die ziehen wir ja sowieso alleine auf.«

Doch die Kinder, denen die ganze Fürsorge gilt, sind zu zahlreich, um die in sie gesetzten Hoffnungen zu erfüllen. Die Geburtenrate in Kenia zählt mit über vier Prozent im Jahr zu den höchsten der Welt. Viele Kinder zu haben gehört zum Selbstverständnis, auch unter westlich orientierten Afrikanern. Mit Stolz wird die Anzahl der eigenen Kinder verkündet, ob fünf, acht oder zehn. Unfruchtbarkeit ist eine unvergleichliche Schmach. In dem wundervollen tansanischen Roman ›Die Kinder der Regenmacher‹ von Aniceti Kitereza besteht die Lebenstragödie eines Ehepaares darin, daß der Mann sich trotz kinderloser Ehe nicht von seiner Frau trennen will, obwohl der Fluch der Unfruchtbarkeit auf ihr lastet – auf ihm natürlich nicht! Sein Verhalten stößt auf völliges Unverständnis innerhalb der Dorfgemeinschaft. Verwandte und Freunde drängen ihn, sich eine andere Frau zu nehmen, denn ohne Nachwuchs sei er als Mann nichts wert.

Über manch einen Herrscher kursieren Gerüchte unermeßlicher Manneskraft. So soll der König von Swaziland, Sobhusa der Zweite, mehr als fünfhundert Kinder gezeugt haben. Die Fähigkeit, sich fortzupflanzen, genießt Wertschätzung und verschafft Respekt. Bei einem Besuch in seinem Wahlkreis stellte mich der kenianische Minister M. Kiptanui einer seiner Ehefrauen vor. Die schmächtige, schüchterne Frau in ihrem abgetragenen Kleid wohnte in einer einfachen Lehmhütte. Kiptanui dagegen trug einen englischen Maßanzug. Das einzige, was in der Hütte auf die privilegierte Position des Eigentümers hinwies, waren ein Farbfernseher sowie ein überdimensionierter Radiorekorder. Bei unserem kurzen Besuch blieb die Frau stets ehrfurchtsvoll einige Schritte hinter ihrem Mann, während dieser mich durch sein Heimatdorf führte. Er verabschiedete sich von ihr mit einem Kopfnicken. Im Auto meinte er dann, ich hätte eben eine seiner fünf Frauen kennengelernt. Drei weitere würden in anderen Dörfern dieser Gegend leben. Einige Tage später war in der Zeitung ein Bild von dem »Ehrwürdigen Minister« mit seiner Stadtgemahlin zu sehen, einer schlanken Dame in einem eleganten Kleid, das auch in Paris salonfähig gewesen wäre. Und Kinder? fragte ich ihn. Dreißig! Und er lachte selbstzufrieden: Wir bräuchten zwei Kleinbusse, um sie alle auf einmal zu befördern.

Einer der größten Nachteile der hohen Geburtenrate ist die Tatsache, daß die Kinder meist auf sich allein gestellt sind. Die Eltern haben wenig Zeit, sich mit ihnen zu beschäftigen. Viele Kinder streunen herum, auf der Suche nach einem Zubrot, das sie für die Familie verdienen müssen. Der amerikanische Journalist David Lamb berichtet in seinem hervorragenden Buch ›Afrika Afrika‹ von der interessanten Erklärung einer Kinderpsychologin.

»Die Kinder im ländlichen Afrika entwickeln sich im ersten Lebensjahr schneller als die westliche Norm. In dieser Zeit gibt die Mutter dem Kind sehr viel Zuneigung und Liebe. Zu Beginn des zweiten Lebensjahres hat die Mutter im Regelfall noch ein Baby hinzubekommen, und das Erstgeborene wird von ihrem Rücken genommen und bleibt fortan ziemlich allein und ohne Betreuung. Es ist, als sei es plötzlich in Ungnade gefallen.

Die Entwicklung nähert sich dann der westlichen Norm an. Um das dritte Lebensjahr herum hat der Reifevorsprung des afrikanischen Kindes abgenommen. Während in Europa die Mütter ihren Kindern Spielsachen geben und beginnen, sie geistig zu fördern, ihnen zu erklären, wie die Dinge funktionieren, hat eine einfache afrikanische Mutter für so etwas keine Zeit. Die Kinder bleiben sich selbst überlassen. Man hat das Gefühl, daß sie sich danach sehnen, daß sich jemand mit ihnen beschäftigt. Sie haben diese wunderbare kreative Energie und wissen nicht, wohin damit.«

Überall sieht man Zeugnisse dieser kreativen Energie. Die Kinder basteln sich ihre Spielzeuge selbst. Entlang der Straße ziehen sie Autos aus Draht, Plastik und Holz. Sie kicken Bälle aus notdürftig zusammengehaltenen Kleidungsstücken. Oder sie bestaunen fremde Besucher mit einer Neugier, als würden sie am liebsten in sie hineinkriechen, um nachzusehen, wie es dort aussieht.

Aber schnell werden sie von einem Alltag eingeholt, der Arbeit heißt. Die privilegierte Erziehung, wie wir sie aus unserem Kulturkreis kennen, mit der sorgfältigen Ernährung, der reflektierten Pädagogik, dem spielerischen Lernen und vielem mehr existiert in Afrika kaum. Die wenigsten Familien können auf eine Mitarbeit der Kinder verzichten.

Die Kleinen hüten die Herden oder verkaufen auf den Straßen Kaugummis, Zigaretten, Erdnüsse und andere Kleinigkeiten. Sie balancieren die großen Schalen mühsam mit der einen Hand, während die andere in einem der vielen Löcher der Kleidung nach Wechselgeld sucht. Sie laufen den ganzen Tag herum, wirken ernst, geschäftsmäßig und wagen nur von Zeit zu Zeit die verstohlenen oder frechen Blicke, die sie als das entlarven, was sie trotz allem noch sind: Kinder. Die

Chancen stehen schlecht, daß sich ihr Leben verändern wird, selbst wenn sie fleißig zur Schule gehen.

Ihrem Nachwuchs eine gute Ausbildung zu ermöglichen ist der große Traum afrikanischer Eltern. Mit Vorliebe erzählen sie, welche Schule ihre Kinder besuchen, wie weit sie schon fortgeschritten sind. Keine Mutter wird es versäumen zu erwähnen, daß ihr Sohn studiert. So weit kommen allerdings die wenigsten. Die Gebühren und die vorgeschriebenen Uniformen sind für viele Familien unerschwinglich. Lange Schulwege und die vielen Aufgaben und Arbeiten zu Hause verhindern ein konzentriertes Lernen. Und selbst wenn die jungen Männer und Frauen es schaffen, eine acht- oder gar zwölfjährige Ausbildung abzuschließen, eröffnet ihnen das Zeugnis kaum Berufschancen. Der Arbeitsmarkt kann selbst gut ausgebildete Techniker und Handwerker nicht aufnehmen. Nur zehn Prozent der Schulabgänger haben überhaupt eine Chance auf Anstellung. Weder die schulische noch die universitäre Ausbildung führen aus der Arbeitslosigkeit heraus. Das steigert die Bitterkeit und den Frust der gebildeten und mündigen jungen Absolventen.

Kinder gelten in Afrika weiterhin als die Hoffnungsträger, als Altersversicherung und als Statussymbol. Doch so selbstverständlich die Kinder in die Welt gesetzt werden, so sicher ist der Mangel an Perspektiven für ihr Leben.

SACKGASSEN DER HOFFNUNG

Die Armada der Matatus

Jeden Morgen strömen Hunderttausende von den Vororten, den Slums und Ghettos der kenianischen Hauptstadt Nairobi in die Schatten der Hochhäuser, in das Industrieviertel jenseits der Eisenbahnlinie, und am Abend wieder zurück. Was in manchen Weltstädten von komplexen Nahverkehrsnetzen aus U-Bahnen, Straßenbahnen, öffentlichen Bussen und Zügen erledigt wird, übernimmt in Nairobi eine Armada grellbemalter, lauter, überfüllter und selbstgerechter Kleinbusse: die *Matatu*. Ohne sie würde die Stadt zusammenbrechen. Die wenigen, schlecht gewarteten und zum Himmel stinkenden städtischen Busse wären hilflos überfordert. In keiner Statistik findet man die Zahl der Matatus oder ihrer Passagiere oder Angaben über den von ihnen erwirtschafteten Umsatz. Doch jeder weiß, daß das Geschäft floriert, so sehr, daß fast jeder, der zu Geld kommt, in einen Kleinbus investiert.

Als die stattliche Frau aussteigt – nein, sich hinausdrückt und hinausgedrückt wird –, spüre ich mein linkes Bein nicht mehr. Die Frau hat ihr ganzes Gewicht lange zehn Minuten auf meinen linken Oberschenkel abgestützt. Mein Rücken schmerzt, ich habe Atemnot und bin durchgeschwitzt. Doch ich sollte mich nicht beschweren, genieße ich doch das Privileg eines Sitzplatzes. Die Stehenden werden geknetet wie Teig in den Händen eines cholerischen Bäckers. Seit den frühen Morgenstunden sitze ich in einem Matatu, stromlinienförmig geschmückt in den Farben des Reggae, und habe den ersten Grundsatz schon erfahren: *Es geht immer noch einer hinein.* Der Kleinbus faßt so viele Passagiere, daß der Hersteller weltweit mit der Geräumigkeit seiner Fahrzeuge werben könnte. Zweierlei steht außer Frage: Matatus sind profitable Einnahmequellen, und die Entspannung für meinen linken Oberschenkel wird nur von kurzer Dauer sein ...

Als wir die Endstation in einem etwa fünfzehn Kilometer vom Zentrum gelegenen Slum – vor einigen Jahren noch ein Dorf aus wenigen Hütten – erreichen, setze ich mich neben den Fahrer Jimmy J. Kamau, einen hageren Kettenraucher, der sich nur anhand einer Geheimsprache, die aus Finger- und Handzeichen sowie Hupsignalen besteht, mit der Außenwelt unterhält. Er wartet so lange, bis das Matatu genügend Fahrgäste geladen hat, dann fährt er los, ohne einen Blick an den Seitenspiegel zu verschwenden. Heftiges Hupen hinter uns. Jimmy zeigt keine Reaktion. Denn der zweite Grundsatz lautet: *Ich bin nicht taub, ich ignoriere euch nur.* Jimmy J. macht diesem Motto alle Ehre, er beachtet den übrigen Straßenverkehr schlichtweg nicht. Bis in den Nachmittag hinein geht das gut. Dann taucht ein Lieferwagen auf, die Ladefläche voller Arbeiter, der nach demselben Prinzip fährt. Die beiden Fahrzeuge rasen aufeinander zu. Jimmy zündet sich gerade eine Zigarette an und streichelt das Lenkrad mit einem Daumen. In meiner Panik starre ich stumm auf die Arbeiter, die sich an den Seitenwänden und an der Fahrerkabine festhalten. Der Pick-up weicht aus und rast in einen Graben. Die Arbeiter werden herausgeschleudert, purzeln auf eine Wiese. Es wirkt harmlos. Ich verdrehe den Kopf und sehe, wie sie sich aufrichten. Einige Passagiere in unserem Matatu lachen.

Die Matatus tragen die Hauptschuld für die hohe Todesrate auf Kenias Straßen. Die Zeitung ›Daily Nation‹ veröffentlicht

135

täglich in einem kleinen schwarzen Kasten die aktuelle Zahl der Opfer, und die steigt von Jahr zu Jahr. Jimmy J. kümmert das nicht. Er bleibt auch nach diesem kleinen Zwischenfall ganz ruhig. Das einzige, was ihn aufregt, ist Stille. Kaum geht eine Musikkassette zu Ende, kramt er hektisch im Handschuhfach und auf dem Armaturenbrett nach einer anderen. *Ständig muß Musik dröhnen* – der dritte Grundsatz.

Das laute Abspielen von Musik in Matatus ist per Gesetz verboten. Wie bei vielen anderen Verordnungen auch resultiert daraus nur eine Aufbesserung der Polizeigehälter. In der Innenstadt steht ein Ordnungshüter plötzlich neben unserem Matatu. Jimmy gelingt es nicht, die Musik rechtzeitig abzudrehen. Ein kurzes Gespräch und ein Händeschütteln. Ein Geldschein wechselt den Besitzer. Jimmy bleibt cool – Matatufahrer zu sein verpflichtet zu einer Art Berufsethos, wie etwa bei den Gauchos der Pampa oder bei den Kumpeln in den Revieren. Die besonderen Arbeitsumstände prägen. Die Matatufahrer gelten als hart, arrogant und aggressiv. Und sie sind schweigsam. Während des ganzen Tages wechselt Jimmy J. höchstens fünf Sätze mit mir.

Sicheres Fahren scheint für diesen Beruf keine notwendige Qualifikation zu sein. Vor kurzem forderten die Matatu-Unternehmer in Mombasa die Polizei auf, den Fahrern in öffentlichen Lehrgängen die Verkehrsregeln beizubringen! Ein Kurs wurde abgehalten, der Organisator beschwerte sich in der Zeitung über die mangelnde Teilnahme. Viel wichtiger ist schnelles Fahren. Je mehr Touren ein Fahrer am Tag schafft, desto größer sein Verdienst. Die Eigentümer geben meist eine bestimmte Tageskasse vor. Was darüber hinaus erzielt wird, teilen sich Fahrer und Schaffner.

Der Arbeitstag ist zermürbend, Freizeit gibt es kaum. Er beginnt vor Sonnenaufgang und endet erst spät in der Nacht.

Und das sieben Tage die Woche. Rechte Hand des Matatu-
fahrers ist der *tout*, eine englische Berufsbezeichnung (auf
kisuaheli *manamba*), für die es im Deutschen keine Entsprechung gibt. Das Lexikon erklärt: jemand, der besonders auf-
dringliche Kundenwerbung betreibt, ein Schlepper. Diese so
vorteilhaft benannten jungen Männer sind die Verkaufs- und
Marketingchefs der Matatus. Sie springen aus dem abbrem-
senden Matatu, gucken sich rasch nach Kunden um, treiben
die Wartenden an einzusteigen ... schnell noch, Mama, hier
ist nach Kangemi, richtig, rein mit dir, ist noch Platz, Mama,
jede Menge Platz, schnell schnell, gleich fahren wir ab, wer
noch nach Kangemi, Kangemi, Kan-ge-miiii, komm komm ...
er haut mit der flachen Hand auf das Blech, schreit den Zielort
ein letztes Mal heraus, der Fahrer fährt auf das Zeichen hin los.
Trotz der Hektik bleibt den *touts* Zeit, sich mit Konkurrenten,
Passanten und anderen Fahrern zu streiten, Witze zu machen,
Possen zu reißen. Sie sind Haudegen und Aufschneider, von
Stolz erfüllt und – angesichts der täglichen Aufführungen vor
einem Massenpublikum – zur Theatralik neigend. Mit einer
Hand hängen sie sich an den Haltegriff, hüpfen mit einem
Bein über den vorbeisausenden Asphalt, hecheln dem Matatu
hinterher, wenn sie sich verquatscht haben, springen überall
auf und klettern unter Jubelrufen, Flüchen, Ratschlägen und
Sprüchen zur Tür vor.

Die Matatubranche ist ein gutes Beispiel für den wachsenden
informellen Sektor, der ohne staatliche Kontrolle oder Planung Marktlücken ausfüllt und Arbeitsplätze schafft, so daß
den Behörden nichts anderes übrigbleibt, als ihn zähneknir-
schend zu akzeptieren. Erst in einer Verkehrsverordnung von
1984 wurde die Existenz der Matatus von der kenianischen
Gesetzgebung anerkannt. Bis dahin war das frei organisierte

Netz kleiner Busse und Lieferwagen illegal. Inzwischen üben die Magnate des Transportgeschäfts durch ihren Verband, eine der erfolgreichsten Privatinstitutionen des Landes, großen politischen Einfluß aus. Als vor Jahren einmal die Behörden eine technische Überprüfung der Matatus anordneten, überzeugte ein zweitägiger Streik die Regierung von der Unvernunft ihrer Maßnahme. Seitdem ist niemand mehr auf so eine abwegige Idee gekommen. Als 1992 die Opposition in Kenia einen Generalstreik ausrief, konterte die Regierung mit der Drohung, jeden Streikenden zu entlassen. Daraufhin standen die Matatus still, so daß jeder »entschuldigt« der Arbeit fernbleiben konnte.

So faszinierend und verrückt die Welt der Matatus mit ihrem Rhythmus von Geschwindigkeit, Enge, Lärm, Einfallsreichtum und Überlebenskampf einem Fremden auch scheinen mag, in ihr spiegeln sich, wie kaum sonst, Mythos und Alltag der jungen ostafrikanischen Metropolen.

Geschichte und Gegenwart

Der Bautrupp erreichte das Flüßchen und machte halt, inmitten der weiten Ebene von Athi. Der Boden war schwer und schwarz, die Umgebung sumpfig und moskitoverseucht. Der leitende Ingenieur gab das Kommando: Lager aufschlagen. Er hatte den ungemütlichsten Platz im Umkreis von hundert Kilometern ausgewählt. Man schrieb das Jahr 1899, und die Bauarbeiten an einer Eisenbahnlinie quer durch Ostafrika dauerten schon drei Jahre an. Die Schienen führten von der Küstenstadt Mombasa aus bereits fünfhundert Kilometer durch Halbwüsten und trockene Steppen, die Arbeiter hatten sich des erbitterten Widerstands Einheimischer und menschenfressender Löwen erwehren müssen. Doch die größte Herausforderung stand noch bevor: der Aufstieg ins Hochland und der steile Abbruch ins Rift Valley. So wurde das Camp an dem Flüßchen zum Basislager. Die Massai nannten die Gegend *Nakusontelon*, Anfang aller Schönheit, und den Bach *Uaso Nairobi*, Ort des kalten Wassers. *Nairobi* blieb – kaltes Wasser.

Die Technik und der Sachverstand englischer Ingenieure sowie die Beharrlichkeit indischer Arbeiter (die man von dem Subkontinent herbeigeschifft hatte, nachdem der Versuch, Afrikaner zu Arbeitstieren zu dressieren, mißlang) vollbrachten eine der größten Leistungen in der Geschichte des Eisenbahnbaus. Gemeinsam überwanden sie den fast vertikalen Abstieg am Großen Ostafrikanischen Graben. Nairobi wurde zur entscheidenden Schaltzentrale der Planung und des Nachschubs für die gesamte Linie, die sich auf dem beharrlichen Weg nach Uganda befand. Nur einige Jahre und zwei Pestepidemien später war Nairobi mit allen Attributen britischer Zivilisation ausgestattet: einem Postamt, einer Sodawasserfabrik, einem Gemeinderat, einer Galopprennbahn und einem Golfclub. Die Straßennamen importierte man direkt aus London. Schon bald konnten auf der Victoria Street die ersten Siedlerfrauen schlendern oder aber, in der Regenzeit, knietief waten. Am Ende dieser tropischen Allee hatten die Inder ihren Bazar errichtet, eng und verwinkelt, als wollten sie an Luft und Sonne sparen, und so laut, wie gute Geschäfte es erfordern.

Nairobi war eine typische Kolonialstadt, eine europäische Schöpfung, Stützpunkt einer fremden Kultur, die ihre eigene Infrastruktur mitgebracht hatte. Die Menschen, die diese Metropole die nächsten hundert Jahre prägen sollten, lebten von Anfang an getrennt voneinander: die englischen Kolonialbeamten und Siedler, die indischen Kulis, die sich bald zu Händlern wandelten, und die Kikuyu, Luo und Kamba, deren Zuzug in den ersten Jahrzehnten untersagt oder auf eigene abgetrennte Wohngebiete beschränkt wurde. Nairobi wurde von Europäern gegründet und entwickelte sich in den ersten Jahrzehnten gänzlich gemäß ihren Vorstellungen, Werten und wirtschaftlichen Interessen.

Die ugandische Hauptstadt Kampala dagegen hat afrikanische Wurzeln. Auf mehreren sanft gewellten Hügeln erbaut, inmitten dichter Vegetation, von großzügig angelegten Ringstraßen durchzogen, war sie zwar eines der Aushängeschilder des britischen Imperiums, doch das Grab der Buganda-Könige auf einem der Hügel erinnert an eine weit zurückreichende, bewegte Geschichte.

Das Reich der Buganda breitete sich im 17. Jahrhundert im Norden des Viktoriasees aus. Wie in einem zentralistischen Staat üblich, residierten die absoluten Herrscher, die Kabaka, in einer imposanten Hauptstadt namens *Rubaga*. Von hier aus wurde der mächtige Staat regiert. Unangefochten bestimmte das Königshaus in der Folge von über zwanzig Kabakas über ein Gebiet von der Größe der Schweiz. Bis die »Weißen« kamen. Zuerst Araber, dann englische und französische Missionare. Moslems, Protestanten und Katholiken lieferten sich am Buganda-Hof einen erbitterten Kampf um die Seele des Kabaka. Dieses Gerangel um Einfluß und um die Kontrolle über die hier vermutete Quelle des Nils zeitigte wechselhafte Resultate. Der Kabaka wechselte mehrfach den Glauben, je nach Bedarf, eine politische Flexibilität, die aufgrund ihrer Rentabilität von einigen zeitgenössischeren afrikanischen Diktatoren nachgeahmt wurde. Für Untertanen und Ausländer waren die Konsequenzen blutig. Wer in Ungnade fiel, mußte um sein Leben fürchten. Einige Missionare und Konvertiten starben den Märtyrertod. Innenpolitische Machtkämpfe und ständige Kleinkriege mit benachbarten Königreichen destabilisierten den Buganda-Staat noch mehr. In den achtziger Jahren des 19. Jahrhunderts hatten sich die Konflikte zu einem Bürgerkrieg ausgeweitet. Der Kabaka Mwanga wurde abgesetzt und vertrieben. Umgehend hob er eine Armee aus, fiel in sein ehemaliges Reich ein und eroberte sich im Oktober 1889 die Macht zurück. Zur Feier gründete er nahe Rubaga auf dem Mengo-Hügel eine neue Hauptstadt. Da war es fast selbstverständlich, daß Captain Lugard, der Gesandte der kolonialen britischen Gesellschaft I.B.E.A., im Jahr darauf sein Fort auf dem gegenüberliegenden Hügel *Kampala* errichtete. Die Grundpfähle der zukünftigen Großstadt waren gesetzt.

Nur wenige Städte in Ostafrika, von dem Küstenstreifen abgesehen, haben eine voreuropäische Vergangenheit. Bedeutendste Ausnahme ist das äthiopische Addis Abeba, Hauptstadt des einzigen afrikanischen Landes, das nicht kolonialisiert wurde. Fast alle heutigen Großstädte bestanden vor siebzig oder neunzig Jahren aus einem Fort, einigen Zelten oder Hütten, aus einer Viehtränke oder einem Handelsposten. Oder sie waren einfach nur Teil der Savanne oder des Hochlandes. Heute sind sie gewaltige Siedlungsmoloche. Weltweit nimmt die Bedeutung der Stadt als Lebens- und Wirtschaftsraum zu. In den Industrieländern lebten siebzig Prozent der Bevölkerung in Städten; in Ostafrika ist es erst ein Drittel. Doch während sich in Europa Tendenzen einer rückläufigen Entwicklung bemerkbar machen, verstädtern die afrikanischen Länder aufgrund von Landflucht und Bevölkerungswachstum zusehends – inzwischen lebt jeder zweite in einer Stadt. (1960 gab es auf dem ganzen Kontinent nur zwei Millionenstädte, heute sind es mehr als 30, darunter Nairobi, Dar-es-Salaam und Addis Abeba). Die Metropolen üben eine magische Anziehungskraft auf die jungen Menschen auf dem Lande aus – siebzig Prozent der Städter sind noch keine 25 Jahre –, sie verheißen Reichtum, größere Chancen und bessere Lebensqualität. Doch die Erwartungen erfüllen sich in den seltensten Fällen. Die Städte wälzen sich aus, werden zu lebensbedrohenden Beton-, Blech- und Müllöden. Es fehlt an allem, an Wohnungen und an Arbeit, an fließendem Wasser und an Kanalisation, an Krankenhäusern und an Schulen. Kriminalität und Verelendung nehmen zu, großfamiliäre Strukturen, die das Leben auf dem Land bestimmen und ein Überleben ermöglichen, zerbrechen.

Das Zentrum mit seinen Behörden, Bürohäusern, Geschäften, Börsen, Hotels, Supermärkten und Kinos ist vom europäischen Vorbild geprägt. Die Vororte bestehen aus einigen Villengegenden, seltenen Vierteln aus Wohnblocks oder Reihenhäusern und überwiegend aus Barackensiedlungen – den Slums –, die den Großteil der Bevölkerung mehr schlecht als recht beherbergen. In ihnen kristallisiert sich die Krise der afrikanischen Städte.

Während die Menschen in den Slums mit ihren gewaltigen Problemen zu kämpfen haben, hat sich die City längst dem *global village* angeschlossen. Nairobi ist als führende ostafrikanische Metropole Teil des internationalen Netzes wirtschaftlicher Beziehungen. Über die Satellitenstation am Fuße des *Susua*-Vulkans kommuniziert sie mit der ganzen Welt, über die vielen Vertretungen großer Konzerne erhält sie Zugang zu Waren und Know-how. Die Zentrale der UN-Organisation UNEP in einem der Vororte Nairobis verschafft der »Vierten UN-Hauptstadt« internationales Renommee.

Im Slum

Extreme Kontraste existieren in Nairobi nebeneinander, spiegeln sich in fast jedem beliebigen Ausschnitt wider: Vor einem Hochhaus aus Marmor, Glas und Chrom, in dem Geschäftsleute an plätschernden Wasserfällen vorbei in ihre eleganten Büros eilen, verkauft ein junger Mann auf einem Holzkohlenofen gebratene Maiskolben. Im Erdgeschoß des Büropalastes bietet ein Inder in seinem vier Quadratmeter großen Kiosk Krämerware an. Im Stau des dreispurigen *Uhuru Highway* steht eine Mercedeslimousine neben einem tattrigen Taxi, daneben rastet der Schlepper eines schwerbeladenen Karrens, den er noch einige Kilometer zu einem Kunden ziehen muß. Zwischen ihnen hasten minderjährige Händler hin und her, Zeitungen und Zeitschriften aus In- und Ausland im Arm, das Wechselgeld flink abzählend und noch flinker zur Seite springend, wenn die Ampel auf Grün schaltet. Nur einige Blocks voneinander entfernt buhlen Nobelrestaurants mit Klaviermusik und Kellnern in weißen Handschuhen um die Reichen, ganz im Gegensatz zu den Imbißhöhlen, die Innereien, Spinat und Maisbrei als günstige Tagesmahlzeit anbieten.

Nachts erleidet die City von Nairobi das Schicksal der amerikanischen Innenstädte: Sie ist wie ausgestorben. Reiche und Arme kehren nach getaner Arbeit in ihre Villen und Hütten heim. Nur Nachtwächter, Polizisten, Prostituierte, Bettler und Obdachlose bleiben nach Einbruch der Dunkelheit auf den gespenstisch wirkenden, meist unbeleuchteten Gehsteigen. Die City wird zu einem gefährlichen Ort. Die wenigen Autos hasten ihrem Ziel entgegen, einem Restaurant, Kino oder Nachtklub. Dort sorgt ein Nachtwächter des Etablissements für die Sicherheit des Wagens, und gegen ein kleines zusätzliches Trinkgeld garantiert er, daß die Radkappen nicht verschwinden. Mit seinen Kollegen von den benachbarten Gebäuden zündet er sich ein kleines Lagerfeuer auf dem Gehsteig an – das wärmt ein wenig. Um sechs Uhr früh, nach einer zwölfstündigen Schicht, fährt er zu seinem Unterschlupf in einem der Slums.

Das Auffälligste am Slum ist die Vielfalt. Ich erwarte Eintönigkeit, Not, grau in grau, und treffe auf Vielfalt. Jeder im Slum kämpft auf seine Weise ums Überleben. Feste Betonhäuser, hölzerne Hütten und zusammengeflickte Verschläge aus Abfällen und Überbleibseln jeglicher Art machen deutlich, daß auch im Slum soziale Unterschiede herrschen. Denn selbst an den armseligsten Behausungen kann man verdienen. Die Verschläge werden von den sogenannten *minor land lords*, den kleineren Hauseigentümern, vermietet. Ein winziges Zimmer ohne Sanitäranlagen, in dem sich nachts bis zu zehn Menschen zusammenzwängen, kostet das Äquivalent eines Wochenverdienstes schwerer körperlicher Arbeit.

Beim Bau dieser Buden hat man alles verwandt, was verfügbar war. Die Wände bestehen aus morschen und soliden Holzplanken, zusammengehalten von halben Baumstämmen, befestigt mit rostigen Nägeln und Seilen; das Dach ist aus Wellblech. Löcher werden mit Pappe und Lehm gestopft. Alles einräumige Hütten, eingerichtet mit einigen Kochutensilien, Truhen und Matratzen. Manchmal spannen die Bewohner in der Sehnsucht nach etwas Intimität ein Bettlaken oder Tuch auf. Die Wände bedeckt eine eigenwillige, vom Zufall entworfene Tapete: aufgeklebte Schnipsel aus Zeitschriften, Plakate, Werbezettel, Modebilder, Nachdrucke viktorianischer Gemälde, Pepsi-Sterne, Photos von Boxern, einfach alles.

Bei Regen wird der Boden zu einem schwer begehbaren Matsch, in den Rinnsalen, fast schon Bächen, zwischen den Häusern sammeln sich die Abfälle des Slumalltags. Die selbstgegrabenen Toiletten werden vom Regenwasser aufgefüllt, die Exkremente strömen heraus, treiben umher. Die Menschen waten durch das dreckige Wasser, ohne zu sehen, wo sie hintreten. Und es regnet in die Buden hinein – nur wenige haben eine an der Außenwand befestigte Plastikröhre oder andere Abflüsse.

Kamwokya in Kampala ist ein solcher Slum. Auch unter den Slums gibt es Unterschiede, gibt es mehr und weniger menschenunwürdige. Doch auch »bessere« Slums wie Kamwokya liegen in einem Tal (die höher gelegenen Grundstücke sind kostbar), dort, wo Wasser und Schmutz sich sammeln, dort, wo Moskitos brüten. Ein Schotterweg führt von der Hauptstraße nach Kamwokya hinein – die Hauptader des Slums. Er führt ins Tal hinab und auf der anderen Seite wieder hinauf. Gleich am Anfang stehen sich zwei kulturelle Zentren gegenüber: das Videokino und der *Masaba Club*. Das Videokino wirbt mit Originalplakaten für ›Rise and Fall of Idi Amin‹, ›Basic Instinct‹ und ›Odyssee 2001‹. Die Betreiberin sitzt vor der Tür, neben ihr zwei junge Männer, die Eintritt kassieren und das Videogerät bedienen. In einer Ecke der großen Lehmhütte steht ein farbiger Fernseher auf einem Tisch. Davor in mehreren Reihen einfache Holzbänke. Vereinzelte Strahlen dringen durch die schlitzartigen Fenster. Einige schweigsame Gestalten sitzen da, zwei Meter entfernt von dem Weltall, durch das ein Raumschiff zu sphärischen Klängen gleitet.

Die Mitglieder des Masaba Club treffen sich dagegen im Freien. Sie setzen sich zu einem Kreis zusammen, in ihrer Mitte ein bauchiger Topf, aus dem eine Vielzahl überdimensionaler Strohhalme ragt. Jeder der Männer hat einen Halm in der Hand oder im Mundwinkel, zieht von Zeit zu Zeit an dem Hirsebier. An der unteren Seite des Halmes ist ein Sieb angebracht, das den festen Satz des von den Frauen des Slums selbstgebrauten Getränks absondert. Für das Recht, eine Zeitlang dazusitzen und mitzutrinken, zahlen die Männer einen Beitrag an ihren Schatzmeister, der die Kasse führt und zuverlässig Nachschub besorgt. Bleibt Geld übrig, verbessert er die Örtlichkeit oder organisiert eine Feier.

So, wie mit verschiedenen Halmen aus einem Topf getrunken wird, so kommen die Geschichten und Gerüchte von überall her, landen im Club und gären, bis es Zeit wird, aufzustehen und nach Hause zu gehen (manche taumeln). Und was machen die Freunde, die kein Geld mehr haben, den Beitrag zu entrichten? Muß man dann die Runde verlassen? Nein, das nicht. Man muß auf seine Hosentasche klopfen, erklärt der Schatzmeister. Das bedeutet: Ich weiß, ich muß zahlen, aber ich kann nicht. Dann gibt es nur eine Lösung. Der Säumige muß sich ein Feuerwerk an Ausflüchten, Aussichten und Ausreden einfallen lassen. Es hängt von seinem Einfallsreichtum ab, ob er die anderen so sehr belustigen und gnädig stimmen kann, daß sie ihm seinen Halm weiterhin gönnen. Wer sich aber zu zahlen weigert oder auf die Vergeßlichkeit der Runde hofft, der wird ausgeschlossen.

Der Masaba Club ist den ganzen Tag über geöffnet. Arbeitende und Arbeitslose kommen und gehen, die Alten bleiben länger, die Jüngeren lassen sich kurz blicken. Sie reden und sammeln Nachrichten. Das ganze Geschehen in Kamwokya wird dem Masaba Club zugetragen, wird hier gebündelt, kommentiert und weitergereicht – nicht nur in dieser Hinsicht läuft hier das Gegenprogramm zum Videokino auf der anderen Straßenseite. In dem städtischen Club wird die Tradition des dörflichen Palavers fortgeführt. Das eigene Leben bietet die Grundlage für Unterhaltung und Zeitvertreib, während in dem fensterlosen Videoraum fremde Geschichten auf entfremdete Blicke treffen. Der Club hat noch eine weitere Funktion. Er verbindet die Städter mit ihrer ländlichen Heimat. In diesem Teil von Kamwokya wohnen überwiegend Menschen aus dem Osten Ugandas. Ihr »Viertel« ist sozial und kulturell homogen. »Wir haben es gern, den Kontakt mit unserem Dorf zu pflegen«, sagt der Vorsitzende in einem gestelzten Englisch, das den Ugandern eigen ist, die noch in der Kolonialzeit zur Schule gingen. Diese Verbindung wärmt und schützt. Die Männer können sich in ihrer Muttersprache unterhalten, über die Nachrichten aus der Heimat. Und ein jeder von ihnen plant, auch wenn es nur ein Traum bleibt, in sein Dorf zurückzukehren. Wenn er hier in Kampala genug verdient haben, um sich zu Hause ein Stück Land zu kaufen, ein Haus zu bauen. Der Vorsitzende deutet auf seine Füße: »Die Schuhe verschleißen schnell in der Stadt, sie halten nicht lange, und niemand weiß genau, wann er sich ein neues Paar leisten kann.« Deshalb sei es angebracht, die Brücke zum barfüßigen Leben nicht abreißen zu lassen. Derweil verschaffen sie dem Dorf Eintritt in die Stadt. *Ruralisierung* nennen das die Fachleute und meinen damit die Hühner, die uns ständig über den Weg laufen, die winzigen Parzellen mit Mais, Bananen, Kohl. Jeder Quadratmeter wird genutzt. Die im Dorf verbliebene Familie übt weiterhin Einfluß aus, entscheidet in wichtigen Fragen wie etwa einer Heirat mit und stellt finanzielle Forderungen, denen sich die meisten Stadtbewohner beugen.

Zwei Frauen sprechen mich an.

»Woher kommst du?«

»Aus Deutschland.«

»Hast du dort Arbeit für uns?«

»Nein, ich habe keine Arbeit für euch.«

»Weißt du von irgendeiner Arbeit hier?«

»Nein, ich bin nur Besucher. Wo sind eure Ehemänner?«

»Wir sind nicht verheiratet. Es gibt keine Männer, viel zu wenig Männer. Wenn du möchtest, könntest du jetzt gleich fünf Frauen bekommen. Angefangen mit uns beiden.«

Die Slums, meist bürokratisch unregulierte Siedlungen, sind das bestimmende Merkmal der afrikanischen Städte. Sie bieten mehr als der Hälfte der Bevölkerung Unterkunft. Ihre Existenz verdanken sie dem Zustrom von Neuankömmlingen, den hohen Preisen für menschenwürdigen Wohnraum sowie der Unfähigkeit bzw. Unwilligkeit offizieller Stellen, auch nur ansatzweise Abhilfe zu schaffen. Trotz ihrer Illegalität werden sie von den Behörden geduldet. Nur noch selten beschließt der Stadtrat, die Buden und Hütten mit Bulldozern dem Erdboden gleichzumachen. Das hat seine Gründe: Zwar schaden die Slums dem Image der Hauptstadt, beleidigen das Selbstwertgefühl der einheimischen Elite und spotten dem modernen Selbstverständnis der Regierung, doch finden die Armen, die sonst lästig und sogar aufrührerisch werden könnten, dort immerhin eine Bleibe.

Nur noch gelegentlich wird der Räumungsbefehl erteilt, und innerhalb einiger Nachtstunden werden die Unterkünfte Tausender Menschen zerstört. Am nächsten Tag beginnt der Wiederaufbau.

Aus dem Leben der Stadt

Sunil Verjee ist ein bescheidener, höflicher Mann, dessen Gesicht gerne zuvorkommend lächelt. Er kleidet sich in beigen Tönen. Alles an seiner Erscheinung vermittelt, daß er nicht auffallen will. Sein zweistöckiges Haus verbirgt sich hinter einem großen Garten, einer wallstarken Hecke und mehreren bissigen Hunden. Im Atrium des Hauses hat er sich ein Schwimmbecken bauen lassen, und neben dem Haus befindet sich ein Tennisplatz mit Flutlichtanlage. Dort, wo Sunil Verjee lebt, ist das nicht außergewöhnlich. Im Villenvorort *Muthaiga* kann sich jeder eine Freizeitanlage im Garten leisten. Ungewöhnlicher ist da schon die Falltür, die er mir eines Tages zeigt. Der Präsident des Landes hat zum wiederholten Mal gegen die *Asians* gewettert, sie als Parasiten beschimpft, deren Arroganz man nicht mehr lange hinnehmen werde. Die aus Indien und Pakistan stammende und als *Asians* diffamierte Minderheit beobachtet mit der Aufmerksamkeit von Auguren solche Zeichen der innenpolitischen Zeit. Immer wieder haben sie in Ostafrika gewalttätige Übergriffe erleiden müssen, und seit Idi Amin 1972 in Uganda siebzigtausend von ihnen des Landes verwies, rechnen sie mit allem und sind auf alles vorbereitet. Die Falltür führt zu einem ausgehöhlten Raum, der als Versteck mit dem Nötigsten ausgestattet ist: Paraffinlampen, Matratzen, Trockennahrung und sicherlich auch einigen finanziellen Reserven. Die Rücklagen der Familie sind schon längst im Ausland, solide in kanadische Wohnungen und englische Banken investiert.

Die Verjees sind vollendete Gastgeber. Sie plaudern gerne aus der Familiengeschichte. Der Großvater hat nach Beendigung des Eisenbahnbaus begonnen, mit Obst und Gemüse zu handeln. Seine gesamte Ware fand auf einem Karren Platz, den er von früh bis spät durch die Straßen des indischen Viertels zog. Die Gewinne ermöglichten ihm zum Lebensende ein eigenes kleines Häuschen. Nach seinem Tod übernahmen die Söhne das Geschäft. Der Älteste von ihnen blieb traditionsgemäß im Haus des Vaters. Die Brüder arbeiteten zusammen, hielten zueinander, ihre Ehefrauen importierten sie aus Indien, wohlweislich Mädchen mit beachtlicher Mitgift. Die Geschäfte liefen gut.

Wenig mehr als ein halbes Jahrhundert nach dem Entschluß des Großvaters, fliegender Gemüsehändler zu werden, ist der Enkel einer der wichtigsten Geldverleiher und Kreditgeber in der Stadt, zu einem Zinssatz, der das Vermögen der Familie täglich steigert.

In der Villa in Muthaiga lebt auch die Mutter von Frau Verjee, eine strenge Weißhaarige, die kein Wort Englisch spricht, sich mit ihren Enkeln kaum verständigen kann und nur höchst ungern die Küche verläßt. Ihre Tochter kümmert sich um die Gäste. Die Verjees leben in einem bedrohten Schlaraffenland. Sie sind sich dessen bewußt. Frau Verjee seufzt kurz und sagt:»Wo sonst können wir so leben wie hier. Solange es möglich ist, bleiben wir.«

Die in konsequentes Weiß gehüllte Braut schreitet die Treppen der Kirche hinauf, am Arm ihres Vaters. Verwandte und Freunde rufen ihr Glückwünsche und Begrüßungen zu, klatschen in die Hände, schnalzen mit der Zunge. Vor dem Altar warten sechs Brautjungfern in purpurnen Kleidern, Hüten und Handschuhen. Die Hochzeitsgesellschaft begeht die Trauung in opulenter Schönheit. Mitten in der Zeremonie, kurz vor den Treueschwüren, wird es am Portal unruhig. Der Ehrengast ist angekommen! Ein bedeutender Minister, bekannt mit der Familie des Bräutigams. Vor der Kirche warten schon die Photographen der Tageszeitungen. Zu einer Hochzeit der Reichen gehört das obligatorische Photo: Frischvermählte mit Minister. Eine persönliche Gratulation des Präsidenten ehrt die Familie natürlich besonders, doch ethnische und wirtschaftliche Loyalitäten trennen die Familie Mwangi, Ausrichter dieser Hochzeit, von seiner Gunst.

Mit dem Photo endet die offizielle Hochzeit in der Stadt. Die Feier findet auf der Farm im Hochland statt. Eine Kolonne von Fahrzeugen setzt sich in Bewegung: Limousinen mit Chauffeuren, kleine Stadtautos und gemietete Busse, die den ländlichen Teil der Familie transportieren. Die dörflichen Tanten und Großkusinen waren schon in der Kirche leicht auszumachen: Mit einem Sisalkorb anstelle einer Handtasche am Arm, an den Füßen Turnschuhe und über dem Haar ein Tuch, fielen sie inmitten von Rouge und Spitze auf. Schon rein äußerlich trennen sie mindestens zwei Generationen von ihren Enkeln.

Auf der Wiese vor dem Landhaus wird eine Ziege über offenem Feuer gegrillt. Etwas Schmackhafteres gibt es nicht, und so fallen die Beilagen bescheiden aus. Etwas Gemüse, *ugali* (Maisbrei) und Reis. Schnell bilden Frauen und Männer getrennte Gruppen, für den Rest des Abends. Die Männer trinken Bier und Whiskey, die Frauen süßen Milchtee, und die Älteren hüllen sich in Decken, denn hier oben im Kikuyuland, 1800 Meter hoch, wird es gegen Abend kühl.

An einem Sonntagnachmittag treffe ich drei junge Männer in einer Kneipe namens *Good Hope*. Wir sitzen auf der Dachterrasse oberhalb der *Juja Road*, auf der die Matatus wie auf einer Rennstrecke vorbeirasen. Der Wind bläst durch unsere Haare, trägt das penetrante Hupen der Busse und die Schreie von Passanten, Straßenhändlern und Streitsüchtigen zu uns herauf. Auf der anderen Seite liegt *Mathare Valley*, der größte Slum Nairobis mit weit über hunderttausend Einwohnern auf einer Fläche von ungefähr zwei Quadratkilometern. Das macht zwanzig Quadratmeter pro Person, die Wege, Kochstellen, das Flußrinnsal und dessen Ufer miteingerechnet.

Es ist ein bedeckter Tag. Mathare Valley sieht wie eine Müllhalde aus, wertlos und unbewohnbar. Das Zuhause von hunderttausend Menschen. Wir holen uns einige Biere an der Bar. Nach dem ersten großen Schluck sind die drei Männer gesprächsbereit. Ich stelle eine allgemeine Frage. Tony, der Älteste von ihnen, legt in einem Singsang los, erzählt sprunghaft, mit Sinn für Dramatik. Die beiden anderen mischen sich gelegentlich ein. Die bewußte Theatralik ihres Redens ermöglicht es ihnen, so scheint es mir, Abstand von dem Alltag zu gewinnen ...

»dort unten im ghetto, wo wir leben, das leben ist dort hart, da gibt es kein wasser, dafür mußt du weit gehen, und denk an die umgebung, mann, das ghetto ist so schmutzig, unsere kinder sind unten im ghetto, leiden an krankheiten, kashiokor und so, es ist schlecht, sie leiden zu sehen, schlechtes essen, manchmal haben sie kein essen, sie frühstücken am morgen, maisbrei, weißt du, sie wissen nicht, was sie mittags essen werden, all das ist das leben dort unten im ghetto, du kommst in die stadt und kommst gleich dorthin, und du siehst so viele menschen dort leben, wie sie überleben, was immer da ist, kleine jobs, was immer anfällt, auf der suche nach dem großen job, so wie wir leben, wir leben in einem lehmhaus im ghetto in kibera, wir sind lange im ghetto, wir sollten schon lange weg sein, die menschen im ghetto verdienen ein gutes leben wie die anderen menschen, weißt du, aber eines tages werden wir kommen, werden unsere eigenen autos fahren, ein gutes leben führen, denn der mann im ghetto, er träumt davon, wie er in einem großen haus leben wird, großes leben, genug geld in der tasche, die menschen im ghetto haben nie genug geld in der tasche, wird der kleine krank, haben sie nicht genug geld, ihn ins krankenhaus zu bringen, niemand kümmert sich um die leute im ghetto, das ghetto ist *rough and tough* ...

die leute aus dem ghetto, diese leute bauen die city auf, jeden tag siehst du den beton höher werden, bauarbeiter sind sie, bis es fertig ist, aber pro tag kriegen sie nur 50 shilling, gibst du dem mann richtiges geld, kann er richtig leben, das problem ist, sie arbeiten hart für kleingeld, wenn sie richtiges geld kriegen, müssen sie nicht im ghetto leben, der mann im ghetto hat nichts, dem händler muß er geld geben, und für die lehmhütte muß er zahlen, 250 shilling, die meisten können es nicht zahlen, es heißt: gib mir mein geld oder raus mit dir, jemand sagte, gebt uns die häuser kostenlos, das wäre was, und wenn du dein eigenes haus machen willst, kommt gleich einer und hindert dich, eh! du kannst hier nicht bauen, du baust auf meinem land.

im ghetto ist ständig streit und kampf, druck, ständig druck, bei der kleinsten sache bricht was aus, du wirst zur polizei geschleppt, zusammengeschlagen, lynchjustiz, manchmal ist es nur ein mißverständnis, alle schreien, ua yeye, ua mwizi, du weißt schon, tötet ihn, tötet diesen dieb, dieser mann da wird geschlagen, wird getötet, crazy, mit der panga, chop, und die finger sind ab, der Mann wird angezündet, zu asche verbrannt, das ist der druck, die leute bringen sich gegenseitig um, verbrennen im ghetto. manche werden böse im ghetto, laufen mit messer, mit gewehr herum, mit allen möglichen waffen, im ghetto bist du nur du selbst, mußt hart sein, kräftig, so wie sie dich einschätzen, müssen sie dich respektieren, die wissen genau, wen sie berauben, wen sie bestehlen können.

es gibt polizei, aber die polizei meidet die harten jungs, sie fürchtet sie, wenn sie uns schnappen, müssen wir für nichts geld zahlen, die harten jungs trifft man inzwischen überall, sie machen auch *changaa*, afrikanischen whiskey, das brauen die hier, viele leute trinken das, verrückte leute, leute, denen alles egal ist, kein leben dort... aber du hast hoffnung im ghetto, hoffnung, du mußt ja überleben.

für die mädchen ist es besonders hart, ältere männer, die sie in ihr haus einladen, nehmen sie mit in den hinterhof, ins bett, und danach wiederholen sie das, und früher oder später ist das mädchen schwanger, sie ist zu jung für ein kind, sie bekommt ein kind und ist selbst noch ein kind. wenn du dann zu dem mann gehst, sagt er, du bist verrückt, ich hab sie mit dem mann zusammen gesehen, der dort sitzt, mit dem mann, der dort gemüse verkauft, wie kannst du sagen, dieses kind ist mein kind? oder der mann läuft irgendwann davon, zuviel druck, ohne arbeit, also wächst das kind ohne vater im ghetto auf, keine schule, keine unterstützung, die mutter müßte noch zur schule gehen, keine ausbildung, sie treiben sich in den straßen der city herum, betteln um geld, sie essen nicht richtig, frühstück ist mehr wasser als mehl...«

Die Worte der drei jungen Männer verfliegen. Die Bar ist inzwischen voll, hinter der Theke, von einem Eisengitter geschützt, erfüllen zwei Frauen die Wünsche nach Bier, reichen im Akkord die Flaschen durch die Stäbe. Dunkelheit legt sich über das Mathare Valley wie ein schwarzes Tuch. Auf der Juja Road streiten sich die Scheinwerferlichter. Tony und seine zwei Freunde sind bester Laune, scherzen herum, begrüßen Bekannte. Ich spendiere der Runde noch ein Bier und staune über ihren Lebensmut.

Zwischen den drei jungen Männern aus dem Ghetto und den Mwangis und Verjees gibt es eine wachsende Zahl aufstrebender Städter, die ihren bescheidenen Wohlstand mit großen Anstrengungen verteidigen müssen. Monika Gitau, eine kleine energische Frau, gehört zu dieser Mittelklasse. An ihrem Arbeitsplatz als Kassiererin bei der *Standard Chequered Bank* zählt sie täglich Zigtausende Scheine ab, doch mit den viertausend Shilling, mit denen sie am Monatsende nach Hause geht, können sie und ihre Familie nicht auskommen. Der Ehemann könnte einiges zum Haushaltsgeld beitragen. Als mittlerer Beamter hat er ein beachtliches Einkommen, wobei sein mageres Gehalt den unwesentlicheren Teil davon ausmacht. Er ist bei der Stadtverwaltung zuständig für die Bearbeitung von Gewerbelizenzen, unter anderem auch für Straßenstände und Kioske, beliebte kleine Investitionen in der Stadt. Jeder weiß, daß man eine solche Erlaubnis nur erhält, wenn man der Gebühr von tausend Shilling ein Mehrfaches für die Bearbeitung hinzufügt. Der Ehemann hält die Hand auf; seinen vier Kindern kommt es selten zugute. An der Miete beteiligt er sich noch, für ein Reihenhaus mit einem vier Maispflanzen großen Vorgarten, und er leistet sich einen klapprigen alten Datsun, mit dem er die Familie an den Wochenenden aufs Land fährt. Die Schulgebühren überläßt er seiner Frau, die auch für Nahrung und Kleidung aufkommen muß. Er selbst ißt meist auswärts und kehrt selten vor zehn Uhr abends nach Hause zurück.

Monika Gitau ist auf sich allein gestellt, und so beginnt ihr Arbeitstag erst richtig nach Dienstschluß. Sie muß in ihrem Kiosk (die Erlaubnis war kein Problem!) nach dem Rechten sehen, ihren Nichten auf die Finger schauen. Sie hat vor einigen Jahren mit ihrer älteren Schwester eine für beide Seiten vorteilhafte Vereinbarung getroffen: Die zwei Töchter der Schwester ziehen zu ihr, wohnen und essen bei ihr. Dafür kümmern sie sich tagsüber um den Kiosk. Die Abmachung funktioniert hervorragend. Aber die Gewinne aus dem Kiosk reichen nicht aus; Monika handelt zusätzlich noch mit Kleidung und Wäsche – mit Nachbarn und Bekannten, mit Weiterverkäufern und auf Wochenendmärkten. Gute Ware aus dem Ausland. Die Sachen erhält sie von einer Freundin, die als Stewardeß arbeitet. Die nationale Fluggesellschaft fliegt mehrmals die Woche London, Bombay, Frankfurt, Paris, Rom und Zürich an – die Freundin hat reichlich Gelegenheit, überall nach Sonderangeboten zu stöbern.

Monika Gitau ist ständig mit kleinen *deals* beschäftigt, sie verkauft und tauscht, organisiert und verabredet. Alle ihre Freundinnen tun dasselbe. Jede nach ihren Möglichkeiten. Eine hat in der Nähe der Stadt ein Stück Land, auf dem Weizen gedeiht, eine andere flickt Löcher und schneidert einfache Kleider auf ihrer rostigen Nähmaschine. Das ermöglicht einen bescheidenen Wohlstand. Die Kinder erhalten eine gute Ausbildung, und hin und wieder bleibt Geld übrig für ein bißchen Luxus, für einen kleinen Fernseher oder für ein schickes Kleid, über das sich die sonst eher ernste Monika Gitau spitzbübisch freut.

Der Markt der Gelegenheiten

Feste Arbeitsplätze haben Seltenheitswert. In den letzten zwei Jahrzehnten ist ihre Zahl sogar gesunken. Neben dem Staat gibt es nur wenige größere Arbeitgeber. Folglich müssen die Armen sich ihre Arbeit selbst beschaffen, Gelegenheiten ausfindig machen und diese einfallsreich nutzen. Die Vielzahl ihrer diversen Tätigkeiten bildet den ›informellen Sektor‹, der den Großteil der Stadtbewohner ernährt. Denn mit dem durchschnittlichen Einkommen, das in den Statistiken der UN und der Weltbank angegeben wird, kann keiner überleben.

Der informelle Sektor richtet sich nicht nach den üblichen wirtschaftlichen Normen. Einziges Gesetz ist die Kreativität. Legalität und Sicherheit sind Fremdwörter. Es herrschen Flüchtigkeit und Flexibilität, Gefahr und vor allem Unkontrollierbarkeit. Dem Staat fehlen die Mittel, diesen Sektor zu überprüfen oder zu reglementieren. Von Zeit zu Zeit läßt die Stadtverwaltung auch hier ihre Muskeln spielen, führt Razzien durch, um sich und die Gesetze in Erinnerung zu rufen, vor allem aber, um den Beamten Gelegenheit zu geben, auch an diesem Sektor mitzuverdienen. Kioske werden zerstört, Waren beschlagnahmt, einige Übeltäter ins Gefängnis gesteckt. Diese werden dann samt ihrer Ware von Verwandten freigekauft, für einige Zeit kehrt wieder Ruhe ein.

Die Frauen sind mangels Alternativen von Anfang an auf selbständige Arbeit festgelegt. Selbst wenn sie fest angestellt sind, wie zum Beispiel Monika Gitau, betreiben sie noch nebenbei eigene Geschäfte. Zwischen den Geschlechtern gibt es gewisse Spezialisierungen: Das Bierbrauen ist eine Domäne der Frauen, das Schuhputzen das der Männer. Die Jungen kümmern sich zumeist um die Parkplätze. Sie weisen dem durch den allmorgendlichen Stau frustrierten Autofahrer einen Platz zu, bewachen sein Fahrzeug und werfen eine Münze in die Parkuhr, wenn die Spürhunde der Stadtverwaltung im Anmarsch sind.

Handwerker und Händler bilden das Gros der informellen Berufe. Die ersteren benötigen nur einige Quadratmeter Platz und einige einfache Werkzeuge, schon sind sie zu jeder Reparatur bereit, selbst wenn sie ihre Fertigkeiten übersteigen sollte. Da sie fast ausschließlich im Freien arbeiten, nennt man sie *jua kali* – brennende Sonne.

Die wichtigste Rolle spielen die *petty trader*, vielseitige Händler, die auf den Straßen feilbieten, was immer sie ergattern können, von Elefantenhaarreifen aus Plastik bis zu potenzfördernden Zahnstochern; vor allem aber die wesentlichen Waren des Alltags, Mais, Kartoffeln und Spinat, Seife, T-Shirts und Kopfschmerztabletten, Batterien und Zigaretten. Sie erhalten den Handel am Leben.

Die Schlaglöcher Nairobis sind knietiefe Krater, die selbst dem wagemutigsten Autofahrer Respekt einflößen. Ihre Zahl nimmt zu, wie auch die Zahl der Autos. Sie graben sich so tief ein, daß die Stadtverwaltung nicht mehr an ihre Beseitigung glaubt. Aus diesem Mißstand haben junge Männer einen Beruf gemacht. Einer von ihnen hält mitten auf dem Asphalt ein Schild hoch: *Please donate. Volonteer Road Work.* Seine zwei Kumpel zertrümmern derweil Steine, legen die Bruchstücke in ein Schlagloch und klopfen sie fest.

Sam, David und Elijah heißen die drei Straßenarbeiter, auf die wir an einem verregneten Tag in dem Vorort New Muthaiga treffen. Obwohl sie an diesem späten Nachmittag schon seit Morgengrauen unterwegs sind, tänzeln sie um das Schlagloch herum wie um einen k.o. geschlagenen Gegner, reißen Witze und beäugen die Autos, die vorbeischleichen. Wir kommen ins Gespräch, mit Hilfe einer Spende, denn die drei Männer unterhalten sich nur mit Leuten, die ihre Arbeit zu würdigen wissen.

Ihre Geschichte beginnt mit der Suche nach Arbeit. Sie ziehen in den Villenvierteln von Haus zu Haus, fragen an, zu allem bereit – Gärtner, Wachmann, Hausgehilfe, was immer man ihnen geben sollte. Monat um Monat bieten sie sich an und stoßen überall auf verschlossene Tore oder auf Abweisung. Sie tragen ihre Schuhe ab, ebenso wie ihre Würde. Manchmal endet ihr Anliegen bei zähnefletschenden Hunden, manchmal bei Dienstboten, die ihr eigenes kleines Glück zu verteidigen haben. Selbst wenn sie zu den Hausherren vordringen, fällt von deren unermeßlichem Reichtum höchstens ein Bedauern für sie ab. Es gibt geeignetere Kandidaten als diese jungen Männer ohne Zeugnis, ohne nachweisbare Berufserfahrung und voller Verzweiflung, die ihnen in schlechtem Englisch ins Gesicht geschrieben steht.

Doch eines Tages bekamen sie außer der Abweisung einen Rat mit auf dem Weg: Kümmert euch doch mal um die verdammten Schlaglöcher! Um zu zeigen, wie ernst er es meinte, schenkte ihnen der Ratgeber einen wackligen Schubkarren. Nun benötigten sie nur noch einige schwere Hämmer, und sie konnten beginnen, die Straßen in eigener Regie auszubessern. Steine gibt es in Hülle und Fülle, und weit gehen müssen sie auch nicht – sie können sich die Schlaglöcher nach Belieben aussuchen.

Der Gewinn kann sich sehen lassen. Sam, der Gewitzteste von den dreien, läßt sich eine Zahl entlocken: fünfhundert Shilling am Tag. Ein hervorragender Verdienst für kenianische Verhältnisse, wenn Sam mich nicht anflunkert, denn während unserer Unterhaltung hält kein Auto an, und die Blicke, die den dreien zugeworfen wurden, wirken weder dankbar noch spendabel.

Selbst wenn die Löcher bald wieder aufbrechen, wie mir ein BMW-Fahrer tags darauf hämisch erklärt, der Einfallsreichtum hat einen weiteren Sieg errungen. Sam, David und Elijah haben sich mit ihrer Schubkarre, ihren Hämmern und ihrem Schild in die Armee der Selbstbeschäftigten eingereiht, deren einziges Ziel es ist, dort Perspektiven zu finden, wo keine Chancen geboten werden.

Als der nigerianische Schriftsteller Nkem Nwankwo einen Schlüsselroman über die neue Elite Afrikas veröffentlichte, gab er ihm den Titel ›Mein Mercedes ist größer als deiner‹. In mancher afrikanischen Hauptstadt kutschieren mehr von den schweren Limousinen als in einer deutschen Großstadt. Viele der jungen Afrikaner, die in die Städte strömen, können ihren Träumen einen klaren Ausdruck geben: einen Mercedes-Benz fahren – das ultimative Statussymbol einer von den europäischen Kolonialisten herangezogenen und den westlichen Interessen und Werten untergebenen Oligarchie, die dafür sorgt, daß ihr Land gehorsam die Rolle des Underdogs an der Peripherie der Welt beibehält. Die Angehörigen der Oberschicht werden vom Volk *wabenzi* genannt, wobei das Prefix *wa* auf ihre Vielzahl deutet.

161

Ausblick

Der Wilson Airport grenzt fast unmittelbar an eines der größten Slumgebiete Nairobis. Noch vor fünfzig Jahren erstreckte sich hier nur Savanne. Die Piloten mußten beim Anflug auf die wilden Tiere neben der Landebahn achten. Heute sieht man nach dem Abflug, wie die Athi-Ebene in die Stadt übergeht, die sich ihrerseits um das aufstrebende Zentrum schart. Im Norden ragt der Mount Kenia über die Wolkendecke, hinter ihm werden der Abbruch des Rift Valley und dessen Senke sichtbar.

Von oben herab erscheint manches anders, die Wildheit ordentlicher, die Brutalität sanft, das Physische wird zur abstrakten geometrischen Form. Der Flug verschafft einen Überblick, der in die Irre führt. Die Weite scheint bezwingbar, die Trockenheit ist nicht zu spüren, das Elend löst sich auf in faszinierenden Farben.

Beim Anflug auf Wilson Airport wird einem wieder bewußt, mit welchen Extremen und Absurditäten Afrika lebt. Auf der einen Seite des Nairobi-Staudamms, an dessen Ufer seit Jahrzehnten ein Segelclub betrieben wird, befindet sich ein eingezäuntes Areal mit gepflegter Hortikultur. In der Mitte steht ein gewaltiges Monument zu Ehren von *Nyayo*, der staatstragenden Philosophie: Das Wort bedeutet »Fußstapfen«, es soll *Friede*, *Liebe* und *Einheit* symbolisieren. Auf der anderen Seite des kleinen Sees liegt der Slum *Kibera*, der sich wie ein Ekzem an dem Ufer entlang und weiter durch ein Tal zieht. Nach der Landung treffe ich dort einen Zehnjährigen, der genüßlich an einem Joint pafft und mich zu provozieren sucht. Seine Kumpel lümmeln in einiger Entfernung auf einer kleinen Erhebung und feuern ihn an. Den Stummel preßt er mit zwei Fingern an die Lippen – das hat er wohl einem Neureichen mit dicker Zigarre abgeschaut.

»Ich bin stark«, sagt er. »Gib Geld!«

Ich schüttele den Kopf.

»Weißt du, was das ist?« Genüßlich bläst er den Rauch in die Luft. »Das ist gutes Zeug.« Seine Augen verengen sich: »Fünf Shilling!« Die Bande jubelt ihm zu.

Ich schüttele erneut den Kopf.

Er guckt mich prüfend an.

»Drei! Komm schon, drei Shilling.« Er schaut zu Boden.

Ich will mich gerade umdrehen und weggehen, da blickt er wieder hoch.

»Ein Shilling, o.k., von mir aus. Ein Shilling nur.«

Die Bande winkt, gestikuliert unmißverständlich. Der Junge zieht wieder an seinem Joint, über uns steigt ein kleines Flugzeug in die Luft. Als ich erneut ablehne, wirft er seinen Kopf trotzig in den Nacken, so als hätte ich eine große Chance vertan, und schlendert zu seiner Bande zurück.

AN DEN INNEREN
UFERN INDIENS

TROPFEN VON DER LOCKE GOTTES

Der Mann zieht die Ziege in den Ganges hinein, bis ihr das Wasser gegen den Mutterleib schwappt. Mit nassen Händen streicht er ihr über den prallen Bauch. Er bespritzt sie, er flüstert ihr ins Ohr. Dann führt er sie aus dem Wasser, und die Ziege wirft – kaum spürt sie Ufer unter den Hufen – zwei Zicklein. Der Hirte schneidet die Nabelschnur ab, nimmt die Neugeborenen auf seinen Arm und macht sich auf den Weg ins nahe gelegene Dorf. Der Fluß strömt bedächtig weiter, Fährmänner decken mit ruhigen Pinselstrichen die Kiele der umgedrehten Boote mit Teer ab. Zwei Sadhus füllen ihre Gefäße und grüßen in Gottes Namen. Einige Kühe schlappen lustvoll Wasser. Die Geburt erscheint so selbstverständlich wie das Brummen einer Fliege, wie die Hornhaut auf der Ferse des Fischers. Sie hinterläßt nur ein Stück Nabelschnur auf dem hellbraunen Sand und die Erinnerung an die Entnabelung.

Nicht alles kommt so leise zur Welt. Ganga bricht mit einem anhaltenden Schrei aus dem Gletscher, fällt zur Erde und läuft los, ungestüm, Hals über Kopf, um sich schlagend. Shiva hat seinen Kopf hingehalten, Ganga hat sich seines Hauptes bemächtigt; hart beim Aufprall, sanft beim Abfließen, stürzt sie von seiner Stirn hinunter, perlt von seinen Locken herab. Ihr stürmisches Rauschen, sein starres Schweigen, unbeweglich bis in die letzte Furche seines Antlitzes. Die Kaskaden schütteln sein Haupt, rütteln ihn aus seiner Versenkung. Shiva kann nicht mehr an sich halten, richtet sich auf und schwingt seine Damru-Trommel. Es klingt wie Eis, das splittert, sich unentwegt spaltet, bis es nur noch aus Tropfen besteht, die von seinen Lippen fallen. Ganga ergreift Shivas Hände, die beiden wirbeln um den Augenblick der Schmelze herum. Der Takt vieler Tropfen wird zu einem Sturzbach. Der Sog schluckt alles, das Echo der Selbstvergessenheit, die eingeschlafenen Felsen, die zwei Hörner, die über den Gletscher ragen, als wäre dieser die faltige Stirn einer altehrwürdigen Kuh.

Nicht so schnell, haucht die atemlose Ganga.

Schneller, ruft der erregte Shiva.

Sie wirbeln weiter.

Ich lag schon Stunden wach, mit Kopfschmerzen, von der Ekstase der Geburt um den Schlaf gebracht. Früh am Morgen waren wir in Gangotri aufgebrochen zu einem langwierigen Aufstieg von zwanzig Kilometern und tausend Höhenmetern. Den Gletscher hatten wir kurz vor Sonnenuntergang erreicht und sogleich unser Zelt aufgeschlagen – zu nahe am Wasser, wie sich herausstellte. Meine Begleiterin Pac, eine Photographin, deren Augen im Laufe der Reise alle Schattierungen zwischen Grün und Braun durchwanderten, schlief, ungestört von dem unablässigen Rauschen. Der Mund des Gletschers war nur einige hundert Meter entfernt. Von der dünnen Luft an der Nase herumgeführt, bildete ich mir ein, den Gletscher stöhnen zu hören. Ich trat aus dem Zelt, in die Kälte von viertausend Meter Höhe.

Leuchtende Eisstücke trieben vorbei, Sturzbäche trommelten gegen Felsbrocken, mitten im Strudel tanzte Shiva – wie ein Schamane in Trance, ein Medizinmann bei der Beschwörung der Fruchtbarkeit – den Tanz von Entstehen und Vergehen. Seiner Trommel entsprangen Tausende Töne: die schmatzenden Lippen des Pujaris, das Glockenspiel des Ganga-Tempels in Gangotri, das Flattern orangefarbener Wimpel, die hupenden Busse bei Uttarkashi, das Rattern der Bagger in Tehri, die schrillen Lautsprecher am Triveni Ghat, die Schläge des Meisters auf der Tabla. Da Da Da. Shivas Herz pochte. In jedem Strudel krönte er sich mit Schaum und warf der Welt einen weiteren Klang zu, bis das monotone Rauschen in unzählige Töne und Geräusche zerfallen war.

Rampratap war am Vorabend aufgetaucht, noch bevor wir unser Zelt aufgeschlagen hatten. Er offerierte ein breitgefächertes Angebot. Während der Regenzeit litten selbst Pujaris, die alltäglichen Dienstleister unter den Priestern Indiens, unter Absatzschwierigkeiten. Aus der grauen Decke, in die er sich vermummt hatte, lugte ein aufdringlich abwartendes Gesicht hervor, das älter schien als dreiunddreißig Jahre. Die Hälfte seines Lebens hatte er am Gletscher verbracht, hatte die komplexen Rituale ausgeführt, die langwierigen Gebete gesprochen, die die Pilger in Ermangelung von Zeit und Sanskritkenntnissen nicht selbst absolvieren können. Rampratap überwinterte bei seiner Frau und seinen drei Kindern in Uttarkashi. Allerdings verschwieg er uns – wie wir am nächsten Morgen von dem Teestubenbetreiber Rahul erfuhren –, daß er nur der Assistent eines Eremiten war, eines »well-connected Baba«, der vor einiger Zeit dem Ruf einer Anhängerin nach Paris gefolgt und nicht zurückgekehrt war. Er hatte einen Garten aus bemalten Steinen und Dreizacken hinterlassen, in dem es für Rampratap kaum etwas zu hegen gab.

Wir waren an diesem Abend die einzigen Pilger in Gaumukh. Rampratap ließ es sich nicht nehmen, Pac zum Gletscher zu begleiten. Er fragte sie aus, bis er erfuhr, daß wir keine Kinder hatten. Entsetzt wußte er gleich mit einer rettenden Lösung aufzuwarten: In Gaumukh gezeugte Kinder würden heilige Kinder werden. Er bot ihr an, wir könnten in seiner Hütte übernachten. Er berührte sie am Arm, an der Schulter. Nach dem Spaziergang lud er sie zu einer Tasse Tee ein und redete ihr ins mütterliche Gewissen.

Am Morgen nach der durchwachten Nacht fühlte sich mein Kopf an wie ein Flugdrachen, den keine Schnur mehr hielt. Die Fassade des Gletschers glänzte türkis, ein verblaßter Amethyst. Der Pfad führte an Ramprataps Hütte vorbei. Er trat heraus, als wir vorbeischlichen, und wünschte uns einen guten Morgen. Seine Hütte, so deutete seine Armbewegung an, sei zwar verraucht, aber geräumig. Warum mußtet ihr so unbequem im Zelt übernachten?

Wir hatten zu sehen gehofft, wie Ganga aus dem Eis bricht. Doch der untere Teil der abblätternden Gletscherfront war hinter einer Biegung versteckt, je näher wir kamen, desto weniger konnten wir erkennen. Beim Versuch, auf eine der steilen Anhöhen zu steigen, rutschten wir im Schotter ab. Als es uns gelang, eine Erhebung zu erklimmen, baute sich eine weitere vor uns auf. Wir stiegen, von dem ohrenbetäubenden Krachen und Ächzen verunsichert, auf den Gletscher. Manu, unser junger Führer, der die Nacht in Rahuls Hütte verbracht hatte, wurde zunehmend nervöser, als erinnere er sich an die Warnungen seiner Mutter. Das Eis war bedeckt von Geröll und buckelte unter der Last der ständigen Veränderung. In den letzten zwanzig Jahren hat es sich um einen ganzen Kilometer zurückgezogen. Kein anderer Gletscher auf der Welt schrumpft so schnell; die 15 000 Gletscher im Himalaja tauen auf, als habe der Mensch das Tiefkühlfach offengelassen. Wissenschaftler von der Jawaharlal-Nehru-Universität in Delhi warnen, daß die meisten bis zum Jahre 2035 verschwinden könnten, ihr Untergang begleitet von Überflutung und Dürre. Rampratap hätte diese Erkenntnis wohl wenig erstaunt – in der Brahmavaivarta Purana, einem jahrtausendealten Text, wird vorausgesagt, daß sich Ganga eines Tages, wenn es der Sünden zu viele werden, in der Erwartung des nächsten Goldenen Zeitalters unter der Erdoberfläche verstecken werde. Die Wissenschaftler behaupten, es liege an der globalen Erwärmung; Rampratap erklärte, wir lebten in dem düsteren Zeitalter, im Kali Yuga, von dem wir leider erst die Hälfte hinter uns gebracht hätten. Erst wenn der Kosmos völlig verschmutzt und aus dem Gleichgewicht geraten sei, werde ein neuer Kreislauf der Veränderung beginnen. Die beiden Erklärungen ergänzten sich zu einem Bild menschlicher Verfehlung im Großformat.

Unser Irrgang endete, als uns zwei Mitglieder einer Bergsteigerexpedition zurückpfiffen und uns beschworen, unverzüglich umzukehren, denn in der Regenzeit sei der Gletscher unzuverlässig wie ein erodierender Hang. Ein Steinschlag hinter unserem Rücken verhallte als Warnung. Steine, die kleiner waren als der Klang, den sie erzeugten, taumelten ins Tal. Der Urheber dieses Steinschlags war nicht zu erkennen, bis wir an einer Steilwand, weit oben, einige Berggazellen erblickten, die behende noch höher hinaufkletterten. Da uns der Weg zur anderen Uferseite versperrt war, kehrten wir zurück und tasteten uns von Fels zu Fels näher an den Schlund heran, unter Protest von Manu, der von elf Pilgern erzählte, die vor kurzem ums Leben gekommen waren, als sie beim Snaan, bei ihrem heiligen und heilenden Bad, von herabstürzenden Brocken erschlagen wurden. Als wir den scheinbar letzten Felsvorsprung umrundet hatten, versperrte uns ein weiterer Eisblock den Weg. Wir gaben unsere Jagd nach Einsicht auf, setzten uns hin und betrachteten einen Sadhu, der sich bis auf sein knappes rotes Langoti auszog, die Wassertiefe mit einem Stock prüfte und sich dann in den Fluß legte wie in eine Badewanne, von Eisschollen umgeben. Nach dem Snaan rieb sich der magere Mann mit Asche ein; auf seinen Armen keine Gänsehaut. Offensichtlich kein Freund müßiger Konversation, reagierte er auf die Frage, ob das Wasser nicht sehr kalt sei, mit einem stummen Nicken. Wir saßen noch lange vor Gaumukh wie vor einem Wunder.

Rampratap sagte: Ich möchte deine Jacke haben.

Meine Jacke?

Mir ist kalt.

Ich schüttelte ablehnend den Kopf.

Rampratap sagte: Ich möchte deine Uhr haben.

Wieso denn? Was für eine Rolle spielt es in Gaumukh, ob es Viertel vor oder Viertel nach fünf ist?

Er lachte nachsichtig. Unser Gespräch entsprach alten Gepflogenheiten. Ich war der Raja, der dem Priester ein Geschenk zu offerieren hatte. Er verfügte über keine andere Einnahmequelle. Also versuchte er mir ein teures Ritual aufzuschwatzen, und es dauerte eine Weile, bis er sich mit einer einfachen 501-Rupien-Puja abfand. Wir gaben ihm die Namen der Freunde, für die er beten möge. Am Nachmittag werde er die Puja aufsagen, drei Stunden lang, beteuerte er in dem Tonfall eines Lieferanten, dessen Zuverlässigkeit angezweifelt wird. Er servierte uns einen Tee und erkundigte sich erneut nach unseren Fortpflanzungsambitionen. Wir ließen den Tee stehen und brachen auf, talabwärts.

173

Landkarte auf Flußfelsen

Manchmal verwechseln die Menschen Shiva mit einem Berg und nennen diesen Shivling. Eine Gruppe Koreaner hatte versucht, den Gipfel zu erklimmen. Ihr Basislager hatten sie in der Nähe von Tapovan aufgeschlagen, wo zwei Sadhus und eine konvertierte Israelin jeden Sommer in Gottes Nähe weilen. Zweihundert Meter unterhalb des Gipfels hatten die Koreaner umkehren müssen. Nun schlichen sie zurück, geknickte Verlierer. Den Anblick des Gletschers hatten sie nicht genießen können – beim Aufstieg hatte es ihnen an Zeit gemangelt, beim Abstieg an Interesse.

Der Pfad klammerte sich an den Nordhang eines engen, steilen Tals, hundert Meter über dem Fluß. Unten rollte das Wasser, staute sich, riß sich los, rollte, staute sich, riß sich los, ein Harmonium, das einen heiseren, inbrünstigen Gesang begleitet. Immer wieder stürzten Bäche steil in den Ganges, blau und hoffnungsfroh, und wurden sofort von dem brodelnden Braun geschluckt. Der Ganges schleppt mehr Schlick und Schlamm mit sich als jeder andere Fluß der Welt. Zusammen mit dem Brahmaputra baut er Erde im Himalaja ab, um am Golf von Bengalen Landgewinnung zu betreiben. Das gemeinsame Flußsystem transportiert jährlich 2,9 bmt Sedimente hinab, das Äquivalent von vierhundert Millionen Lastwagen.

Ein gleichmäßig geformter Steinquader blockierte eine Flußhälfte. Auf ihm lagen zahllose kleine Kiesel in den unaufdringlichen Farben des Gebirges, ein Steingarten, der von jeder Überflutung neu angelegt wird. Mehrere Adern durchzogen die sichtbare Seite, wie Flußverläufe auf einer topographischen Karte. Das obere Drittel des Quaders war weiß, darunter beige. Die Grenze zwischen Trockenheit und Nässe war von einzelnen Spritzern ausgefranst.

Wir waren erst zwei Stunden unterwegs, als Manu den Rucksack von seinen Schultern hievte und sich leidend eine Pause gönnte. Beim Anheuern hatte er den Eindruck vermittelt, das ganze Gewicht der Welt im Laufschritt auf alle Gipfel tragen zu können, doch schon am ersten Tag hatten mich seine häufigen Klagen gezwungen, mir gelegentlich den Rucksack selbst umzuschnallen. Manu war ein einheimischer Träger, aber seine Interessen, seine Vorlieben sowie seine modische Lederjacke zeugten von einer gewissen Entfremdung. Er stammte aus dem Dorf Bhoki, oberhalb des Kurortes Gangnani gelegen. Die Schule, acht steile Kilometer entfernt, hatte er erst mit zwanzig abgeschlossen. Nach der Schule stand einigen der Absolventen die Talwelt offen; sie zogen zum Studieren nach Rishikesh oder Dehra Dun. Ein Freund sei sogar bis nach Bombay gelangt, nach Borivli – die Kenntnis des Vorortes ließ die Fata Morgana Bombay etwas wirklicher erscheinen. Manu aber hatte in Bhoki bleiben müssen. Sein Vater war zwei Jahre zuvor gestorben, und er mußte als ältester Sohn die Verantwortung für die Familie übernehmen, die ein wenig Land und einige Apfelbäume besaß.

Manchmal half er dem Vater eines Freundes bei der Ernte; mehr gab es im Dorf nicht zu tun. Mit seinen zweiundzwanzig Jahren hatte sich Manu mit dem Leben, so wie es war, abgefunden. Er wirkte nicht unglücklich, aber ein Teil seines Wesens schien zu ahnen, daß er für den Rest seines Lebens gefangen war in einer Tätigkeit, die ihn schon jetzt langweilte.

Wir begegneten einem Sadhu, der neben einem kleinen Säckel nur ein selbstgemachtes Instrument trug, den Klangkörper in einer Plastiktüte eingewickelt. Auf meine Frage nach dem Woher und Wohin begann er zu singen: SitaRam SitaRam SitaRamRamRam.

Shiva saß auf dem Gipfel und meditierte. Während er sich von der Welt abwandte, wurde sie von Taraka terrorisiert. Der Dämon gierte danach, sich alle Lebewesen untertan zu machen. Gegenwehr erwies sich als zwecklos, Taraka wurde durch jedweden Widerstand nur noch stärker. Die sterblichen Götter suchten Brahma auf, der sich diesen Dämonen ausgedacht hatte. Was ich geschaffen habe, kann ich nicht ungeschehen machen – Brahma benannte eine Binsenwahrheit, das war sein entmutigendes Privileg. Aber gib uns wenigstens einen Hinweis, wie wir ihn besiegen können, bettelten die sterblichen Götter. So viel will ich euch verraten, verkündete Brahma erregt, denn er spürte, daß ihm ein Schauspiel bevorstand: Der Sohn Shivas könnte ihn vernichten. Das Stöhnen der sterblichen Götter hallte durch alle drei Äonen. Die Lage war aussichtslos. Shiva hatte keinen Sohn; zudem war er gerade in sich selbst versunken, und Shivas Meditationen pflegten Epochen zu überdauern. Es war undenkbar, den Höchsten unter den Asketen dabei zu stören. Deprimiert nahmen sie Abschied von Brahma. Das dauerte ihn, und er sagte, Gäste soll man nicht mit leeren Händen ziehen lassen. Sie horchten auf. Es gibt eine, die Shiva verführen kann. Sie heißt Parvati, ihr Vater ist Himavat, der König des Himalaja, ihre Mutter die noble Mena.

Die sterblichen Götter schmiedeten rasch einen Komplott der Verführung. Sie verbündeten sich mit Kama, der umgehend den Frühling heraufbeschwor. Er hatte so oft Lust gesät, hatte den Lauf der Gefühle so oft verändert, daß er sich seiner Unwiderstehlichkeit allzu sicher war. Als die jungfräuliche Parvati vor Shiva stand, zog Kama einen Pfeil aus seinem Köcher. Er strich mit dem Finger über die Spitze und lächelte lasziv. Parvatis Brüste preßten gegen die Bluse ihres Saris. Die Schärpe fiel schräg über den Bauch, offenbarte einen Nabel schöner als eine Lotusblüte. Kama legte mit der Ruhe des Meisterschützen an. Parvati trat einen Schritt näher, ihre Hände zusammengelegt in einer Geste unschuldiger Reverenz, ihr Körper prall vor Hingabe. Der Pfeil zischte aus dem Bogen und traf, wo er treffen sollte. Jeder andere wäre Parvati sofort verfallen, nicht aber Shiva. Er schlug sein drittes Auge auf, das Stirnauge, und fixierte den ungläubigen Bogenschützen. Schneller, als eine Erektion verfliegt, verwandelte sich Kama in einen Haufen Asche. Der Wind brauste auf und wehte die Aschepartikel davon. Sie gingen auf einem Rosenfeld nieder, vermischten sich mit dem Schweiß eines Bullen, wurden aufgeschnappt von dem Schnabel eines Kuckucks. Parvati rannte davon. Sie sperrte sich in sich selbst ein. Es war, als habe der letzte Pfeil Kamas sie getroffen. Shiva ging ihr nicht mehr aus dem Sinn. Sie sprach seinen Namen vor sich hin. Sie begann regelmäßig zum Kailash hinaufzusteigen, wo er fastete und meditierte. Sie strich über seinen steinigen Körper, ohne ihn zu berühren. Sie dachte sich in ihn hinein. Sie begann zu ahnen, daß er ohne sie unvollständig war.

Eines Tages, als sie wieder einmal vor ihm stand und seinen Namen murmelte, versprach sie sich, ohne es zu merken. Anstatt »Shiva« entfuhr ihr »Shivo ham« – Ich bin Shiva. Er schlug seine Augen auf. Es war wieder Frühling. Das eingeschläferte Herz pochte los: Da Da TiReKiTa. Shiva sah die grünen Täler, er hörte das Zwitschern der Vögel, er roch Düfte, Düfte, die er noch nie zuvor gerochen hatte. Da Da TiReKiTa. Und auf allem lag ein Hauch jener Frau, die vor ihm stand und »Shivo ham« intonierte. Drei Silben. Und aus der dritten, der zusätzlichen, entstand die erste Umarmung, die Jahrhunderte umfaßte.

Später saß Parvati auf seinem linken Oberschenkel. Sie blickte zu ihm hinauf und fragte: Wer bist du?

Shiva antwortete: Die ganze Welt wandelt sich, aber ich wandele mich nicht. Ich kann nicht kommen, denn ich war schon immer hier.

Und wer bin ich?

Du bist die Schöpferin von allem, sagte Shiva, die Mutter aller Mütter. Nichts kann ohne dich existieren.

Das stimmte Parvati traurig. Was bleibt mir dann noch zu tun?

Du bist die einzige, die die Welt erzählen kann.

Worauf er sie von hinten umarmte, damit er an ihrem Kopf vorbei ins Tal und über alle Gipfel blicken konnte.

Das ist die Welt. Sie lebt, und doch lebt sie nicht, denn keiner hat je von ihr erzählt.

Seine wilden Locken kitzelten sie am Ohr.

Würdest du das für mich tun?

Was soll ich für dich tun?

Die Welt erzählen.

Die Tonne wog mindestens zwanzig Kilo. Sie lag am Wegrand, die Trageriemen wie schweißgetränkte Peitschen. Der Junge, der neben ihr saß, war höchstens zehn Jahre alt. Er zitterte. Seine Hände waren eisig. In der Tonne befand sich Wasser, doch der Junge mit dem hübschen Gesicht wußte nicht, wieso er es schleppte. Er lächelte angespannt. Er war erschöpft und sichtbar verstört von unserem Interesse. Manu setzte sich neben ihn und streichelte seine Hände. Er ist einer von uns. Er sagte das, obwohl der Junge aus Nepal stammte. Seine Eltern hätten ihn von der Schule genommen und an einen Onkel übergeben, der ihn vor zwei Monaten hierhingeschickt habe. Weil man hier gut Geld verdienen kann, fügte Manu zur Erklärung hinzu. Der Junge war tagelang unterwegs gewesen, ohne Papiere, ganz alleine. Nun schleppte er Gangeswasser von der Quelle nach Gangotri, wo es auf Lastwagen, Jeeps und Busse geladen wurde, um im ganzen Land vertrieben zu werden und auch überall sonst, wo Hindus leben. Bei rituellen Reinigungen werden einige Tropfen auf Götterfiguren oder menschliche Körper gespritzt. Zur Hochzeit wird ein Glas Gangeswasser gereicht. Inder aus Kenia oder den Fidschiinseln kaufen beim Heimatbesuch bauchige Plastikflaschen mit Henkeln, die behutsam aufbewahrt werden. Damit der knappe Vorrat nicht zur Neige geht, wird Ganga Jal mit normalem Wasser vermengt, als mystisches Fluidum überträgt es seine heilenden Eigenschaften auf jede Flüssigkeit, mit der es in Berührung kommt. Zu besonderen Anlässen, bei wichtigen Festen wie etwa Diwali oder Durga-Puja, wird es ehrfürchtig aus dem Schrank geholt und von den Kindern des Hauses mit Erregung bestaunt. Doch von all dem wußte der Junge nichts. Er war erschöpft, das Gangeswasser auf seinem Rücken eine quälende Last.

Der überschwemmte Zeltladen

Der Zufluß Devganga liegt in einem gewaltigen Flußbett, ein Zwerg in einem fürstlichen Doppelbett. In der Nacht zuvor hatte der Zwerg über die Stränge geschlagen, sich über das ganze Bett gewälzt und trunken um sich geschlagen. Auf beiden Uferseiten waren Steine aufgetürmt, Spuren seines Tobsuchtsanfalls. Der Kleinhändler Padaman Singh konnte dem Gebirgsbach noch nicht verzeihen. Bedrückt saß er vor den Trümmern seines Zeltladens. Um fünf in der Früh hatte ihn der Fluß überfallen, kalt und schwarz: Er sprang von seiner Pritsche und versank bis zum Knie im Wasser, Steine schlugen gegen seine Knöchel, seine Waden, Padaman flüchtete den Pfad hinauf, nur weg vom Flußbett, ließ alle Gedanken an seine Vorräte zurück. Am nächsten Morgen sichtete er seine nächtens aufgelaufenen Schulden. Der Fluß hatte die Hälfte seiner Waren weggeschwemmt, in einem Wert von etwa 25 000 Rupien. Der Rest war von aufgetürmten Felsbrocken gerettet worden. Der Kleinhändler nahm sein Unglück dem Fluß übel. Er erzählte von der Überschwemmung im Tonfall eines enttäuschten Freundes, der nicht begreifen konnte, wieso er so schändlich verraten worden war.

Die übriggebliebene Ware – zerdrückte Tütensäfte, lehmverkrustete Thums-up-Dosen, verdreckte Mineralwasserflaschen – hatte er, so gut es ging, wieder aufgebaut. Der umgestülpte Coca-Cola-Kasten diente als Sockel, flachgeklopfte

Dosen, die einst Speiseöl enthalten hatten, als Tablett. Der Statik wurde mit einem Karton Maggi-Nudelsuppen, Zwei-Minuten-Terrinen, Genüge getan. Des weiteren fanden auf seinem Pappregal Platz: einige Plastikdosen voller Bubble Gum und anderem Kaugummi, ein Dutzend Zigaretten-packungen, einige Schachteln Biskuits und Tafeln Schoko-lade. Padaman war dabei, seinen Laden an alter Stelle wieder aufzubauen.

Beim Aufstieg hatten wir den Devganga noch überqueren können, nun war keine Furt auszumachen, kein Baumstamm zu sehen. Das Wasser floß hart und schnell. Manu versuchte, mit dem schweren Rucksack auf den Schultern, einen halb-wegs sicheren Weg durch die eiskalten Fluten zu finden, doch er rutschte aus, und für einen Augenblick waren weder Manu noch Rucksack zu sehen, bevor beide wieder auftauchten, verletzt und zerdrückt. Während ich Manu verarztete, sam-melte sich eine kleine Pilgerschar am Ufer, allesamt wenig beglückt von Padaman Singhs launiger Bemerkung, sie müß-ten so lange hier kampieren, bis das Wasser wieder zurückge-wichen sei. Die Nacht über? Ja, bestimmt. Vielleicht sogar mehrere Tage. Unter den Wartenden war ein Inder, der die demonstrative Uniform des Aussiedlers trug, des sogenann-ten NRI (Non-Resident Indian): Bermudas, Tennisschuhe, College-T-Shirt und Baseballkäppi. Er wurde begleitet von einem molligen Kanadier libanesischer Herkunft, einer fran-zösischen Yogalehrerin, die alljährlich ihre Kenntnisse im Himalaja auffrischte, sowie einer sibyllinisch lächelnden Blon-dine, deren Herkunft ein Geheimnis blieb. Let's cross, sagte der amerikanische Inder in dem forschen Ton dessen, der sein Leben selbst zu bestimmen glaubt.

Die Enttäuschung, mit seinem High-Tech-Wanderstock keinen Übergang finden zu können, setzte ihm derart zu, daß er fortan abseits der Gruppe herumschlich, den Blick auf den Boden fixiert, als sei er ein passionierter Entomologe.

Alle, die eine Überquerung versuchten, mußten aufgeben, bis Stunden später einige Ponys auftauchten, deren Reiter sie, ohne zu zögern, in die Fluten trieben. Die Ponys versanken bis zum Hals im Wasser, aber sie fanden wiehernd einen Weg hinüber. Die Treiber folgten ihnen zu Fuß; sie hüpften wie Frösche durch die Fluten. Sie konnten den Fluß lesen, sie wußten, daß man seinen Fuß dort hinsetzen mußte, wo es brodelte, wo die aufgeregte Wasseroberfläche auf einen überspülten Stein deutete. Als sie auf der anderen Flußseite angelangt waren, begab sich einer von ihnen, ein blendend aussehender Mann mit mächtigem Schnurrbart, wieder ins Wasser, überwand betont ruhig den Fluß, stellte sich vor Pac hin und bot galant an, sie über den Fluß zu tragen. Die anderen Gestrandeten wurden keines Blickes gewürdigt. Pac schlug vor, er möge sich zuerst an mir bewähren. Also bildeten die vier Treiber eine Kette, und ich wurde von einem zum anderen weitergereicht, bei jedem Schritt angeschrien, hier und da aufzutreten, meist dort, wo es mir besonders gefährlich schien. Durchnäßt, aber unverletzt erreichte ich das andere Ufer. Als nächster war der Kanadier dran – das gelbe Polohemd poppte auf dem Wasser wie eine Boje –, dann wurde Pac herübergeholt, worauf die Ponytreiber begannen, sich herzlich von ihr zu verabschieden. Der Kanadier geriet in Panik. Er zückte seinen Geldbeutel und zog einen Batzen feuchter Geldscheine heraus, die er unserem Helfer Mohan entgegenhielt. Money, I want to give you money, how much money? No, wehrte sich Mohan, no money, und wandte sich ab. Ich erklärte ihm, wir alle seien Mitglieder einer Gruppe und müßten deswegen zusammenbleiben. Nach einigem guten Zureden setzten die Männer die Rettungsaktion fort. Auch die anderen Reisenden wollten sich, kaum spürten sie das rettende Ufer unter den Füßen, mit nassen Geldscheinen bedanken, so daß Mohan schließlich seinen Widerstand gegen die Kommerzialisierung der Nächstenliebe aufgab und einen seiner Kumpel damit beauftragte, das Geld einzusammeln.

Als alle den Fluß überquert hatten, standen die Retter Schlange vor unserem Kästchen mit dem roten Kreuz und ließen sich bandagieren. Mohan zeigte zudem auf eine eiternde Wunde am Finger. Seine heroische Haltung verflog sofort, als er mich mit Nadel und Pinzette hantieren sah. Er weigerte sich wortreich, auch nur angepiekst zu werden. Am nächsten Rastplatz luden uns die Männer zu einem Tee ein. Sie gefielen sich in der Pose harter Pioniere und pflegten einen Ton rauher Kameraderie. Mehrfach die Woche stiegen sie von Gangotri nach Gaumukh hinauf, luden dort auf oder ab und führten ihre Ponys wieder ins Tal hinab. »Harte Arbeit, gutes Geld.« Der Tagessatz von sechshundert Rupien (fünfzehn Euro) war beachtlich, die Arbeit aber nur saisonal. Und im Winter, in den langen verschneiten vier Monaten, was taten sie da? Sie lachten: schlafen, essen, schlafen, essen.

Parvati und Ganga sind Schwestern. Eifersucht unter Geschwistern wiegt schwer. Beim Meditieren konnte Parvati alle vergessen, nur nicht ihre Schwester. Jedesmal, wenn sie zu ihrem Gemahl aufblickte, sah sie Ganga sein Haar baden, in dem Wald seiner Haarpracht Versteck spielen. Zudem neidete sie ihrer Schwester die hellere, schönere Haut, das aufregendere Leben. Eines Tages waren die sterblichen Götter aufgetaucht und hatten ihren Vater beschworen, Ganga mit ihnen ziehen zu lassen. Sie behaupteten, sie sei dazu berufen, als Milchstraße durch den Kosmos zu fließen. Die kleine Parvati hingegen hatte weiterhin das eintönige Dasein einer Prinzessin in dem Palast von Himavat zu ertragen. Und nun mußte sie sogar Shiva mit ihrer Schwester teilen. Sie sah, wie sich ein Tropfen von seinen Augenwimpern löste und auf seine Unterlippe fiel. Shivas Zunge nahm den Tropfen gierig auf, als sei er eine Rosine. Wenn sie wenigstens schwanger werden würde. Aber Shiva erfüllte ihr diesen Herzenswunsch nicht. Er war zu sehr abgelenkt.

Die Landstraße endet in Gangotri. Teile des Städtchens sind aufs häßlichste zubetoniert. Ein kleiner Shiva steht in einem riesigen Käfig, wirkt darin verloren wie ein unschuldig Verhafteter. Zehn Stufen führen zu seiner Zelle. Davor, in einem behördlichen Versuch, es den Pilgern bequem zu machen, sind vier Bänke postiert, je zwei zu beiden Seiten des gefegten Gehwegs, gelegentlich benetzt von der Gischt des nahen Wasserfalls. Mitten in Gangotri stürzt Ganga zwanzig Meter in die Tiefe. Der Aufprall hat glattpolierte Steinskulpturen aus dem Felsen geschliffen. Es ist nicht lange her, da reichte der Gletscher bis zu diesem Wasserfall.

Einige Pilger badeten gefährlich nahe an den reißenden Fluten. Der Fluß raste dahin, die Wellen überholten sich hektisch wie Autos auf einer indischen Landstraße, stießen zusammen, spritzten in Fontänen hoch, schlugen gegen Steine und umspülten die Füße eines zitternden, gebrechlichen Mannes, der nur aus Knochen und Hornhaut zu bestehen schien. Er trat mit gesenktem Blick zur Seite, geprägt von einem Leben des Nachgebens. Er ließ sich von einem Pujari herumkommandieren, der die Fragen des Rituals mit der Bestimmtheit eines Feldwebels abhandelte. Die Pilger um den alten Mann rückten enger zusammen, vergewisserten sich ihres Zusammenhalts, während sie fröstelnd unsicher am Ufer von Ganga standen.

Hinter der Badestelle, dem Ghat, befand sich ein Häuschen, über dem Eingang stand *Record Room*. Die Tür war halb offen, wie eine genuschelte Einladung. Ich trat ein in einen Raum voller Kisten, Kisten aus Holz und Metall von unterschiedlicher Farbe und Größe, verstreut ohne System, wie das Gepäck von entschwundenen Reisenden. Auf einer der Kisten saß ein Mann, sein Dhoti war etwas hochgerutscht, seine Antworten waren verwinkelt und schwer zu verstehen. Die Kisten enthielten Kladden, Manuskriptrollen, Notizbücher – Einträge aus mehr als hundert Jahren, die Lokalgeschichte der Pilgerschaften, eine Chronologie herangeschleppter Hoffnungen, erbetener Segnungen. In diesem Dokumentationszentrum waren der Name des Pilgers, seine Herkunft, seine Gotra, die von ihm erwünschte Puja sowie das Datum seines Ersuchens erfaßt, und der Mann mit den dürren Beinen und dem glattrasierten Kopf war der Archivar. Seine Familie gehörte seit Generationen zu diesem heiligen Ort, betreute die Pilger und verwaltete die Kistenbibliothek. Früher fanden die Pilger auch Unterkunft bei seiner Familie, wurden gegen Bezahlung wie Verwandte umsorgt und verpflegt. Über Generationen hinweg entstand eine enge Beziehung zwischen Pilgerfamilien und Pujaris. Wieso gibst du nicht auch eine Puja in Auftrag, lockte mich der Mann, dann werden wir eines Tages deinem Sohn genau sagen können, wann du hier gewesen bist. Denn ich werde weggehen, aber die Akten werden bleiben! Er überreichte mir seine Visitenkarte, auf der neben einer Telefonnummer der Segen »Ganga möge siegreich sein« sowie die Namen seiner drei »suns« (Söhne) verzeichnet waren.

Am nächsten Morgen, beim Abschied von Gangotri, fanden sich alle am Busbahnhof ein. Mohan saß mit seinen Kumpels im Bahnhofsrestaurant und spielte Karten. Der Junge aus Nepal grinste uns an und wich uns nicht mehr von der Seite.

Manu schlenderte herbei; er wartete auf den nächsten Bus. Mit dem Geld, daß er in den letzten Tagen mit uns verdient hatte, konnte er für einige Tage nach Hause fahren. Der Nepalese trug Pacs Kameratasche, während wir den Taxipreis verhandelten. Als ich die Herumstehenden fragte, wieso der Junge die schweren Tonnen voller Gangeswasser tragen müsse, gab mir ein Kashmiri in vorzüglichem Englisch den Rat, wenn ich so um sein Wohlergehen besorgt sei, solle ich ihn doch mitnehmen in mein wohlhabendes Land.

Begegnungen mit Deepak

Auf der Limchgad Bridge, fertiggestellt am 30.06.2001, stand in großen Lettern SNOW-CLAD MOUNTAINS, SCORCHING DESERTS IN ACCESSIBLE POCKETS, B.R.O. IS SEEN EVERYWHERE. Hinter der Brücke wurde auf einer Tafel das Akronym erklärt: BORDER ROADS ORGANISATION MAKE A WAY FOR YOUR BRIGHT FUTURE. Unterschrieben waren beide Sätze von *Deepak*. Schon nach einigen Kurven wurde mir klar, daß es sich bei Deepak um einen Künstlernamen handelte, hinter dem ein kreativer Kopf steckte, der weder unter Schreibblockaden noch an Einfallslosigkeit litt. Zwar hatte er einige Anfängerfehler begangen – seine erste Sentenz war zu überladen, mehr gewollt als gekonnt –, doch Deepak sollte während der Fahrt noch deutlich an Meisterschaft gewinnen.

Die Götter, die Menschen und die Dämonen suchten Shiva auf und fragten ihn nach dem richtigen Leben. Er schloß die Augen, und viel Zeit verging.

Dann hörten sie: Da Da Da, und sie waren sich nicht sicher, ob er etwas gemurmelt hatte oder ob sie seinen Herzschlag vernommen hatten.

Shiva schwieg.

Die Götter baten ihn, er möge zu ihnen sprechen.

Da! sagte Shiva. Habt ihr verstanden?

Die Götter dachten nach und sprachen: Wir haben dich verstanden. Du hast uns zu Dama geraten, zur Selbstkontrolle. Dann baten die Menschen Shiva, er möge zu ihnen sprechen.

Da! sagte Shiva. Habt ihr verstanden?

Die Menschen dachten nach, dachten erneut nach und sprachen: Wir haben dich verstanden. Du hast uns zu Dana geraten, zur Solidarität.

Dann baten die Dämonen Shiva, er möge zu ihnen sprechen. Da! sagte Shiva. Habt ihr verstanden?

Die Dämonen dachten nach, dachten erneut nach und sprachen: Wir haben dich verstanden. Du hast uns zu Daya geraten, zur Gnade.

Da Da Da, wie Dama, wie Dana, wie Daya.

Die Götter, die Menschen und die Dämonen stiegen ins Tal des Lebens hinab.

LIVE FOR TODAY, DRIVE FOR TOMORROW. Deepak bediente sich des Werbejargons. Provoziert von 80 000 Verkehrstoten pro Jahr, verknüpfte er eine populäre Form mit einem didaktischen Anliegen. ACCIDENTS BREED WHEN YOU OVERSPEED. Mal in gelben Pinselstrichen auf dunklen Felsen, mal in weißer Schrift auf blauen Tafeln präsentiert. In Handschrift und in Großbuchstaben. Und gelegentlich eine Entsprechung auf hindi, in der Devanagiri-Schrift. KEEP YOUR NERVE ON A SHARP CURVE. Nachdem Deepak den Reim für sich entdeckt hatte, ließ er nur noch selten von ihm ab. MOUNTAINS ARE A PLEASURE ONLY IF YOU DRIVE WITH LEISURE.

In Gangnani, dem Ort der heißen Quellen an einer steilen Krümmung des Flusses, standen kleine Restaurants auf Stelzen und offerierten das übliche Angebot an frisch fritierten Samosas und abgepackten Biskuits. Lieder aus Hollywood schlugen eine schaukelnde Brücke über den Ganges. Von der Veranda eines Restaurants konnte man die Wipfel eines Baumes berühren, der aus dem Steilhang wuchs. Ein zerrissener brauner Lappen umwickelte einige seiner Knospen, eine blaue Plastikplane war wie ein Schal um den Hauptast geschlungen, und eine Gummilatsche balancierte auf einigen Zweigen des Wipfels, die Sohle zum Himmel gerichtet.

Ab Gangnani wurde die Landschaft tranchiert von Terrassenfeldern, die so klein waren wie zum Trocknen ausgelegte Saris, allesamt in den grünen Schattierungen von blühendem Reis. Der Schweiß der Schufterei war ins Grundwasser gesickert. Auf der fensterlosen, der Straße zugewandten Wand eines Hauses pflückte eine naturalistisch gemalte Arbeiterin mit den Riemen des Erntekorbes um ihre Stirn inmitten einer satten Plantage Tee. Die Erde und der Mensch waren gleichermaßen durch Ordnung kolonialisiert.

Das Tal versank in einer Staubwolke. Das Reisgrün wurde von Riesenschaufeln zerstückelt. Die Hänge waren abgeholzt, nackt. Willkommen zur Zivilisation, schien der Dämon Taraka durch den Auspuff der Laster, Bagger und Caterpillar-Maschinen zu schreien. Er lachte dreckig: Und ihr dachtet, euer Ebenbild an der Quelle der Ganga wiederzufinden. Dabei wird es täglich aus den Bergen geschnitzt; eure häßliche Visage. Es gab Zeiten, da wurde dieses Land Devbhumi genannt, es gab Zeiten, da war es tatsächlich das »Land der Götter«. Doch heute gehört es dir und mir. Worauf Taraka verstummte und eine halbfertige Staumauer sichtbar wurde.

Tehri ist ein Bergstädtchen, dem man sein hohes Alter ansieht. Die öffentlichen Räume sind klein, die Bauten geprägt von den Improvisationen jahrhundertealter Bewohnung. Das

Städtchen schmiegt sich an einen Fluß, der nicht mehr da ist, denn die Kanäle des Staudamms sind fertiggestellt, das Wasser ist umgeleitet worden. Turmuhr, Palast, Gericht sind nur noch stumme Widersprüche.

Man sah dem Städtchen an, daß es seit vielen Jahren dem Untergang geweiht war. Es wirkte zwar nicht wie ausgestorben, aber wie eingemottet. Viele der 4551 registrierten Familien waren ›rehabilitiert‹ worden, ein Euphemismus für das Entwurzeln der Einheimischen aus gewachsenen Strukturen, ohne ihnen lebensfähige Alternativen zu bieten. Manche von ihnen waren nach Neu-Tehri gezogen, keine zwanzig Kilometer entfernt, aber mehr als tausend Meter höher gelegen, eine bürokratische Reißbrettvision aus Beton. Aktenordner standen am Hang in Reih und Glied, dreistöckige Doppelhäuser mit Talsicht, in denen das Leben noch nicht abgelegt war. Von den normierten Fenstern aus werden sich die Neu-Tehrianer täglich an dem überschwemmten Alt-Tehri ergötzen können. Aber Neu-Tehri funktionierte nicht richtig. Die Busstation könnte Architekturpreise gewinnen, aber sie war verwaist – kein einziger Junge, der gewürzte Kichererbsen in Zeitungstütchen verkaufte. Die Pumpen, die das Wasser aus dem Tal hinaufschaffen sollten, fielen regelmäßig aus, die Busse fuhren zu selten, die Transportkosten ließen die Preise aller Waren in die Höhe schießen. Noch pendelten einige Menschen zwischen Alt- und Neu-Tehri hin und her, viele waren jedoch wieder ins Tal zurückgezogen, entschlossen, einem Leben in dieser Trabantenstadt so lange wie möglich zu entgehen.

Das Projekt des Tehri-Staudamms ist fast so alt wie die Republik Indien selbst; es wurde Anfang der fünfziger Jahre angedacht, in den sechziger Jahren konzipiert und nach fast zwanzig Jahren der Planung 1972 verabschiedet. 1978 wurde mit der ersten Baustufe begonnen. Die Jahre seitdem haben das bei großen Staudämmen in Indien übliche Trauerspiel von mangelhafter Entschädigung der Vertriebenen, ökologischer Blindheit und fehlender wirtschaftlicher Transparenz aufgeführt. Manche Bauern erhielten Neuland in der Ebene, in der Nähe von Dehra Dun. Dort stießen sie auf so viele Probleme – steinübersäte Felder, unzuverlässige Bewässerung, Mehrkosten für Düngemittel, Überfälle von Elefanten –, daß manche von ihnen in die Berge zurückzogen. Andere wurden nur finanziell entschädigt. Ohne Land, klagten sie, haben wir keine Zukunft. Das Geld, das sie erhielten, reichte aber nicht aus, um nutzbares Neuland zu erwerben. Andere wiederum erhielten wegen behördlicher Willkür und Korruption überhaupt nichts.

Die ökologischen Ängste der Einheimischen werden geschürt von der Erdbebengefahr in dieser Region. Immerhin wurde Mitte des 19. Jahrhunderts die damalige Hauptstadt der Provinz Gahrwal, Srinagar, überflutet, als der Gohna-Stausee von einem Erdbeben zerstört wurde. Der Tehri-Staudamm liegt auf einer tektonischen Spalte. Die Experten jonglieren mit Zahlen und Hochrechnungen, um zu den widersprüchlichsten Ergebnissen zu gelangen. Die fehlende Offenheit der Behörden hat wahrscheinlich mehr als alles andere zu dem vorherrschenden Gefühl der Unsicherheit beigetragen. Viele Menschen trauen der Staumauer nicht, bezweifeln, ob sie einem starken Erdbeben gewachsen wäre. Wenn nicht, würde die Flutwelle Rishikesh und Haridwar niederwalzen und, laut einem Gutachten, in unglaublichen 28 Minuten Delhi erreichen. Potentielle Katastrophen scheinen sich besonders genau vorausberechnen zu lassen.

Selbst die Rentabilität des Damms wird angezweifelt. Wegen der starken Sedimentierung wird der Stausee eines Tages verschlammt sein. Das ist gewiß, nur streiten sich die

Experten, ob dies nach sechzig Jahren (laut Umweltschützern) oder nach hundertsechzig Jahren (laut Regierung) geschehen wird. Es sind jedenfalls zu kurze Zeitspannen, um eine derart massive Zerstörung der Ganga zu rechtfertigen.

Deepak dichtete weiter. Mal schmiedete er Alliterationen: ALERTNESS AVOIDS ACCIDENTS, mal spielte er mit Kinderreimen: THE ROAD IS HILLY, DON'T DRIVE SILLY. Er rapte: NO RACE NO RALLY, ENJOY THE BEAUTY OF VALLEY; er bot Lebenshilfe an: THE SWEETNESS OF LIFE IS DEVOTION. Chinesische Einflüsse schimmerten durch: LICENSE TO DRIVE, NOT TO FLY. Auch die absurde Logik des mittelalterlichen Dichters Kabir diente gelegentlich als Vorbild: DIFFICULT WILL BE DONE IMMEDIATELY, IMPOSSIBLE WILL TAKE SOME TIME. Und einmal, kurz vor der Stelle, von der aus man den ersten großen Zusammenfluß des Ganges überblicken kann, die unaufgeregte Weisheit eines Alterswerks: WHAT'S THE HURRY? RELAX, ENJOY AND PROCEED.

Bis Devprayag, wo er auf den Alaknanda trifft, wird der Ganges Bhagirathi genannt. Erst ab diesem mittelalterlichen Ort heißt der Fluß auch offiziell Ganga. Eine Hängebrücke führt in das sich an einen Steilhang klammernde Städtchen. Das Ghat am Zusammenfluß soll laut Reiseführer die Silhouette Indiens formen, doch das Hochwasser hatte die Küstenprovinzen überschwemmt. Hinter den Treppen zum Fluß befanden sich einige mit Nischen für mitreisende Idole ausgestattete einfache Höhlen, in denen Pilger übernachten konnten. Ein Sadhu hockte sich neben mich, während ich mir die Schuhe auszog. Er zeigte mir die Blasen an seinen Sohlen und bat mich um Geld. Erst dann stellte er sich vor. Ashok Swaroop kam aus einem Ashram in Jaipur und befand sich auf der berühmtesten aller Pilgerreisen im Himalaja, der Chardham-Yatra, die zu den vier heiligen Quellen Badrinath, Kedrinath, Yamanotri und Gangotri führt und zwei Monate dauert. Auf meine Frage, wie er, bereits am Anfang der Pilgerreise von malträtierten Füßen geplagt, je ans Ziel gelangen wolle, winkte er ab und bot mir seine Haschischpfeife an. Vielleicht hätte ich einige Züge mit ihm gepafft, wenn mich nicht umgehend der oberste Priester des Ortes zu einer Puja zwangsrekrutiert hätte. Wir stiegen ins eisige Wasser. Er sprach Mantras vor, die ich ohne Verstand und Aussprache wiederholte. Gott wurde um ein langes und gutes Leben angerufen, für mich und meine Frau, für meine Eltern und Großeltern. Das Tempo war forciert, der Tonfall mechanisch, wie Wasser, das aus einer geöffneten Schleuse schießt. Zwei Jugendliche beobachteten uns und grinsten.

Wie viele Gebete sollen wir für Sie sprechen, fragte der Pujari. 100, 500, 1000?

100, sagte ich, an Mengenrabatt nicht interessiert.

Und für Ihre Frau?

Wir teilen uns die 100. 80 für sie, 20 für mich.

Nein, nein. Das geht nicht. 100 ist das Mindeste pro Person. Weniger ist nicht möglich.

Ich nickte und fügte mich. Das war das Mindeste, was ich tun konnte.

Danach saß ich mit den Sadhus zusammen. Der eine erzählte, sein Vater sei nach dem Zweiten Weltkrieg fünf Jahre lang durch Europa gereist. Er gab seiner Bewunderung für Hitler Ausdruck – nicht wegen der Juden, nicht wegen des Krieges gegen das britische Imperium, sondern wegen der Disziplin! Der Mann bewunderte die RSS, eine paramilitärische Vereinigung, die in der Vielfalt und Freiheit der hinduistischen Tradition eine Schwäche sieht und dagegen diszipliniert ankämpft, mal mit den Mitteln der Pfadfinder, mal mit jenen der SA. Ein anderer Sadhu äußerte seine Abscheu vor den Engländern. Wegen der Kolonialzeit? fragte ich. Weil sie Fleisch und Fisch essen! Immer mehr Pilger gesellten sich zu uns. Kein respektvoller Gruß, weder »Hari Ohm« noch »Gangaya Namaha«, konnte sie allerdings davon abhalten, sich mit einer Spendenbitte einzuführen. Schließlich eilte ich vor der entwürdigenden Aufdringlichkeit davon.

Deepaks künstlerische Motivation hatte ich verstanden, doch seine Metaphysik, das Gefäß, in das er seine Tropfen Poesie und Warnung goß, begriff ich erst kurz vor unserer Ankunft in Rishikesh. THERE IS NO SHORTCUT TO SAFE DRIVING. Das war der Schlüssel. Es gibt keine Abkürzung zur Erlösung. Man muß den ganzen mühsamen Weg beschreiten, alle Kurven ausfahren, der Vielfalt alle Namen belassen. Als das Gesamtwerk sichtbar wurde, verstand ich, daß sich Deepak der Form der Ganga-Shtotra bedient hatte, einer Sammlung von hundertundacht Namen der Göttin Ganga; er hatte in respektvoller Paraphrase hundertundacht Mantras zur Verkehrssicherheit formuliert. Moderne Adaption, antikes Muster.

Des Weisen durchnäßte Haare

Kaum hatten wir Rishikesh erreicht, entlud sich der Monsun mit geballter Gewalt. Wir konnten nicht weiterfahren, weil der Scheibenwischer mit dem Regenguß nicht Schritt halten konnte; die Außenwelt war nur noch zu erahnen. Wir konnten nicht einmal aus dem Auto steigen – das Wasser stemmte sich gegen die Türen. Innerhalb von Minuten war die Stadt unter Wasser; sie verwandelte sich in ein Binnendelta, mit Bächen, Teichen, Wasserfällen, Schwemmebenen. Unter jedem Vorsprung und jedem Dach drängte sich Abwarten. Wer es eilig hatte, der mußte die Hosenbeine aufkrempeln, die Schuhe in die Hand nehmen und sich auf die überflutete Straße wagen, Schritt um Schritt durchs Ungewisse. Mitten auf der Straße vor uns war ein Motorrad stehengeblieben, der Auspuff qualmte, zwei verwirrte Männer bewegten sich nicht vom Fleck, ihre Füße zu beiden Seiten knöcheltief im Wasser, obwohl der Rauch dichter wurde und sie die Straße blockierten. Eine Frau in einfachem Sari kroch über den Asphalt, halb vom Wasser verschluckt, und suchte nach etwas, Münzen vielleicht, die sie verloren hatte. Wir waren froh, an diesem Tag ein Hotel zu erreichen.

Das wichtigste Instrument der zeitgenössischen Spiritualität ist der Lautsprecher, die Gesänge so laut gestellt, als sei die Welt schwerhörig. Der nasse Platz zwischen Ganges und der

vordersten Häuserreihe, von dem aus Stufen zum Fluß hinabführten, wurde von einem bis zur Ekstase aufgedrehten Lautsprecher dominiert. Membrane und Trommelfelle waren bis
zum Bersten gespannt. Wir hatten schon die Flucht ergriffen,
als wir mit einem Schlag in den himmlischen Frieden des
Stromausfalls einkehrten. Am Triveni-Ghat klatschten plötzlich nackte Füße auf Steinplatten, kratzte ein Besen über den
Boden, und am Ufer kreisten murmelnde Stimmen um Wasser, Feuer und Sein. Es war so still, daß ich zu hören meinte,
wie sich die Saris der badenden Frauen mit Wasser vollsogen.
Ein vornehmer Herr legte seinen grünen Einkaufskorb auf
der letzten sichtbaren Stufe ab. Seine weißen Kleider waren
auf Falte gebügelt. Er entnahm dem Korb Blumen, Räucher-
stäbchen, das mehrfach zu füllende Lota-Gefäß. Er brachte
sein Gebet mit bedächtigen, exakten Bewegungen dar. In seinem Gesicht bewegten sich nur die Lippen. Am Ende der Puja
zog er eine fein säuberlich zusammengelegte Zeitung aus
dem Korb, legte die Utensilien hinein und bedeckte sie mit
der Zeitung – er schien ganz im Ritual aufgehoben zu sein.

Schließlich schritt er davon, aufrecht und ruhig, und zuckte
nicht einmal zusammen, als die Lautsprecher wieder losheul-
ten. Ihm schienen Freude und Leid einerlei zu sein. Er verschwand hinter einer gewaltigen Skulptur, die aus dem Jahre
1990 stammte und mit einer PIN-Nummer (Nr. 753 001) versehen war. Sie stellte die berühmte Szene unmittelbar vor der
Schlacht bei Kurukshetra dar, dem Beginn des Lehrgedichts
Bhagavadgita: Der Krieger Arjuna zögert, in den Kampf zu
ziehen, denn er zweifelt, ob es rechtens sei, seine Verwandten, seine ehemaligen Freunde und Lehrer zu töten. Der
Wagenlenker Krishna, ein Gott mit menschlichem Auftrag
und von der Schönheit Guy Hamiltons, weist mit einer Hand
die Richtung, auf seinem Zeigefinger ein schön geformter

Phantasievogel. Vier Pferde, schnaubend und wiehernd, ziehen den zweirädrigen Streitwagen. Arjunas Gesicht ist von Unsicherheit verzehrt, auf seiner Panzerbrust setzt ein Löwe zum Sprung an. Alles drängt zum Angriff; man spürt, daß Arjunas Bedenken sich nicht durchsetzen werden. Gerade als ich mich abwenden wollte, löste sich der Vogel von Krishnas Finger und flatterte davon.

Nur wenige Schritte entfernt starrte ein wenig beschäftigter Mann aus der Kontrollkabine der einzigen Kläranlage der Stadt auf die Straße. Er winkte mir zu, ließ mich aber nicht zu sich hochsteigen. Am Ufer ging das Ghat in eine Müllhalde über.

Strenge Bräuche und Vorschriften zur Körperreinigung sind in Indien so alt wie die belegbare Kultur. Die Götter empfanden Baden als Glückseligkeit, die Mythen sind durchtränkt von der reinigenden Kraft des Wassers. Vor der obligatorischen Waschung nach dem Aufstehen gilt der Mensch als unberührbar. Nach jedem Aufsuchen der Toilette sollte er ein Bad nehmen, nach jedem Essen sich den Mund spülen. Vor dem Waschen sollte etwas Ganga Jal in den Eimer getropft werden – wer sich dies nicht leisten kann, spricht ersatzweise das Gebet an die sieben heiligen Flüsse. Schon in der frühen Hochkultur von Mohenjo-Daro vor mehr als vier Jahrtausenden waren die Häuser der Wohlhabenden mit Bädern und Toiletten versehen; ein System von Kanälen führte Wasser aus den Brunnen zu und leitete Abwasser in die Kanalisation. In jedem Hotel des Landes, egal, wie ungepflegt und heruntergekommen es sein mag, wird dafür gesorgt, daß der Gast zumindest einen Kübel sauberen Wassers erhält. In unserem Hotel in Rishikesh war der Manager, ganz im Geiste dieser Tradition, einen Schritt weitergegangen. Er forderte seine

Kunden auf einem Faltblatt auf, seine Sorge um das kostbare Umweltgut zu teilen. Er führte mögliche Einsparungen auf:

Zähne putzen: Wasserhahn zudrehen 5–10 Liter sparen
Gesicht waschen: Waschlappen benutzen 8–15 Liter sparen
Rasieren: Becher füllen 8–15 Liter sparen
Duschen: beim Einseifen Wasser abdrehen (Sparangabe vergessen)
Undichte Stelle: bitte sofort melden 400–3000 Liter sparen

Undichte Stelle? Wenn es doch nur eine wäre! Sofort rief ich bei der Rezeption an und meldete den Schaden. Bald darauf erschien ein Klempner, der kräftig schraubte und klopfte, letztendlich aber vor den undichten Stellen das Werkzeug strecken mußte. Er verteidigte seine Handwerkerehre mit dem Hinweis auf die schlechten Wasserleitungen. Das Wasser tropfte weiter aus allen Hähnen.

Im Parmarth Niketan Ashram auf der anderen, der sakralen Uferseite trafen wir zufällig Narendra, einen alten Bekannten. Er stammte zwar aus Rishikesh, hatte aber nach dem Tod seines Vaters jahrelang in Bombay bei Hindustan Lever gearbeitet, um die Familie zu ernähren.

Eines Tages war ihm klargeworden, daß er nur arbeitete, aber nicht lebte. Er konnte nicht einmal etwas sparen, weil das Leben in Bombay so teuer war. Er kehrte nach Rishikesh zurück. Auf Anraten seiner Mutter suchte er Muni-ji auf, das geistige Oberhaupt des Ashrams, der sich einige Minuten mit ihm unterhielt, bevor er ihm eine Aufgabe stellte. Um seine jetzige Tätigkeit zu bezeichnen, benutzte Narendra das Wort *sewa* – Dienst. Sewa ist, sagte er, wenn man sich um das kümmert, was einem am Herzen liegt. Wenn man gute Taten begeht, wenn man sein Dharma erfüllt. Narendra war glücklich, er lebte wieder.

Wir hielten vor dem Gurukul, der Schule des Ashrams. Die Kinder, etwa achtzig an der Zahl und allesamt Waisen, waren uniform in gelbe Gewänder gekleidet. Sie erhielten die traditionelle, zwölfjährige Ausbildung zu Brahmacharias, Initiaten in Sanskrit und den klassischen Ritualen. Sie wurden im Sinne der alten pädagogischen Ideale geschult: Kontemplation, Überwindung von Gelüsten, Einhalten der täglichen Rituale, Bescheidung, Gehorsam gegenüber dem Guru. Denn die Parampara, die Lehrtradition, ist untrennbar mit einem Guru verknüpft, der das, was er von seinem Guru erfahren hat, an seine Schüler weiterreicht. Wir blickten durch das Fenster in einen der kargen Schulräume hinein. Die Kinder saßen auf Matten entlang der Wand und rezitierten wie mit einer Stimme. Sie lernten gerade eine vedische Hymne auswendig, indem sie exakt vorgeschriebene Handbewegungen zum Rhythmus ihres eigenen Gesangs ausführten – eine synchrone, eigenwillige Choreographie. Der Weg zum fehlerfreien Memorieren führt durch ein langes Tal der Wiederholung. Je komplizierter die Rituale, desto wichtiger die perfekte Ausführung. Der kleinste Fehler droht die kosmische Ordnung zu stören.

In alten Zeiten unterteilten sich die Schüler eines Gurukuls in zwei Gruppen: jene, die theologisch geschult wurden, und die, die nur auswendig lernten (die Vedapati): jede Shloka eingefaßt in einen bis ins letzte Detail festgelegten Ton und Rhythmus, der im ganzen Land keine Abweichung aufwies. Obwohl Indiens Schriftlichkeit weit zurückreicht, hat im Alltag stets eine orale Kultur vorgeherrscht. Die Verknüpfung von Wort und Bedeutung mit Ton und Rhythmus garantierte das fehlerlose Verinnerlichen der heiligen Mantras und Shlokas. Um bei dieser Aufgabe nicht abgelenkt zu werden, blieb den Vedapati die Bedeutung der Sanskrittexte absichtlich verschlossen.

Erlösung, energiesparend

Am Hari-ki-Pairi, dem Fußabdruck Vishnus in Haridwar, wurden wir von den uniformierten Aktivisten der Sewa Samiti abgefangen. Sie teilten uns streng mit, daß es unsere Pflicht sei, etwas zu spenden. Für den Erhalt des Ghats. Ein kleinwüchsiger Mann von niedrigem Rang bugsierte uns in Richtung eines Tisches, hinter dem der Steuereintreiber saß. Mit dem ersten Satz Hindi, den ich sprach, wanderte die Zuständigkeit von dem Gefreiten zum Offizier. Statt einer bescheidenen, beiläufig eingesammelten Gabe stand nun eine substantielle Einnahme in Aussicht. Der Offizier schlug ein Notizbuch auf und unterstrich mit seinem Nagel mehrere dokumentierte Spenden in Höhe von 5000, 2000 und 1000 Rupien, immerhin Beträge zwischen 100 und 20 Euro. Wir halten das Ghat sauber. Sehr gut! Wir sorgen für die Sicherheit der Pilger. Sehr gut! Wir erhalten die Anlage. Sehr gut! Wir wahren Ordnung. Ich trug 100 Rupien ins Buch ein. Nur so wenig, Sir?

Hundert, das ist doch gar nichts für Sie – geben Sie uns tausend! Hundert ist nicht viel, pflichtete ich ihm bei, aber wenn ich an jedem Ghat entlang der Ganga tausend Rupien spende, in Garhmukteswar, in Bithur, in Kanpur, in Allahabad, in Mirzapur, in Varanasi, in Patna, in Monghyr, in Sultanganj und Sahibganj, in Behrampore, in Kalkutta und in Ganga Sagar, dann wäre ich arm. An den anderen Orten, antwortete der Mann, können Sie weniger spenden, aber zeigen Sie sich hier in Haridwar großzügig. Ich überreichte ihm einen 100-Rupien-Schein und legte eine Ein-Rupie-Münze darauf. Wah ...! Dieser Fremde weiß, wie man richtig spendet. Wah ...! Wissen Sie auch, warum man eine Rupie mehr gibt? Nun, die hundert sind für die Menschen, und die eine Rupie ist für die Götter. Die Aktivisten lachten herzlich über meine Erklärung – in Wirklichkeit gilt die Null als Unglückszahl wegen der Leere, die sie impliziert. Die knauserige Spende war entschuldigt.

Das Treiben an dem als heilig verehrten Hari-ki-Pairi-Ghat war eine Mischung aus Picknick, Kirmes und Zeremonie. Statt Frömmelei handfestes Verhandeln und Organisieren. Die Familienväter hatten eine Reihe praktischer Herausforderungen zu bewältigen: Sie mußten den richtigen Tempelpriester für ihre Gotra finden, Leistung und Preis mit ihm absprechen, die Utensilien des Rituals zurechtlegen und die ganze Sippschaft zusammenhalten. Die Puja wurde dann effizient und zielstrebig absolviert, keiner verweilte im Ritual. Kaum war der Brauch vollzogen, kleidete man sich wieder an und wandte sich dem mitgebrachten Imbiß zu.

We have taken bath, erklärte mir der älteste Sohn einer Familie aus dem nahe gelegenen Meerut, der sehr darauf erpicht war, sein Schulenglisch zu praktizieren. Wir haben Essen genommen. Wir können jetzt gehen.

Ein junges Paar versuchte, dem zweijährigen Sohn die Furcht vor dem Wasser zu nehmen. Der Ehemann, der seine Leibesfülle in eine zu enge Badehose gestopft hatte, stand im Wasser und streckte seine Arme aus. Der Kleine hätte einen Schritt nach vorne gehen müssen, aber dieser eine Schritt kostete viel Überwindung, das braune Wasser vor ihm brodelte. Die Mutter saß daneben, beobachtete entspannt und sichtbar beglückt ihren mit sich selbst kämpfenden Sohn.

Einheimische Kinder benutzten das Ghat als Schwimmbad, sie sprangen von den Fußgängerbrücken ins Wasser und ließen sich von der rasenden Strömung bis zur nächsten Brücke treiben, wo sie nach Eisenketten griffen, die zu diesem Zweck herabhingen wie Lianen.

Mit dem Schwinden des Tageslichts füllte sich der Ghat, die Unwissenden wurden gebeten, sich zu setzen. Die Aktivisten der Sewa Samiti standen am Ufer, in Rufweite voneinander, und gaben sich mit heiseren Stimmen Mühe, gute Pilger zu noch besseren Spendern zu bekehren.

Ein Gong wurde geschlagen, Gesänge wurden angestimmt, die Aktivisten duckten sich und verschwanden wie Conférenciers, die vom Heben des Vorhangs überrascht worden sind ...

Siegreich sei Mutter Ganga. Siegreich sei Mutter Ganga.

Wieder waren wir den Lautsprechern ausgeliefert.

Wer an dich denkt, dem werden alle Wünsche erfüllt.

Die Lautsprecher wurden von immer mehr Stimmen begleitet, die Dämmerung wurde mit immer mehr Lichtern illuminiert.

Wer Zuflucht bei dir sucht, der wird das Meer des Seins überwinden.

Öldochte wurden angezündet, Lampen im Kreis geschwenkt.

Dank deiner Gnade wird es in allen drei Welten Licht.

Direkt über dem Ghat, neben einem Fußgängerübergang, leuchtete eine von Indian Oil gesponserte Neontafel, über die Ratschläge in roten Großbuchstaben rollten: Niedriger Reifendruck verbraucht 10 % mehr Benzin. Richtiges Schalten der Gänge spart 20 % Benzin. Wer täglich Aarti singt ... Motor an roter Ampel ausschalten spart 20 % Benzin ... wird ohne Mühe Moksha erreichen.

Pilger schickten aus Blättern gefaltete Blumenschiffchen mit brennendem Kampfer auf die Reise. Während die Schiffchen allmählich sanken, löste sich die Versammlung auf.

Am Tag darauf regnete es wieder, und die Götterfiguren vor dem Government Guest House in Haridwar, auf einer Insel zwischen zwei Kanälen, zitterten wie Schauspieler in einem Tableau Vivant. Als die Sonne wieder Nähe und Ferne scharf stellte, leuchtete der Rasen, und die Götterfiguren richteten ihren Blick auf die Schleuse zu ihrer Rechten. Im Erdgeschoß des Guest House empfing mich der leitende Wasseringenieur Mr. Sinha in seinem geräumigen Büro. Wir versanken tief in den alten Sesseln. Er teilte mir mit, daß er nur fünfzehn Minuten Zeit habe, und begann sogleich auf einem weißen Blatt zu zeichnen, während er redete und unentwegt Striche zog, fünfzehn Minuten lang.

Der erste Kanal, der von Haridwar abging, wurde 1843 von den Briten erbaut. Sie konnten wegen heftiger Proteste der Brahmanen, die befürchteten, das Gangawasser würde von dem Stahl der Schleusen verschmutzt werden, keine Wehrmauer errichten, so daß das Flußwasser zwar rein blieb, der Kanal jedoch bei niedrigem Wasserstand fast leer. Der Upper Ganges Canal war ein großartiges Bauwerk, mit 1500 Kilometer Länge die damals weltgrößte Ingenieurleistung. An zwei Stellen mußten Flüsse auf Aquädukten über den Kanal geführt werden. Er wurde auf Studienreisen besichtigt, Künstler begeisterten sich an dem Motiv, die Fachwelt staunte. Der Kanal bewässerte das Doab, einen bis dahin trockenen Landstrich zwischen Ganges und Jamuna. Im Jahre 1987 haben wir flußabwärts eine richtige Schleusenmauer errichtet, gleichzeitig mit einem weiteren Kanal, über den heute die Wassermenge reguliert wird. Wir sitzen hier neben der ersten Schleuse am Hauptkanal, mit der wir bestimmen können, wieviel Wasser abfließt. Unsere landwirtschaftlichen Mitarbeiter, die entlang des Kanals stationiert sind, berichten uns täglich, wie groß der Wasserbedarf ist. Wir lassen maximal 11 000 cusacs (315 Kubikmeter) durchlaufen. Die Regulierung wäre einfacher, wenn das Wasser am Hari-ki-Pairi-Ghat nicht vier bis fünf Fuß tief sein müßte, wegen der vielen Pilger und VIPs, die sich dort täglich einfinden. Also müssen wir dem Fluß zuerst etwa 30 000 bis 40 000 cusacs (850–1150 Kubikmeter) entnehmen und nach dem Ghat mindestens zwei Drittel wieder zuführen, denn wir verfahren nach der Devise, Ganga nie mehr Wasser zu entnehmen, als unbedingt nötig ist. Deswegen haben wir zwischen dem Ghat und dieser Schleuse mehrere sogenannte Überlaufkanäle, über die wir das Wasser wieder zurückfließen lassen. Ich denke, daß wir auf dieser Weise sowohl die Bedürfnisse der Landwirtschaft als auch die Ökologie des Flusses angemessen berücksichtigen.

Nachdem der Ingenieur alles minutiös skizziert hatte, streckte ich meine Hand aus, um das Blatt dankbar in Empfang zu nehmen, doch er faltete es zusammen und steckte es nonchalant in seine Hemdtasche. Auf meine Bitte, er möge es mir doch überlassen, entgegnete er, das sei nur nach Vorlage einer Erlaubnis vom Ministerium in Delhi möglich, woraufhin er sich höflich, aber bestimmt verabschiedete.

Im Mansa-Devi-Tempel auf dem südlichsten Hügel der Shiwalik-Berge. Ein greiser Sadhu, offensichtlich nur von seinen Gebeten am Leben erhalten, steht vor einem jungen, adretten Priester, der am Handgelenk eine schwere Golduhr trägt und vergoldeten Schmuck an Hals, Handgelenken und Fingern. Er reicht dem Alten aus dem übervollen Spendentopf einen Zehnrupienschein. Der Alte ist verwirrt. Der Junge versucht, ihm den Geldschein aufzudrängen, der Alte lehnt mit wachsender Entschiedenheit ab, als wollte er sagen: Ich bin zu alt, um mit solchen Kompromissen anzufangen.

Haridwar ist eine heilige Stadt, in der weder Alkohol noch Fleisch, Fisch oder Eier erlaubt sind. Um zu sündigen, fährt man nach Süden in ein benachbartes Sodom und Gomorrha. Als wir den Rikschawallah baten, uns nach »Jawalapur« zu bringen, drehte er sich um und flüsterte verschwörerisch: Chicken, haaa? Eigentlich gelüstete es uns nach Bier, denn ich hatte Geburtstag. An der breiten, hellen Ausfahrtstraße reihte sich ein vegetarisches Restaurant an das nächste. Dann verschwanden die Restaurants, dann die hellen Läden, dann die mehrstöckigen soliden Häuser. Irgendwann hatten wir die unsichtbare Grenze zwischen Haridwar und Jawalapur passiert. Die Straße war nicht mehr beleuchtet. Auf beiden Seiten waren die Schemen von gewaltigen Lastwagen zu erkennen. Von Fahrern oder Waren keine Spur. Einige Köter lösten sich aus der Dunkelheit und sprangen bellend unsere Rikscha an. Der Rikschawallah wich aus und bemerkte nüchtern: Jawalapur. Wir überlegten, ob wir umkehren sollten. An der nächsten, von einer einsamen Laterne beleuchteten Kreuzung drehte sich der Fahrer wieder um und erkundigte sich nach unseren Wünschen. Chicken? Nein, Bier. Chicken? Nein! Nach einigen hundert Metern streckte er seinen Arm aus und deutete auf ein Straßenlokal. Einige verkrüppelte Tandoori-Broiler – orange mariniert – hingen an Spießen. Chicken! rief der Rikschafahrer hoffnungsvoll aus. Nein, sagten wir, wir wollen uns irgendwo bequem hinsetzen. Er hielt vor einem Restaurant mit einem Plastiktisch im Freien, an dem sich vier Männer über Berge von Keulen hergemacht hatten. Ihre Finger waren orange angelaufen, Fett floß über ihre Unterarme.

Der einzige, der gerade keinen Hühnerschenkel im Mund hatte, erklärte uns den Weg zu einem anderen Gasthaus, wo es vielleicht Bier gäbe. Chicken, chicken, chicken, murmelte der Fahrer, während er wendete. Wir durchquerten einen Bezirk der Verwahrlosung, husteten uns einen Hügel hinauf und parkten vor einem motelartigen Gebäude neben einer Armada von Motorrädern und Autos. Drinnen war es noch schummriger als draußen. Allmählich bemerkten wir, daß der Laden bis auf den letzten Platz voll war. Manche Nischen waren von Männergesellschaften, andere von Großfamilien besetzt. Wir wurden konspirativ empfangen. Haben Sie Alkohol? Der Kellner senkte seinen Kopf, als lade er uns zum Tuscheln ein, und flüsterte: Chicken Tikka, Chicken Makhani, Butter Chicken ... Bier? Nein, das haben wir nicht, aber vielleicht wünschen Sie Mutton Biryani? Nein. Sheekh Kebab? Nein! Für Bier, da müssen Sie noch sechs Kilometer weiterfahren.

Es war an der Zeit, sich geschlagen zu geben. Auf dem Rückweg in die Stadt ließen wir uns vor einem der vegetarischen Fast-food-Restaurants absetzen. Am Nebentisch saß ein Mann, dem der Feingeist ins Gesicht kalligraphiert stand. Er lächelte uns zu, wir begannen, uns über indische Literatur zu unterhalten, noch bevor die papyrusrollengroßen Dosas serviert wurden. Als der Mann von unserer Suche nach der versteckten Sünde hörte, verkündete er, er könne uns jederzeit zeigen, wo man Bier, Whiskey und alle möglichen anderen Verfehlungen finde. Wir widmeten uns den Dosa-Rollen, darauf konzentriert, ihren Inhalt, kleine Stücke gewürzter Kartoffeln, nicht herausfallen zu lassen. Als wir unsere Finger in den Schälchen mit Zitronenwasser gespült hatten, rückte der Mann seinen Stuhl näher an unseren Tisch heran und erklärte, er werde uns, da wir offensichtlich an Indien interessiert seien, von einer ganz anderen Verfehlung erzählen.

Sie trägt, sagte er, den Namen BHEL, Bharat Heavy Electricals Ltd. So heißt eines der wenigen profitablen Staatsunternehmen in Indien, das zu den weltweit größten Produzenten von Generatoren und Transformatoren und Militärzubehör zählt, ein gigantisches Unternehmen, das 69 000 Angestellte beschäftigt, darunter 12 000 Ingenieure. Auf den ersten Blick ein Vorzeigeunternehmen. Die Angestellten leben in eigenen Kolonien mit hervorragenden Krankenhäusern und Schulen, sind sozial abgesichert und genießen Kündigungsschutz. Ich sollte für die Schweizer Firma, die ich vertrete, BHEL als Kunden gewinnen. Bei meinem ersten Besuch wurde ich sehr höflich und freundlich empfangen; man hörte mir zu, doch alles blieb völlig unverbindlich. Ich schickte Unterlagen, verlockende Angebote und viele E-Mails, wir erhielten jedoch keinen Auftrag. Bei meinem zweiten Besuch nahm mich nach den offiziellen Terminen einer der Angestellten, ein untergeordneter, unauffälliger Mann, zur Seite und sagte: Wenn Sie etwas verkaufen wollen, Sir, müssen Sie meinem Boß Geld geben, und ich werde Ihnen sagen, wie das funktioniert. Fahren Sie nach Jawalapur, zu dem Fahrradladen an der Hauptstraße, den kennt jeder, und suchen Sie diesen Herrn auf, worauf er mir einen Namen aufschrieb. Ich fand diesen Mann tatsächlich in dem Fahrradladen, er war weder Ingenieur, noch hatte er irgendwelche Kenntnisse von der Materie, aber er sagte mit der größten Selbstverständlichkeit: Ja klar, ich werde Sie mit den entscheidenden Stellen in Kontakt bringen. Er erwies sich als freier Agent für mehrere ausländische Zulieferer, ein Mittelsmann, der so klein und gleichzeitig so wichtig war wie ein Scharnier. Noch am selben Tag brachte er mich mit den zuständigen Einkäufern und Abteilungsleitern zusammen, unsere Geschäfte begannen zu laufen; er erhält seitdem bei jedem Abschluß fünf Prozent Provision und fordert die Zahlungen für die Manager von BHEL ein. Wir überweisen offen auf ihre indischen Bankkonten, für jede Behörde nachvollziehbar. Auch die Zahlungen an den Agenten tauchen in unserer Bilanz auf. Manchmal erhalte ich Anrufe von einem der Einkäufer, der die Bestellung zu blockieren droht, wenn er nicht mehr Geld erhält. Dabei benötigt BHEL unsere Kupferwicklungen, um international konkurrenzfähig zu bleiben. Trotzdem werden unsere Lieferungen gelegentlich durch getürkte Testberichte eines Ingenieurs blockiert. Wir müssen ihn dann schmieren, wenn wir nicht die ganze Lieferung verlieren wollen. Manchmal fordern die Herren Golfschläger, manchmal Urlaubsreisen oder eine Wochenendreise nach Bombay für die gesamte Familie. Und dieses System zieht sich von der Sekretärin durch bis zum obersten Boß.

Wir waren weniger erstaunt, als der Mann es erwartet hatte. Indien ist, was dies betrifft, nicht so außergewöhnlich.

Ein Verwandter eines Freundes, Staatssekretär a.D. im Bundesstaat Uttar Pradesh, hatte uns beschworen, bei der Regierung um Erlaubnis für unsere Bootsreise von Haridwar den Ganges hinunter anzufragen. Als er den bürokratischen Weg des Antrags beschrieb, ahnte ich, daß wir eher das Ende des Kali Yuga erleben als eine offizielle Genehmigung erhalten würden. Außerdem, hatte der ehemalige Staatssekretär am Telefon betont, brauchen Sie unbedingt Schutz. Einige Polizisten müssen Sie begleiten, schließlich sind wir für Sie verantwortlich. Die Gegend ist sehr gefährlich, es wimmelt dort von Banditen, ob sie nun Dacoits, Thugs oder Naxaliten heißen. Haben Sie die Hindustan Times nicht gelesen? Besorgen Sie sich ein Exemplar. Damit ist nicht zu spaßen!

Die betreffende Ausgabe erwies sich als journalistisches Horrorkabinett. Aus Kanpur wurde gemeldet, daß drei Dutzend »Desperados« einen Zug überfallen, zwei Polizisten erschossen und mehrere Passagiere entführt hatten, nachdem sie die höheren Klassen beraubt hatten. Wie üblich schloß der Artikel mit der Feststellung, daß der Polizei jegliche Anhaltspunkte über die Identität der Täter fehlten. Der Korrespondent in Lucknow hatte hingegen in Erfahrung gebracht, daß bei zwei Gruppen von Ureinwohnern, den Bawarias und den Sansis, die Heiratssaison begonnen habe, mit unangenehmen Folgen für die anderen Bewohner der Region. Denn die Tradition dieser »killer tribes« gebiete den jungen Männern, als Initiation jemanden zu töten. Ohne Mord kein Weib, laute die Devise. Wem der Killerinstinkt fehle, würde ewig Junggeselle bleiben. Zur Beruhigung der privilegierten Leserschaft der Zeitung fügte der Schreiber hinzu, daß die meisten Opfer nicht wohlhabend seien. Zur Abrundung berichtete eine Agenturmeldung aus Aligarh, daß im Bazar bei einer Schießerei am hellichten Tag ein Gangster von der Polizei erschossen worden sei. Solche sensationslüsternen Geschichten prägen die Sicht der indischen Eliten. Jenseits ihrer geregelten Stadtteile wuchert ein brutaler Dschungel, dem man sich am besten nicht aussetzt, und wenn es sich nicht vermeiden läßt, dann nur schwerbewaffnet mit den Garantien der eigenen Macht. Mein Gesprächspartner meinte mich vor einem großen Unglück zu bewahren, als er mir derart ins Gewissen redete. Wir zogen es vor, auf seine Art Schutz zu verzichten.

Die Untiefen der Sümpfe

Zwei Jungen mit zerkratzten Schienbeinen, ein Kuhhirte mit einem Stück Treibholz in der Hand, ein Sadhu, der sich ausgiebig wusch, sowie ein Rikschawallah, der noch nie zuvor schwerbeladene Passagiere über diesen buckeligen Damm gefahren hatte, beobachteten, wie ich unser Schlauchboot aufpumpte. Wir hatten das Boot bei unserer Anreise in einem Ashram in Haridwar deponiert. Es war ein tschechisches Modell aus erprobt robustem Material. Die Jungen reichten mir unaufgefordert das Gepäck, das ich festschnürte. Sie winkten, als Pac und ich uns unsicher vom Ufer abstießen und von der Strömung erfaßt wurden. Während wir uns um die eigene Achse drehten – wir hatten nur einmal in einem kleinen Schwimmbecken in Bombay zusammen paddeln geübt, bestaunt von den Arbeitern auf der Baustelle nebenan –, zogen sich die Shiwalik-Berge zurück. Eine Weile noch war der Gipfel Triyugi zu sehen, benannt nach dem Treta Yuga, dem Zeitalter vor unserem düsteren Kali Yuga, dann ging die letzte Erhebung hinter dem Schilf unter, und wir waren plötzlich allein, gelegentlich mißtrauisch beäugt von Büffeln, die im Wasser standen; über ihnen kreisende Reiher.

Die ersten Menschen, denen wir Stunden später begegneten, waren einige Männer, die auf aufgepumpten Schläuchen saßen und angeregt schwatzten. Als wir sie einholten, starrten sie uns entgeistert an. Wir hörten auf zu paddeln und unterhielten uns mit ihnen, während die Strömung uns im Zickzack dahintrieb. Zwei Stunden Flußfahrt trennten sie noch von ihrem Dorf. Sie würden nach Sonnenuntergang ankommen. Da keine Straße in ihr Dorf führte und keiner von ihnen ein Boot besaß, mußten sie sich, um nach Haridwar zu gelangen, zuerst flußabwärts treiben lassen, bis sie die erste Brücke und die nahe Eisenbahnstation erreichten. Mit dem Zug fuhren sie dann nach Haridwar und erledigten dort ihre Einkäufe mit den zusammengefalteten Schläuchen unterm Arm. Dann gingen sie wieder zum Ganges, bliesen ihre Reifenschläuche auf und setzten sich in den Fluß, vergnügt und geduldig. Aber wo sind eure Einkäufe? fragten wir. Die Männer taten geheimnisvoll, einer grinste breit, ein anderer verdrehte die Augen nach oben, entrollte dann seinen Turban und präsentierte stolz die Pakete auf seinem Kopf: Mehl für Fladenbrot, Zucker und Tee für den Chai. Plötzlich rief einer der Männer etwas, und alle paddelten mit Füßen und Händen eifrig los. Unser Boot driftete einem Seitenarm entgegen, und wir mußten mit später Einsicht und kräftigen Stößen in die Flußmitte zurückpaddeln. Die Männer grinsten und warnten uns vor dem launischen Sog der Ganga. Sie konnten die Strömung lesen, wir waren die Analphabeten.

Es wunderte uns, wie unbewohnt der Ganges war. Im schwindenden Tageslicht trieben wir an einem halbzerstörten Dorf vorbei. Das Wasser hatte einige Hütten einstürzen lassen. Still und unbewegt standen einige Menschen zwischen den Ruinen und starrten uns an. Sie erwiderten unseren Gruß nicht, mit Ausnahme eines Mädchens, das zögerlich den Arm hob und gleich wieder senkte, als habe diese Geste keinen Sinn. Ein platzendes Geräusch: Eine Hüttenruine rutschte samt dem lehmigen Untergrund ins Wasser. Die Menschen sprangen zurück, die Wellen ließen uns fast kentern. Die Dorfbewohner lachten und rannten los, dem Ufer entlang. Nun teilten wir eine gemeinsame Erfahrung, die die Distanz zwischen uns überwunden hatte. Sie rannten und winkten, solange sie mit dem davonschießenden Boot mithalten konnten. Bald darauf erreichten wir die Balawali-Brücke, etwa dreißig Kilometer von Haridwar entfernt. Neben einem Tempel hatte sich eine Menschenmenge um ein Totenfeuer versammelt. Der Fluß war so breit, daß wir das gegenüberliegende Ufer nur schemenhaft ausmachen konnten. Unsere Uferseite war steil und matschig, an eine Wiese zum Übernachten war nicht zu denken. Schließlich fanden wir, von der einbrechenden Dunkelheit bedrängt, ein ebenes Fleckchen, kaum größer als unser Zelt und unmittelbar am Wasser gelegen. Wir hatten nicht einmal Platz, den Kerosinkocher auszuprobieren, den wir im Bazar von Haridwar erstanden hatten.

Am nächsten Morgen, früh um sechs, empfingen wir erste Gäste. Die Männer aus dem nahen Dorf waren höflich und neugierig. Sie waren in Lumpen gekleidet, hatten nie eine Mahlzeit zuviel bekommen und waren unterwegs, um Treibholz zu sammeln. Ihre Kenntnis des Flusses reichte bis zur nächsten Brücke, die Großstadt Kanpur war ihnen kein Begriff. Aus Sorge um das Boot lehnten wir es ab, sie in ihr Dorf zu begleiten, und brachen statt dessen gleich auf, in leichten Nebel und Nieselregen hinein. Himmel und Wasser waren ineinander verflossen, das dunkle Ufer sah bedrohlich aus. Die Wasseroberfläche war eine undurchsichtige Haut, die kein springender Fisch durchstieß. Als der Regen nachließ, wurde der Fluß neu gewoben in Farbnuancen und Mustern, die nur aus der Nähe zu erkennen waren.

Hinter uns wurde getrommelt. Wir drehten uns um und

sahen einen neuen Regenguß auf uns zukommen, die Tropfen wie Hufe, die ins Wasser schlugen, über uns hinweg-
galoppierten und uns klatschnaß zurückließen. Als sich die
Sonne gegen Mittag durchsetzte, sahen wir das Ufer vor lauter
Schilf nicht, und unsere Landkarte übersetzte diese Unüber-
sichtlichkeit in schraffierte Flächen, die an die Stelle des klaren blauen Strichs getreten waren. Mehrmals bockten uns
mitten im Fluß Sandbänke auf. Die Fahrrinnen waren nicht
immer auszumachen. Bei Verzweigungen überließen wir es
der Strömung, über die Richtung zu entscheiden. Das sollte
sich als Fehler herausstellen. Als wir merkten, daß wir in
einen Seitenarm geraten waren, war es angesichts der starken
Strömung nicht mehr möglich umzukehren. Aber das Wasser, so nahm ich an, würde uns irgendwann zum Hauptfluß
zurücktragen. Mitnichten. Wir gerieten in ein sumpfiges Binnendelta, die Wasserläufe wurden zunehmend schmaler, die
Strömung ließ nach und verschwand schließlich ganz. Selbst
wenn ich mich im Boot aufrichtete, konnte ich außer den weißen Blüten des Kusha-Grases nichts erkennen. Wir irrten in
dem Delta umher, bis uns klar wurde, daß die Gefahr bestand, nicht mehr herauszufinden. Wir beschlossen, mit der
Sonne als Navigator stur die Richtung einzuschlagen, in der
wir den Hauptfluß vermuteten. Sollten wir uns täuschen, würden wir zumindest das westliche Ufer erreichen. Der direkte
Weg führte durch dichtes Schilf. Das Boot wurde von Gräsern
und Lianen festgehalten. Wir stakten, wir griffen nach den
Halmen vor uns und zogen uns an ihnen weiter. Pac zückte
das Paddel und schlug Schneisen in das Ried. Als es nicht
mehr weiterging, stieg ich aus dem Boot und versank bis zur
Brust im Schlamm. Alleine wäre ich wohl nicht mehr heraus-
gekommen. Wir hatten keine Ahnung, was für eine Entfernung wir zurückgelegt hatten. Die ganze Welt schien von

Schilf überwachsen zu sein. Ganga hatte sich aus der menschlichen Vereinnahmung zurückgezogen und uns als Geiseln verschleppt. Das Boot war bedeckt von Pollen, Stacheln und Schlingen, wir waren völlig durchnäßt und mit unseren Kräften am Ende. Wir hatten uns gerade damit abgefunden, die Nacht im Boot zu verbringen, als sich das Schilf zu einem kleinen Teich öffnete. Auf einer Uferseite war die Erde fest genug, um das Boot auf eine halbwegs trockene Stelle zu ziehen und die Umgebung zu Fuß zu erkunden. Mit regelmäßigen Rufen hielten wir Kontakt zueinander. Einer der Rufe von Pac unterschied sich alarmierend von den vorhergehenden. Ich rannte durch das Schilf, von allgegenwärtigen Dornen und Spitzen an Armen, Beinen und im Gesicht zerkratzt. Als ich Pac fand, waren nur noch ihr Kopf, ihr Hals und ihre Arme zu sehen, so als wäre sie gerade dabei, eine heilende Schlammkur zu absolvieren. Ich zog sie heraus, wir fluchten und lachten und stakten weiter, amphibische Kreaturen inzwischen, unsicher, wo unsere Haut endete und der Sumpf begann. Später trafen wir auf einen Kanal, der tief genug war; das Wasser reichte mir bis zur Hüfte. Wir beschlossen, das Boot gegen die Strömung zu ziehen, bis wir den Hauptarm erreichen würden. Ich stakste durch das Wasser und zog das Boot an einem Seil hinter mir her, während sich die Verwandten der Tsetsefliege über meinen Nacken hermachten. Es dauerte Stunden, aber allmählich wurde der Arm breiter, das Schilf dünnte aus. Wir begannen uns den Anblick des Hauptflusses in seiner ganzen Pracht auszumalen. Je matter und müder ich wurde, desto intensiver malte ich mir unsere Erlösung aus. Das Licht reichte aus, um einen Zipfel Horizont zu sehen, und Horizont war für uns wie Land in Sicht. Endlich bog der Kanal ab, ich hievte mich ins Boot und staunte, mit welcher Leichtigkeit wir auf einem verheißungsvoll breiten Strom davonflogen. Bald

darauf fanden wir auf einer Sandbank einen schönen Zeltplatz, schlossen für einen Moment der Dankbarkeit unsere
Augen und plantschten im Wasser zur Feier der Versöhnung
mit der vielarmigen Ganga.

In der Frühe war der Vorhang des Nebels noch nicht hochge-
zogen, so als sollten wir vor der Welt versteckt werden. Solche
Nebelvorhänge wurden einst von heiligen Rishis heraufbe-
schworen, wenn sie eine Fischerfrau verführen wollten. Kein
Wunder, daß im mythischen Sumpf viele Kinder gefunden
wurden. So auch der langerwartete Sohn Shivas, der auf den
Namen Saravanodbhava hört – was soviel heißt wie: derjenige,
der im Schilf geboren wurde.

Es klopft an Shivas Tür, ein Klopfen, das die Unruhe der
sterblichen Götter und der Menschen in sich trägt, eine
eiternde Ungeduld, die zu unüberlegten, waghalsigen Handlungen drängt. Shiva und Parvati sind vereint. Das läßt sich
leicht sagen, aber wer kann sich schon die Kopulation der
Götter vorstellen. Die Dauer, die Tiefe der Gefühle, die Konzentration, die Hitze. Alle klassischen Texte von Liebe und
Lust – das Ananga-Ranga, das Kama-Sutra, das Koka-Shas-
tra – haben versucht, die körperliche Liebe zu intensivieren,
aber sie haben nur wenige Sprossen erklimmen können auf
einer Leiter, die in den Wolken verschwindet. Sex blieb zu
allen Zeiten etwas Erdnahes – Schweiß, Samen, Schlamm –
und die Vorstellung des vereinten Paares auf dem Berg Kailash sehr vage.
    Als Shiva die Tür öffnet – die Störenfriede haben keine Ruhe
gegeben, obwohl er sie einige Jahre draußen warten ließ –,
sticht seine Erektion hervor, ein wahrhaft natürliches Lingam. Die sterblichen Götter sind beschämt, nur können sie

sich Scham nicht leisten. Ihre Augen wenden sich ab, doch ihre Füße scharren, drängen nach vorne. In einem Moment der Ablenkung läßt Shivas Selbstkontrolle nach, und er sieht zu seinem Erstaunen, wie sein Samen herausschießt. Agni reagiert schneller als sein Verstand, er wirft sich mit offenem Mund nach vorne und rettet den Samen vor der Vergeudung. Shiva ist amüsiert, aber Parvati, die plötzlich in einem vor Wut zerknitterten Nachtgewand hinter ihm steht, stößt Flüche aus, die sich der Mutter des Universums nicht geziemen. Die Götter schleichen davon, am Ende der stillen Kolonne ein schmerzverzerrter Agni, sein Gaumen, seine Zunge verätzt.

Kaum sind sie in die Ebene hinabgestiegen, spuckt Agni den Samen in Ganga hinein, dort, wo sie sich ausbreitet, wo sie sich wie ein Schoß rundet. Wo sie versumpft, sich im Kusha-Gras verheddert. Der Samen glüht im Wasser, als bestünde er aus winzigen Leuchtfischen. Die Krittikas, sieben Sterne im Taurus, Jungfrauen, die den Träumen behüteter Prinzessinnen nachhängen, werden von dem Glühen hypnotisiert. Sie verlassen den Himmel – sechs von ihnen, um genau zu sein; eine, jene stets vorhandene Stimme des Widerspruchs, rührt sich nicht von der Stelle – und gleiten ins Wasser. Der Samen dringt durch die Poren in sie ein, sie werden schwer, sie tragen gemeinsam das werdende Leben. Der Schlamm und der Sumpf umsorgen sie, bis sich ihre blassen Leiber eines Tages öffnen und einen Jungen gebären: Saravanodbhava, auch Skanda genannt. Es ist sehr einsam auf diesem Teil der Ganga, aber unzählige Augenpaare lauern auf dieses Ereignis: alle Späher der Welt, ausgesandt von den ungeduldigen Göttern. Bald werden sie in den Palästen und bei den Einsiedlern vermelden, daß die Welt gerettet ist, denn Shiva ist ein Sohn geboren. (Die Erzählkunst der frühen Mythenschöpfer: Der Untergang von Taraka wird nebensächlich vermerkt. Da mit der Geburt des

Sohnes von Shiva die Welt wieder im Lot ist, hielten sie es für unnötig, die logische und unausweichliche Folge, die Niederlage des Dämonen, auszumalen. Wir hingegen, übersättigt von Hollywood und seinen Adepten, ergötzen uns an schier endlosen Showdowns, die stets mit dem vorhersehbaren Sieg des Guten über das Böse enden, und vernachlässigen dabei die klassische Frage: Wie entsteht das Gute, wie gelangt es auf die Welt?) Wenn die Welt im Gleichgewicht ist, darf es auch bei der Arithmetik keine Fehler geben. Deswegen öffnet Skanda die sechs Münder seiner sechs Köpfe, um zum ersten Mal gestillt zu werden; er wird ewig jung und viril bleiben. Fernab auf dem Kailash fühlt Parvati, wie ihre Brüste prall von Milch werden. Alle Gleichungen müssen aufgehen.

Wir waren vom Frühnebel auf unserer Sandbank gefangen und schlürften Nescafé mit Trockenmilch – letzteres wurde verhöhnt von dem Gebrüll der Büffel, die irgendwo in ihrer eigenen Einsamkeit grasten. Wir waren weniger als einen gaukos von ihnen entfernt (das alte indische Entfernungsmaß bezeichnete die Distanz, innerhalb deren das Brüllen eines Büffels zu hören ist. Auch der Wert des Menschen wurde einst in Kühen gemessen: Ein Leben entsprach hundert Kühen).

Einige Stunden später näherten wir uns einer monumentalen viktorianischen Brücke, konnten jede einzelne der tausend Streben erkennen, bedankten uns für die Warnung der Fischer, nicht unter der Brücke durchzufahren, dort befinde sich ein Wehr mit Schleusen, die Raoli Barrage. Wir steuerten auf das Ostufer zu, paddelten durch eine Bucht bis zu einem Anlegeplatz unter einer schattigen Weide. Auf dem Damm wurden Lastwagen mit Grasballen beladen. Im Schatten einer Weide saßen die Vertreter einer Fabrik aus Muzaffarnagar mit dicken Geldbündeln in der Hand und einem Notizbuch auf dem Schoß, in das sie einfache Rechnungen eintrugen: 300 Kilo = 51 Rupien. Sie rissen Seiten aus ihrem Notizbuch und kritzelten darauf dürftige Quittungen. Die Bauern, die wir einige Male am Ufer gesehen hatten, wie sie mit Ballen überladene Boote zogen, nach vorne gebeugt, mit verzerrtem Gesicht, an Leibeigene in Rußland oder Sklaven im antiken Ägypten erinnernd, versteckten das Geld in ihrem Dhoti. Es herrschte ein eigenartiges Mißverhältnis zwischen der geschäftsmäßigen Beiläufigkeit, mit der die westlich gekleideten, wohlgenährten Repräsentanten der Industrie das Geld aushändigten, und der respektvollen Gestik, mit der die Dörfler ihre Bezahlung entgegennahmen, die Scheine zur Stirn und zum Herzen führten und sie in den wenigen Falten ihrer armseligen Kleider vergruben.

Es waren nur sechzehn Kilometer nach Muzaffarnagar, aber der Weg dorthin hätte uns in die Schreckensherrschaft von starrer Tradition und Ignoranz geführt. In den Wochen vor unserer Abreise waren Muzaffarnagar und die Dörfer der Umgebung mehrfach in Pressemeldungen aufgetaucht, in knappen Meldungen aus staubigen Vorhöfen der Hölle: In Alinagar-ka-Majra hatte der Dorfrat mit Zustimmung beider Familien ein junges Paar zum Tod durch Erhängen verurteilt, weil sie das Verbrechen begangen hatten, sich ineinander zu verlieben, obwohl der Junge und das Mädchen verschiedenen Kasten angehörten. Kinder haben sich den von ihren Familien getroffenen Ehearrangements zu fügen und die Grenzen des Kastenwesens zu respektieren. Einige Wochen später vergiftete sich ein siebzehnjähriges Mädchen in Sisonia, nachdem ihre Familie sie wegen »ungebührender Liebe« eingesperrt und schwer mißhandelt hatte; ihr Liebhaber vermutete, daß sie umgebracht worden sei. In einem halben Jahr waren 47 junge Frauen von zu Hause weggelaufen, laut ihren Eltern angeblich entführt. Doch in den meisten Fällen war der Grund eine Liebesbeziehung über Kasten hinweg und in neun Fällen sogar zwischen Hindus und Moslems. Offensichtlich war Flucht die einzige Alternative. Auf dem Damm tauchte ein Eiscremeverkäufer mit seinem Fahrrad auf. Die Männer luden uns zu einem Eis ein. Sie behandelten uns mit zuvorkommender Höflichkeit und zeigten sich hilfsbereit. Sie verstummten, als zwei Polizisten erschienen, deren Neugierde sich jedoch nur auf unser Schlauchboot beschränkte. Die Stimmung war freundlich, entspannt. Es war schwer zu glauben, daß diese Männer aus Dörfern stammten, in denen junge Liebende gelyncht wurden. Es sei denn, man hielt sich vor Augen, daß sie den ganzen Tag durch Schlamm stakten, Schilf schlugen, den Rücken krümmten für siebzehn Rupien pro Ballen. Damit konnten sie ihre Würde nicht behaupten. Jede Begegnung mit der Welt der abgerissenen Quittungen warf sie auf ihre eigene Wertlosigkeit zurück. Sie klammerten sich an das Sicherheitsseil der überlieferten Ordnung, den einzigen Mehrwert in ihrer Existenz.

Sie erzählten, daß sich ein Stück flußabwärts der Tempel Vidur Kuti befinde, den ich gewiß aus der Mahabharata kenne (Vidur ist der weiseste Mann, Kuti die einfachste Hütte). Als es ihrem Gefühl nach für uns an der Zeit war aufzubrechen, erhoben sie sich und trugen unser Boot über den Damm zu der Stelle, wo wir es wieder aussetzen konnten. Ein einziger unter ihnen forderte Geld und wurde von den anderen sogleich zurechtgewiesen; wir verabschiedeten uns lautstark voneinander.

Bald kam der Tempel in Sicht, aber vor ihm lag eine große, überwachsene Sandbank, und wir waren ratlos, wie wir sie umschiffen konnten. Ein alter Fischer – löchriges Netz, Haut und Knochen – versuchte es mir in einem unverständlichen Dialekt zu erklären. Dann fragte er uns nach Essen. Wir zeigten auf unsere abgezählten Tütensuppen und Maggi-Nudeln und lehnten bedauernd ab. Er wandte sich wortlos ab, als habe er nichts anderes erwartet. Schon der weise Vidur hatte Krishna nur wilden grünen Spinat anbieten können.

Alexander der Große war überzeugt, daß der Ganges die äußerste Grenze der Erde bildete. Er vertraute wahrscheinlich der ersten Karte, die Indien verzeichnete, der Karte von Mecatäus. Weder er noch seine Armee erreichten je den Ganges, aber sein Kriegszug schrieb Indien in die europäische Vorstellung von der Welt ein. Für die restliche Dauer der Antike floß der Ganges irgendwo zwischen Legende und Spekulation.

Vergil verglich das Hochwasser des Ganges mit einer Armee, die in den Krieg zieht (Äneis); Ovid besang die Reise von Bacchus zum »breit dahinfließenden Ganges« (Tristia). Die Kirchenväter, als erster der hl. Eusebius, vermuteten, es handelte sich bei diesem Strom in eschatologischer Ferne um den Phison, den ersten Fluß des Paradieses. Noch im Mittelalter galt der Ganges als Weltende. Das Paradies wurde in einer anonymen Karte aus dem Ravenna des siebten Jahrhunderts als kleine, runde Insel gegenüber der Mündung eingezeichnet (vielleicht ein etwas verrutschtes Sri Lanka?). Eden verblieb im Mittelalter in Indien. Eine populäre Legende erzählt von der abenteuerlichen Reise von Eirek dem Norweger auf der Suche nach »Paradisus extra Gangem«. Dante erwähnt in der Commedia den Ganges zweimal; in Christopher Marlowes Drama steht Doktor Faustus auf einem Gipfel des Kaukasus und schaut ins Paradies hinab, durch das der Ganges alias Phison, der Nil, der Euphrat und der Tigris fließen. Die Kartographie der Neuzeit entkleidete den Ganges von sol-

chen Mythen, nachdem noch Christopher Kolumbus, der sich
in Indien wähnte, seinem König am 7. Juli 1503 geschrieben
hatte, die Eingeborenen hätten ihm versichert, »von der (nahe
gelegenen) Provinz Ciguare sei es eine zehntätige Reise zu
dem Fluß Ganges«.

Manchmal war Ganga ein schweigendes Dahinfließen,
leichte Kräusel benetzten ihren stummen Mund. Es gab wenig
zu sehen, wenig zu hören. Ich streckte meine Beine aus, die
Fersen strichen über das Wasser, und vertraute uns der Strömung an. Wir sahen Vögel, die sich auf Holzstöckchen den
Fluß hinabtreiben ließen, Störche und Reiher, deren Bein-
striche sich in der Wasserspiegelung kreuzten, und etwa
zehn Kilometer südlich von Raoli einen Delphin. In elegan-
tem Bogen sprang das graubraune Tier über das Wasser. Wir
schwammen gerade nackt im Fluß, hielten uns mit einer
Hand am Boot und streckten ungläubig die Hälse, als wir das
Säugetier ein zweites Mal auftauchen sahen. Es wirkte stäm-
mig, wohlgerundet. In den Dörfern am Fluß wachsen die
Kinder auf mit der Legende, die Delphine, Susas genannt
nach dem Geräusch, das sie beim Auftauchen und Luftholen
von sich geben, seien Landsäugetiere, die in die Ganga ge-
sprungen seien, als diese entstand. Andere Legenden ähneln
Meerjungfrauen-Geschichten, so etwa jene von der Prinzessin, die täglich im Ganges ihr Bad zu nehmen pflegte, so daß
für sie eigens ein geheimer Pfad vom Palast zum Ufer angelegt
wurde. Eines Tages sah sie, wie sich der König, ihr Schwieger-
vater, näherte. Sie bat Ganga, sie zu verstecken, damit der
König sie nicht nackt sehen möge, worauf sie in einen Delphin verwandelt wurde.

Kurz darauf, in einem ufernahen Dorf, in dem eine Wasserpumpe brummte, nahmen wir vor einigen schiefen Ried-

häusern auf einer Charpoy-Pritsche Platz. Ein junger Bauer brachte uns frisches Brunnenwasser. Ja, sagte er, wir sehen Susas ziemlich häufig, wir mögen sie, sie bringen uns Glück. Ob ihr Dorf schon einmal von dem Fluß bedroht worden sei, fragte ich. Früher war unser Dorf dort – der Bauer zeigte auf den Fluß. Wir mußten schon zweimal umziehen. Ganga wandert. Ich denke, wir werden in einigen Jahren weiterziehen müssen. Ganga kommt immer näher. Die Rastlosigkeit des Flusses am Oberlauf verhindert dauernde Besiedlung. Ganga treibt die Anwohner vor sich her. Das Dorf bestand aus vierzig Einwohnern, aus Reis-, Getreide- und Gemüsefeldern, einigen Ochsenkarren und einem kleinen Hafen zwei Kilometer flußabwärts. Der Mann bot uns Mittagessen an, wir entschuldigten uns. Das ganze Dorf begleitete uns zum Boot zurück.

Am Abend – wir zelteten auf einer Sandinsel mitten in einer Mündung – hörten wir in der Ferne kurz zwei Geräusche: das Posaunen eines Bullen und den scheppernden Klang eines Transistorradios. Dann wieder große Stille. Vor dem Zelt kochten wir Tee und genossen ihn zum Sonnenuntergang, versunken in die Betrachtung der Vögel, die zu Schemen wurden, in die schnell einsetzende Nacht stürzten und nicht mehr als einen flatternden Abdruck hinterließen. Dann wurde eine Portion Maggi-Zwei-Minuten-Nudeln gekocht und mit einer Tütensuppe vermischt. Zum Nachtisch gab es ein kleines Stück Halwa und eine Zigarette zum Ausklang. Manchmal brach ein Stück der gegenüberliegenden Uferböschung ab und rutschte ins Wasser. Das Geräusch beunruhigte uns jedesmal wieder. Es drückte eine Ungewißheit aus, die über die Rastlosigkeit des Ganges hinausging.

Tigri war die erste größere Siedlung, die wir nach sechs Tagen Bootsfahrt erreichten, ein Dorf, das über einen Schneiderladen mit Schaufenster verfügte. Zum ersten Mal seit Haridwar sahen wir gemauerte Häuser mit Innenhöfen und einigen Quadratmetern Wohlstand. Die Viehwirtschaft machte sich offensichtlich bezahlt. Es gab nennenswerte Dienstleistungen, einen Bazar und sogar eine English Medium School bis zur achten Klasse. Oh, dann könnt ihr Englisch! Nein, wurde auf hindi abgewiegelt. Wir lernen, aber wir sprechen es nicht.

Die Bazarstraße endete am Gemüsemarkt. Planen warfen Schatten, innerhalb deren Tomaten, Gurken, Kartoffeln und Zwiebeln zu pyramidenförmigen Maßeinheiten aufgehäuft waren. Beim Tomatenkauf erfuhren wir, daß von der nahe gelegenen Station Gajraula aus ein Zug direkt nach Lucknow fährt, von wo aus es nur ein Katzensprung nach Kanpur ist, der ersten Großstadt am Ganges. Als wir uns abstießen, sahen wir, wie sich in der nächsten kleinen Bucht ein Ruderboot in Bewegung setzte. Es trug Viehhirten auf die andere Flußseite, wo die meisten Kühe des Dorfes grasten. Die Viehhirten verbrachten dort den Tag, schliefen in Behelfshütten und kehrten am nächsten Morgen ins Dorf zurück, um zu essen und sich ein wenig auszuruhen, bevor sie wieder hinübersetzten.

Die günstige Zugverbindung nach Kanpur ging uns beim Paddeln nicht mehr aus dem Sinn. Auf den nächsten Kilometern, zu beiden Seiten nur begleitet von Schilf und Kusha-Gras, überlegten wir, ob wir nicht in dem bald auftauchenden Städtchen Garhmuktesar aussteigen sollten, wo Ganga menschliche Form annahm, den König Shantanu heiratete und Kinder zur Welt brachte, acht Söhne, von denen sie sieben im Ganges ertränkte, weil es himmlische Wesen waren, die dem Fluch der ewigen Wiedergeburt zum Opfer gefallen waren. Doch der achte, Bhisma mit Namen, wurde großgezogen – er sollte sich als der Urahne der Pandavas und Kauravas erweisen, jenen zwei verwandten Geschlechtern, die das Epos Mahabharata bevölkern.

Vor der Brücke bei Garhmuktesar knallten wir gegen die Stufen des Ghats. Ein Bootsmann reagierte schnell und hielt das Boot fest. Innerhalb von Augenblicken versammelte sich ein solcher Schwarm von Menschen, daß wir die Stufen nicht mehr sehen konnten. Das Städtchen war einen Kilometer weit entfernt. Während sich Pac zum Bahnhof aufmachte, um sich nach den Verbindungen zu erkundigen, fragten mich die Fährleute aus, die Pilger auf die andere Uferseite ruderten. Sie wollten alles über unsere Erfahrungen auf dem Ganges wissen; sie waren fassungslos, daß jemand, ein Fremder zudem, den ganzen Weg von Haridwar nach Garhmuktesar gepaddelt war. Ich verschenkte unseren Kerosinkocher an den aufgewecktesten Fährmann und wurde bis zum Schluß mit seiner Hilfe bedankt. Diejenigen, die unsere Ankunft miterlebt hatten, erzählten den Neuankömmlingen vielstimmig von unserer Reise. Die Menschenmenge wucherte aus, kletterte bis zur Brücke hinauf, auf der Passanten dichtgedrängt einen Logenplatz genossen. Während ich das Boot entleerte, lernte ich die Herumstehenden kennen. Es gab einen, der alles, was ich an Land trug, berühren wollte. Es gab einen, der sich so nahe zu mir stellte, daß ich unweigerlich gegen ihn stieß, worauf er einen Schritt zurückwich, um sich mir langsam wieder zu nähern. Es gab einen, der uns Ratschläge für die Weiterreise gab, die er unentwegt wiederholte, da sie sich in einem Satz erschöpften.

Pac kehrte zurück, in ihrem Schlepptau ein westlich gekleideter Sikh, der sie auf der Straße angesprochen hatte.

Wohin gehst du?

Zu meinem Boot.

Wo ist dein Boß?

Ich habe keinen Boß.

Nein, aber wo ist dein Boß jetzt?

Nirgendwo.

Was tust du dann?

Ich gehe zu meinem Boot.

Wieso dein Boot?

Wir sind unterwegs ...

Wohin?

Bis hierhin.

Aber du gehst zu deinem Boot.

Zum Ghat.

Ah, zum Ghat. Kann ich mit dir kommen?

Wir verteilten unsere restlichen Nahrungsmittel an einige Sadhus, die uns von der obersten Stufe des Ghats aus mit verstohlener Neugier beobachteten. Dann trugen wir unsere Rucksäcke zur Landstraße hinauf. Der flachen Landschaft und dem schnurgeraden Asphaltband war wenig abzugewinnen. Ich bereute es schon, Ganga verlassen zu haben. Wir warteten am Straßenrand auf das nächste Sammeltaxi. Ein Affe versuchte unsere Rucksäcke zu öffnen; davongejagt, stieß er das Tablett eines Erdnußverkäufers um, die herunterpurzelnden Nüsse lockten eine ganze Affenschar an. Als ein Sammeltaxi hielt, wurden wir von den Fährleuten feierlich verabschiedet. Wir winkten und fuhren schon über die Brücke, erhaschten einen letzten Blick auf den Ganges und holperten voran auf der Great Trunk Road, dem asphaltierten Mythos, der quer durch ganz Nordindien von Punjab nach Bengal führt. Der Verkehr erinnerte an eine Stromschnelle. Jedes Fahrzeug fuhr zu dicht auf, überholte noch in allerletzter

Minute. Es stank aus der offenen Kanalisation neben dem Straßengraben, die sich dem Gajraula Industrial Estate verdankte, dessen Abwässer letztlich in den Ganges fließen. Inzwischen bereute ich unsere Entscheidung schon etwas weniger, denn wir waren, ohne es zu ahnen, dort ausgestiegen, wo die industrielle Verschmutzung des Ganges beginnt. Wir bogen von der Great Trunk Road ab. An der ersten roten Ampel begannen die Passagiere und der Fahrer uns auszufragen. Als sie von unserer Bootsreise hörten, schüttelten sie uns alle reihum die Hand.

Kaum standen wir am Schalter und baten um zwei Fahrkarten nach Lucknow, rief der Beamte aus: Ach, ihr seid doch die zwei, die Ganga hinabfahren, ihr wart heute morgen in meinem Dorf, in meinem Dorf Tigri. Kommt herein, kommt herein.

Während wir unser Gepäck in sein Büro schleppten, hörten wir, wie er seinen zwei Kollegen von unserer Reise und unserem Halt in Tigri erzählte. Ich bin Kishan Yadav, begrüßte er uns, und ihr seid meine Gäste, o.k. Wir erinnerten ihn an die Fahrkarten. Kein Problem, ihr seid jetzt meine Gäste. Zwei Schlafplätze im Zehn-Uhr-Expreß, o.k., jetzt können wir die Tickets nicht ausstellen, das machen wir um neun Uhr. Habt ihr den Schneiderladen in Tigri gesehen, am Anfang des Bazars? Das ist der Laden meiner Familie. Er drückte sein Hemd am Kragen zusammen und fuhr mit der anderen Hand über die Knopfleiste. Dann strich er sich über das gestriegelte Haar. Er trug ein weites weißes Hemd, Baumwollhosen und Mokassins ohne Socken.

Wir fragten ihn nach einem Restaurant. Es gibt nur einen Ort für euch, der beste Ort in Gajraula, ihr könnt nicht hinlaufen, es ist zu weit, ihr müßt eine Rikscha nehmen, o.k., ich werde dafür sorgen, daß ihr nicht übers Ohr gehauen werdet (er benutzte das englische Wort »overcharge«). Vor dem Bahnhofsgebäude rief er einen Kuli zu sich und schärfte ihm ein, daß wir mit dem Zehn-Uhr-Expreß abfahren würden, daß er uns nachher tragen helfen solle, daß er auf keinen Fall overchargen solle, denn das hier sind meine Freunde, verstanden. Der Kuli nickte, grinste, zog sich zurück. Der würde ansonsten fünfzehn oder gar zwanzig Rupien von euch verlangen, sagte Kishan und rannte weiter zu einem Rikschawallah, den er ebenfalls mit seinem aufgeregten Singsang bestürmte. Als er sich nach fünf Minuten immer noch nicht mit ihm geeinigt hatte, bot ich zwanzig Rupien für Hin- und Rückfahrt an, und sofort wurden wir auf die Riksha gebeten. Kishan schüttelte den Kopf und murmelte: »Overcharge.« Er lief noch einige Schritte neben der Rikscha her, wiederholte den Namen des Restaurants und trug dem Fahrer auf, dem Gastwirt auszurichten, daß wir Gäste von Kishan seien und daß er uns keineswegs so wie andere Fremde ... Kaum waren wir auf die Hauptstraße gebogen, hielt der Rikschawallah an und kauerte sich an den Straßenrand, um sich zu erleichtern.

An einer Bahnschranke mußten wir erneut halten. Die wartenden Fahrräder, Rikschas und Motorräder drängelten sich auf der Gegenfahrbahn vor. Gleiches geschah auf der anderen Seite der Bahnschranke. Als die Schranke hochgekurbelt wurde, als die Motoren aufheulten und die Scheinwerfer aufleuchteten, standen sich zwei volle Spuren, Stoßdämpfer an Stoßdämpfer, Rad an Rad, gegenüber. Der Kampf begann. Zwei Armeen prallten auf dem Schlachtfeld des Bahnübergangs aufeinander. Die Autos und Lastwagen waren eingekeilt. Nur die Zwei- und Dreiräder konnten sich Platz verschaffen, indem sie die Fußgänger von der Straße drängten. Stoß um Stoß nutzten sie jeden Zentimeter aus. Erlaubt war alles außer Nachgeben. Wir kollidierten mit einer anderen Rikscha, deren patriarchalische Fracht mich eines strengen Blickes bedachte, als sei ich an dem Stau schuld. Minuten vergingen. Die Lastwagen drohten vergeblich mit aufheulenden Motoren, die Passagiere der Rikschas hielten sich Taschentücher vor Mund und Nase. Wir rollten über die Schienen, es ging ein wenig bergab und etwas schneller voran; bald konnte der Fahrer wieder in die Pedale treten. Ich blickte zurück: Der Staub- und Abgaswolke entkamen lauter Überlebende, aber kein einziger Gewinner. Etwas später überholten wir einen jungen Mann in knappem Sporthöschen und einem makellosen Polohemd, weiß wie in Wimbledon, über seiner Schulter eine Tennistasche, in der Hand eine Dose Tennisbälle. Er schlenderte mit Hohlkreuz die kaum beleuchtete, schlagbelöcherte Straße entlang.

Das Restaurant erwies sich als typische Daaba, eine jener Gaststätten, die alle Highways Indiens säumen. Draußen waren einige Tische und Bänke so nahe an der Great Trunk Road aufgestellt, daß sich der Wirt dank der vielen vorbeifahrenden Laster die Beleuchtung sparen konnte. Drinnen brutzelte in übergroßen Pfannen das Essen, vegetarische Curries zumeist. Jedes Gericht konnte eingesehen werden. Der Rikschawallah setzte sich an einen Nebentisch und trank ein Glas Wasser. Wir bestellten ein Essen für ihn. Die Überraschung war ihm unangenehm. Plötzlich tauchte Kishan auf. Ob wir das Essen für den Rikschawallah bestellt hätten? Wieso wir das getan hätten? Als ich ihm erklärte, daß uns ein satter Fahrer schneller zum Bahnhof zurückbringen würde, schien er beruhigt und stürzte sich auf das Essen, das wir inzwischen auch für ihn bestellt hatten. Keine Sorge, sagte er zwischen zwei Bissen, ich werde mich um alles kümmern, ihr wart in meinem Dorf, wenn ich dort gewesen wäre, hättet ihr in meinem Haus übernachten können, wir fahren gemeinsam bis nach Muradabad, wenn ihr Chai wollt, dann werdet ihr Chai erhalten. Na hör mal, was ist das denn? 162 Rupien? Nur weil sie Ausländer sind, müßt ihr sie doch nicht overchargen! Overcharge? fragte der perplexe Kellner. Dein Boß soll die Rechnung prüfen. Worauf der Kellner mit dem Papierfetzen zu dem Mann ging, der am Eingang hinter einem kleinen Tisch saß. Er blickte auf, Kishan winkte ihm zu. Der Kellner war im Nu wieder an unserem Tisch und reichte mir dieselbe Rechnung. Kishan entriß sie meinen Fingern. Hier, was ist das, 32 Rupien, was soll das sein? Viermal Linsen. Viermal Linsen, so, so – wie sollen drei Leute vier Linsengerichte gegessen haben? Der Rikschawallah ... Ach ja, gut, obwohl, irgendwie kommt es mir zu teuer vor.

Kaum hatten wir die Great Trunk Road hinter uns gelassen, tauchten wir ins holprige Dunkel. In Bombay habt ihr mal fünf Minuten Stromausfall, hier sind wir oft sechs, sieben, acht Stunden ohne Strom, erklärte Kishan. Aber Gajraula hat sich ganz schön gemacht, wir haben eine Klinik, das neue Gebäude dort, modernste Technik, der Arzt ist aus Britannien zurückgekehrt, er war ein berühmter Arzt dort, aber er ist in seine Heimat zurückgekehrt, er hat zehn Jahre lang dort studiert. Kishan zählte seine akademischen Titel so selbstverständlich auf, als handelte es sich um Straßennamen. Anscheinend gehörte die Vertrautheit mit F.R.C.S. und M.R.S.P. zur Allgemeinbildung in Gajraula. Kurz darauf begegneten wir erneut dem Tennisgespenst. Der Mann schlenderte federnden Schrittes in die entgegengesetzte Richtung, als käme er gerade von den Flutlichtplätzen eines Olympiaparks.

Am Bahnhof sprang Kishan behende von der Riksha und stolzierte in das Gebäude, das viel zu groß ausgefallen war und vor allem aus dunklen Ecken bestand. Der Kollege, der die Nachtschicht übernommen hatte, erklärte, er könne für den Zehn-Uhr-Expreß nur noch einen Platz im Schlafwagen anbieten. Kishan stand draußen vor dem Schalter und stichelte, es müsse doch möglich sein, bei gutem Willen, einen Weg zu finden ... Sharif, sein korrekter Kollege, wies ihn zurecht. Nur weil wir Kishans Freunde seien, könne er sich nicht über die Bestimmungen hinwegsetzen. Kishan schien durchaus anderer Meinung zu sein. Die zwei stritten sich lautstark, während ein Passagier nach dem anderen einige Münzen auf die Theke legte und ein Ticket zugeworfen bekam. Sharif bot uns zwei Fahrkarten für den Zug um halb zwölf an, und wir akzeptierten bereitwillig. Kishan schob seinen Mund ganz nahe an die vertikalen Schalterstäbe und äußerte den Verdacht, Sharif wolle uns »overchargen«, was den schläfrigen Bahnhof endgültig aufrüttelte. Sharif schrie, er sei ein ehrlicher Mensch und er lasse sich von anderen nicht davon abbringen. Als er Atem holte, stach Kishan mit einer weiteren Unterstellung zu. Sharif wandte sich an mich, und ich beeilte mich, ihm mein volles Vertrauen auszusprechen. Er sprach von Preisen und Verbindungen, ich pflichtete ihm stets bei. Er rechnete mir auf einem kleinen Taschenrechner dreimal vor, wie der Endbetrag zustande komme, was sich etwas schwierig gestaltete, weil die Zahlen nicht vollständig aufleuchteten und er mir die Anzeige vorlesen mußte. Dann nahm er Stift und Papier und addierte die Zahlen noch einmal mit einer Langsamkeit, als würde er einen Anfängerkurs in Arithmetik halten. Ich bedankte mich überschwenglich für seine Hilfsbereitschaft, seine Freundlichkeit und sein Verständnis und hielt die Tickets fest in meiner Hand, besorgt, infolge eines weiteren Ausbruchs von Kishan ihrer verlustig zu gehen. Schließlich packten wir unsere Rucksäcke und zogen zu einer Sitzbank am Bahngleis.

Kishan schlich zunächst bedrückt davon, ein Opfer seiner vollmundigen Versprechen. Er erschien aber bald wieder mit einem übergewichtigen Bekannten an seiner Seite, der als Mr. Raja vorgestellt wurde, in »politics« tätig. Mr. Raja sprach mit einer sanften Stimme, die um Aufmerksamkeit zu flehen schien. Disturbance, sagte er, you want to register disturbance? (Wie sich bald herausstellte, war ihm »disturbance«, was Kishan »overcharge« war.) Wir verneinten. Ich kenne, sagte er zur Erwiderung, den D.M. von Bhuj. Ich verstand nicht, wovon er redete. Er zog ein Notizbüchlein aus seiner Hosentasche, klappte es auf und las voller Stolz eine Adresse vor: District Magistrate, Mr. Soundso, Bhuj, Kuch, Gujarat, plus einige Telefonnummern. Er setzte sich neben mich und zeigte mir eifrig die Adresse, die ich aufmerksam studierte, ohne aber darin eine geheime Botschaft erkennen zu können. Auf das nächste Blatt schrieb er seinen Namen sowie seine Telefonnummer auf, riß es ab und überreichte es mir feierlich. Ich revanchierte mich mit meiner Visitenkarte, die mich als Journalisten auswies. Er nickte zufrieden und zückte ein Handy. Einige Tastendrucke später wurde mir das Handy ans Ohr gehalten – Gott sei Dank besetzt. Aber Mr. Raja gab nicht auf. Das ist die Vorwahl von Bhuj, nicht wahr? Ja, bestätigte ich blind, das sieht ganz nach der Vorwahl von Bhuj aus. Er wählte die Nummer immer wieder, bis er sich schließlich mit unterwürfiger Stimme bei jemandem vorstellte und sich für die Störung entschuldigte, aber neben ihm sitze ein ausländischer Freund, der mit dem District Magistrate zu sprechen wünsche. Das Handy wurde mir wieder ans Ohr gehalten. Hallo, sagte ich. Hallo, hallo, drängte die andere Stimme. Das ist der D.M., flüsterte Mr. Rajas, und sah mich erwartungsvoll an. Ich weiß eigentlich nicht, was ich sagen soll, stotterte ich. Wrong number, sagte die Stimme des Verwaltungsdirektors jener kurz zuvor von einem Erdbeben verwüsteten westindischen Provinz. Ja, stimmte ich erfreut zu, eindeutig falsch verbunden, und beendete das Gespräch. Mr. Rajas Gesicht sah aus wie ein eingefallenes Soufflé. Was immer er sich von meinem Gespräch mit dem D.M. von Bhuj erhofft hatte, es war nicht eingetreten. Er hantierte unglücklich an seinem Handy herum und murmelte: Wissen Sie, ich bin nur ein armer Mann. Bevor er auch noch den Steuereintreiber in Kannyakumari oder den Protokollchef in Guwahati beim Abendessen stören konnte, nahm ich ihm das Handy aus der Hand und begann, unsere Nummer in Bombay zu wählen, bis mir einfiel, daß die Gefahr bestand, daß er sie speichern und uns bei der nächsten interessanten Begegnung am Bahngleis anrufen könnte. Also wählte ich statt dessen die Nummer eines Freundes und prahlte, daß ich gerade mit dem D.M. von Bhuj telefoniert hätte. Der Freund meinte, Ganga sei mir nicht gut bekommen, und legte auf. Ich reichte das Handy zurück. Mr. Raja war offensichtlich geschockt, aber auf eine unbestimmbare Weise auch beeindruckt. Er stand auf und erklärte einigen Herumstehenden, er habe Bhuj angerufen, dann hätte ich mit Bombay telefoniert. Und er hielt das Handy als Beweismittel hoch. Bald kannten mich alle auf dem Bahngleis als den Ausländer, der gerade mit Bombay telefoniert hatte.

Der Zehn-Uhr-Zug kam und ging, Kishan blieb. Mitgefangen, mitgehangen. Kishan, fragten wir, wo hält der Waggon S1, in dem sich unsere Liegeplätze befinden? Keine Sorge, sagte Kishan, seine Stimme etwas leiser, etwas geduckter, ich bleibe bei euch. Ich werde für euch sorgen, o.k. Ihr seid meine Gäste. Ihr wart in meinem Dorf. Züge tuckerten ein, auf den Dächern vermummte Gestalten wie wertloses Gepäck. Auf dem Perron lagen Passagiere auf ausgebreiteten Matten oder Decken und schliefen. Sharif kam, um uns davon in Kenntnis zu setzen, daß unser Zug zwei Stunden Verspätung habe. Er hat ein schlechtes Gewissen, sagte Kishan und stürzte sich in eine weitere Schimpfkanonade, die diesmal auch den moslemischen Glauben Sharifs nicht aussparte. Der Glanz des charmanten Lebenskünstlers war endgültig verflogen. Mr. Raja machte noch zweimal seine Aufwartung, um sich jeweils mit ›Ok dear go to sleep. Sorry for disturbance‹ zu verabschieden. Als unser Zug einfuhr, stellte sich heraus, daß Kishan keine Ahnung hatte, wo sich unser Waggon befand. Beladen mit etwa achtzig Kilo Gepäck, taumelten wir ihm hinterher. Weder Sl noch S2, noch sonst irgendwelche S-Nummern waren über den Türen angeschrieben. Niemand beantwortete Kishans laute Fragen. Als sich der Zug in Bewegung setzte, sprang Pac auf, ich rannte am Zug entlang, in meinen Armen das Schlauchboot, das ich mit letzter Kraft in ein Abteil warf. Kishan sprang hinter mir auf, schnaufte, blickte um sich und verkündete zufrieden: Wir sind im richtigen Abteil.

GANGAS GEGERBTE HAUT

»... und nichts wird erschaffen
und nichts wird zerstört ...«

Bithur, einer der Mittelpunkte des Universums, ist in Vergessenheit geraten. Zwischen den verfallenen Häusern mit Mauern aus dünnen Ziegeln schlummern alte Mythen. Nach der Zerstörung der Welt und ihrer neuerlichen Schöpfung hat Brahma sich diesen Ort als Heimstatt ausgewählt. Aus dem Sand der Ganga erschuf er Shiva; er zelebrierte Yagna, neunundneunzig Jahre lang, dann zog er weiter – niemand ist rastloser als die Götter. In Bithur soll auch Dhruv meditiert haben, fünf, acht oder sechsunddreißigtausend Jahre lang, ehe er göttliche Belohnung erfuhr und zum Nordstern erhoben wurde. Kaum jemand außerhalb der Region weiß von diesen Verortungen – so werden Legenden lokal verankert, Heimat wird zum Schauplatz im großen Drama der Mythen. In Bithur soll Valmiki einen Ashram gegründet und das Epos Ramayana verfaßt haben. Valmiki ist nicht nur der Autor, sondern auch seine eigene literarische Figur; in manchen Passagen läßt sich schwer auseinanderhalten, wer handelt und wer kommentiert. Ähnlich verhält es sich mit dem sagenhaften Verfasser Vyasa, der in dem längsten Epos der Menschheit, dem Mahabharata, getreu der künstlerischen Zeugungsmetapher als stinkender Einsiedler den zwei Frauen eines verstorbenen Königs sowie ihrer Zofe beiwohnt, alle drei schwängert und damit die Hälfte seiner Figuren physisch selbst zeugt. Die

Götter wußten nicht, daß der Autor, den sie damit beauftragt hatten, ihr wundersames Wirken auf menschenverständliches Maß zu reduzieren, mit Sperma und Tinte selber Schicksal spielen würde.

Wir glitten mit unserem Führer auf einem rüstigen Boot an 52 Ghats entlang, auf der anderen Uferseite nur Ried und Rohr. Hier und dort Menschen, eine wäscheschlagende Frau, zwei plantschende Jungs, ein alter Mann, der sich die Zunge aus dem Mund zog. Im Wasser trieb eine Plastiksohle von Bata Shoes. Der Tempel, dessen Raum mit Wasser gefüllt wird, wenn es regnen soll, wies Patina, aber keine Schäden auf. In anderen Tempeln waren die Kuppeln eingefallen, Schlamm war durch die türlosen Eingänge gekrochen und hatte den Unterleib der Relieffiguren geschluckt. 52 Ghats für 52 Könige, so lautete einst die einfache Symmetrie. Doch die Könige hörten auf, nach Bithur zu pilgern, nachdem die Briten als Antwort auf den Großen Indischen Aufstand von 1857 die Ghats verwüstet hatten. Heute steht die Wundertätigkeit des Ortes wieder unter Beweispflicht.

Am Ufer saß ein Sadhu vor einem Eimer voller Wasser, darin ein Stein, auf dem Ram geschrieben stand, ein Stein, der nicht unterging. Einwände wurden von dem Sadhu vorausahnend entkräftet. Er drückte mir den Stein in die Hand: hart, schwer, ein bißchen porös. Er warf einen anderen Stein ins Wasser, der schnell sank, und sah mich erwartungsvoll an, als sollte ich ihm das Wunder bestätigen. Nebenan im Tempel erzählte der Pujari, die zwei Hauptidole seien vor mehr als zweihundert Jahren im Flußbett der Ganga gefunden worden. Sie hätten sich dort versteckt, in Erwartung besserer Zeiten. Aber sie sehen so jung und frisch aus, sagte ich. Weil ich sie gut pflege, entgegnete der Pujari.

Wußtet ihr, fragte der Führer, daß die zwei Söhne Ramas hier geboren wurden, Luv und Kush? Wieso nicht, dachte ich, wenn Valmiki in Bithur gelebt hat, dann haben auch die Figuren seiner Ramayana hier gelebt. Doch der Führer war meinen Gedanken schon enteilt; er erzählte die Geburtsszene in einer wenig bekannten Fassung. Zuerst sei Luv ein Einzelkind gewesen. Eines Tages verschwand er. Valmiki formte eine Replik von Luv aus Kusha-Gras. Dann hauchte er dem zweiten Sohn, der Kush genannt wurde, Leben ein. In Indien, hat jemand einmal gesagt, ist jede Legende eine Apokryphe, woraus folgt, daß die Apokryphe wahr sein muß. So wie sich Schauplätze und Handlungsstränge von Ort zu Ort und von Mund zu Mund ändern, wird auch der moralische und politische Gehalt des Stoffes variiert. Neben der klassischen brahmanischen Fassung von Valmiki existieren viele andere Versionen des Ramayana – ein Stoff, Hunderte Autoren. In einer der alternativen Fassungen wird Rama als Buddhist vorgestellt, und Sita ist seine Frau und Schwester zugleich. In einer Variante der Jain-Sekte erweist sich Rama als resoluter Vertreter von Ahimsa, der Gewaltlosigkeit, und Ravana erscheint nicht in der üblichen Rolle des Bösewichts, der Sita auf die Insel Lanka entführt, sondern als erleuchtetes Wesen, das sich der Suche nach Weisheit verschrieben hat. In der Telugusprach gibt es eine »feministische« Erzählung, der zufolge sich Sita nicht dem Urteil ihres Ehegatten Rama unterwirft. Eine Dalit-Variante impliziert, daß der Mord an König Bali durch Rama Teil eines Komplotts war, um die Niedrigkastigen zu unterjochen. Ramas Aufgabe sei es gewesen, die brahmanische strenge Hierarchie von Kaste und Geschlecht aufrechtzuerhalten.

Weil das Ramayana-Epos sich so vielfältig variieren ließ, verbreitete es sich über die Grenzen Indiens hinaus bis nach

Indonesien und Kambodscha. In Thailand beauftragte König Rama I. ein Komitee von Dichtern, eine nationale Version zu verfassen, die das Königshaus göttlich legitimieren würde. Ramakien wurde zum zentralen Gründungsmythos des Landes, aus dem viele andere Texte, Dramen und Gemälde schöpfen. Die Könige selbst hüllten sich in eine gemalte Version, die sich über die gesamte Innenseite der Palastmauer ausbreitet.

Der Stein, auf dem Ram geschrieben steht, geht nicht unter, und die Geschichte von Rama ist allen heilig, weil sie immer wieder neu und zugunsten aller erzählt werden kann.

Wir fuhren von Bithur ins nahe gelegene Kanpur auf einer staubigen Piste, die von Gärten, Farmen, Wochenendhäusern, Sportplätzen und Wasserparks gesäumt wurde. Leider führte sie nicht mehr am Ufer des Ganges entlang, der Fluß war nach Norden gewandert (sechs Kilometer in dreißig Jahren), sein Bett war als herrenloses Land von den Besitzlosen okkupiert worden. Doch sie hatten ihre Hütten und Baracken auf Sand gebaut. Wenn das neue Wehr mitten in Kanpur fertiggestellt sein wird, um den Ganges in sein ursprüngliches Flußbett zurückzuleiten – ein Projekt, das schon 80 Millionen Euro und viele Jahre gekostet hat, das die städtische Wasserversorgung garantieren, das Hochwasser kontrollieren und neues Land gewinnen soll –, dann werden die armseligen Bauten überschwemmt. Für die Regierung der Provinz ist das kein Problem, denn die Hütten sind sowieso »illegal«. Und außerdem werden die Wochenendpaläste dann wieder Sicht aufs Wasser haben.

Gopal Sutwala, weißhaarig und hochgewachsen, seine Haltung und sein Englisch von gediegener Vornehmheit, initiierte in der wohlhabenden Kolonie Azad Nagar, in der er mit seiner Frau Rekha sowie einer Großfamilie, bestehend aus drei verheirateten Brüdern, Großeltern und Kindern, lebt, eines Tages eine Sauberkeitskampagne. Obwohl Kanpur über eine städtische Müllabfuhr verfügt, waren die Müllhaufen vor seinem Haus stetig angewachsen. Niemand schien sich daran zu stören. Zum Spaziergang im nahe gelegenen Zoo fuhren seine Frau und er mit dem Wagen: Der Gestank auf dem Weg war kaum auszuhalten.

Wir haben uns am Wochenende mit den Nachbarn getroffen und sind mit Schubkarren und Spaten losgezogen. Lauter Geschäftsleute und Akademiker, die sonst keinen Finger krümmen. Der Enthusiasmus war anfänglich groß. Wir haben den Müll auf einer Halde zusammengetragen und dann, mit etwas Geld und etwas Geduld, die Stadtverwaltung dazu gebracht, ihn abzuholen.

Denn die mit den nötigen Lastwagen und vielen relativ gut bezahlten Mitarbeitern ausgestattete kommunale Müllabfuhr war längst dazu übergegangen, ihre Dienste auf dem freien Markt an den Meistbietenden zu verkaufen. Wenn eine Schule auf Sauberkeit Wert legte, verständigte sie sich mit der Müllabfuhr, die daraufhin den Schulhof sauberkehrte und die Abfälle auf der Straße liegenließ. Die Müllmänner verdoppelten und verdreifachten ihr Einkommen, die Schule konnte geordnete Verhältnisse garantieren.

Als ich mich zurückzog, erzählte Sutwala, schlief die Aktion wieder ein. Es fehlte ein Antreiber, ohne den die Menschen hier nicht aus ihrer Lethargie zu reißen sind. Heute wird in unserem Viertel nur noch eine Gasse von den Anwohnern regelmäßig gesäubert, und der Unterschied zu den anderen Straßen ist enorm. So sind wir: Wir putzen unser Zimmer und kehren den Schmutz vor die Tür. Wir putzen unser Haus und kehren den Schmutz in den Hof. Wir putzen unseren Hof und kehren den Schmutz auf die Straße. Dort bleibt er liegen, denn es existiert eine klare Grenze zwischen dem privaten Bereich, für den man selbst zuständig ist, und dem öffentlichen Raum, für den niemand verantwortlich ist. Höchstens die Götter. Deswegen verschmutzen wir Ganga, weil sie der göttlichen Verantwortung obliegt und nicht der unseren. Dieses Denken macht uns in vielem ambivalent. Wir hupen einen Krüppel an, der sich auf einem kleinen Karren mühsam fortbewegt, und wenn er sich nicht verkriecht, drängen wir ihn von der Straße, aber wir sind bereit, für einen Verwandten oder einen nahen Freund alles zu tun. Wir sind erstarrt in einer selbstgefälligen Kultur, die sich ständig bauchpinselt mit Hinweisen auf unsere große Geschichte: Vor dreitausend Jahren haben wir die Null erfunden. Na und? Was haben wir seitdem zustande gebracht? Was nützt eine uralte Tradition, wenn sie zu einer derart gelähmten Gesellschaft führt.

Inzwischen hatte sich ein Freund von Gopal zu uns gesellt, Mr. Tripathi, ein ehemaliger Offizier der indischen Armee, der inzwischen eine Düngemittelfabrik leitet. Er hatte vor zwei Jahren eine Demonstration organisiert, der sich etwa tausend Menschen anschlossen.

Wir waren der Ansicht, berichtete er, daß Kanpur so verschmutzt ist, daß wir bald untergehen, wenn wir nichts dagegen tun. Der entscheidende Durchbruch liegt immer in der Erkenntnis: Wir können etwas verändern! Im Laufe unserer Anstrengungen habe ich drei Hauptgründe für unsere Misere erkannt: Erstens: das Ego. Unsere Religion lehrt uns zwar, das Ego zu überwinden, aber gerade unsere wohlhabenden und erfolgreichen Mitbürger haben ein Ego, das in keinen heiligen Fluß mehr hineinpaßt. Und viel Ego produziert besonders viel Müll. Zweitens: unsere Prioritätensetzung. Die Sauberkeit der Umgebung und der Umwelt steht bei uns an letzter Stelle. Erst wenn alle persönlichen und familiären Bedürfnisse befriedigt sind, wird an die Umwelt gedacht. Drittens: Resignation. Es funktioniert sowieso nichts, wieso soll ich mich dann engagieren?

Von Rakesh Jaiswal hatte ich aus dem Internet erfahren. Er hatte vor Jahren Aufsehen erregt, als er Leichen aus dem Ganges barg, die sich zusammen mit Baumästen und anderem Treibgut in einer Biegung verfangen hatten. Leichen von armen Menschen, deren Verwandte sich die Einäscherungskosten von tausend Rupien nicht leisten konnten. Während der Trockenzeit hatten er und einige Mitstreiter etwa fünfzig halb zersetzte, halb zerfressene Leichen aus dem Fluß geholt. Das trug ihm Respekt ein, die Einwohner Kanpurs begannen, Rakesh und die von ihm gegründete Organisation der ecofriends ernst zu nehmen.

Ich habe Ganga noch nie so schön gesehen, sagte er, ein Mann mit rundlichem Gesicht, höflichen Umgangsformen und sanfter Stimme, als wir von einem der Ghats aus auf den Fluß hinausruderten. So viel Wasser und so grün. In der Trockenzeit schrumpft Ganga zu einer Kloake zusammen. Man kann von einem Ufer zum anderen waten, es gibt so gut wie keine Strömung mehr. Der Gestank ist fürchterlich.

Wir trieben eine Weile den Fluß hinab, an Fischern und Büffeln, an einer Waffenfabrik und einem Golfplatz, an einigen Bäumen mit wuscheligen Kronen vorbei.

Vor sieben oder acht Jahren floß bei uns zu Hause eines Tages nur noch schwarzer Dreck aus dem Hahn. Wir mußten uns mit diesem Wasser waschen, schlimmer noch: Wir mußten es auch trinken. Kanpur ist nach Kalkutta die größte und am stärksten industrialisierte Stadt am Ganga, die gesamte Kanalisation wird in den Fluß entleert, die Fabriken pumpen das Wasser, das sie benötigen, aus dem Flußbett und führen das vergiftete Restwasser wieder zurück.

Bald nachdem wir die mehr als hundert Jahre alte Old Ganga Bridge passiert hatten, zeigte Rakesh auf einen schmalen Kanal, der eine türkisfarbene ölige Substanz führte, einer von mehreren illegalen Abflüssen der etwa vierhundert Gerbereien der Stadt. Einige Männer fischten in der Nähe, Kinder spielten im Wasser.

1997 haben wir beim Hohen Gericht in Allahabad eine öffentliche Klage eingereicht. Laut Gerichtsbeschluß mußten insgesamt dreihundert Industriebetriebe geschlossen werden: Gerbereien in Kanpur, Seidenwebereien in Varanasi, Teppichwebereien in Mirzapur, Steinbrüche in Haridwar. Die Industrien wurden gezwungen, ihre Abwässer vorzureinigen. Die meisten haben diesen Vorgaben schließlich entsprochen und durften ihren Betrieb wieder aufnehmen. Die wirklichen Schließungen trafen leider fast immer kleine Unternehmen, die nicht in der Lage waren, ökologische Investitionen vorzunehmen.

Am Ufer waren einige altehrwürdige Villen und Bungalows aus der britischen Kolonialzeit zu sehen. Die Reichen suchten früher die Ufernähe, doch die erfolgreichen Industriellen und Geschäftsleute haben sich zurückgezogen. Entlang des Flusses dominieren inzwischen die Slums, vor allem in dem dichtbesiedelten Jajmau-Gebiet mit seinen vielen Gerbereien.

Wassserbedingte Erkrankungen wie etwa Hepatitis haben epidemische Ausmaße angenommen. In vielen Gebieten ist sogar das Grundwasser kontaminiert; Fluor, Chrom, Sulfit. In unseren Nahrungsmitteln, erzählte Rakesh, lassen sich hohe Ammonium- und Chromwerte nachweisen. Aber bisher hat es keine einzige wissenschaftliche Untersuchung dieser Zusammenhänge gegeben. Wir wissen, daß die Menschen in den zwanzig Dörfern, die weiter flußabwärts zur Bewässerung Gangawasser pumpen, massenhaft unter Hautkrankheiten und Asthma leiden.

Wir gingen an Land und fuhren mit einer Rikscha, die eine schwarze Rauchfahne hinter sich herzog, zur modernsten Kläranlage der Stadt. Rakesh schien mit den Ingenieuren gut bekannt zu sein. Der Chefingenieur brillierte mit rhetorischer Augenwischerei, als wäre ich ein ausländischer Investor. Von modernster anaerober Technik war die Rede, von eigenen Biogas-Generatoren, die zur Kompensation der regelmäßigen Stromausfälle dienten, von gesäubertem Wasser, das an die Landwirtschaft verkauft werde. Rakesh saß neben mir und schwieg. Nach der Präsentation tranken wir einen Tee und plauderten. Ein voller Erfolg also, sagte ich, Ganga wird bald sauber sein. Der Chefingenieur verstand meine Bemerkung. Wir haben durchaus unsere Probleme, wandte er ein und sah mich erwartungsvoll an. Uns fehlt es an Geld. Bis letztes Jahr wurden wir durch ein holländisches Projekt finanziert. Zudem sollten wir für das gereinigte Wasser, das wir an die Bauern liefern, bezahlt werden, aber die Stadtverwaltung ist völlig ineffizient. Und die Regierung von Uttar Pradesh weigert sich, uns zu unterstützen, weil unsere Anlage finanziell auf eigenen Beinen stehen soll.

Zurück in der Rikscha, blickte ich Rakesh fragend an. Er zuckte mit den Achseln: Was nützt einem eine Kläranlage, die nicht funktioniert. Zwar generieren sie ihren eigenen Strom, aber das Abwasser muß erst durch eine Reihe von Pumpstationen zu ihnen gelangen, und die fallen täglich mehrmals aus.

Yukti, die älteste Tochter der Sutwalas, arbeitet in einem Callcentre für General Electric. 1200 Inder sitzen in einem

Großraumbüro, einer neben und nahe dem anderen, und starren auf Bildschirme. Sie telefonieren den ganzen Arbeitstag lang. Ein Kunde ruft aus einem Vorort von Atlanta an; er möchte, daß sein Gerät gewartet wird; man fragt, ob er einen Vertrag hat oder in bar zahlt, man prüft im System, wann einer der Techniker in Atlanta einen freien Termin hat; man verabschiedet sich freundlich: Thank you very much for calling and have a nice day.

Die indischen Stimmen müssen über das Wetter in den USA informiert sein (Hurrikan in Florida, Montana eingeschneit). Yukti wurde in einem Intensivkurs geschult, die verschiedenen US-amerikanischen Akzente zu verstehen; Fernsehserien, Seifenopern und Radio Shows dienten ihr als Lehrmeister. Der eigene Sprachduktus mußte entmusikalisiert werden. Nüchterne Aussprache ist gefragt. Wichtige gesellschaftliche und politische Entwicklungen müssen einem geläufig sein, sollte es über die Frage nach einer fehlgeleiteten Zahlung zu einem Schwatz kommen. Und wenn ein Kunde fragt, ob man denn überhaupt Amerikaner sei, hat man vage zu antworten, sich aber auf gar keinen Fall als Inder zu erkennen zu geben. In manchen dieser Telefonzentralen wechselt man von einem Stockwerk zum nächsten den Kontinent. Das Erdgeschoß kümmert sich mit englischem Timbre um die britischen Kunden, der erste Stock um die US-amerikanischen, und im zweiten Stock arbeiten die für Australien Zuständigen, sie haben sich einen leichten Aussie-Akzent angeeignet.

Große Reklametafeln versprechen eine Zukunft im Callcenter-Geschäft, MTV India schwärmt vom Traumberuf des Callcenter Operator. Mehr als 10 000 Inder haben Arbeit gefunden – lassen auch Sie sich anlernen! Gopal Sutwala, der sich als Initiator von »The Resurgent Kanpur« dafür einsetzt, daß vor Ort ein Schulungszentrum errichtet wird, weiß zu berichten, daß in England, für gebildete Inder immer noch häufig das Maß aller Dinge, schon jetzt mehr Menschen Telefonate entgegennehmen, als in der Kohle-, Stahl- und Autoindustrie schuften. Aber er erwähnt nicht, daß fast jeder zweite innerhalb eines Jahres kündigt, sei es wegen der Monotonie, des Stresses oder der Nachtschichten. Gopal hat die Vision eines blühenden Kanpurs. Aber er führt einen einsamen Kampf.

In Indien, sagt er traurig, existieren hohe Qualität und vorzügliche Leistung nur in Nischen.

Niemand weiß genau, wie viele Gerbereien es in Kanpur gibt, die Schätzungen schwanken zwischen 370 oder 420; manche existieren im verborgenen und sind nicht einmal Mitglied im »Verband der Kleinen Gerbereien Kanpurs«, der in einer Garage mit Lehmfußboden mehr als hunderttausend Gerber vertritt. Diese Kleinstgerbereien haben meist einen Innenhof, einen Unterstand für die Bottiche, eine Freifläche für die Trommel und eine Baracke für das Spannen und Verarbeiten der Felle, in der bis zu dreißig Arbeiter malochen. In den Bottichen wird das Fell in einer Lauge aus gemahlener Baumrinde, Wasser und einigen anderen Ingredienzen über drei Monate hinweg in fünf verschiedenen Flüssigkeiten mariniert. Dann wird es mit einem speziellen Öl und einigen chemischen Substanzen in die Drehtrommel gelegt. Wenn die Klappe der Trommel wieder geöffnet wird, ergießt sich eine stinkende Lauge über den Boden, die Arbeiter waten ungeniert darin herum, das Fell wird im Innenhof zum Trocknen ausgelegt, die Lauge fließt über eine Rinne in einen Kanal und von dort über einen Abfluß direkt in den Ganges.

Mitten auf dem Innenhof einer solchen Gerberei lag die zerbeulte Hälfte eines Autowracks; zwei fette Gänse flanierten am verrosteten Blech vorbei. Ein eigenwilliger Gestank grundierte alles. Die Betreiber führten uns nervös herum, sie glaubten, wir kämen von irgendeiner Umweltbehörde. Sie zeigten uns eine Baracke, in der einige schmalbrüstige Greise und rotäugige Kinder zwischen ausgemergelten Ziegen im Zwielicht schufteten. Die Kinder bestrichen die Felle mit einer Flüssigkeit, die Männer bedienten eine Maschine, die an ein mittelalterliches Folterwerkzeug erinnerte: Die gespannten Felle wurden poliert, indem ein hölzerner Amboß auf sie einschlug. Das Ungeheuerliche existierte wie selbstverständlich, ein schrecklicher Anblick.

Mein Hobby, sagte Imran Siddiqui in seinem klimatisierten Büro nur wenige Minuten Fußweg entfernt, ist die Morphologie. Er strich wie ein diagnostizierender Dermatologe über das Blatt einer Pflanze auf seinem Schreibtisch. Ich vergleiche diese Pflanze mit einer anderen, die zwei Kilometer entfernt wächst. Ich notiere die Unterschiede. Sie wären überrascht über die Unterschiede.

Vor dem Bürogebäude standen dichtgedrängt Töpfe und Pflanzen. Insgesamt hatte Siddiqui angeblich mehr als zehntausend Pflanzen und über siebenhundert Arten gesetzt. Die Zufahrt war von einem kleinwüchsigen Dschungel gesäumt. Imran Siddiqui war als chemischer Ingenieur ausgebildet und im Hauptberuf Manager der größten Gerberei der Stadt. Er bot uns einen Espresso an und fragte, ob wir ihn aus kolumbianischen, brasilianischen oder kenianischen Bohnen gemahlen haben möchten.

Ich beschäftige mich auch, sagte er, mit den Vorteilen des Gerbens mit vegetarischen Substanzen. Ich bin dabei, ein eigenes Verfahren zu entwickeln, das die Umweltverschmutzung erheblich reduzieren wird.

Er zog dicke, ordentlich beschriftete Aktenordner aus dem Schrank und blätterte durch farbige Ausdrucke, Photokopien, Grafiken und Tabellen, sortiert nach ökologischen Themen. Er entnahm dem Ordner einige Seiten und drückte einen Knopf an der Unterseite seines Schreibtisches, worauf ein siebzigjähriger Laufbursche erschien, dem er die Blätter zum Vervielfältigen in die Hand drückte.

Ich sitze jeden Morgen um fünf vor acht an meinem Schreibtisch, um ein Beispiel zu geben. Wer bis fünf nach acht nicht zur Arbeit erschienen ist, wird als abwesend eingetragen und muß eine Strafe zahlen. Abends bleibe ich oft bis neun oder zehn Uhr im Büro. Dann fahre ich nach Hause, esse zu Abend und setze mich vor den Computer, um im Internet nach interessanten Informationen zu suchen, oft bis ein oder zwei Uhr in der Früh.

Ich fragte ihn, ob er Junggeselle sei. Er zögerte kurz, bevor er antwortete: Nein, aber ich muß sagen, ich verdanke alles dem Verständnis meiner Frau.

Zum Abschied gab mir Imran Siddiqui wie alle erfolgreichen Einwohner Kanpurs zwei Visitenkarten; die zweite wies ihn als Sekretär der »Green Clean People Society« aus. Rakesh hatte wieder einmal nur still neben mir gesessen. In Kanpur, sagte er draußen inmitten der Pflanzenvielfalt, erzählt dir jeder, wie sehr er die Umwelt schätzt. Und verschmutzt sie ungehemmt.

Bei unserem letzten Gespräch zeigte sich Gopal als Skeptiker, der auch noch die Skepsis mit Skepsis betrachtete. Wieso trage ich diesen Mondsteinring? Weil er mir gefällt? Ach was. Billiges Zeug. Eine miserable Fassung, die rasch angefertigt wurde, damit ich den Ring noch am selben Tag tragen konnte. Das war letzte Woche. Weil mir jemand geraten hatte, ich soll einen Mondsteinring tragen. Wieso aber höre ich, der ich eine solide Ausbildung genossen und sogar in den USA studiert habe, auf so einen Unfug? Wieso? Ich weiß es wirklich nicht. Vor einigen Tagen war ich in Delhi. Dort hat mich ein Freund zu einem tantrischen Seher geschickt. Es war nicht einfach, ihn ausfindig zu machen, er hauste in einem schlechten Viertel in einem kleinen Raum mit niedriger Decke. Wir haben einige Belanglosigkeiten ausgetauscht, dann fragte er mich nach meinem Problem. Meine Tochter, sagte ich. Es hat sich bislang einfach kein geeigneter Mann gefunden! Einer kam in die nähere Auswahl, es gab ein Treffen zwischen den beiden, aber danach meldete er sich nicht mehr.

Während ich ihm davon erzählte, kritzelte der Tantriker etwas auf ein Stück Papier. Und, fragte er, was noch? Das Geschäft läuft auch nicht sehr gut. Aha. Er faltete das Blatt zusammen, bis es klein wie ein Fingernagel war, und legte es zwischen uns auf den niedrigen Tisch. Sagen Sie mir eine Zahl zwischen 1 und 254. 113, sagte ich, einfach so, es kam mir gerade in den Sinn. Wieso 113, fragte der Mann, 13 ist doch eine Unglückszahl, und 113 liegt in gefährlicher Nähe. Ich weiß auch nicht, wieso ich 113 gesagt habe, antwortete ich. Gut, gut, murmelte der Seher und schob mir den Zettel zu. Ich faltete ihn auseinander und las: Tochter – Yukti, Zahl – 113. Ich war baff; Yukti ist ein seltener Name. Ihre Tochter wird heiraten, sagte der Seher. Ich habe ihn noch gefragt, wann sie heiraten wird. Und er sagte: Bald, machen Sie sich keine Sorgen!

Gopals Frau Rekha brachte uns zum Bahnhof. Während wir auf den verspäteten Zug warteten, tranken wir Pepsi aus Plastikbechern. Die leeren, ineinandergestülpten Becher in der Hand, suchte ich nach einem Abfalleimer. Wirf sie doch irgendwo hin, riet mir ein wartender Soldat. Die Bahngleise waren übersät mit blauroten zerknüllten oder zertrampelten Bechern. Ich lief auf und ab, herausgefordert von der Behauptung Rekhas, auf dem ganzen Bahnhof sei kein einziger Abfalleimer zu finden. Mehrmals fragte ich an Verkaufsständen nach; mir wurde jedesmal mit einer unmißverständlichen Geste bedeutet, ich solle den Becher irgendwo hinwerfen. Schließlich fand ich, ganz am anderen Ende des Bahnsteigs, eine Abfalltonne – sie war leer. Mit Elan ließ ich meinen Pepsi-Plastikbecher hineinplumpsen.

Der Nektar der Massen

Alle zwölf Jahre zum Kumbh-Mela-Fest entsteht die Zeltstadt Kumbhnagar auf der dichtbesiedeltsten Freifläche der Welt. Eine Zeltpolis nahe der »Stadt Gottes« Allahabad, errichtet auf der sandigen Uferbank des Ganges. Zur ersten Kumbh Mela des 21. Jahrhunderts unterteilte die Regierung des Bundesstaates Uttar Pradesh die graue Öde am Sangam, dem Zusammenfluß von Ganges und Jamuna, in zwölf Areale. Sie verlegte 450 Kilometer Strom- und 145 Kilometer Wasserleitungen, planierte 140 Kilometer Straßen, errichtete 20 000 Toilettenhäuschen, baute 15 Pontonbrücken und schloß 5000 Telefone an. Etwa 80 Millionen Mark kostete diese provisorische Millionenstadt. Die Organisation war beeindruckend: Abfall wurde von 6000 Müllmännern aufgesammelt; die mit Sandblechen befestigten Straßen wurden jede Nacht abgespritzt; Tausende von Freiwilligen sorgten tagsüber für Ordnung.

Jeder Gläubige weiß, daß er die Reise auf sich nehmen muß. Wie schon sein Vater und sein Großvater vor ihm. Er macht sich nicht viele Gedanken über das Wie – ein Pilger ist immer versorgt. Selten ist er über die Grenzen seines Dorfes hinausgekommen, nie weiter als bis zur nahe gelegenen Marktstadt, aber diese Reise wird alles übertreffen, was er bisher in seinem Leben erfahren hat. Der Grundbesitzer hat einen Traktor zur Verfügung gestellt, der den Anhänger zieht, auf dem sich die vielen Familien zusammendrängen. Der Traktor hält nur für die dringendsten menschlichen Bedürfnisse an. Schlaf gehört nicht dazu. In der Nacht fallen die Scheinwerfer aus. Der Pilger hört die kreischende Hupe des Busses, der sie fast rammt. Kurz vor der Ankunft am nächsten Tag melden sich jene zu Wort, die diese Reise schon einmal unternommen haben. Und doch kann keine ihrer Geschichten den Pilger auf den Anblick vorbereiten, der sich ihm bietet, als der Traktor über die Ganges-Brücke in Allahabad tuckert. So weit er durch den staubigen Dunst blicken kann, erstrecken sich neben dem Fluß Zelte, hölzerne Bauten, Masten und schnurgerade Straßen. Alles ist in Bewegung: barsche Polizisten, eine Prozession von Sadhus, im Sand steckengebliebene Jeeps; ein Elefant, der mit seinem Rüssel die Köpfe der Gläubigen berührt – und es sind viele, die diesen Segen mit ihren Münzen einfordern. Schließlich erreicht er das Lager: offene Zelte, über Pfosten gespannte Planen. Kaum gegen die Kälte schützend. Jeder Fleck besetzt, überall Bündel und Decken. Nach einigem Flehen und Drängen finden alle einen Platz für ihren Plastikbeutel oder Jutesack. Die Frauen beginnen zu kochen: Teig wird geknetet, ausgerollt, Fladen werden zubereitet. Der Pujari ihres Dorftempels verkündet, daß sie am nächsten Morgen vor Sonnenaufgang das heilige Bad nehmen werden.

Am anderen Flußufer singt eine Gruppe Sadhus in einem kleinen, bewohnten Tempel. Der Nestor unter ihnen spielt Harmonium, sein Gesicht erinnert an eine alte Heiligenikone. Er wird auf der Tabla begleitet von einem jungen Asketen, neben dem, mollig wie ein Lachender Buddha, ein Schelm sitzt. Die anderen Sadhus rasseln mit ihren Schellen und rufen im Chor die Namen des göttlichen Ehepaares Sita-Rama aus. Über einen gebrechlichen Lautsprecher dringt der Gesang

nach draußen. Die Sadhus haben sich in einem Reich eingerichtet, in dem sie ewig bleiben möchten. Das alte Lied klingt
so frisch, als würden sie es zum erstenmal singen. Außerhalb
des Liedes ist nichts frisch und neu. Plastikplanen dienen als
Raumteiler, ein zu kleines Stück Wellblech als Dach. Eine der
Wände, offensichtlich vor einiger Zeit eingestürzt, ist notdürftig wieder aufgebaut worden. Anstelle von Fenstern sind
Löcher in die Wand geschlagen. Im Vorraum des Tempels hat
sich eine zahnlose Alte mit ihrer Tochter ein notdürftiges
Heim eingerichtet.

Der Gesang der Sadhus geht zu Ende. Der mollige Schelm
wird zu einem Solo überredet. Er streift sich sein orangefarbe-
nes Gewand als Schleier über den Kopf. Immer schneller
dreht er sich zu einem koketten Lied, zieht Grimassen, reißt
Witze. Die anderen Sadhus begleiten ihn händeklatschend,
lachend. Eine letzte Pirouette, dann erstarrt er völlig, als habe
er eine zu starke Dosis Opium genommen. Die Frauen erhe-
ben sich und reichen ihm in einem Wirbel von Gesten Geldscheine. Der Schelm versenkt die Scheine in einer Wölbung
seines Schals und reiht sich wieder in den Chor ein, der keine
Nachtruhe kennt.

Wir wachen früh auf. Zur Anrufung der hundertundacht
Gottesnamen, zu einem Morgennebel von Gesängen. Aus dem
Rauschen lösen sich scheppernde Stimmen.

Wohlhabendere Camps verfügen über Bose-Boxen, andere
Lautsprecher verzerren alles zu jaulendem Plärren. Der Tag
auf einem Nagelbrett von Geräuschen: Gesänge, Ausrufe,
Durchsagen, anschwellendes Flehen. Jedes Gebet wird von
unzähligen anderen umlagert, am lautesten wird das Mantra
des Friedens und der Stille geplärrt: Shanti Ohm.

Die nackten Asketen, denen der Kopf bis auf ein kleines Haarbüschel glattrasiert wurde, hocken in Reih und Glied am Ufer des Ganges, als müßten sie ihr Regiment bei einer Parade vertreten. Hinter ihnen stolzieren einige festlich gekleidete Sadhus, die ein Stück Strand mit lauten Worten und drohenden Gesten von Pilgern freigeräumt haben, hin und her. Ein älterer Mann, der sich unachtsam nähert, wird mit erhobenem Stock davongejagt. Die Sadhus dirigieren die einzelnen Schritte der Initiation. Sie scheuchen die Kandidaten ins Wasser und wieder heraus, lassen sie hinhocken, aufstehen, zurückgehen, hinhocken. Einem Geländewagen entsteigt ein General, der sich als hochehrwürdiger Guru verkleidet hat. Der Zeremonienmeister in rotem Brokatgewand und majestätischem Turban watet mit seinem langen silbernen Stock vor den Nackten ins Wasser und läßt dann eine Handfläche Gangeswasser über jeden Schädel fließen. Die Sadhu-Aspiranten halten beide Arme ausgestreckt. Dann stürzen sie sich in Gruppen in den Fluß und plantschen. Nach dem Bad laufen, springen und hüpfen sie wie ausgelassene Kinder ins knietiefe Wasser. Schließlich wird ihnen ein weißer Stoffstreifen überreicht, den sie sich als Lendenschurz umbinden. Nun sind sie Sadhus. Ihre weggeworfenen Unterhosen treiben mit der Strömung gen Kalkutta. Wahrlich, nun sind sie Sadhus.

Nicht alle Sadhus folgen einem spirituellen Bedürfnis. Manche entfliehen der dörflichen Armut in die soziale Sicherheit der Akharas, der dreizehn paramilitärisch organisierten Bünde der Sadhus; andere verstecken sich vor der Polizei, manche sind einfach verrückt – als heilige Narren werden sie immerhin versorgt und respektiert. In den Lagern der Sadhus finden sich Fanatiker und Akademiker, Quacksalber und Verklärte. Sie sitzen vor ihren Zelten neben dem heiligen Feuer, das nie erlöschen darf, und lassen sich von den Gläubigen mit Blikken, Berührungen und Spenden verehren, vor ihnen liegen ansehnliche Geldbeträge. Ein Bauer berührt die Fußsohlen eines Sadhus und weint bitterlich. Der Sadhu hört zu und streichelt mit einer Hand einen ungewöhnlich schönen schwarzen Hund. Sadhus geben Rat, vertreiben mit Pfauenfedergewedel böse Geister, drücken eine Prise heilige Asche auf die Sorgenfalten. Manche tragen nichts außer Gebetsketten und deswegen den Namen Naga Sadhu. Für die Sadhus ist das Fest ein Treffpunkt, ein Marktplatz, ein Vergnügungsurlaub, eine Politbühne – eine zwischenzeitliche Abkehr von der Einkehr.

Die Akharas wurden vor etwa eintausend Jahren in den unruhigen Zeiten des inneren Zerfalls und der moslemischen Herausforderung gegründet. Seitdem geben die Sadhus Unterweisung in *shastra* (Waffen) und *shaastra* (heiligen Schriften). Die kriegerischen Attribute – mitten im Lager ist eine bemerkenswerte Vielfalt an Lanzen, Dreizacken, Speeren und anderen Stichwaffen in den Boden gerammt – symbolisieren ihre weltliche Macht. Einigen Sadhus sagt man die Fähigkeiten von Medizinmännern, Zauberern oder Schamanen nach. Besondere Reverenz erfahren jene, die Schwüre der Selbstkasteiung geleistet haben. Ein älterer Sadhu hat es zur Medienberühmtheit gebracht, weil er seit mehr als zwei Jahrzehnten einen inzwischen völlig verkümmerten Arm hochhält. Ein junger Glaubensbruder aus Varanasi steht seit drei Jahren Tag und Nacht auf einem Bein (neun Jahre stehen ihm noch bevor) wie einst die Göttin Mrityu, die den Befehl von Brahma, den Tod in die Welt zu bringen, verweigerte und zum Protest fünfzehn Millionen Jahre lang auf einem Bein ausharrte. Worauf Brahma sie ungerührt an ihre Pflicht erinnerte, den Tod auf die Erde zu bringen. Sie aber wechselte das Bein und protestierte weitere zwanzig Millionen Jahre. Aber auch das konnte Brahma nicht umstimmen. Die Ohnmacht des gewaltlosen Widerstands offenbarte sich, der Tod wurde eingeführt.

Die Zurschaustellung der Selbstbeherrschung trägt manchmal bizarre Züge. Ein Naga Sadhu zeigt auf einem eingerahmten Photo, wie er mit seinem Penis 25 Kilo Ziegelsteine stemmt: eine zeitgerechte Reklame für seinen Spendenaufruf. Alle paar Minuten wischt er den Staub vom Glas und postiert das Bild dann wieder an einer gut sichtbaren Stelle. Sein Assistent stopft ihm eine weitere Pfeife mit Haschisch, das den Hunger im Zaum hält.

Die Kalpvasis, die einfachen Pilger, die von der Rastlosigkeit und Ungeduld der Moderne noch nicht infiziert sind, folgen religiösen Aufführungen, die sich über fünfzehn Tage hinziehen. Während Musiker einige Weihelieder singen und das Zelt sich allmählich füllt, schminken sich die Akteure. Der Regisseur, Impressario und Familienvater wickelt seinem Sohn, der die Rolle von Krishna verkörpern wird, kunstvoll den Turban. Seine Brüder, ganz in Grün gekleidet, werden die in Krishna verliebten Gopis (Kuhhirtinnen) spielen, sie verkörpern die Liebe der Menschen zu Gott sowie die grenzenlose Erwiderung dieser Liebe. Ein jüngerer Bruder bekommt einen Rubin auf die Stirn gemalt; seine Augenlider sind grün geschminkt. Mit jedem neuen Pinselstrich mehr verwandeln sich die Jungen in Frauen und die Kinder in Götter. Das Schminken und das Anlegen der Gewänder sind rituelle Akte. Die Gedanken der Kleinen richten sich allmählich in ihrer neuen Identität ein. Nach einem zeremoniellen Gebet tanzen die Gopis und Krishna einen Reigen und deklamieren abwechselnd vor einem auf der Vorderbühne aufgestellten Mikrofon ihre Texte. Immer wieder setzen sie sich hin, während der

Sänger und die dreiköpfige Musikgruppe den weiteren Verlauf der Handlung vortragen.

Später ist Krishna mit prachtvollen Pfauenfedern ge-schmückt. Die Frauen aus dem Publikum eilen zur Bühne, Krishna segnet sie, und sie geben ihm Geld, berühren ihn voller Ehrfurcht, füttern ihn. In die erste Banane, die ihm hin-gehalten wird, beißt er kräftig hinein. Immer mehr Frauen kommen nach vorne, um ihn zu berühren, ihm Süßigkeiten in den Mund zu stopfen, eine Banane nach der anderen, die er zunehmend mühsamer verdrückt, bis er schließlich die Zähne bleckt und die Gaben zur Seite gebeugt ausspuckt.

Unser weißhaariger Nachbar im Lager ist ein indischer Psychiater, der seit 24 Jahren in Kentucky lebt und wie ein Südstaatler spricht. Seit zehn Jahren, sagt er, versuche er ein spirituelles Leben aufzubauen. Seine Therapien beruhen auf hinduistischen Konzepten von Geist und Bewußtsein. Was soviel heißt wie, daß er den Patienten Meditation und Yoga beibringt. Er amüsiert sich über die verkrampfte Ernsthaftig-keit der amerikanischen Neu-Hindus, die in großen Gruppen anreisen und sich für einige straff organisierte Tage dem hei-ligen Fest hingeben.

Sie möchten bei allem, was sie tun, möglichst schnelle Erfolge erzielen. Schauen Sie sich ihren Tagesablauf an: zwei Stunden Yoga, Frühstück, vier Stunden Yagna, Mittagessen, zwei Stunden Unterweisung, Teepause, eine Stunde Aarti, eine Stunde zur freien Verwendung, Abendessen, Meditation oder Vortrag. Ein Tag wie für einen Leistungssportler. Sie trai-nieren für die Olympischen Spiele der Erlösung. Kennen Sie die Geschichte von dem Schüler, der seinen Guru fragte: Wie lange dauert es, um zur Erkenntnis zu gelangen? Ein Leben lang, antwortete der Guru. Und wenn ich mich besonders anstrenge? Mehrere Leben lang. Und wenn ich nur noch danach strebe? Dann wirst du sie niemals erfahren.

Beim Abendessen gerate ich neben einen dieser Spiritualitätsathleten, einen gewichtigen Mann aus Minneapolis in Minnesota, der wie ein Wikinger aussieht und angesichts der allgegenwärtigen Heiligkeit mit getragener Stimme spricht: Als ich heute morgen mein Bad nahm, durchströmte eine göttliche Kraft meinen Körper, die mich von allen Sorgen befreite. Wir sitzen im Schneidersitz auf dem Boden und essen mit den Fingern von einem Teller aus gepreßten Blättern Okra, Reis, Linsen und Chapati. Ich habe den Eindruck, fährt der Mann feierlich fort, daß die Menschen hier unschuldig sind wie nirgendwo sonst auf der Welt, so unschuldig vielleicht, wie die ganze Welt einmal war, bevor der Kapitalismus alles zerstört hat. Ich weiß von dem Elend und der Misere, aber trotzdem: Indien ist noch unschuldig. Nach dem Essen waschen wir uns in einem großen Bottich die Hände. Ich treffe mich mit dem Psychiater im eisigen Nachtwind auf eine Zigarette, während die Amerikaner sich in korrekter Atemtechnik üben. Die amerikanische Gesellschaft sei sehr unsicher, erklärt mir der Psychiater, es fehle überall an Vertrauen. In Indien hingegen seien die Menschen von einem großen Urvertrauen beseelt, vor allem wegen der uralten religiösen Traditionen. Aus diesem Urvertrauen entstehe Selbstachtung, die bei ihm jedesmal zunehme, wenn er nach Indien zurückkehre. In den USA verringere sich diese Selbstachtung, so als würde sie von den anderen ständig angefochten werden. Aber genau darin liege das Problem. Wer sein Urvertrauen verloren habe, könne es nie wieder zurückgewinnen.

Eine Abfallgrube ist voll mit Teebechern. Einige sind aus zerknülltem Plastik, andere aus Ton und schon dabei, sich aufzulösen. In der kleinen Grube liegen Neues und Altes, Ewiges und Vergängliches nebeneinander, übereinander. Es ist Mauni Amavasya, der wichtigste von vier Badetagen, und angesichts der riesigen Menschenansammlung nimmt sich die Vorstellung, etwas könnte ewig sein, bedrohlich aus.

Um vier Uhr in der Früh wird der Staub der Straßen von unzähligen Füßen auf dem Weg zum Sangam aufgewirbelt. Eine der Pontonbrücken ist der karnevalsartigen Prozession der Sadhus vorbehalten. Wie Könige thronen die Gurus der Gurus auf reichgeschmückten Wagen, gefolgt von ihrem Fußvolk. Geringere Sadhus halten Sonnenschirme über die Hüter des Wissens. In immer neuen Wellen strömen die Akharas zum Fluß, ihre gewaltigen Fahnen flattern im frischen Morgenwind. Die Menge scheint stillzustehen, doch an den Rändern, hinter den provisorischen Zäunen, franst sie zu Drängeln und Schieben aus. Die Pilger warten auf Darshan. Längst ist die Menge nicht mehr zu überschauen. Beobachter schätzen sie – Masse mal Daumen – auf 11, 22 oder 33 Millionen. Polizisten patrouillieren entlang der hölzernen Absperrung und schwingen ihre Schlagstöcke mit der Unerbittlichkeit von Heckenschneidern.

Am Ufer wird gestoßen, geschrien, getreten, geschlagen – eine irre Gier nach Reinigung.

Alte Sadhus halten sich zitternd an den Händen. Reiben sich nach dem Bad mit heiliger Asche ein, die sie in Plastiktüten mitgebracht haben. Dieses Wasser ist die Wahrheit, schreit einer; Gott ist in uns, aber wir sind uns dessen nicht bewußt. Mit diesem Bad spüren wir Gottes Gegenwart.

Über Lautsprecher wird das Ende der Badezeit ausgerufen. Polizisten schlagen auf halbangezogene Männer ein; alte Frauen können sich gegen die Schläge nicht schützen, weil

sie mit den Händen ihren noch nicht gebundenen Sari festhalten müssen. Der Badeplatz wird von der Polizei bis auf die
letzte Person geräumt.

Mit dem ersten Tageslicht marschieren die militanten Sadhus der Juna Akhara auf, von einem indischen Journalisten als
die »Hell's Angels unter den Sadhus« bezeichnet. Vorneweg
zwei Naga Sadhus auf geschmückten Pferden: Der eine hält
die Standarte, der andere trommelt einen harten Rhythmus.
Schlangenförmige Fanfaren und Dreizacke ragen aus dem
Pulk von tausend Naga Sadhus. Mit rüdem Geschrei rennen
sie durch den Staub, rasen die Düne hinab in den Fluß, hüpfen ins Wasser, bespritzen sich. Nasse Naga Sadhus nehmen
Kampfposition ein, schwingen blitzende Schwerter, tänzeln
auf der Stelle, verharren bewegungslos. Ein wütender Sadhu
entreißt einem Photographen die Kamera, schmettert sie auf
den Boden und tanzt mit einigen seiner Brüder einen ekstati-
schen Tanz um den besiegte Apparat.

Auf der anderen Seite der Landzunge hingegen wird ständig photographiert. Sadhus erklettern die Absperrung und
werfen sich in maskuline Posen. Sie verlangen Zigaretten. Die
launischen Diven lassen sich ablichten und verscheuchen
anschließend mit vulgären Gesten die Photographen. Ein
angezogener Sadhu verewigt alles auf Betacam. Ein Polizist
beginnt Steine auf die Photographen zu werfen. Ein Sadhu
macht es ihm nach, mit größeren Steinen. Ein anderer Sadhu
bewirft den Polizisten mit Kieselsteinen. Die Journalisten
weichen gekonnt den Steinen aus, als würden sie Völkerball
spielen, und photographieren weiter. Die Sadhus drängen
Richtung Brücke, manche verlieren das Gleichgewicht, klammern sich verzweifelt an die Absperrungen. Ein Sadhu mit
einem Dreizack in der rechten Hand steigt auf ein Gitter und
versucht energisch, die Sadhus zur Ordnung zu rufen. Dro-

hend schwingt er seinen Dreizack. Das kriegerische Gebaren zeigt Wirkung, die Naga Sadhus weichen zurück wie erschrokkene Kinder. Bald ist die ganze Brücke voller dunkler Leiber. Eine Armee von nackten Heiligen spannt sich wie ein Bogen über Ganga Mataji.

Früh am nächsten Morgen hat dichter Nebel alles verschluckt. Kumbhnagar scheint im Brahman, in der Urseele, aufgegangen zu sein. Im Unsichtbaren sind alle Teile miteinander vereint. Die Sinne des Menschen sind so vergänglich wie er selbst, der einzelne eine hastende Schimäre auf dem Weg vom Nichts ins Nichts. Nur die Lautsprecher kennen weder Einsicht noch Vergänglichkeit. Sie plärren durch den Nebel und werden auch noch plärren, wenn sonst nichts mehr sichtbar ist.

Zusammenflüsse

*Jene, die am Zusammenfluß der weißen und der schwarzen Flüsse
baden, werden in den Himmel aufsteigen.*

Am letzten Abend auf der Kumbh Mela, einem besonders
kalten Abend, wurden wir nach einem Spaziergang durch die
schier endlosen Zeltreihen von unerwarteten Klängen zu
einem offenen Zelt gelockt. Etwa zwanzig Sadhus hatten es
sich auf dem Boden bequem gemacht und lauschten andäch-
tig einigen Sängern. Sie bedeuteten uns, wir mögen uns zu
ihnen setzen. Am Ende des Liedes, dem wir mit wachsender
Verwunderung zuhörten, wurden wir höflich begrüßt. Aber,
platzte es ungeduldig aus mir heraus, war das nicht ein
Qawwali (ein ekstatischer Gesang der Sufi-Moslems)? Ja, ja,
erwiderten die Sadhus erfreut, ihre langhaarigen und bär-
tigen Köpfe schüttelnd. Aber wieso hört ihr als Hindus
Qawwali? Nun war es an den Sadhus, verwundert zu sein.
Weil es uns Gott näherbringt!

Solchen Vermischungen religiöser Ausdrucksformen begegnet man in Indien immer wieder. Oft werden sie jenseits dog-
matischer Abgrenzungen praktiziert, gelegentlich haben sie
zum Entstehen synkretistischer Glaubenslehren geführt. Die
wichtigste Pilgerstätte einer dieser neuen Religionen befindet sich in Panna, einer Bezirksstadt wenige Fahrtstunden in
südwestlicher Richtung von Allahabad entfernt, mitten im
wilden Bundelkhand, einem Landstrich mit Tigern, Wasserfällen und Ruinen, die der Dschungel zurückerobert hat.

Die Tempelanlage von Panna ist vordergründig keiner Religion zuzuordnen. Von außen erinnert sie mit ihren vielen Kuppeln und Bögen an eine Gurdwara der Sikhs, im Inneren sind Bilder von Krishna zu sehen, doch im Sanctum Sanctorum liegen lediglich eine Flöte und eine Krone auf einem feinbestickten Kissen. Die Krone ist bestückt mit Edelsteinen, darunter ein Rubin, der so groß ist wie eine Kirsche. An der Wand gegenüber hängt das Gemälde eines Mannes in segnender Pose, der Beschriftung auf dem Rahmen zufolge handelt es sich um Lord Prannath; er trägt einen muslimischen Spitzbart. In einem Gang strahlt uns ein molliges Baby an, das am Computer zu einer Krishna-Ikone umkoloriert worden ist. Die Pastellfarben wiederholen sich auf den gelben, grünen und rosafarbenen Säulen. Die Gläubigen, in ihren Gesten der Ehrerbietung weniger eigenwillig als der Bau, begrüßen sich mit dem Ausruf ›Pranam‹. Der eklektische Tempel ist das wichtigste Heiligtum der Pranami, einer Sekte, die alle Religionen akzeptiert und alle ihre Propheten als Botschafter Gottes anerkennt in dem Bestreben, den Weg zu einer universellen Religion zu ebnen. Mahamati Prannath, der Prophet mit dem Spitzbart, war ein 1618 in Jamnagar geborener Gujarati, dessen Vater dem örtlichen König als hoher Beamter diente und dessen Onkel in Arabien mit Diamanten handelte. In dieser Zeit lebte eine beachtliche Zahl angesehener Araber in den Handelsstädten der westindischen Halbinsel Kathiawar. Mahamati Prannath scheint Arabisch gelernt und den Koran ausgiebig studiert zu haben. Fast ein Jahrzehnt bereiste er den arabischen Raum, lebte in Basra, Maskat, Koga und Abbas. Schon damals predigte er, daß Gott eins und ohne Form sei und daß alle Religionen diesen einen Gott verehrten. Es ist nicht überliefert, daß er auf seinen Reisen auch nur ein einziges Mal wegen seiner Predigten verfolgt wurde.

250 Jahre später wurde in Porbander, nur hundert Kilometer von Jamnagar entfernt, ein Junge geboren, dessen Vater dem örtlichen König als hoher Beamter diente und der sich ebenfalls sein ganzes Leben lang für die Versöhnung von Hindus und Moslems einsetzen sollte. Seine Familie gehörte der Pranami-Sekte an. Der Junge wuchs auf mit religiösen Zeremonien, bei denen der Priester sowohl aus dem Koran als aus der Bhagavadgita vortrug, von dem einen zur anderen wechselnd, als wäre es bedeutungslos, aus welchem Buch er läse, solange nur Gott angebetet wurde. In der offiziellen Hagiographie findet diese frühe religiöse Prägung Mahatma Gandhis allerdings kaum Erwähnung.

In einer Ecke des Tempels sitzt ein alter Mann und liest aus dem heiligen Buch ›Kuljam Sharif‹ (vierzehn Bände mit 18.758 Versen, darunter Texte aus verschiedenen Religionen, samt Querverweisen). Seine Stimme wird per Lautsprecher über die ganze Anlage verbreitet. Aus dem Buch wird Tag und Nacht vorgetragen. Unser Glaube, sagt der Priester, erlaubt uns nicht, andere Gläubige zu bekehren. Was not tut, ist eine Veränderung der eigenen geistigen Einstellung. Wenn man Religion richtig begriffen hat, spielt es keine Rolle, welchem Glauben man anhängt. Konflikte haben ihren Ursprung in der Ignoranz der Menschen, die sich auf die äußerlichen Unterschiede versteifen. Das ist die Ursache allen Elends in der Welt. Wenn sie das verstanden haben, werden sie erkennen, daß es nur eine Religion auf der Welt geben kann, die Religion Gottes, und nur ein Volk, das Volk Gottes.

Dem Priester scheinen mit diesem Glaubenssatz alle religiösen Konflikte gelöst zu sein. Doch sein Tempel ist menschenleer, und die Stadt, in der Lord Prannath seine Erlösung erfahren hat, ist vom Diamantenfieber erfaßt. Die Stimme des zahnlosen alten Mannes verhallt in marmorierten Räumen.

Er schenkt mir eine Broschüre, im Selbstverlag in Allahabad gedruckt und von verrosteten Heftklammern zusammengehalten, in der voller Stolz vermerkt wird, daß Lord Prannath selbst in der »Cambridge History of India« erwähnt wurde. Allerdings nur mit einem einzigen Satz.

An unserem letzten Abend in Allahabad aßen wir bei »Spicy Bite« an der M.G. Road. Ein dunkler Mann, der das rechte Bein nachzog, bediente uns. Er nahm unsere Bestellung auf und sagte auf englisch: Ihr lebt in Indien, ihr spricht gutes Hindi. Er unterschied sich von den anderen Kellnern durch das bonbonbunte Hemd, dessen kurze Ärmel er aufgekrempelt hatte, als wollte er seine Bizeps besser zur Geltung bringen. Das paßte nicht so recht zu seinem wachen, traurigen Blick. Und Sie, wo haben Sie Englisch gelernt? In der Schule, antwortete er, und beim Film. Ich war in Bombay, zwei Jahre lang. Ich spielte einen Bösewicht, weil mein Gesicht so schwarz ist. Er lachte trocken, empfahl uns ein Gericht und schlurfte zu einem anderen Tisch. Man nennt mich jetzt Bombaya, sagte er, als er unsere Getränke brachte. Ich habe in Allahabad Theater gespielt und Hindifilmsongs nachgesungen. Dann bin ich nach Bombay. Meine Freunde haben mich ermutigt: Du kannst es in Bollywood schaffen! Du hast das Zeug dazu!

Er servierte Tandoori Chicken und Cheese Paratha. Zwei Filme habe ich gedreht, Bombay 405 miles und Kranti. Dann starb mein Boß an einem Herzinfakt. Wir begannen zu essen, bedrängt von aufdringlichen Rikschafahrern und blinden Bettlern in Kindesbegleitung.

Wollt ihr noch etwas bestellen? Ich verneinte, erkundigte mich aber, wieso er aus Bombay weggezogen sei. Weil es dort keine Kameradschaft gibt. Wenn man krank ist, wenn es einem dreckig geht, ist man allein. Er räumte ab und kehrte umgehend mit der Rechnung zurück. In Allahabad gab es keinen anderen Job für mich. Also arbeite ich hier, seit zehn Jahren. Aber wenn sich eine Chance ergibt, wenn mich jemand dort haben will, ich gehe sofort wieder nach Bombay. Auch wenn ich Familie und Freunde zurücklassen müßte.

Mit den Sohlen atmen

Dies ist eine Reise ohne Route
Denn du bist schon angekommen.

Die Sandbänke am Zusammenfluß von Ganges und Jamuna waren menschenleer. Ich schloß die Augen und öffnete sie bedächtig wieder. Immer noch menschenleer. Auf der Brücke hustete ein Lastwagen wie ein Allergiker, unter der Brücke weißer Sand, wo sich vor kurzem noch die Millionenzeltstadt Kumbhnagar ausgebreitet hatte. Nur die Bootsleute waren unverändert geschäftstüchtig und gerissen. Während der Kumbh Mela hatten sie geklagt, nur wenige Pilger würden sich ein Boot leisten. Nun erzählten sie strahlend von dem hervorragenden Geschäft, das sie während des Festes gemacht hatten, und verlangten einen Preis, als wäre immer noch Pilgerhochsaison. Sie forderten uns auf, am Zusammenfluß eine Gabe ins Wasser zu werfen, ein Fünfrupienstück zum Beispiel. Später würden sie nach den Opfergaben tauchen und Münzen, Kokosnüsse und gelegentlich einen Ring oder ein anderes Schmuckstück vom Flußgrund heraufholen. Die Kokosnüsse wurden gewaschen und an den nächsten Pilger verkauft, der Schmuck wurde wieder in den Kreislauf der Geldwirtschaft gebracht.

Im Januar war ich noch bedenkenlos ins Wasser gegangen, voller Vertrauen in Ganga; nun war es mir nicht mehr möglich, die Erinnerung an die Abwässer und Kloaken von Gajraula und Kanpur zu verdrängen, und ich erlebte in

Gegenwart dreier alter Sadhus, die dem Bootsmann geholfen hatten, den Fährpreis in die Höhe zu treiben, eine Glaubenskrise. In solchen Fällen hilft nur Streit. Ich warf den Sadhus lautstark Verlogenheit vor; sie reagierten so desinteressiert, als hätte ich die bulgarische Nationalhymne vorgetragen. Endlich die Erleichterung, das südliche Ufer erreicht zu haben, den Rucksack aufzuschnallen und auf der Deichkrone loszulaufen, zwei hervorragend ausgerüstete Nachahmer der Padyatra, der Pilgerschaft zu Fuß.

Vom Dorfleben schwärmen nur diejenigen, die es von weitem betrachten. In Lavan fragten wir auf dem Dorfplatz nach einer Übernachtungsmöglichkeit und waren sofort umzingelt von starren leeren Blicken (manch eine Iris wie eine zertretene Made). Die Körper der Menschen waren nie geschont worden, sie hatten zu viele, zu schwere Krüge zum Brunnen getragen, sich zu viele Male zu einem Setzling hinabgebeugt, zu viele Felsbrocken zu Steinen, zu viele Steine zu Kieseln geklopft.

Die Fabrik Raymonds habe ein Gästehaus, äußerte einer. Nein, nein, mischte sich ein anderer ein, diese Fremden wollen hier im Dorf übernachten. Wir stimmten zu. Da nahm uns ein Dritter an der Hand, ging mit uns keine dreißig Schritte und zeigte auf ein zweistöckiges, ziemlich geräumiges Haus, offensichtlich das Heim eines Mannes von Rang, eine dörfliche Residenz. Wir sollten unser Gepäck auf dem Charpoy-Bett im Innenhof abstellen. Frauen traten heraus, führten uns ins Haus. Zeigten auf ein Bett gleich hinter dem Eingang.

Wir waren beim Sarpanch untergebracht, dem Dorfvorsteher, der wenig später auf einem Motorrad in den Innenhof brauste und uns herzlich begrüßte, als sei es selbstverständlich, zwei Fremde mit zu großen Rucksäcken in seinem Haus vorzufinden. Er war ein kleiner, leise sprechender Mann, der sich schnell umzog, ehe er sich in Unterhemd und Lungi zu uns setzte. Sein Besitz, sagte er, sei bescheiden. Acht Büffel, welche er am Morgen selber molk, und ein Stückchen Land jenseits der Straße nach Mirzapur, auf dem Reis wachse. Alles an dem Mann war Understatement, man hätte ihn leicht unterschätzen können. In einer Gruppe von Dorfbewohnern wäre er nicht aufgefallen. Seine Macht offenbarte sich erst im Verlauf des Abends, als er hofhielt. Alle paar Minuten trat jemand zu ihm, beriet sich mit ihm, teilte eine Neuigkeit mit, fragte ihn um Rat. Er hörte jedem zu und redete selber wenig. Er war der Schwamm, der die Probleme des Dorfes aufsog und gelegentlich, je nach Möglichkeit, wegwischte. Als die Sonne unterging, versammelten sich immer mehr Männer im Innenhof des Sarpanch. Wir hatten zuerst Höflichkeiten ausgetauscht, danach Praktisches besprochen (der Weg nach Diha, die Entfernung nach Sirsa), und schließlich, bei Einbruch der Dunkelheit, begannen wir über das Leben in Uttar Pradesh und in Deutschland zu reden.

Der Sarpanch gehörte zu der niederrangigen Subkaste der Yadav, die im letzten Jahrzehnt in diesem Teil Indiens stark an Reichtum und Einfluß gewonnen hat. Vertreten wird die Kaste durch die Samajwadi-Partei, der natürlich auch der Sarpanch angehörte (er wunderte sich sehr über meine Nachfrage, als wäre für ihn eine Mitgliedschaft in einer anderen Partei undenkbar).

Aufgrund der demographischen Verteilung war die Samajwadi-Partei in den neunziger Jahren auf Provinz- sowie auf lokaler Ebene an die Macht gelangt. Er selbst war schon zweimal zum Sarpanch gewählt worden, den Posten bekleide man fünf Jahre lang. Und wieviel kostet die Milch in Deutschland?

fragte er. Sie kam ihm erstaunlich preiswert vor, Fleisch überraschend teuer, Bier unglaublich billig, Fahrräder und Motorräder extrem kostspielig.

Die Algebra der Politik in diesem Dorf war einfach. Die *Yadavs* sowie die anderen niederen Kasten zählten mehrere Tausend, die Brahmanen dreihundert, die Dalits sechshundert. Folglich hatten die anderen Parteien gegen die Samajwadi-Partei keine Chance.

Habt ihr Kasten in Deutschland? Mein Bericht von der Abschaffung der Aristokratie sowie der sozialen Bedeutung des ›von‹-Titels stieß auf großes Interesse.

Und wie verdiente der Sarpanch sein Geld? Er fuhr an Wochentagen in der Früh um neun mit seinem Motorrad zur lokalen Telefonzentrale, wo er für eine angenehme Arbeit monatlich zehntausend Rupien verdiente, ein kleines Vermögen. Aber das Kastensystem werde sich ändern, langsam, sehr langsam, aber sicher. Eines Tages werde es keine Rolle mehr spielen. Der Mann, der das sagte, wohl ein jüngerer Bruder des Sarpanch, sprach mit Zuversicht. Die Männer im Innenhof gehörten alle einem selbstbewußten, mit der eigenen sozialen Stellung zufriedenen Mittelstand an, ganz anders als die frustrierte Mittelklasse in den Städten, der täglich vorgeführt wurde, was ihr fehlte. Hier auf dem Dorf waren die traditionellen Strukturen noch intakt, die Verteilung von Macht und Vermögen hatte sich zugunsten der Mittelständler verschoben, sie waren zufrieden.

Gegen acht wurden wir eingeladen, einem Aarti beizuwohnen. Eine Taschenlampe führte uns zu einem einfachen, an drei Seiten offenen Tempelbau. Säulen stützten das Holzdach, nur das Sanctum Sanctorum war ummauert. Einfache Tempel haben etwas Anrührendes an sich. Eine Kerze und eine Paraffinlampe beleuchteten das Geschehen, die Sänger waren als Schemen zu erkennen, sie saßen im Schneidersitz auf dem Boden. Hier wurde keine Kultiviertheit gepflegt. In der Dunkelheit der Nacht existierte nur der direkte Ausdruck der Stimmen. Die Puja war auf das Nötigste reduziert, auf Worte und Töne. Das erinnerte an die alte vedische Vorstellung, daß sich Götter aus Versmaßen zusammensetzen. Wenn Versmaß an Versmaß geknüpft wird, zu einer in Intonation und Rhythmus genauen Shloka, wird das Göttliche vergegenwärtigt. Deswegen lernen die Brahmanen jahrelang das Aufsagen der Shlokas, bis sie mit ihnen verschmelzen. Der Gesang wurde um die einzige rituelle Handlung dieses Abends erweitert: das Schwenken der Öllampe vor den vier Idolen (das Licht reichte nicht aus, um sie zu erkennen). Eine Öllampe, drei Umkreisungen, ganz einfach. Jedes Ornament hätte die Begegnung mit dem Göttlichen gestört. Das Spirituelle des Augenblicks mußte nicht erklärt werden, es war erhöht und gesegnet mit dem, was der Theologie so schmerzhaft fehlt: Kraft. Am Ende des Aartis wurden die Vorhänge zum Altarraum zugezogen und das Licht ausgeblasen. Die Götter gingen schlafen, die Menschen essen.

Am nächsten Tag wurden wir am Ufer des Ganges Zeugen einer Ziegengeburt. Wir streichelten gerade das verschmierte Fell der neugeborenen Zicklein, als sich ein dunkelhäutiger Mann zu uns gesellte und fragte, ob er unser Gepäck tragen dürfe. Er war halb so groß wie ich, sein Kopf war glattgeschoren. Er hob meinen Rucksack mit einer Hand auf und behauptete, er sei nicht schwer. Es dauerte noch eine Weile, bis er uns mit seiner beharrlichen Bitte um Arbeit überredet hatte. Er hievte den dreißig Kilo schweren Rucksack auf den Kopf, hielt ihn mit der einen Hand fest und zog barfuß los. Scheinbar mühelos.

Wenn möglich, hielten wir uns am Ufer, ansonsten liefen wir kreuz und quer durch Felder, Dörfer und Höfe, an Häusern vorbei, von Kindern begleitet, von argwöhnischem Hundegebell verfolgt. Bijul, so hieß der Träger, lief hinter uns her. Er stammte aus einer der niedersten Kasten, den Mallahs, den Bootsleuten; sein Vater hieß Gangaram. Wenn wir uns einem Dorf näherten, heftete sich eine Schar von Fragern an seine Fersen. Er gab allen redselig Auskunft, obwohl er von uns nicht mehr wußte als das, was er aus einigen flüchtigen Sätzen herausgehört hatte. Es war heiß und feucht. Einmal regnete es. Wir kauerten mit zwanzig Bauern unter dem Vordach einer Hütte und schauten in den Regen hinaus, doch die Bauern sahen nur uns an. Es wäre nicht möglich gewesen, die Szenerie irgendeinem Zeitalter zuzuordnen.

Bijul wurde zunehmend selbstbewußter. Er wuchs förmlich in die Rolle unseres Managers hinein. Wohin geht ihr eigentlich? fragte er. Nach Mirzapur. Gut, ich komme mit. Nach einigen Kilometern fragte er wieder: Und nach Mirzapur, wohin dann? Varanasi. Gut, ich komme mit nach Varanasi. Und nach Varanasi? wollte er später wissen, als sei ihm gerade eine großartige Idee gekommen. Patna, Bihar. Gut, ich komme bis nach Patna mit. Und nach Patna? fragte er bei der nächsten Rast. Kalkutta. Oh! Ich komme mit euch nach Kalkutta.

Ein Sadhu hielt an und grüßte. Wohin geht die Reise? Nach Mirzapur. Woher? Aus Allahabad. Zu Fuß? Ja, auf Padyatra, immer am Ufer entlang. Sehr gut! Das Gesicht des Sadhus leuchtete auf. Sehr gut! Keine Fragen mehr nach Sinn und Absicht. Alle Antworten waren in dem Wort Padyatra enthalten. Eine Padyatra war an sich wertvoll. Wir durchwanderten eine unbewohnte Schwemmebene, auf dem Weg von allen gewarnt, wir sollten uns vor Räubern vorsehen. Bijul lief vorneweg und sang *Namahashivay Ohm Namahashivay Ohm Namahashivay Ohm Namahashivay*. Manchmal wechselte er die Hand, mit der er den Rucksack auf seinem Kopf balancierte, und sang zur Abwechslung *SitaRam SitaRam SitaRamRamRam*. Die Räuber ließen sich nicht blicken.

Bei Sonnenuntergang erreichten wir den Tons-Fluß. Während wir auf ein Boot warteten, verkündete Bijul, er habe eine Schwester in Sirsa, wo wir übernachten könnten; ob uns das recht sei. Wir sagten, es sei uns sehr recht. Dem einsamen Fährboot entstiegen zwei Frauen, zwei Kinder und ein Mann. Die Frauen, mit Schmuck behangen und festlich in ihre schönsten Saris gekleidet, die Schuhe mit hohen Absätzen, die Hände manikürt, die Fingernägel grell lackiert, suchten auf dem schlammigen Boden vorsichtig ihren Weg. Wohin geht's? Zum Dorf, sagte der Mann. Aber das nächste Dorf ist doch kilometerweit entfernt? Ja, nur eine Stunde, sagte der Mann gut gelaunt und schulterte seine jüngste Tochter. Der Fährmann kannte Bijul, und Bijul fragte ihn nach der Busverbindung von dem Dorf Sirsa, dem wir uns näherten, nach Mirzapur. Ich wunderte mich über seine Frage, da wir ihm mehrfach unsere Absicht mitgeteilt hatten, zu Fuß nach Mirzapur zu gelangen. Auf der anderen Uferseite überquerten wir ein ödes Feld, um uns herum ein paar kauernde Gestalten, die ihre Notdurft verrichteten. Als wir das Haus von Bijuls Schwester erreichten, trat er ohne Begrüßung in das Haus ein, als sei er gar nicht weg gewesen. Erst auf Nachfrage stellte er uns seine Schwester vor. Wir begrüßten sie; auf der Balustrade des Daches tauchten Silhouetten von Kindern auf, eins nach dem anderen. Ich zählte laut bis neun. Neun Kinder, sagte ich scherzhaft zur Schwester. Nein, sagte sie, ohne eine Miene zu verziehen, ich habe acht Kinder.

Wir saßen auf einem Charpoy vor dem Haus, umgeben von einer in der Dämmerung kaum noch auszumachenden Zahl von Menschen. Bijul fächelte mir mit einem riedbespannten Bambusrahmen, der wie ein antiker Tennisschläger aussah, Luft zu, seine Schwester kühlte Pac. Eine unangenehm kolonial anmutende Situation, die wir mit der Lüge beendeten, uns sei nicht heiß.

Bijul war schweigsam geworden, sein Selbstbewußtsein, das während unseres langen Fußmarsches kontinuierlich gewachsen war, bis er die anfängliche Untertänigkeit völlig abgelegt hatte, schwand innerhalb von Minuten.

Er fragte leise, ob wir mit einigen seiner Freunde zum Bazar gehen wollten, freilich ohne zu erwähnen, daß wir in völliger Dunkelheit weitere zwei Kilometer würden laufen müssen. Wir erreichten nach einer halben Stunde eine Teebude, in der Bijul und seine Freunde beglückt Platz nahmen, als seien sie in ihrer Stammkneipe. Wir tranken einen extrem süßen Chai und marschierten wieder zwei Kilometer zurück. Ich träumte von Schwebebahnen und motorisierten Rollstühlen.

Zurück bei seiner Schwester, wurde Bijul lauthals zurechtgewiesen, wir verstanden nicht, warum. Er fiel in sich zusammen und sagte kein Wort mehr.

Die einzige Möglichkeit, sich zu waschen, war an der öffentlichen Wasserpumpe. Leider war der Strom zurückgekehrt, sehr zum Vorteil einer aufmerksamen Zuschauerschaft. Es rächte sich, daß Pac das Waschen in angezogenem Zustand nicht beherrschte. Ich mußte sie mit einem nicht ausreichend großen Handtuch abschirmen. Ich wechselte ständig meine Position, hielt das Tuch mal höher, mal tiefer, es entwickelte sich ein regelrechtes Geschicklichkeitsspiel gegen den Voyeurismus der Dorfbewohner.

Mitten in der Nacht wurden wir von einem inbrünstigen Gesang vor unserer Tür geweckt. *Namahashivay Ohm Namahashivay.* Auf dem Charpoy draußen vor der Tür lag Bijul. Nach einigen Minuten hielt ich es nicht mehr aus. Bijul, sagte ich, willst du nicht schlafen? *Namahashivay Ohm Namahashivay.* Bijul, rief ich, wir können nicht schlafen wegen deines Gesangs. *Namahashivay Ohm Namahashivay.* Bijul, schrie ich, hör auf! Worauf die Nacht wieder in Stille versank.

Am nächsten Morgen schlug Bijul vor, wir sollten den Bus nach Mirzapur nehmen. Nein, Bijul, wir wollen zu Fuß gehen. Aber es ist viel bequemer mit dem Bus. Bijul, wir sind doch auf einer Padyatra. Zudem, was machst du, wenn wir mit dem Bus reisen? Ich muß in mein Dorf zurück, ich muß wegen der Familie in mein Dorf zurück! Mehr wollte Bijul nicht sagen, sosehr wir ihn auch bedrängten. Wir schossen das obligate Familienphoto, schrieben die Adresse unserer Gastgeber auf, verabschiedeten uns und brachen auf. Am Nachmittag erreichten wir völlig ausgelaugt die Landstraße und fuhren die restlichen Kilometer nach Mirzapur mit dem Bus.

Das fabelhafte Teppichland

Auf dem Bürgersteig in Mirzapur lag ein totes Pferd; es war so dramatisch in sich zusammengesunken, ein Auge vorwurfsvoll auf die sonntäglichen Spaziergänger gerichtet, als hätte Franz Marc mitten beim Malen ein Herzinfarkt ereilt. Einige Ratten trippelten über die Straße. Die Stadt wirkte heruntergekommen, die Häuser wie Ruinen, in denen Flüchtlinge ausharrten, viele hinter Müllhaufen versteckt.

Wir stiegen in eine Rikscha, um – müde, wie wir waren – rasch zu einem Hotel zu kommen. Die bemalte Rückseite der Rikscha vor uns versöhnte mit dem Stau: ein Fluß mit zwei müßigen Krokodilen, am Ufer Palmen, in der Luft Schwalben und eine rote Sonne auf einem fliegenden Teppich. Der Teppich war gewiß aus Seide und Baumwolle, geknüpft von Kinderfingern, die niemals ein Spielzeug in die Hand bekommen würden, in einer der Werkstätten, an denen wir vorbeituckerten.

Vor dem Hotel Jahnvi verlangte der Rikschawallah zuerst 500, dann 300, dann 100 Rupien, von meinem Lachen zu einer rapiden Baisse veranlaßt. Der Hotelrezeptionist schätzte den korrekten Preis auf 35 Rupien. Der Rikschawallah weigerte sich, die hingehaltenen 50 Rupien anzunehmen. Der Manager beschimpfte ihn: Wegen Leuten wie dir kommen keine Touristen nach Mirzapur. Er hatte recht, wir waren die einzigen Gäste in seinem Hotel; das Mineralwasser wurde mal lauwarm, mal tiefgefroren serviert. An den Wänden hingen

Plakate des Uttar Pradesh Tourist Board, Photos von Ganga in karibischer Verkleidung, Einladungen zu einem Rundflug auf fliegenden Teppichen. Vom Zimmerbalkon aus blickten wir auf Ganga, die sich von dieser Stadt abwandte.

Der Raum war so groß wie eine Garage und auch so schlecht beleuchtet, was verwunderlich war, denn die Kinder, die vor uns standen und scheu lächelten, mußten mit ihren schmalen Fingern feingemusterte Teppiche knüpfen. Es hatte sich als schwierig erwiesen, am Sonntag eine offene Teppichweberei zu finden.

Als wir uns hilfesuchend an einige Passanten wandten, sprach uns ein Mann an, dessen Gesicht aus Gebrauchtteilen zusammengesteckt schien. Die Unordnung seiner Züge wurde von einem frenetisch kauenden Unterkiefer noch gesteigert. Reste einer zermalmten Betelnuß rannen ihm als rötlicher Saft aus dem Mundwinkel, als ahme er eine blutrünstige Abbildung der Göttin Kali nach. Wir verstanden ihn kaum. Schwierig, schien er zu nuscheln, schwierig. Er fuhr uns in einem brandneuen Tata Sumo zu einem luxuriösen Haus. Mein Onkel, nuschelte der Betelnußkauer. Der Onkel ruhte sich auf der Veranda aus, in einem zu kurzen Unterhemd, über das seine Bauchhaare wie dünne Regenwürmer krochen. Er richtete sich behäbig auf, zog sich ein Hemd über und knöpfte es zu, während er mit seinem Neffen schwatzte. Zwischendurch warf er einigen Arbeitern auf einem Bambusgerüst am Haus barsche Befehle zu. Onkel und Neffe blickten einige Male zu uns herüber. Der Schwatz endete am obersten Knopf, der offengelassen wurde, und der Onkel zog sich ins Haus zurück. Wir wurden dorthin zurückgefahren, wo wir kurz zuvor unseren Fahrer getroffen hatten. Keine zehn Schritte entfernt hob er eine Plastikplane in die Höhe und deutete auf eine garagengroße Werkstatt. Der junge Mann wird euch helfen, verabschiedete er sich. Er ist mein Sohn. Mit seinen zwanzig Jahren wirkte der Sohn gegenüber den Arbeitern, die allesamt im Alter des Stimmbruchs waren, wie ein älterer, erfahrener Manager. Alle Wände waren mit halbfertigen Teppichen bedeckt, in den Ecken stapelten sich Rollen.

Wir sorgen gut für sie, erklärte der junge Manager, bevor wir etwas fragen konnten. Sie wissen nichts, sie können nichts, wir lernen sie an, wir bringen sie unter, wir geben ihnen Essen und Kleidung. Sie hätten sonst nichts zu tun. Die Eltern können es sich nicht leisten, sie zur Schule zu schicken, und andere Industrien gibt es hier nicht. Wollen Sie nicht unsere Teppiche sehen?

Ganz Mirzapur lebt von dem Teppichgeschäft – 2001 hat Indien Teppiche im Wert von gut einer Milliarde Mark exportiert, fast ein Fünftel der Weltproduktion (Deutschland ist hinter der USA der zweitgrößte Kunde). In der Hocke betrachtete ich einige Kelims mit abstrakten Mustern, die vor vier Jahrhunderten aus Persien eingewandert sind. Abstraktionen von Schönheit und Leid. Geometrische Provokationen. Das Rot in Ihrem Teppich, lieber Käufer, ist das Blut eines achtjährigen Kindes aus einem Dorf nahe Mirzapur, das jeden Morgen um vier Uhr zu arbeiten beginnt, bis Mitternacht schuftet, manchmal nur eine Mahlzeit erhält, geschlagen wird, wann immer es einen Fehler macht, kaum bezahlt wird und selten oder nie seine Eltern sieht. Vielleicht, dachte ich, während der Manager, mein Schweigen als Faszination deutend, einen Teppich nach dem anderen vor mir ausrollte ... Abbildungen ferner Tage, Klimakarten, Labyrinthe ..., vielleicht ist das Ornament in Ihrem Teppich, mein Herr, einfach die Silhouette eines Jungen, der kopfüber vom Ast eines Jackfruit-Baumes herabhängt und auf dessen Rücken ein Mal gebrannt wurde, damit er nie wieder wegzulaufen versucht.

Es war so stickig und heiß in der Garage, daß mir der Schweiß von der Stirn tropfte, auf den obersten Teppich. Ich erhob mich und stieß mit einem der Jungen zusammen, der fast umfiel. Ich hielt ihn in einem Reflex fest; ein Knochenbündel mit spitzbübischem Gesicht. Unsere Preise sind sehr niedrig, hörte ich den jungen Manager sagen. In einem Laden in Delhi oder Bombay zahlen Sie ein Vielfaches. Die Qualität ist gut, schauen Sie sich die Rückseite an.

In der Welt der Teppiche herrscht freier Handel, und die Rückseite entlarvt das Kunstwerk als harte, unterbezahlte Arbeit. Die Chinesen, Seiteneinsteiger, haben den Markt mit spottbilligen Maschinenfabrikaten überschwemmt. Die Werkstätten in Indien, Pakistan und Iran können sich eine Mechanisierung nicht leisten; die Knoten werden weiterhin von schmalen Kinderfingern geknüpft. Die Preise können nur auf Kosten des Lohns konkurrenzfähig gehalten werden, und so fördert die freie Marktwirtschaft fleißig die Kinderarbeit.

Kaum hatten wir die Werkstatt verlassen, hielt ein Tata Sumo neben uns, und eine Seitentür öffnete sich. Zuerst hörten wir ein Spucken, dann die Einladung einzusteigen. Der uns schon bekannte Betelnußkauer saß auf dem Beifahrersitz neben einem Mädchen – seine Tochter, wie er sie sogleich vorstellte –, hinter ihm einige Menschen, die vielleicht auch mit ihm verwandt, ihm aber nicht gerade aus dem Gesicht geschnitten waren. Wohin fahren Sie, fragte ich nach einer Weile. Spazieren, Picknick, nuschelte er zurück. Wir wollen zum Vindyachal-Tempel, aber wir haben nicht viel Zeit. Das rote Gebiß grinste uns an. Böse Geschichten, böser Ort. Der Geländewagen wendete, und wir rasten durch die Stadt. Menschenopfer für Kali, viele Menschenopfer. Der Wagen hupte alle Rikschas resolut zur Seite. Ein Polizist zwang den Wagen zum Halt. Der Betelnußkauer holte ein Taschentuch heraus, drehte sich zu uns und schwenkte es vor unseren erstaunten Augen. Das hier brachte den Tod, sagte er. Das Taschentuch, das war die Waffe von Kali.

Als wir erneut hielten, stieg er aus und kehrte wenig später mit zehn Betelnüssen zurück, die samt Gewürzen in Blättern eingerollt waren – sein Proviant für den Nachmittag. Gutgelaunt beschloß er, seine obskuren Andeutungen zu erläutern: Kali sei die Göttin der Banditen gewesen, der Banditen namens *Thugs*. Mal sei Kali gut, mal böse. An der nächsten Kreuzung band er einen Knoten in sein Taschentuch. Wenn das Böse schwach werde, helfe Kali den Banditen. Er wickelte sich das Taschentuch um den Hals und zog es fest, seine rote Zunge fiel aus dem Mund, seine Augen glubschten, alle im Wagen lachten. Heute seien die Banditen nur gemeine Diebe. Nicht einmal Verehrer von Kali, nur Diebe. Die Zeiten seien eben schlecht.

Die Thugs, jene Räuber vergangener Tage, die ihre Opfer mit einem verknoteten Taschentuch erdrosselten, hatten jahrhundertelang in der Gangesebene gewütet. Jährlich erwürgten sie einer Schätzung der britischen Behörden Anfang des 19. Jahrhunderts zufolge dreißigtausend Reisende. Einen Teil der Beute opferten sie am Vindyachal-Schrein, dem wir uns inzwischen im Schrittempo näherten. Der Boden war für einen Tempel ungewöhnlich schmutzig, die Pujaris besonders unverschämt. Nur eine Rupie, riefen sie, als würden sie Gurken anstatt Segnungen anpreisen. Als mich einer von ihnen fordernd am Ärmel zupfte, drehte ich mich gereizt um: Seit wann braucht Gott Geld? Er rieb sich den Bauch und antwortete: Ich brauche Geld. Da er wohlgenährt war und in seiner

Ohrmuschel drei Münzen aufbewahrte, reihte ich mich, ohne ihn weiter zu beachten, in die Schlange ein, die auf Darshan wartete. Jemand schrie: »Jai Vindyachal«, es lebe die Göttin! Andere Stimmen folgten im Chor. Das war der Ruf, mit dem sich die Thugs verabschiedeten, bevor sie gehängt wurden. Die übergewichtigen Männer um mich herum hielten ihre Opfergaben fest, verbeugten sich vor der ersten Stufe, strichen mit zwei Fingern über den nassen Boden und dann über ihre Stirn. Die Hingabe wich bald drängender Ungeduld. Der Mann hinter mir schubste mich mehrfach, obwohl die Schlange stillstand. Ich drehte mich zu ihm um und rief euphorisch wie ein Vorbeter: »Jai Vindyachal«, in der naiven Hoffnung, den Mann durch meine Frömmigkeit zu beruhigen. Er drückte mir als Antwort seine Fäuste in den Rücken, worauf ich meine Ellbogen wie Kotflügel nach hinten ausfuhr. Er beschwerte sich, ich spürte seinen Atem in meinem Nacken. Hör zu! Ich drehte mich um und überschüttete ihn mit einer Tirade über den Wert von Geduld im allgemeinen und im besonderen. Der Mann wackelte mit dem Kopf und starrte auf seine Hände. Als ich nach Luft schnappte, krächzte er: »chalo«, nun geh schon.

Langsam kroch die Schlange in das Sanctum Sanctorum, einen höhlenartigen, von Neonröhren beleuchteten Raum. In dem Korridor, der auf der Seite des Idols vergittert war, herrschten Drängeln und Schieben. Hinter dem Gitter lehnte ein Pujari an der Wand, entspannt und zufrieden wie ein sattes Raubtier. Die anderen Pujaris reagierten auf die anschwellende Panik routiniert mit Stockhieben und gekonnten Schubsern. Die zwei Pujaris neben dem Idol verrichteten Schwerstarbeit. Die Opfergaben, von den Pilgern durch das Gitter geschoben, wurden in einer flüssigen Bewegung bei halber Drehung des Körpers entgegengenommen und auf den Sims vor dem Idol abgestellt, für eine sekundenschnelle Segnung allein gelassen, während die nächste Opfergabe in Empfang genommen und auf den Sims gelegt wurde, um nun die erste wieder durch das Gitter an die Gläubigen zurückzureichen. Der Pujari am Ausgang, der sich nicht auf die Einsicht der Besucher in die Notwendigkeit zur Eile verließ, verabschiedete jeden Pilger mit einem Schubser.

Das Idol, soweit ich es in den Sekunden, die mir gewährt wurden, erkennen konnte, wirkte eher putzig als bedrohlich: eine dominante schwarze Nase (die Göttin wird *Bhagwan Bhowani*, Schwarze Mutter, genannt), silberne Augen und ein roter Mund. Der Rest von Gesicht und Körper war vollständig bedeckt von Girlanden, Gewändern und einer glitzernden Krone. Ein letzter gut plazierter Stoß von hinten, und ich taumelte erleichtert in den offenen Vorraum. Vor mir zerschlug ein Pilger seine Kokosnuß an einer Steinkante, einige Tropfen spritzten mir ins Gesicht. Er schlürfte die Milch hastig aus seiner Handfläche und eilte davon.

Da wir nicht gleich den Weg zum Ausgang fanden, wandten wir uns an einen Pujari, der freundlich nickte und uns um drei Ecken führte, ehe er vor einem orange übermalten Ganesh, dem Gott mit dem Rüsselkopf, stehenblieb und eine Spende forderte. Du bist die Wiedergeburt eines Thugs, sagte ich in einer Sprache, die er nicht verstand. Er lächelte. Jai Vindyachal, rief ich. Er wiederholte den Ruf und steckte die Münzen ein, die ich ihm reichte. Ich mußte an eine alte chinesische Weisheit denken: Wenn du zu etwas gezwungen bist, lehne dich zurück und genieße es.

Das Leben ist der Tod ist das Leben ist der Tod

Gorakh war ein Yogameister.
Sie haben seine Leiche
Nicht kremiert.
Trotzdem fault sein Fleisch,
zerfällt zu Staub. Umsonst
hat er seinen Körper poliert.

Die Touristen werden in Gruppen zum Manikarni Ghat geführt. *Here burning ghat!*, mit diesen nüchternen Worten beginnt der Führer seinen Vortrag. Die Feuer brennen Tag und Nacht. Wie Sie wissen, werden Hindus nach dem Tod verbrannt. Aber nicht alle. Babys, schwangere Frauen, Sadhus, Leprakranke, Opfer von Pocken und Kobrabissen dürfen nicht verbrannt werden. Sie werden in ein Tuch gewickelt, mit einem Stein beschwert und in den Fluß geworfen.

Von den Rangplätzen eines Tempelbalkons aus beobachten die Touristen die fünf lodernden Scheiterhaufen. Das Feuer brennt seit Anbeginn der Zeit. Drei Stunden dauert es, bis eine Leiche vollständig verbrannt ist. Taschentücher werden über Mund und Nase gehalten. Etwas Sandelholz, damit es gut riecht, etwas Ghee, damit es besser brennt. Die Touristengruppe rückt enger zusammen. Nicht alles verbrennt. Der Rest, das Becken, die Hüftknochen der Frauen, der Brustkasten der Männer, wird in den Ganges geworfen. Die ersten wenden ihren Blick ab. Frauen haben hier keinen Zutritt mehr. Sie sind zu emotional, sagt der Führer, beginnen leicht zu weinen. Vor zwei Jahren warf sich eine Witwe ins Feuer. Der Führer erklärt, daß man als nächstes den nahe gelegenen Kashi Karvat Mandir besuchen werde; er spürt, wann die Touristen genug gesehen haben. Manchmal verschweigt er ihnen die Geschichte von den Selbstmordpilgern, die sich auf eine versenkte Säge im Tempel stürzten. Die Voyeure ziehen ab, manche erleichtert, andere zufrieden, daß es ihnen gelungen ist, das Photographierverbot zu überlisten. Hätten sie dem Tod etwas länger ins Auge geschaut, hätten sie gesehen, wie die Dom, die professionellen Leichenverbrenner, in der Asche stochern, um den Schmuck zu finden, den fromme Männer ihren verstorbenen Frauen nicht abnehmen.

Immer wieder kolportieren Reiseführer und -berichte den Mythos, der Tod sei in Varanasi allgegenwärtig. Willkommen in der Stadt des Todes, in die sich jeder guter Hindu zum Sterben begibt! Wahr ist, bei den Pilgerreisenden gilt Varanasi, die älteste Stadt Indiens, als metaphysischer Ort par excellence. In Wirklichkeit sind die Bewohner Varanasis jedoch auffällig lebensfroh. An den 125 000 Handwebstühlen der Stadt werden keine Leichentücher gewoben (eine Mischung aus Baumwolle und Seide, erklärt der Führer, bestickt mit dem Namen Gottes), sondern kunstvoll verzierte Seidensaris, die man zur Hochzeit und anderen erfreulichen Anlässen trägt. Die Weber sind ausschließlich Moslems, die zwar auch im Ganges baden, sich aber nicht verbrennen lassen. In den vielen Musikschulen der Stadt werden keine indischen Requien, sondern das Sa Re Ga Ma Pa Da Ni Sa der Lebensbejahung geübt, die Lehrer lassen sich den Unterricht gut bezahlen. Sie wissen, daß es die von dem transzendentalen Duft angelockten Touristen eilig haben, also bieten sie ihr Wissen in Tages- oder Monatskursen an, Zeit genug, um

›spirituelles Wachstum‹ zu erlangen, seine ›psycho-physische Psyche zu reinigen‹ oder ›Sanskrit ohne Grammatik‹ zu lernen. Eine besondere Beziehung der Einwohner Varanasis zum Tod könnte man höchstens in ihrer Mißachtung jeglicher Verkehrsregeln erkennen. Aber sie haben keinerlei Bedenken, von dem morbiden Ruf ihrer Stadt zu profitieren – etwa dreiviertel der Bevölkerung soll sich von der Pilger- und Tourismusindustrie ernähren. Das Leben dominiert auf allen Ebenen über den Tod.

So glaubte ich Varanasi begriffen zu haben, als wir eines frühen Morgens auf einer Bootsfahrt den Ghats entlang eine Leiche rammten. Der Bootsmann ruderte rasch weg, aber einige Augenblicke lang waren wir mit dem Anblick einer aufgedunsenen, faulenden, grünlichblau angelaufenen Leiche konfrontiert, ihr Gestank lag wie eine Nebelschwade auf dem Wasser. Da die Seile im Wasser aufweichen und schließlich reißen, erklärte der Bootsmann später, werden die Leichen irgendwann hochgeschwemmt. Der Anblick ging mir nicht mehr aus dem Kopf. Auf einmal bemerkte ich überall die Anwesenheit des Todes. Am Bahnhof sah ich, wie die ›Bhaddar‹-Agenten moribunden Ankömmlingen auflauerten und sich anboten, deren letzte Wegstrecke durch Hospize und Tempel bis hin zum Scheiterhaufen zu organisieren. Am Flußufer sah ich täglich Tausende, die sich den Kopf rasierten, nachdem sie mit einem rituellen Bad der Verstorbenen gedacht haben. Und in den Gassen der Altstadt mußte ich, gewarnt durch das Mantra *Ram Nam Satya Häe*, Gottes Name ist Wahrheit, immer wieder Leichenbahren ausweichen. Ich war mir nicht mehr so sicher, wie sich in Varanasi das Leben zum Tod verhielt.

Im Reich der Hitze ist das Wasser König. Tag um Tag schleppen die Menschen ihre ausgemergelten Körper, ihre fülligen Leiber zum Fluß, um sich ihrer Existenz zu versichern. Sie steigen ins Wasser, sie knien nieder, sie halten sich die Nase zu, sie tauchen mit geschlossenen Augen ganz ins Wasser, sie spüren die Frische am ganzen Leib, sie vergegenwärtigen sich die Segnungen, die ihnen widerfahren sind, sie hegen neue Wünsche und Hoffnungen. Dann tauchen sie mit Kopf und Oberkörper wieder auf, atmen tief durch und öffnen ihre Augen: Auf der Wasseroberfläche schwimmt gelblicher Schaum, der schlimmer riecht als ein fauliger Kadaver. Eiterbeulen auf dem heiligen Körper. Die wirklich Gläubigen, wie überall in der Minderheit, weigern sich, diesen Frevel wahrzunehmen. Sie lieben Ganga Mataji, und ihre Liebe läßt nicht zu, daß man schlecht über Mutter Ganga spricht. Wir wollen kein weiteres Wort hören, entgegnen sie auf die Warnungen der Umweltschützer. Seid still. Sie widmen sich bei Sonnenaufgang weiterhin ihrem rituellen Bad, nichts könnte sie davon abhalten. Sie würden genausowenig in den Fluß spucken, wie sie ihre eigene Mutter anspucken würden. Sie waschen sich nicht mit Seife und erleichtern sich nicht im Wasser. Aber sie wollen nicht wahrhaben, daß der Fluß Kolibazillenwerte aufweist, die tausendmal höher liegen als die zulässigen Grenzwerte.

Die überwältigende Mehrheit jedoch verschmutzt bedenkenlos den Fluß und glaubt, dieses Sakrileg mit einer Girlande und einer Kokosnuß wiedergutzumachen. Die Heiligkeit des Flusses hat sie jeder persönlichen Verantwortung entbunden. Als Göttin ist Ganga stark genug, alle Sünden abzuwaschen. Sie selbst bedarf keines Schutzes, keiner Rücksicht. Schmutz bleibt nur an Sterblichen haften, Götter sind verschmutzungsresistent. Deswegen glauben die Menschen, auch dann gereinigt zu werden, wenn Ganga eine Kloake ist. Die Beziehung ist einseitig. Wäre es nicht besser, Ganga wäre ein bedürftiges Kind und nicht die göttliche Mutter? Als gläubiger Mensch, antwortet Veer Bhadra Mishra ausweichend, muß ich jeden Morgen mein Bad in Ganga Mataji nehmen. Als Wissenschaftler weiß ich, daß ich nicht einmal meinen kleinen Zeh in diesen Fluß stecken sollte. Mahant Mishra ist ein weißhaariger Mann, schön wie Zadig im hohen Alter; er beginnt jeden Tag mit dem rituellen Bad, dem Snaan, und widmet sich danach als Priester, als Ingenieur und als Bürger der Rettung des Ganges. Er lebt am Tulsi Ghat in einem Haus, in dem vor vier Jahrhunderten der Volksdichter Tulsidas (er wird vorgestellt wie ein Nachbar) seine Übersetzung des Ramayana ins volksnahe Hindi anfertigte. Zu seiner Zeit, sagt Mahant Mishra, wurde Tulsidas von den Hohepriestern und Brahmanen angegriffen, aber heute kennt das ganze Volk seine Übersetzung des Ramayana.

An der Stelle, an der Tulsidas einst eine Vision von Hanuman hatte, erhebt sich heute der Sankat-Mochan-Tempel, und Veer Bhadra Mishra steht diesem Tempel vor, wie jeder erstgeborene Sohn in seiner Familie vor ihm, seit Generationen. Ihm gehören auch eine Sanskritschule und eine gemeinnützige Pension für Sterbende, die darauf warten, jene Erlösung zu erfahren, die allen versprochen ist, die innerhalb der Stadtgrenzen Varanasis sterben.

In meiner Jugend, erzählt Mahantji, kampierten die Menschen auf den Ghats und warteten auf den Tod. Es gab viele einfache Zimmer, in denen man schlafen und kochen konnte. Aber die meisten Gebäude werden heutzutage anderweitig benutzt, und die Polizei erlaubt nicht, daß man am Ghat übernachtet. Ich denke, daß immer noch viele Menschen zum Sterben nach Varanasi kommen, nur dürfte es nicht mehr so

287

einfach sein, einen Platz dafür zu finden. Deswegen bieten wir den armen Pilgern einen einfachen Schlafsaal an. Ich möchte diese Tradition nicht unterbrechen, ich stamme aus einer traditionsbewußten Familie. Unter unseren Vorfahren befanden sich Musiker, Ringer (in Varanasi eine sozial und kulturell hochrespektierte Tätigkeit), Schauspieler, die religiöse Dramen aufführten. Ich war der erste in meiner Familie, dem eine säkulare Ausbildung zuteil wurde, und das auch nur, weil ich in Mathematik ziemlich begabt war. Mein Vater starb früh, mit vierzehn Jahren wurde ich zum Mahant geweiht. Aber meine Mutter bestand darauf, daß ich die Schule abschließe und studiere. Es war nicht immer einfach. Die Universität erlaubte mir nicht, die Vorlesungen in meinen priesterlichen Gewändern zu besuchen, und unsere Tradition untersagt mir, eine andere Kleidung zu tragen. Meine Mutter kaufte mir heimlich ein Paar Hosen, die ich anzog, wenn ich zur Banares-Hindu-Universität ging. Ich habe mich immer unwohl darin gefühlt, auch später, als ich als Professor für Ingenieurwissenschaften und Hydraulik in einem dieser kolonialen Tropenanzüge gelehrt habe. Aber heute muß ich mir darüber keine Gedanken mehr machen, ich bin inzwischen pensioniert.

Während wir uns unterhalten, treten unentwegt Leute in den einfachen Raum ein, berühren die Füße von Mahantji, der auf einer erhöhten, übergroßen Matratze sitzt, grüßen ihn, nehmen Darshan und tragen ihre Bitten vor. Der Vormittag ist Audienzen gewidmet. Mahant Mishra, dessen warmen Humor man gerne als täglichen Begleiter hätte, lächelt viel, mit einer unterschwelligen Strenge, die andeutet, daß man bei ihm trotz seiner Güte auch auf Granit beißen kann.

Wir müssen endlich handeln, erläutert er, wir haben soviel Zeit verloren. Im Juni 1986 wurde am Dasaswamedha Ghat von dem damaligen Ministerpräsidenten Rajiv Gandhi der Ganga Action Plan gestartet, mit viel öffentlichem Trara und einem Gesamtbudget von über 300 Millionen Dollar. Unmengen flossen in aufwendige Projekte mit teuren Maschinen, bei denen für alle Beteiligten deftige Honorare abfielen. Die Interessen der Großindustrie bestimmten alle Entscheidungen. Die Medizin wurde verschrieben, bevor die Krankheit richtig diagnostiziert worden war. Man hat sogar Schildkröten eingeführt, fast dreißigtausend Tiere, in der Hoffnung, daß sie die Leichen auffressen würden. Doch die meisten Schildkröten wurden umgehend gewildert, und den übriggebliebenen ist wohl der Appetit vergangen, auf jeden Fall werdet ihr heute in Varanasi keine einzige mehr finden. Allerdings haben die hohen Herren vergessen, im Budget des Ganga Action Plan die andauernde Flußbettveränderung zu berücksichtigen. Viele der neuerrichteten Anlagen können heute aus Geldmangel nicht mehr betrieben werden. Das elektrische Krematorium etwa, das inzwischen sozial akzeptiert ist, liegt meist still, weil fast immer der Strom ausfällt. Fünf Monate pro Jahr, während des Monsuns, sind die Kläranlagen geschlossen, funktionieren die Pumpen nicht, also werden die Abwässer einfach in den Fluß geleitet. Selbst am Dasaswamedha Ghat, wo sich damals bei der Einweihung die Politiker auf einem geschmückten Podium zusammendrängten, sticht heute ein großes, offenes Abwasserrohr heraus, die Fäkalien sprudeln ungefiltert in den Fluß.

Mishras Zorn richtet sich gegen Politiker, Beamte und Wissenschaftler. Der kostspieligen Ineffizienz aller Regierungspläne stellt er seine eigene Vision entgegen. Schon vor Jahren hat er der Stadt den Vorschlag unterbreitet, ein natürliches Klärsystem aufzubauen, das keine Elektrizität und keine chemischen Zusätze benötigt. Entwickelt von dem Ingenieur

William Oswald, vertraut dieses System auf natürliche Reinigungskräfte wie Mikroben und Algen, Sonne und Sauerstoff. In verschieden tiefen Teichen würden die Abwässer durch Fermentierung und Photosynthese zersetzt und gereinigt werden sowie aufgrund der Schwerkraft von Teich zu Teich fließen. Das ganze Konzept baut auf die Selbstreinigungskräfte der Natur, es nimmt die Heiligkeit von Ganga ernst.

Unser Vorschlag hat jedoch leider einige schwerwiegende Schwächen: Er ist zu billig, er ist zu einfach, er involviert die einfachen Menschen vor Ort, und er könnte funktionieren, wodurch all die teuren Projekte der Regierung in Frage gestellt würden. Deswegen wird er von der Regierung von Uttar Pradesh bekämpft und untergraben, wo immer es nur geht.

> Es ist nur Wasser an den heiligen Badestätten,
> ich weiß es, denn ich habe darin gebadet.
> Die Idole sind nur aus stummem Stein,
> ich weiß es, denn ich habe vor ihnen geweint.
> Die Puranas und der Koran sind nur Worte;
> als ich den Vorhang hob, habe ich es erfahren.

Welche Sprache hat Pandit Kishan Maharaj, Meister der Tabla, zuerst gelernt? Als er geboren wurde und die Hebamme ihn zu den Männern des Hauses brachte, sang ihm der Patriarch der Familie ein Lied ins eine Ohr und einige Bols ins andere: Dha dhin dhin dha/ Dha dhin dhin dha/ Na tin tin ta/ Na dhin dhin dha. Als er sechs Jahre alt war, weihte man ihn in einer Gurushishya-Zeremonie zum Schüler, und er begann, ernsthaft zu üben. Te re ke ta/ te re ke ta. Üben war Beten. Jedes Spielen ist Yoga des Klangs, sagt der Meister, bei der sich der Musiker dem reinen Ton anzunähern hofft, um im vollendeten Klang des Göttlichen aufzugehen. Kishan Maharaj ging nicht zur Schule, er lernte von seinem Guru, er übte und übte, manchmal von acht Uhr am Abend bis in die frühen Morgenstunden hinein, wenn niemand ihn störte, wenn er sich ganz und gar auf sein Instrument konzentrieren konnte. Er wusch sich, zog sich eine saubere, von Hand gesponnene Baumwollkurta an, zelebrierte Puja. Dann setzte er sich im Schneidersitz hinter die Tabla und begann seine Finger mit einfachen Abfolgen zu lockern. Na ge te re/ gha re te ge. Der Meister fand im eigenen Vater einen vortrefflichen Lehrer, den in ganz Indien respektierten Maharaj Pandit Kanthe Maharaj. Vater und Sohn reihten sich ein in eine unterbrochene Genealogie von Meistern, die zweihundert Jahre zurückreicht, zu dem Begründer der Tablaschule (Gharana) von Varanasi, Pandit Ram Sahai Mishra. Er ist für uns wie ein Gott, sagt der Meister.

In den Alkoven des geräumigen Übungsraumes hängen lebensgroße Portraits der fünf Vorväter. Auf der gegenüberliegenden Wand zeigen Photographien den Meister neben Pandit Nehru und Indira Gandhi, neben Ravi Shankar und anderen berühmten Instrumentalisten und Sängern, die er im Laufe der Jahre begleitet hat. Dha dhi na/ Na thi na. Nur wer einen Lehrer hat, einen Guru, sagt der Meister, wird wirkliches Wissen erlangen. Der Guru führt ihn aus der Dunkelheit seines Unwissens ins Licht. Er lehrt ihn Haltung, Festigkeit und Konzentration. Er bringt ihm die richtige Atmung bei. Er verlangt ihm das Äußerste an Beharrlichkeit und Geduld ab. Er läßt ihn stundenlang eine einzige Komposition (Taal) spielen. Dha – ti re ki ta ta ka/ Ta – ti re ki ta ta ka/ Thun – ti re ki ta ta ka/ Ti re ti re ki ta ta ka. Heutzutage, sagt der Meister, scherzen die Gurus mit ihren Schülern herum, sie trinken mit ihnen, als wären sie Freunde. In unserem Haus herrschte eine Disziplin wie beim Militär. Nach zwölf Jahren Unterricht erklärte ihm sein Guru, es sei ebensowichtig, ein guter Guru wie ein guter Musiker zu werden. Ich verlange von dir nur, sagte der Guru, daß auch du einen Schüler aufnimmst und ihn lehrst, was ich dich gelehrt habe. Erlaube nicht, daß der Faden abreißt.

Shubhshankar, der dreizehnjährige Neffe des Meisters, spielt Tabla, seit er sechs Jahre alt ist. Er hat bereits Konzerte in Kalkutta, Ahmedabad und Ayodhya gegeben. Aber er muß zur Schule gehen, muß Mathematik und Englisch lernen.

Neben Übung und Spiritualität ist selbstloser Dienst (*sewa*) die dritte der Eigenschaften, die einen wahren Guru auszeichnen. Der Meister unterrichtet in einem kleinen Gurukul neben seinem Haus jeden, der ernsthaftes Interesse zeigt. Die Schüler, darunter ein strahlender achtjähriger Knirps aus der Familie des Meisters, spielen synchron. Dire dire kite taka/ Tire tire kite taka. Shubhshankar setzt sich zu ihnen und übernimmt mit ernstem Gesichtsausdruck und durchgestrecktem Kreuz die Führungsrolle, er ist sich der Würde seiner Position bewußt.

Haben Sie sich jemals mit der Tabla eins gefühlt? fragte ich Panditji Kishan Maharaj zum Abschied. Niemals, antwortete er, irritiert wie ein Lehrer über einen begriffsstutzigen Schüler.

> *Überall nur Durcheinander,*
> *Veden, Koran, Heiligtum und Teufelswerk –*
> *wer ist der Mann? wer ist die Frau?*
> *Ein Topf voll Luft und Sperma.*
> *Was bleibt, wenn der Topf zerbricht?*
> *Dummkopf! Nichts hast du begriffen.*

Eines frühen Morgens ging Pac alleine an den Ghats spazieren. In der Nähe eines schwarzen Lingam und einiger Frauen, die ihre nassen Gewänder auswrangen, sah sie einen Mann, von dem sie seiner leicht gebeugten Haltung wegen annahm, er sei im Gebet versunken, der sich aber, wie sie im Vorbeigehen aus dem Augenwinkel wahrnahm, weltvergessen selbst befriedigte. Sie eilte weiter. Kurz darauf hörte sie Schritte, die sich ihr von hinten näherten. Der Mann holte sie ein, sah sie erwartungsvoll an und sagte freundlich, aber bestimmt: Ich bin auch ein Single. Kann ich mit dir kommen?

Varanasi, das Zentrum der hinduistischen Welt, das schon vor der derzeitigen Schöpfung existiert hat und auch den nächsten Weltuntergang überdauern wird, ist ein El Dorado für Frauenbelästiger. In den engen Gassen werden hellhäutige Brüste und Hintern begrapscht, so oft es geht, egal, ob die Touristinnen eine züchtige Salwar-Kurta oder unangemessen legere Strandkleidung tragen. Die Empörung der Opfer wird lachend hingenommen.

Am Abend tauschten sich die jungen, alleinreisenden Frauen in unserer Pension über ihren Tagessatz an Erniedrigungen aus. Die Geschichten waren mir nicht neu, sie trugen sich ähnlich auch in Bombay zu. Eine Bekannte saß eines späten Abends alleine im oberen Geschoß eines Doppeldeckerbusses gegenüber einem Mann, der seinen Hosenschlitz öffnete und zu onanieren begann, den Blick starr auf die Frau gerichtet. Eine andere stand auf offener Straße plötzlich einem Mann gegenüber, der sich entblößte. Beim Ganesh-Chaturthi-Fest, wenn sich Hunderttausende auf dem Chowpatty-Strand versammeln, mußte ich schon mehrfach herumstehenden Männern mit unschuldigen Mienen Prügel androhen, weil sie meine Begleiterin handgreiflich belästigt hatten. Die Zudringlichkeit der Männer in Indien ist – wie Ausländerinnen und Inderinnen einmütig bestätigen – vulgär und beleidigend.

Innerhalb der Familie wird die Frau in der Person der eigenen Mutter meist hochgeachtet. Frauen außerhalb der Familie hingegen wird dieser Respekt nicht erwiesen. Das Sexuelle wird in die Öffentlichkeit getragen, weil es in der Privatsphäre unterdrückt oder eingeengt ist. In den häuslichen vier Wänden hat man einer Vielzahl von Traditionen, Verhaltensmustern und Erwartungen zu entsprechen, vor der Haustür kann man sich gehenlassen. Das hohe Maß an sexueller Frustration reduziert die Begegnung mit Frauen auf Anmache und Selbstbehauptung. Die heilige Mutter, sei es die eigene oder Ganga Mataji, und die Opfer der eigenen Lust und Gier, seien es unbegleitete Frauen oder ungeschützte Flüsse, gehören verschiedenen Welten an. Die eigene Schwester wird nicht alleine auf die Straße gelassen, und wenn, dann nur züchtig verschleiert, doch die Schwestern anderer junger Männer sind Freiwild.

Diese Schizophrenie erstreckt sich auch auf die ideelle Ebene des Glaubens, die mit fanatischer Konsequenz geschützt wird. Die Anhänger von Hindutva etwa, angeblich radikale Verteidiger des Hinduismus, unternehmen nichts zur Bewahrung des Ganges, verhindern aber mit Gewalt, daß die bekannte Regisseurin Deepa Mehta in Varanasi einen Film dreht, der ein realistisches Bild vom Schicksal der Witwen zeichnet, weil der den Ruf der heiligen Stadt beflecken würde. Ideal und eigenes Verhalten, Privatsphäre und öffentliche Welt, Rhetorik und Realität fallen auseinander, bis es einen vor den Folgen graust.

> Mutter, beiden Familien bereit' ich Ruhm!
> Zwölf Ehemänner aß ich in meines Vaters Haus
> Und sechzehn bei den Schwiegereltern.
> Habe Schwiegermutter und Schwägerin
> ans Bett gefesselt und schwer
> den Schwager beleidigt.
> Das Haar der nörgelnden Hexe

Kokelte ich an.
In meinem Schoß hatte ich fünf
Und zwei und vier.
Zum Frühstück aß ich die Nachbarsfrau,
dazu die ach so weise Frau Mutter.
Das arme Ding! Auf weichem Bett
Streckt ich meine Beine aus und döste ein.
Jetzt komm ich nicht und gehe nicht,
weder leb ich, noch sterb ich.
Der Meister hat die Scham getilgt.
Ich griff nach dem Namen und ließ die Welt fallen.
Ich fing den Namen –
Ganz nahe!
Ich sah den Namen!
So schreit Kabir!

Nichts wünschte sich der Volkslehrer und Revolutionär Kabir vor fünfhundert Jahren sehnlicher, als Gangas Fließen in Worte zu fassen. Kaum hatten seine Strophen ihre Form gefunden, änderte sich der Fluß, diese Raga aus Strömung, Strudel und Sog, und er mußte ihn erneut besingen. Doch auch diese Hymne wurde umgehend weggeschwemmt, Ganga veränderte wiederum ihren Lauf, den es abzubilden galt. Der größte unter den Dichtern Varanasis war verstrickt in ein ewiges Gedicht. Aber vielleicht würde Ganga ja antworten, vielleicht würde sie nach jeder Momentaufnahme, jedem Gedicht, jedem Gebet eine Stufe des Ghats hinaufsteigen, bis sie schließlich den Dichter umspülen, umarmen und befreien würde.

AUSGANG DUNKELHEIT

Der Hauptbahnhof von Patna war hell erleuchtet, die Info-
tafeln schimmerten bläulich, als wollten sie mit ihrer eleganten Leuchtkraft alle düsteren Vorurteile über Bihar ins Unrecht
setzen. Doch als wir vor das Bahnhofsgebäude traten, versanken wir in eine tiefe Dunkelheit, aus der sich nach und nach
die Stimmen der Rikschafahrer schälten. Scheinwerfer kurv-
ten um den Kreisel vor dem Bahnhof, alles weitere war unserer überrumpelten Phantasie überlassen. Die Stadt war mit
Finsternis geschlagen und stank nach Abgasen. Die Rikschafahrer stürmten ihren Stimmen hinterher. Wir mußten wegen
unseres Gepäcks zwei Rikschas nehmen, die, kaum hatten sie
den Kreisel hinter sich gelassen, in noch dichtere Dunkelheit
hineinglitten. Es gab keine Straßenlampen, es leuchteten
keine Fenster. Wenn uns ein Auto entgegenkam, erkannte ich
die Silhouette des mühsam in die Pedale tretenden Mannes
vor mir, und wenn uns ein Fahrzeug überholte, sah ich sein
zerrissenes Unterhemd, das von einigen zählebigen Fäden
zusammengehalten wurde. Gelächter und trockenes Gebell
irgendwo in der schwarzen Nacht steigerten das bedrohliche
Gefühl, das von der elektrizitätslosen Millionenstadt ausging. Am Ende der breiten Straße schimmerte etwas. Es erwies sich als Hotel mit eigenem Generator. Selbst die Einfahrt
war hell erleuchtet. Offensichtlich waren in Patna nur die
Transitorte beleuchtet.

Der Rikschawallah, der uns am nächsten Tag durch den kolonialen Teil von Patna führte, erzählte an jeder Ampel (tagsüber funktionierten die Ampeln) von seinen Sorgen. Er lasse seine Tochter nie alleine aus dem Haus, weder nachts noch tagsüber. Er bringe sie morgens zur Schule und hole sie am Nachmittag selber wieder ab. Wenn sie Freundinnen treffen wolle, könne sie dies zu Hause tun. Aber die Entführungen und Überfälle treffen doch gewiß nur die Reichen der Stadt, fragte ich. Von wegen, sagte er und drehte sich in voller Fahrt um. Jeder ist gefährdet, letzten Monat wurde die Tochter eines Kollegen entführt, und seither fehlt von ihr jede Spur.

Die Hauptsehenswürdigkeit der Stadt ist ein kolossales Monument des Scheiterns: ein futuristisch anmutender, konischer Getreidespeicher, der nach der grauenhaften Hungersnot von 1770 von einem britischen Offizier namens John Garstin voller guter Absichten gebaut worden war. Der ursprüngliche Plan ging davon aus, daß der Speicher durch eine Öffnung im Spitzdach allmählich gefüllt werden würde. Doch er konnte keine der vielen Hungersnöte, die Bihar in den zwei Jahrhunderten seitdem heimgesucht haben, verhindern. Nicht etwa, weil die Türen nach innen aufgehen und sich somit bei vollem Speicher nicht öffnen lassen, oder weil die 152 Stufen der Aufgänge für schwerbeladene Kulis zu steil angelegt wären, wie die Legenden gerne behaupten. Die Wahrheit ist, daß niemand weiß, warum das runde Speicherhaus nie ganz gefüllt wurde. Besucher hatten schon bald nach der Errichtung die Möglichkeit, über die wunderbare Akustik in dem leeren Silo zu staunen.

Von weitem ähnelt der Bau, der 137 000 Tonnen Korn oder Reis fassen kann, einem Atomreaktor; tritt man näher an ihn heran, kann man auf englisch und auf persisch die siegesgewisse Inschrift ›For the perpetual relief of famine‹ lesen. Immerhin wurde das angrenzende Gelände genutzt. Auf dem Rasen ausgebreitet lagen trocknende Saris, die von der Aussichtsplattform aus wie die bunten Ringe eines Planeten aussahen. Nicht weit entfernt floß, mehrere Kilometer breit und von keinem einzigen Bootskiel durchpflügt, der Ganges. An dem nahe gelegenen Buddha Ghat häufte sich Holz für die Erlösung – Bambus für die Bahren, bauchige Stämme für das letzte Feuer. Und auf einer Kaimauer stand in zittrigen Buchstaben: *roti, kapra aur makan*, Brot, Kleidung und Haus. Von dem leeren Speicher aus konnte man das ganze Leben überblicken.

Die zweite Sehenswürdigkeit, eine islamische Bibliothek, in der einige Manuskripte aus der Maurischen Universität von Cordoba aufbewahrt wurden, war geschlossen; die dritte erstreckte sich als kilometerlange Brücke über den Ganges, dem es an Brücken mangelt: Die letzte lag mehr als hundert Kilometer zurück, die nächste sollte erst eine Woche später flußabwärts folgen. Rikschas, Autos und auch wir hielten in der Mitte der Brücke an, stiegen aus, blickten auf das Wasser hinunter und wünschten uns etwas, ohne es auszusprechen. Der Wunsch, versicherte der Fahrer, gehe stets in Erfüllung.

Gegenüber dem Maidan, einem matschigen Feld, das vor allem Müll und Schweine anzog, reihte sich ein großes Kino ans andere. Der Rikschawallah überzeugte uns, daß es zu gefährlich sei, in die Neun-Uhr-Vorstellung zu gehen, doch als wir deshalb schon kurz vor Sonnenuntergang am Schalter standen, erfuhren wir, daß der gerade angelaufene Film ›Nayak‹ bereits ausverkauft sei. Neben dem Eingang befand sich eine Theke für Getränke und Snacks. Ein Mann winkte uns zu sich. Wollen Sie den Film sehen? Dann geben Sie mir hundert

Rupien. Er holte einen Packen Tickets aus seiner Hemdtasche, die zerknitterte Erklärung für die ausverkaufte Vorstellung, und zog zwei Eintrittskarten aus dem Packen. Wir zögerten, die teuersten Plätze kosteten an der Kasse nur zwanzig Rupien. Er ließ uns wissen, daß er die Tickets genauso schnell wieder einstecken werde, wenn wir nicht den geforderten Preis zahlten. Hinter uns verfolgten Hunderte, die für die unmittelbar vor Einlaß verkauften billigen Plätze anstanden, neugierig unsere Verhandlungen, ohne eine Miene zu verziehen oder einen Kommentar abzugeben. Ein Gefühl der Scham breitete sich von meinem Rücken über den ganzen Körper aus. Trotzdem reichte ich ihm einen in meiner Handfläche versteckten Hundertrupienschein. Er faltete ihn auseinander, hielt ihn gegen das letzte Tageslicht und prüfte ihn ungeniert. Wir steckten die Tickets ein und verzogen uns in eine unauffällige Ecke des Hofes, wo wir bald von den besonders Mutigen unter all den Neugierigen angesprochen wurden. Etwas später erschien ein Mann am oberen Ende der Außentreppe und forderte uns auf einzutreten, obwohl noch kein Einlaß gewährt wurde. In dem plüschigen Interieur saßen vier Männer neben einer abgeschlossenen Kühlbox. Es war sehr stickig in dem Raum, und den Männern fehlte der Schlüssel zu den Getränken. Außer uns waren ein Herr in Begleitung zweier stark geschminkter Frauen sowie drei mondän gekleidete Männer eingelassen worden. Alle drei hatten an ihrem Wohlstandsbauch zu tragen. Wir fragten sie, wieso die Sechs-Uhr-Vorstellung noch nicht begonnen habe, obwohl es doch schon auf sieben zugehe. In Bihar beginnt alles später, erklärte einer der drei, auch die Filme. Was erwartet ihr? Wir sind hier in Laloo-Land. Wißt ihr, wer Laloo ist? Früher war Bihar der kultivierteste Teil unseres Landes, die Blüte Bharats. Ein Zentrum der Wissenschaft und der Kunst. Dann kam Laloo Prasad

Yadav. Der ehemalige Ministerpräsident und Ehemann der gegenwärtigen Ministerpräsidentin habe Bihar ins Unglück gestürzt, erklärten uns nun alle drei jungen Männer zugleich in gutem Englisch. Wir aber, der Wortführer stand wie zur Unterstreichung seiner Worte auf, wir wählen BJP, wir sind RSS-Soldaten. Ihr gehört zu denen, die Andersdenkende verprügeln? fragte ich. Nein! Nein! Gelächter. Ach so, ihr seid Soldaten des Geistes? Kopfnicken und noch mehr Gelächter. Wir kämpfen für ein sauberes und ehrliches Bihar. Wie seid ihr denn vor dem allgemeinen Einlaß hereingekommen? Die drei Männer lächelten nachsichtig; wir würden, bedeutete ihr Schweigen, die Erklärung nicht verstehen. Der Wortführer, ein gutaussehender Mann mit gepflegtem Schnurrbart und gestylten Haaren, leitete eine kleine Pharmafabrik, in Laloo-Land ein sehr schwieriges Unterfangen, wenn man seinen grinsend vorgetragenen Worten Glauben schenken durfte. Er stellte sich als Rajan vor und fügte sogleich hinzu, der Name leite sich von dem Sanskritwort für König her. King Mahendra, riefen seine zwei Freunde mit eingespieltem Lachen und deuteten auf ihn. Wir nennen ihn King Mahendra. Wer war King Mahendra, fragte ich. Ein mächtiger Großgrundbesitzer, der wie Rajan im Pharmageschäft tätig gewesen, im Gegensatz zu ihrem Freund aber damit sehr reich geworden sei. Als er in die Politik eingestiegen sei, habe er einen neuen Wahlkampf-stil eingeführt: Er habe seine Gegner erschlagen oder erschie-ßen lassen. Wechselwähler wurden bestochen, verprügelt oder umgebracht. So habe er seit 1980 seinen Sitz im Provinz-parlament immer wieder verteidigt, zuerst als Mitglied der Kongreßpartei, später als Abgeordneter von Laloo Yadavs ›Rashtriya Janata Dal‹ (RJD). Wieder großes Gelächter. Den drei jungen Männer schien jeder Kommentar zur Gegenwart zu einem zynischen Witz zu mißraten. Der Wortführer wurde

erst wieder ernst, als er uns erklärte, daß der Name der Haupt-
darstellerin des Filmes – Rani Mukherjee – auch aus dem
Sanskrit stamme und Königin bedeute. Ein schöner Name,
sagte er mit feierlicher Stimme und leuchtenden Augen, als
handelte es sich bei dem Namen um ein seltenes Juwel. Er erwähnte weder Rani Mukherjees hübsches, rundliches Gesicht
noch ihre erotische Ausstrahlung, sondern verklärte sie aufgrund ihres Namens zur Ikone. Im Laufe unseres Gesprächs
wurde deutlich, daß Rajan sich an der Gegenwart nur er-
freute, wenn er Bezüge zur Vergangenheit, zum vermeintlich
Goldenen Zeitalter des Hinduismus, herstellen konnte. Seine
Sanskritkenntnisse, vage Reste aus Schultagen, waren die
Verbindung zu diesem verlorenen Paradies. Der Held des
Films ›Nayak‹ – »das bedeutet Held auf Sanskrit oder Kriegs-
herr«, hatte Rajan erläutert – erwies sich als zeitgenössischer
Arjuna in der Gestalt eines Fernsehreporters, der wie ein Wir-
belwind die Übel der Korruption, Rechtlosigkeit und Willkür
wegfegte. Er wurde verkörpert von dem etwas in die Jahre
gekommenen Anil Kapoor (Anil verdankt seinen Namen dem
Sanskritwort für Luft). Als er bei einem live ausgestrahlten
Fernsehinterview dem Landesvater zu sehr auf die Pelle rückt,
wird er von diesem für einen Tag als Ministerpräsidenten ein-
gesetzt, um die schwere Last des Amtes zu erfahren. Doch
anstatt klein beizugeben, räumt Anil innerhalb von 24 Stunden so sehr auf, daß er bei den nächsten Wahlen einen Erd-
rutschsieg erringt und sich in der Folge selbst von den King-
Mahendra-Methoden seiner Feinde – er verliert seine Eltern
bei einem ihm geltenden Bombenattentat – nicht von seinem
rechtschaffenen Kreuzzug abringen läßt. Er gewinnt zur Belohnung das Herz von Rani, einer natürlichen und reinen
Schönheit vom Lande. Schließlich läßt er aus den Slums von
Bombay ein zweites Singapur auferstehen. Sein Kampf richtet

sich auch gegen eine Polizei, die uneingeschränkt als Handlanger der Mächtigen fungiert. (Einige Tage nach unserer Abreise wurden in Patna vier Menschen getötet und Hunderte verletzt, als die Polizei in eine Menschenmenge feuerte, die gegen die massive Zunahme von unaufgeklärten Entführungen und Morden demonstrierte.) In einer Szene schimpfte einer der Schauspieler, die Zustände seien ja so schlimm wie in Bihar, worauf das Publikum zuerst schallend lachte und dann lautstark applaudierte mit einem Lokalpatriotismus, der stolz darauf war, von dieser technisch brillanten Produktion aus Bombay überhaupt wahrgenommen worden zu sein. Ich hätte zu gerne erfahren, wie Rajan diese märchenhafte, aber immerhin zukunftsgewandte Filmvision gefallen hatte, aber er war wie alle anderen Zuschauer zu Beginn des Abspanns aus dem Kino zurück ins Laloo-Land geeilt.

Professor Sinha und die Susas

Professor Sinha wurde sechzig Kilometer vom Ganges entfernt geboren und sah den Fluß zum ersten Mal mit neun Jahren bei der Verbrennung seiner Großmutter. Während der Zeremonie sichtete er einige Delphine. Er wunderte sich, wieso sie immer wieder aus dem Wasser sprangen. Jahre später schrieb er sich an der Patna-Universität für Zoologie ein und verbrachte jede freie Minute am Ufer, um die Delphine zu studieren. Wann immer er Ganga überquerte, begleiteten die Delphine verspielt die Fähre. Es faszinierte ihn, daß sich die Säugetiere offensichtlich gerne in der Nähe von Menschen aufhielten. Selbst im November, wenn in Patna das Chhat-Fest gefeiert wurde und sich über eine Million Menschen am Fluß versammelten, konnte er die Delphine von den Ghats aus beobachten. Als Dozent in Monghyr ging er jeden Abend zur Promenade, um sie in der letzten Stunde des Tageslichts zu betrachten. Seine Neugierde wuchs, und die Fragen, die sich in seinem Kopf formten, wurden durch die vorhandene Literatur nicht beantwortet. Er begann, gestrandete Delphine zu sezieren. Und als der Ganga Action Plan verabschiedet wurde und plötzlich Mittel zur Verfügung standen, konnte er sich endlich dem Forschungsgebiet widmen, das er sich schon seit längerem erträumt hatte. Professor Sinha wurde zum weltweit führenden Spezialisten für den Platanista Gangetica.

Seine ungebrochene Faszination für den Delphin rührt daher, daß einige der Rätsel, die dieses Tier aufgibt, weiterhin ungelöst sind. Es ist bekannt, daß der zweieinhalb Meter große und fast hundert Kilo schwere Delphin, der nur vage zwischen hell und dunkel unterscheiden kann, niemals tote Fische frißt. Aber wie unterscheidet er zwischen lebenden und toten Fischen? Auch weiß man, daß er auf der Seite schwimmt und eine Flosse über das schlammige Flußbett schleift, wodurch er sich in den Wechselströmungen des Ganges orientieren und sich selbst in dreißig Zentimeter flachem Wasser bewegen kann. Doch wie sein sonares Orientierungssystem funktioniert, bleibt sein Geheimnis.

In dem vermüllten Patna wirkte der Campus der Universität trotz der allgegenwärtigen Brüchigkeit wie eine Oase und Professor Sinhas Labor, ausgestattet mit Klimaanlage und einem Arsenal moderner Computer und Drucker, wie die Quelle darin. An den Wänden des Korridors hingen Schnappschüsse von auftauchenden Delphinen und glücklich lächelnden Studenten auf kleinen Motorbooten. Seit Professor Sinha sich der Delphinforschung widmet, ist die Zahl der Tiere im Ganges ziemlich konstant bei 1500 geblieben. Die Yadavs, die Milchleute, erklärte der Professor mit einer Stimme, die für Aufregungen nicht geschaffen schien, betrachten den Delphin als eine Art Flußkuh und erlauben deswegen nicht, daß er getötet wird. Das hat mich auf die Idee gebracht, den Delphin als heilige Kuh der heiligen Ganga zu bezeichnen. Wir haben uns folgenden Spruch ausgedacht:

> Susa iski gaya hä! Ganga hamari maya hä!
> Susa iska phul hä. Isko marna bhul hä!
> Der Delphin ist ihre Kuh, und Ganga ist unsere Mutter.
> Der Delphin ist ihre Blume. Ihn zu töten ist falsch.

Wir unterstreichen auf diese Weise ein traditionelles kulturelles Tabu. Die Delphine werden getötet, weil ihr Körper etwa zur Hälfte aus Fett besteht, aus dem Öl gewonnen wird – für medizinische Zwecke, als Köder sowie zur Massage. Erst in den letzten Jahren haben die Armen begonnen, das Fleisch zu essen, dessen Verzehr bis dato eigentlich für alle, von einer Unterkaste der Fischer abgesehen, tabu war. Aber heute ist Ziegenfleisch teuer, und der wichtigste Speisefisch, der große indische Karpfen, der vor zwanzig Jahren noch in großen Mengen vorhanden war, gilt heute fast schon als Spezialität. Die Erträge in Bihar sind in den letzten drei Jahrzehnten um mehr als die Hälfte geschrumpft. Die Fischerei wird inzwischen völlig beherrscht von einer Mafia reicher Unternehmer, die mit den Behörden und der Polizei unter einer Decke stecken. Sie haben die Nachfolge der Feudalherren übernommen, denen bis vor kurzer Zeit der Fluß samt den Fischen darin gehörte. Diese Unternehmer pachten von der Regierung Teile des Flusses, auf denen sie mit riesigen, extrem feinmaschigen Netzen auch die kleinsten Fische herausholen. Traditionelle Fischer, die gegen diese Praktiken protestieren, werden von ihren Schlägertrupps misshandelt. Manchmal vergiften die Unternehmer einen Flußabschnitt und töten auf einer Länge von mehreren Kilometern alles Leben. Oder sie verwenden Dynamit. Insgesamt hat die Tiermenge zwar nicht abgenommen, aber der ökonomisch nutzbare Fischbestand hat sich erheblich verringert. Erstaunlicherweise liefert der Ganges immer noch neunzig Prozent des indischen Laichs. Es existiert sogar eine direkte Zugverbindung von Patna nach Kalkutta nur für den Transport von Laich.

Nachdem wir ihm genau beschrieben hatten, wo uns Delphine begegnet waren, erzählte der Professor von regelmäßigen Feldforschungen mit Studenten auf dem flußabwärtigen Teil des Ganges. Und von Flußpiraten.

Wir sind viermal von ihnen überfallen worden. Einmal, als wir in der Nähe von Sultanganj gerade an Land gegangen waren, wurden wir plötzlich von einer Gruppe schwerbewaffneter Männer umringt. Sie forderten uns auf, uns in einer Reihe aufzustellen, wie bei einer Exekution. Dann richteten sie ihre AK 47 auf uns und drohten, uns zu erschießen. Ich hielt in meiner rechten Hand ein GPS-Gerät, in meiner Linken ein Nachschlagewerk über Vögel, um meinen Hals hing ein Fernstecher.

Wenn du uns verrätst, wer du bist, werden wir euch vielleicht am Leben lassen, sagte einer der Flußpiraten.

Ich bin ein Lehrer, und das sind meine Studenten.

Wieso der Fernstecher?

Um Vögel zu beobachten.

Kannst du sie nicht ohne dieses Teil beobachten?

Nicht genau genug, um sie mit den Bildern in meinem Buch zu vergleichen. Wenn ich näher an sie herangehe, fliegen sie weg.

Deine Erklärungen entbehren nicht einer gewissen Logik, sagte der Pirat, nachdem er eine Weile nachgedacht hatte. Bei dieser Formulierung wurde mir klar, daß er studiert haben mußte, und ich fragte ihn, wer er sei.

Ich bin der Anführer dieser Gruppe. Wir sind alle Yadavs, die gegen die Fischer kämpfen. Wir übernachten auf Sandbänken wie dieser und greifen Boote wie das eure an, denn sie transportieren meist Waffen. Aber in eurem Boot befinden sich nur Bücher. Wir haben uns geirrt, ihr könnt gehen.

Gewaltlosigkeit und Terror

Bihar ist ein Land, das immer wieder von Überschwemmungen und Dürre heimgesucht wird. Gewalt des Gebens und des Nehmens. In allen Zeugnissen, die ich zur Vorbereitung der Reise über Bihar gelesen hatte, war der Tod gegenwärtig. Man sah der Landschaft die Gewalt nicht gleich an. Flache Erde, satte Reisfelder, Baumreihen auf Deichen, kleine Hügel in zweiter Reihe. Manchmal Palmen. Wie Bali ohne Terrassen. Fladen aus Kuhdung waren zum Trocknen an Hausmauern, an Brückenseiten, an Wegweiser geklatscht, Ornamente des Überlebens. Pilger kauerten auf den Dächern der Busse, eingemummt in farbige Tücher aus billigstem Stoff. Es war die Jahreszeit, in der man sich an seine Vorfahren erinnert.

Die Straße, mit japanischem Geld erbaut, damit die buddhistischen Besucher auf einem ›Highway‹ von Patna nach Bodh Gaya gelangen können, war voller Schlaglöcher. Für neunzig Kilometer benötigten wir drei Stunden. Sie führte durch Jehanabad, einen Distrikt auf halbem Wege, in dem in den letzten zwei Jahrzehnten Tausende von Menschen niedergemetzelt worden sind. Hier herrscht zwischen Landeigentümern und Landlosen eine Art Bürgerkrieg, die Fortsetzung des täglichen Terrors aus Zwangsarbeit (für zwei Kilo Reis am Tag), Hunger und Erniedrigung mit anderen Mitteln. In einem Fall wurden in dem Dorf Laxman-Bathe am Sane-Fluß 61 Dalits durch eine Einheit der Ranvir Sena (der Privatarmee der Grundbesitzer) massakriert, worauf zur Vergeltung in Senari 66 Grundbesitzer durch die Guerillabewegung Maoist Communist Center ermordet wurden. Einst rückständige Subkasten wie die Yadav (Laloo Prasad!) und die Kurmi hatten sich in eine Klasse der Neureichen und Neumächtigen verwandelt, die je nach Bedarf die Alteingesessenen bekämpfte oder mit ihnen zusammen die Todesschwadronen der Ranvir Sena unterstützte. Ihre Parteien, allen voran die schon erwähnte RJD, die einst angetreten waren, die Schwachen und Rechtlosen zu repräsentieren, verteidigten nun die Interessen einer Elite von Emporkömmlingen. Der Riß zwischen Privilegierten und Nichtprivilegierten ging nun auch mitten durch die niederen, die sogenannten rückständigen Kasten.

Wegen eines platten Reifens kurz hinter Jehanabad verspäteten wir uns bis über den Einbruch der Dunkelheit hinaus. Wir wurden nervös, nicht nur, weil man uns in dem Hotel in Patna dringend davor gewarnt hatte, nachts unterwegs zu sein, sondern auch, weil sich der Taxifahrer als nachtblind erwies, bei jedem uns entgegenrasenden Scheinwerferpaar fast bis zum Stillstand abbremste und mehrmals gefährlich nahe an den Straßengraben geriet. In einem Dorf mit einer einzigen, der Landstraße verdankten Ladenzeile hielt der erschöpfte Fahrer an, um eine Tasse Chai zu trinken. Eine Traube Menschen starrte durch das glaslose Fenster einer Teestube auf einen kleinen Fernseher. Neben dem Fernseher hockte ein Koch auf seinen Fersen und bereitete auf einem offenen Feuer Chapati zu. Zum Fladenbrot wurde eine Gemüsepampe auf blecherne Teller geklatscht. Die Gäste aßen schweigsam und mechanisch. Die Wände waren kahl. Auf dem Bildschirm schwarzer Rauch über der Skyline von Manhattan, eine stümperhafte Szene aus einem jener drittklassigen Filme, die direkt für den Videovertrieb produziert werden. Ein Durchzug wehte den Rauch vom offenen Feuer zum Fernseher und verschleierte die Sicht. Als der Rauch sich wieder verflüchtigt hatte, hielt eine Nachrichtensprecherin den Bildschirm besetzt. Sie sprach Hindi, aber zu leise, um verständlich zu sein. Ich hörte nur, daß sie das Pentagon erwähnte. Die Menge war dichter geworden. Der Bildschirm zeigte ein zerdrücktes Gebäude, von einem Untertitel als das Pentagon bezeichnet. Ein Flugzeug ist auf das Pentagon gestürzt? Ich blickte um mich, die Gesichter der Fernsehzuschauer waren ausdruckslos. Ein Mann zu meiner Linken hatte eine teils verschorfte, teils vereiterte Wunde am Hals, auf der sich einige Fliegen niedergelassen hatten. Der Koch begann den Kellner zu beschimpfen und wischte sich verärgert die Hände an einem dreckigen Tuch ab. Die Nachrichtensprecherin wurde überbrüllt von einem Lastwagenmotor. Der Bildschirm zeigte wieder die qualmenden Hochhäuser. Jemand zupfte mich am Hemd. Hinter mir stand eine Frau, die mit der einen Hand weiter an mir zupfte und die andere in ruckartigen Bewegungen und mit zusammengepreßten Fingern zum Mund führte. Die Menschen starrten mich mit unverändert ausdruckslosen Gesichtern an. Ich wandte mich ab und ging zu unserem Taxi zurück, neben dem ein etwas besser gekleideter Mann stand, der mich in gebrochenem Englisch fragte, ob nun der Dritte Weltkrieg ausbrechen werde. Er teilte uns mit, was in New York geschehen war. Die Menschen hier, erklärte er mit müder Einsicht, werden nicht begreifen, was passiert ist. Wissen Sie, Sir, an Terror kann man sich nicht gewöhnen. Nachts kann man nicht schlafen vor Angst, das eigene Haus könnte angezündet, man selbst könnte umgebracht werden. Es hört nicht auf, und wir gewöhnen uns nicht daran. Niemand in unserem Land interes-

siert sich für den Terror bei uns. Wenn es einen Streik gibt,
werden Dutzende von Arbeitern zusammengeschossen. Wenn
es eine Überschwemmung gibt, ertrinken Hunderte. Aber wir
sind nicht wichtig, wir sind nicht New York, das wird zu einem
Dritten Weltkrieg führen, nicht wahr? Ich versuchte ihm diese
Sorge zu nehmen, aber er ließ meine Argumente nicht gelten.
Es ist schön, sagte er unvermittelt, daß Touristen wie Sie nach
Bihar kommen. Ob wir den Ursprung des Namens Jehanabad
wüßten. Das Wort stamme aus dem Persischen und bedeute
›Stadt der Welt‹.

Dort, wo einst Gotama Erleuchtung erfuhr, war eine blank-
geputzte Fußgängerzone zu bewundern, die nahelegte, daß
der Buddhismus mehr Wohlstand bewirkt und Reinheit und
Ordnung fördert. Die Heiligtümer waren in eine andächtige
Stille gehüllt, die Pilger wandelten langsamen Schrittes um
den Pipalbaum (Bodhi), der einst, während der Erleuchtung,
Schatten gespendet hatte. Zu Buddhas Zeiten soll er an die
hundert Meter hoch gewesen sein, doch dann wurde er von
einigen feindlich gesinnten Königen gestutzt und später
abgeholzt; er erholte sich jedoch, weil er jahrhundertelang im
srilankischen Anuradhapura Exil erhielt und von dort aus
zurückverpflanzt wurde. Unter dem Baum, so wird erzählt,
war Buddha zu der Erkenntnis gelangt, daß es eines Gottes
nicht bedürfe, daß es nicht auf die Seele, sondern auf die Tat
ankomme und daß man Idole nicht anbeten solle.

Im Mahabodhi-Tempel traktierte ein auf dem Boden aus-
gestreckter Gläubiger die Füße des vergoldeten Buddha mit
schmatzender Hingabe. Bihar – der Name stammt von Vihara
ab, dem buddhistischen Kloster – war Schauplatz des frühen
Buddhismus, das Land der Geburt des Gotamas, seiner frühen
Askesen, hier entstanden die ersten Klöster und die groß-

artigste Universität, die je in seinem Namen betrieben wurde. Doch der Buddhismus wurde aus Bihar vertrieben, und das Dorf Bodh Gaya versank in Vergessenheit, bis es 1877 wiederentdeckt wurde. In den dreißiger Jahren, nachdem der Mahabodhi-Tempel an die Buddhisten zurückgegeben worden war und zahlreiche Klöster und Tempel gebaut wurden, verwandelte sich das Dorf am Ende der Welt in ein kosmopolitisches Monument. Tibet und Burma errichteten zwei imposante Klöster, Thailand trug mit einem Wat-Tempel zur Pracht bei. Japan finanzierte zwei Tempel und eine fast dreißig Meter hohe Buddhastatue. China, Vietnam, Sri Lanka und Bhutan errichteten Bethäuser im nationalen Stil. 1992 eröffnete Nepal das Temang-Kloster, und auch Laos baut inzwischen an einer sakralen Vertretung. Weitere Projekte befinden sich in Planung, darunter eine gigantische Maitreya-Statue – die zukünftige Reinkarnation des Erleuchteten –, die alle vorangegangenen Buddhas in den Schatten stellen soll. Die Grundsteinlegung verzögerte sich jedoch, als aus China die Kunde von dem geplanten Bau einer noch größeren Statue eintraf. Was folgte, war ein architektonisches Aufrüsten um das weltweit größte Denkmal für den Mitfühlenden, den Gesegneten, den Weisen, den Verständigen.

Wir hätten die Tage in Bodh Gaya als schläfriges, etwas unwirkliches Intermezzo auf unserer Reise durch Bihar in Erinnerung behalten, wenn nicht am zweiten Tag gegenüber unserem von tibetanischen Flüchtlingen geleiteten Hotel Vishwakarma aufgetreten wäre, ein Mann mit Flügeln und vier Armen, dessen Hände eine Axt, einen Hammer, einen Bogen und eine Waage hielten. Und wie es sich für den Gott des Handwerks gehört, zertrümmerte, zerklopfte und zerlegte er die Stille von Bodh Gaya in Klänge, die selbst die Trommel von Shiva nicht hervorgebracht hätte. In dem behelfsmäßigen Straßentempel gegenüber wurden ein paar versprengte Gläubige Zeugen des Spektakels. Die Pappmachéfigur des ›Architekten des Universums‹, des ›allsehenden Gottes‹, der die Himmel und die Erde formte und den Göttern ihre Namen gab, war umgeben von brüllendem Licht und gleißender Popmusik, wie ein Magier beim Auftritt in Las Vegas. Um ihn herum war allerdings keinerlei gespannte Erwartung zu spüren. Einige Männer saßen auf Plastikstühlen und zeigten sich unempfänglich für die Zertrümmerung der Welt, ein paar Passanten nahmen Darshan und einige Kügelchen Prasad und gingen ihres Weges. Wo die Schallwellen nicht hinreichten, gewann Bodh Gaya die Stille eines spirituellen Kurortes zurück. In der Fußgängerzone war nicht einmal das Rattern der Rikschas zu vernehmen. Dunkelhäutige Frauen fegten den Boden, japanische Gruppen ließen ihre Pilgerschaft von den Kameras choreographieren. Die Straßenkehrerinnen und die Touristen flirrten auf der asphaltierten Ruhe, flüchtig wie Fliegen.

Im sechsten Jahrhundert vor unserer Zeitrechnung wurde im heutigen Bihar die Lehre von Ahimsa entwickelt. In den Parishads, Eremitengemeinschaften in den Wäldern (die damals noch einen großen Teil des Landes bedeckten), wurde der Gedanke einer radikalen Gewaltlosigkeit formuliert und gelebt – er prägt die indische Philosophie bis zum heutigen Tag. In seinem Magnetfeld entwickelten sich neben dem Buddhismus auch die Religion des Jainismus, deren Stifter Mahavir, ein Zeitgenosse Buddhas, ebenfalls im heutigen Bihar geboren wurde, sowie die hinduistische Lehre von Advaita.

Gewaltlosigkeit wird in allen drei Lehren viel weiter gefaßt, als die übliche Definition – einem anderen keinerlei Schaden zuzufügen – vermuten ließe. Advaita zufolge übt man Gewalt schon dann aus, wenn man den anderen als Fremden betrachtet. Aus dem Konzept des Atman, der allgegenwärtigen Seele, ergibt sich nämlich, daß jeder Mensch unendlich und ohne Maß ist und somit seinem Nachbarn nicht nur gleich, sondern mit ihm wie auch mit dem Göttlichen verschmolzen. Wenn man seinen Mitmenschen ausgrenzt, begrenzt man sich selbst. Ahimsa fordert dazu auf, nicht die Sprache der Absonderung zu sprechen, sondern stets das Einende hinter dem Trennenden zu erkennen. In der Konsequenz bewahrt Ahimsa den Menschen vor der Manipulation durch fiktive Identitäten, seien sie nationaler, ethnischer oder kultureller Prägung.

Doch in Bihar werden täglich Menschen umgebracht, weil sie anders sind. In ganz Indien, daß sich zunehmend biharisiert, wird dieser Verlust der geistigen Wurzeln, wird das Abkoppeln von den eigenen philosophischen Traditionen widerspruchslos hingenommen. Der tägliche Terror wird notiert und kommentiert, meist ohne Einspruch, Wut oder gar Widerstand. Das Verheerende am sozialen Ungleichgewicht, am Kastensystem und an der feudalen Struktur ist die Aushöhlung der menschlichen Fähigkeit, Unrecht nicht hinzunehmen. Ungerechtigkeit und Gewalt sind Lebenskonstanten geworden.

In der Ethik von Advaita und Ahimsa formulieren die indischen Religionen große humanistische Ideale und erleben zugleich ihr schmerzlichstes Scheitern, denn die Allgegenwart tiefverwurzelter Ungleichheit und unablässig neu etablierter Differenz führt diese Ethik ad absurdum, vertreibt sie aus den Bezirken gelebter Moral und läßt sie in die Sphären des reinen Denkens entschwinden, so leuchtend klar und zugleich so unerreichbar wie die Gestirne am Himmel.

Der gestrandete Dampfer,
der verstummte Einsiedler und
das Ende der Taschentuchmörder

Am Lal Darwaza Ghat in Monghyr lag ein alter Raddampfer
am Ufer, die ›MS Benares‹, verrostet, das Deck eingebrochen,
der gelbschwarze Kamin so schief wie bei untergehenden
Schiffen in alten Kinderbüchern, einige Jugendstilfenster
noch intakt, zwei Liegestühle so plaziert, als habe hier ein Lie-
bespaar gerade den Sonnenuntergang genossen. Die Kajüte
des Kapitäns war bewohnt: Sandalen, Kleidung auf einem
Stuhl, ein aufgespanntes Moskitonetz. In der Steuerkabine
hatte sich jemand eine Werkstatt eingerichtet. Das Wrack
gehörte einer ortsansässigen Firma, weswegen ich von mehreren Passanten eindrücklich wegen »trespassing« (ein wichtiges englisches Wort, das in den indischen Alltagswortschatz
Eingang gefunden hat) gewarnt wurde, als ich mich an-
schickte, über die Ankerhalterung auf das Deck zu klettern.
Ein Junge ritt auf einem Büffel vorbei, in der Nähe schaufelten
einige Arbeiter Sand auf die Ladefläche eines Lastwagens. Der
Junge und die Arbeiter lachten vereint über einen Sketch, der
im Radio gesendet wurde. Eine in orangene Gewänder gewik-
kelte Leiche wurde auf einer Bahre zum Fluß getragen. Der
Junge machte vor einer Riedhütte halt, die Arbeiter wischten
sich mit dem Handrücken den Schweiß von der Stirn, die Prozession legte die Bahre an der Verbrennungsstätte ab. Zwei
Betelnuß-Verkäufer warteten auf den nächsten Ritus. Ich
legte mich in einen der Liegestühle und beobachtete eine

mampfende Kuh vor einem vollen Bottich, die die alten Träume von Handel, Prosperität und Glück am Ganges widerzukäuen schien. Von Händlern, die in den Jahrhunderten vor unserer Zeitrechnung als erste den Strom als Handelsweg nutzten. Mitten in Indien gab es ozeanische Häfen und Waren, die bis nach China oder Ostafrika vertrieben wurden. Später dominierten die Flotten der Sadhus vom Orden der Gosain den Handel auf dem Ganges. Das Netzwerk der Sadhus, ein Ergebnis ihrer vielen Pilgerreisen, war Ausgangspunkt und Basis eines flächendeckenden Handelsimperiums. Und da die Sadhus stets in großen, bewaffneten Gruppen reisten, war auch für den Schutz ihrer Waren gesorgt. Die Lage änderte sich, als die East India Company beschloß, einen geregelten Schiffsverkehr einzuführen. 1828 verließ der erste Schaufelraddampfer mit Ziel Allahabad Kalkutta. Nach etwa zehn Tagen schipperte der Dampfer an Monghyr vorbei, nach dreiundzwanzig Tagen erreichte er Allahabad und hatte damit eine Strecke zurückgelegt, für die man über Land immerhin drei Monate benötigte. Ermutigt von diesem Erfolg, ließ die Company drei Stahlboote mit geringem Tiefgang bauen, die in Einzelteilen nach Kalkutta verschifft und dort zusammengesetzt wurden. Im Herbst 1834 dampfte das erste nach Allahabad ab. Die Reise war so gefährlich wie die wandelnden Flußbänke und Räuber. Versicherungsgesellschaften in Kalkutta verlangten für die Fahrt nach Allahabad die gleiche Prämie wie für die Überfahrt nach England. Die Kajüten kosteten soviel wie auf einem Schiff von London nach New York. Mit dem Bau der Eisenbahn fand die Ära der Ganges-Schiffahrt ein rasches Ende, und es ist heute in einer Stadt wie Monghyr nicht möglich, auch nur ein einziges Boot zu finden, das den Reisenden ein Stück den Ganges hinunter mitnimmt. Nachdem wir mit einer Rikscha von Ghat zu Ghat getuckert waren und uns bei jedem Fährmann, Fischer, Wäscher und Badenden erkundigt hatten, gerieten wir schließlich an einen Mann, der angeblich in der Lage war, uns zu helfen. Er saß in einem Safarianzug, einst die bevorzugte Uniform der Zöglinge des britischen Imperiums, auf einer Absperrung, das eine Bein baumelte frei, das andere hielt die Balance. Er teilte uns nicht mit, für welche Behörde oder Firma er arbeitete, kannte jedoch alle Orte flussabwärts sowie die Distanz dorthin. Er stellte zuerst wortreich fest, daß unser Wunsch unerfüllbar sei, dann ließ er uns mit ein paar Andeutungen etwas Hoffnung schöpfen, deren Wert er sofort in Rupien bezifferte. Wir wußten nicht, welches und wessen Boot er uns anbot, ob es legal war oder nicht, aber es war uns unmöglich, den geforderten Preis zu bezahlen. Der Mann ließ nicht mit sich handeln und wischte uns mit einer Handbewegung weg wie Bittsteller, deren Audienz beendet war.

Es war der Morgen nach dem Ende eines langen Pilgerfestes: Es wurde gewischt, gefegt, die Blumen wurden auf den Müll geworfen (und sahen aus wie Müll), die übriggebliebenen Ingredienzen des Rituals wurden zusammengepackt, die zufriedenen Händler plauschten und rauchten die erste entspannte Zigarette nach einem Monat eifriger Geschäfte. In Sultanganj herrschte Kehraus, nachdem zuvor – es war Srawan gewesen, Shivas Monat – täglich Hunderttausende zum Tempel auf der felsigen Insel nahe des Ghats gepilgert waren. Mit einem Topf Ganga Jal beladen, waren sie dann barfüßig zu einem Marsch ins über hundert Kilometer entfernte Deogarh aufgebrochen, wo sie das Gangeswasser auf den Lingam im Shiva-Tempel sprengten. Den dreitägigen Fußmarsch, versicherte mir ein drahtiger Händler, absolvierten die Schnellsten in zwanzig Stunden, er selbst lege die Strecke im Laufschritt zurück und mache nur alle zwei Stunden kurz Rast.

Vor dem Ghat lagen einige Felsblöcke, die aussahen, als seien sie von einem havarierten Schiff heruntergefallen. In die Steine waren einige Reliefskulpturen gemeißelt, darunter eine liegende Ganga, lasziv und etwas übergewichtig, aber fürstlich ausgestreckt, wie eine in die Jahre gekommene Diva aus Bollywood. Über ihrem Nabel versprach ›Everready‹ mit grellroter Zuversicht ewige Batterieleistung.

Der Tempel auf der Insel erinnerte mit seinen vielen Türen, Toren und Türmen an eine mittelalterliche Burg. Der Wasserstand war so niedrig, daß man ihn nicht mit dem Boot erreichen konnte, sondern durch knietiefen Matsch waten mußte. Ein Pujari, der hinter einer Brüstung auftauchte, lotste mich durch den Schlamm. Nachdem ich meine Füße in einem kleinen Becken gewaschen hatte, stieg ich auf eine Plattform, in deren Mitte eine einzementierte Weide wuchs, die Rinde götteralt und in dem Orange der Verehrung gefärbt. Eine Stimme forderte mich auf, die steile Treppe hinaufzusteigen, die so verwinkelt zum Ziel führte wie ein Vers aus den Upanishaden. Schließlich erreichte ich das Sanctum Sanctorum, in dem drei Lingams und einige mit Blumen geschmückte Steine das gesamte Interieur ausmachten. Alles weitere war dem Gebet überlassen. Zwei Pujaris erschienen und segneten mich schwerfällig, meine Spende nahmen sie so desinteressiert an wie ein Übersättigter eine weitere Süßigkeit. Sie fragten, ob ich Babaji besuchen wollte. Ich bejahte, worauf ich über mehrere Ebenen und Treppen in einen gemütlich eingerichteten Raum geführt wurde. Auf einer Matratze saß ein noch junger, molliger Baba, ein Einsiedlermönch. Er erwiderte meinen Gruß nicht, und er sagte nichts. Ich lächelte höflich und erwähnte unsere Gangesreise. Er lächelte höflich zurück. Mir fiel nichts ein, was ich den heiligen Mann hätte fragen können. So, wie er vor mir saß, in völlig entspannter Körperhaltung und sich selbst genug, lud er mich mit seinem Lächeln ein, an diesem Ort zu verweilen, müde, wie ich war von monatelangem Reisen. Gewiß hätte er Verständnis dafür gehabt, wenn ich einige Tage einfach nur dagesessen und seinen der Zeit entrückten Raum mit ihm geteilt hätte. Aber die gute Erziehung, oft ein störender Begleiter, drängte mich zur Konversation und ließ mich eine jener geistlosen Fragen nach dem Woher und Wohin stellen, denen ich selbst oft zum Opfer falle. Der Baba hob eine kleine Tafel vom Boden auf, die mir bis dahin nicht aufgefallen war, und mit dem ersten Wort, das er mit einem Stück Kreide auf die Tafel schrieb, begriff ich, daß er ein Schweigegelübde abgelegt hatte. Nun fielen mir Fragen ein, die er alle schriftlich knapp beantwortete, mal auf englisch, mal in hindi, langsam wie ein ABC-Schütze. Seit dreizehn Jahren lebte er in diesem Tempel, seit dreizehn Jahren zum Schweigen verpflichtet. Er wolle für immer schweigen. Dafür mußte er offenbar sonst nichts entbehren. An einer Wand hing eine umfangreiche Sammlung von Photos, die ihn vor Tempeln und bei Festen zeigten oder inmitten der Pilgermassen auf der Kumbh Mela. Ich scherzte, es sei verwunderlich, daß wir uns dort nicht getroffen hätten, worauf er so gleichmütig zurücklächelte wie zuvor. Er fragte auf der Tafel, wieso wir eine Ganga Yatra unternähmen, und lächelte über meine Antwort. Ich fragte, wieso er das Schweigegelübde abgelegt habe, und er lächelte wieder, schrieb aber nichts auf seine Tafel. Statt dessen gab er mir zwei Hände voll Prasad, die meine Hosentaschen ausbeulten. Die Pujaris begleiteten mich hinaus, um beim glühendroten Sonnenuntergang ihr Bad zu nehmen.

Auf dem Weg vom Ghat zum Bazar schloß sich uns eine wachsende Schar von Jungen an. Ich verteilte das Prasad vom

Tempel, die Jungen bedankten sich artig. Im Bazar behinderte unsere spontane Prozession den Verkehr. In der Hoffnung, unsere Anhänger loszuwerden, beschloß ich, mich in einem Frisiersalon rasieren zu lassen. Er war gerade so breit, daß der Barbier bequem hinter dem Stuhl des Kunden stehen konnte. Im Spiegel sah ich die Gesichter von unzähligen mich anglotzenden Kindern. Der Kollege des Barbiers verwandelte sich in einen Showmaster, der die immer gleichen Fragen nach unserem Werwoherwohin so routiniert beantwortete, als sei er mit meiner Biographie bestens vertraut. Ich streckte meine Linke aus und verlangte von dem Publikum Eintrittsgeld. Doch der Witz fiel auf mich zurück, das Rasiermesser des lachenden Barbiers zuckte gefährlich. Der Verkehr auf der Hauptstraße brach völlig zusammen, als ein Bus neben dem Frisiersalon hielt, weil der Fahrer sich das Spektakel meiner abendlichen Rasur nicht entgehen lassen wollte. Die unbändige Huperei störte nur die Hupenden. Der Barbier nahm sich die der Bedeutung des Augenblicks angemessene Zeit. Er erspürte bei der Überprüfung seiner Arbeit mehrere borstige Stellen am Hals, die er mit Hingabe nachbesserte, während draußen gegafft, gehupt und geschrien wurde – die ganze Energie von Sultanganj schien sich vor dem Frisiersalon zu ballen. Der Barbier massierte mir Wangen und Kinn; er bespritzte mein Gesicht mit Wasser und wischte es vorsichtig ab; er cremte mich ein und kämmte mein Haar. Er wandte alle Handgriffe an, die er in seinem langen Berufsleben gelernt hatte, und verlangte dafür schließlich einen bescheidenen Obolus. Ich trat vor die Tür, wo mich die treue Gemeinde der Gaffer in Empfang nahm – nur der Busfahrer hatte das Ende meiner Rasur nicht abgewartet.

Geographische Begriffe verewigen oft Mißverständnisse. Hätte Kolumbus weitere zehn Tage Fußmarsch auf sich genommen, hätte er den Orinoco Ganges genannt, und keiner würde sich heute daran stören. So, wie es nur dem mit alten Berichten, genauen Landkarten und viel Zeit ausgestatteten Reisenden auffällt, daß ein britischer Offizier den Ortsnamen Kahalgaon nicht verstanden oder vielleicht absichtlich verballhornt hat und deswegen das Städtchen, vor dem zwei schöne, felsige Inseln lagern, jahrhundertelang Colganj genannt wurde und manchmal sogar Colgong. Den Bootsmännern war das Mittagessen heilig, aber sie waren bereit, es mit uns zu teilen. Wir bestellten eine Runde Chai und ein paar Pfannkuchen, Chapatis. Es sei unmöglich, sagte einer der Bootsleute, Ganga zu dieser Jahreszeit mit einem kleinen Boot zu befahren, weil man bei der jetzigen Strömung nicht gegen den Fluß zurückrudern könne. Wir fanden uns gerade mit der Weiterfahrt in überfüllten Zügen ab, als ein Mann hinzukam, der auffällig mondän gekleidet war. Er sprach langsames, aber korrektes Englisch. Und er versah jede seiner Aussagen mit Gesten großer Verbindlichkeit. Die Traurigkeit, die von ihm ausging, sowie sein Hinkebein unterschieden ihn auffallend von den anderen Männern. Er bestätigte, daß es unmöglich sei, mit dem Boot flußab zu reisen, schlug aber vor, daß wir uns zu zwei Inseln in der Nähe rudern ließen, unser Gepäck könnten wir bei ihm lassen. Wir legten die Rucksäcke auf einer Pritsche in seinem kleinen Büro ab, dessen andere Hälfte von einem Schreibtisch eingenommen wurde. Ihr könnt mir vertrauen, sagte er, ich war lange bei der Armee. Kargil? fragte ich. Er nickte. Meine Verletzung, sagte er, war kein Zufall. Ich hatte zuviel getötet. Ich wußte nicht mehr, wie viele Menschen ich getötet hatte. Ich wollte nicht nach Hause zurück. Man hat mir Arbeit in diesem Kohlenlager angeboten. Ich erledige sie korrekt. Ihr braucht euch keine Sorgen um euer Gepäck zu machen. Schaut euch die Tempel auf den Inseln an. Das ist der einzige Grund hierherzukommen. Zahlt nicht mehr als fünfzig Rupien für das Boot. Ich warte hier auf euch.

Auf beiden Inseln befanden sich Ashrams, doch die erste, die größere, konnten wir wegen eines geifernden Sadhus, der uns das Anlegen verwehrte, nicht betreten. Auf der zweiten Insel waren keine Sadhus zu sehen. Die Wände des ›Tapas Ashram‹ waren mit Heiligengestalten verschiedener Glaubenszugehörigkeit bemalt: Buddha, Mahavir, Mirabai, Kabir, Vivekananda, Jesus, Guru Teg Bahadur, Sai Baba, Shri Rama Maharishi. Der Maler hatte seine Werke in kindlicher Schrift signiert und neben einem der Heiligen seine Telefonnummer und Adresse hinterlassen, falls sich ein ökumenisch gesinnter Auftraggeber auf diese Insel verirren sollte.

Auf diesen zwei dichtbewachsenen Inseln mit ihren schneeweißen Gebäuden soll sich eines der Hauptquartiere der Thugs zur Zeit ihrer größten Ausbreitung befunden haben. Die East India Company, die sich um ihr Raubmonopol Sorgen machte und zudem darüber verärgert war, daß sich die Thugs auch an einigen ihrer indischen Soldaten vergriffen hatten, beauftragte Anfang des neunzehnten Jahrhunderts einen Generalmajor namens William Sleeman, sie auszurotten. Er benötigte dafür zwei Jahrzehnte, zwanzig Jahre penibler Spionage, solider Folter und unablässiger Suche nach potentiellen Verrätern. Es war ein schwieriges Unterfangen, denn die Thugs waren mehr als nur eine Räuberbande. Sie begriffen sich als Geheimbund, Gilde und Glaubensgemeinschaft (sie rekrutierten sich aus Hindus und Moslems) und lebten nach althergebrachten strengen Gesetzen – 1356 tauchen sie zum ersten Mal in der Literatur auf. Die Beute ihrer Raubzüge war eine nebensächliche irdische Belohnung, entscheidend war der gesamtheitliche Lebensentwurf. Die Gesetze der Thugs waren nicht nur sakraler, sondern durchaus auch pragmatischer Natur, und sie betrafen nicht nur die Riten der Initiation – ein Schwur auf die Göttin Bhowani (Kali) mit erhobener Axt –, sondern regulierten auch penibel die Durchführung der Überfälle. Nachdem die Opfer mit einem verknoteten Taschentuch erwürgt worden waren, wurden sie geköpft und Körper bzw. Kopf an verschiedenen, sorgfältig ausgewählten Stellen verscharrt, damit sie nicht gefunden und identifiziert werden konnten. Die geheimen Grabstätten lagen stets an den Hauptverkehrsadern Nordindiens. Auch hielten sich die Thugs eisern an ihr Gebot, Überfälle sorgsam und langfristig vorzubereiten. Meistens schickten sie einige der Ihren vor, die als heilige Männer oder ehrenwerte Händler verkleidet waren, sich das Vertrauen von Reisenden erschlichen und sich mit ihnen zu einer Karawane zusammenschlossen. Die Thugs waren Meister der Verkleidung und der Schauspielerei.

Wahrscheinlich war es der zunehmend laxe Umgang mit den eigenen Gesetzen, der es dem beharrlichen britischen Offizier Sleeman letztlich ermöglichte, zwei Dutzend meist hochrangiger Thugs zu fassen und zum Reden zu bringen. Sie alle, penible Buchhalter des Todes, hatten ihre Opfer ein Räuberleben lang gezählt. Ramzan war auf 604 Morde gekommen, Buhran hatte 931 Reisende erdrosselt. Die Geheimnisse der Thugs wurden von einem britischen Gericht gelüftet, von einem blassen Richter, dessen Perücke in der Gluthitze schwer auf seinem Haupt lastete. Ein banales, ruhmloses Ende eines einzigartigen Geheimbundes.

Die zweite Insel hatte nur Enttäuschungen zu bieten, und wir kehrten bald zurück. Unsere Rucksäcke lagen immer noch auf der Pritsche, aber der Veteran war verschwunden.

Herrschaftstag

Ich weiß nicht, wie wir in den Zug von Kahalgaon nach Sahibganj hineingelangten. Als er einfuhr, war er bereits zum Bersten voll, und auf dem Bahnsteig warteten Hunderte weiterer Passagiere. Fahrräder und Milchkannen waren außen an den Fenstergittern festgebunden, Säcke mit Chilis, Holzscheiten und anderen zentnerschweren Lasten blockierten die Gänge. Zwei Frauen hievten einen riesigen Korb zum Waggonfenster, drückten ihn in die Passagiermasse hinein. Die Zeitung auf dem Korb flatterte auf und offenbarte die geschichteten Dungfladen darunter, die in der nächsten größeren Stadt für vier Stück zu einer Rupie verkauft werden sollten. Eine der Frauen drückte sich gerade noch in die Tür, zusammen mit zwei Nachzüglern, die wiederum Gesellschaft bekamen von einigen muterprobten Jugendlichen, die sich freiwillig in den Fahrtwind streckten. Auf dem Dach reisten all jene, die sich kein Ticket leisten und keine Konfrontation mit dem Schaffner erlauben konnten. Als der sich einmal blicken ließ, verzog er sich schnell wieder, nachdem seine Bitte, das Ticket vorzuzeigen, von einer Frau mit wütenden Schreien beantwortet worden war. Er hat Angst, kommentierte mein Stehnachbar.

Ein junger Mann zwängte sich mit zwei Plastiktüten voller Pflanzen, die er mit den Armen zärtlich beschützte, durch den Mittelgang. Er stellte die Tüten vorsichtig zwischen seinen

Beinen ab und richtete sich offensichtlich auf ein längeres Gespräch ein. Ich heiße Paras. Ich reise auch bis Sahibganj. Er lebte bei der Familie, in die seine ältere Schwester hineingeheiratet hatte. Vor kurzem hatte er das College abgeschlossen und war nun auf der Suche nach einem Studienplatz. Er begann von den vielen Sehenswürdigkeiten von Sahibganj zu schwärmen, von der Missionsschule, die er früher besucht habe. Er lud uns zu sich nach Hause ein, zum Essen, zum Duschen, zum Schlafen, in ein fürstliches Herrschaftshaus, wie sich herausstellte, ein zweistöckiges hundertjähriges Gebäude. Eine schrittbreite Veranda aus Schmiedeeisen und Holz führte um die gesamte Fassade herum. Die Räume waren groß, von den hohen Decken hingen bunte Kristallampen herab, die entweder aus Belgien stammten oder den belgischen nachempfunden waren. Für die Beleuchtung waren jedoch doppelte Neonröhren zuständig, die dank eines Wackelkontakts bestenfalls Schummerlicht produzierten. Das Haus wurde bewohnt von einer unüberschaubaren Zahl jüngerer und älterer Frauen sowie einiger meist junger Männer, die in diesem Haushalt stets von weiblicher Fürsorge umgeben waren, verwöhnt wie der kleine Junge, der im Wohnzimmer unter einem Moskitonetz schlief, sein Schlaf behütet von der Großmutter, deren Bett neben dem seinen aufgestellt war. Sie musterte uns mit Wohlwollen, sobald sie sich von der Überraschung unserer Ankunft erholt hatte. Sie saß aufrecht da, als sei ihr Rückgrat aus Schmiedeeisen, und sprach nur, wenn es Wesentliches kundzutun gab, und das geschah erst viel später am Abend. Ihr Ehemann, der 72jährige Patriarch und einer der Zamindars, der Großgrundbesitzer der Stadt, kannte kein anderes Thema als die ruhmreiche Vergangenheit der Familie. Sein Großvater war mit dem britischen District Magistrate befreundet gewesen und hatte diesem das Haus für einige Jahre als Residenz überlassen, nachdem er es seinen eigenen Plänen und Vorstellungen gemäß hatte erbauen lassen, mit vielen kleinen und noch kleineren Innenhöfen, die zu zahllosen Zimmern führten. Er mußte mehr Land besessen haben als der heutige Patriarch, dem nur noch hundert Hektar verblieben waren, die aber ausreichten, um ein Leben auf der Veranda zu führen, die Stadt bei sich zu Hause zu empfangen und ansonsten auf sie herabzuschauen. Das Land wurde weiterhin von Pachtbauern beackert, die meist Reis anpflanzten. Die Einnahmen wurden hälftig geteilt, wobei der Bauer alle Ausgaben und Investitionen zu übernehmen hatte, wie der Patriarch rasch klarstellte, damit ja nicht der Eindruck entstehen konnte, er würde bei diesem Geschäft schlecht abschneiden. Mit den Pachtbauern war er nicht zufrieden, vermutlich weil sie zu wenig erwirtschafteten. Die Gründe dafür erfuhr ich nicht mehr, weil einer seiner Söhne nach Hause kam und nach der Begrüßung sofort auf seinen Steinbruch zu sprechen kam, in dem die Arbeiter den ganzen Tag in der Gluthitze Steine zu Schotter zerklopften und dafür mit achtzig Rupien entlohnt wurden, was gerade einmal für ein halbes Kilo Tee reichte. Aber das sagte der Sohn natürlich nicht, sondern er berichtete stolz von dem Kino, das er mit seinen Geschwistern gebaut hatte, ein altes Vorhaben, zu dem schon der Patriarch das Fundament gelegt hatte.

Die jüngeren Familienmitglieder – das waren eine vor kurzem diplomierte, zurückhaltende Juristin, eine forsche Gymnasiastin, die kurze Zeit in einem Eliteinternat in Kalkutta untergebracht war, doch angesichts der Hänseleien der selbstbewußten bengalischen Mädchen, die Biharis für rückständig hielten, nach einem Monat nach Hause geflohen war, sowie unser redseliger Student – sprachen hervorragend Englisch, die ältere und mittlere Generation dagegen kaum ein Wort.

Der Patriarch hatte eine Weile huldvoll geschwiegen, doch als der Sohn seinen Bericht beendet hatte, ergriff er wieder das Wort und schimpfte, die Tribals würden sich zuviel herausnehmen, das könne man nicht akzeptieren. Aufgrund ihrer andauernden Proteste sei der Bundesstaat Jharkand, zu dem Sahibganj gehöre, jüngst von Bihar abgetrennt worden, doch auch so seien sie in der Minderheit. Allerdings würden ihnen so viele Privilegien eingeräumt werden, daß man allmählich den Eindruck gewinne, sie seien die Herren des Landes, das könne er nicht ertragen. Ihre ganze Unverschämtheit zeige sich bei den Quoten, die sie einforderten: siebzig Prozent der öffentlichen Ämter, das könne man unter keinen Umständen –. Sein Protest wurde von einem Hustenanfall unterbrochen. Wie gerufen erschien der Arzt des Patriarchen zu seinem allabendlichen Auftritt vor der im Wohnzimmer versammelten Großfamilie. Schon nach wenigen Sätzen war klar, daß er sich für einen Spaßvogel hielt. Er ahmte unseren Hindiakzent nach und verwickelte uns in ein Gespräch voller beabsichtigter Mißverständnisse, aus dem er Material für weiteren Ulk schöpfte. Währenddessen bereitete er eine Spritze vor, die er dem Patriarchen mitten in den gewaltigen Bauch stieß.

Die Frauen hatten gemeinsam ein wunderbares Abendessen gekocht, das aus fünf Gemüsegerichten bestand, dazu Reis, Puri, Linsen, Joghurt und Gulab Jamun zum Nachtisch. Wir genossen es alleine, zu zweit auf zwei kleinen Stühlen an zwei kleinen Tischen, der Großmutter gegenüber, die uns erklärte, sie habe nach altem Brauch darauf zu achten, daß wir mit allem versorgt seien. Wir genossen die köstlichen Speisen, wahrend ein glücklicher Paras seine musikalischen Vorlieben aufzählte: Men in Black, Britney Spears, Arnold Schwarzenegger und Michael Jackson. Als ich meinte, ich ziehe die Musik der Santhal-Tribals vor, sank ich in seiner Wertschätzung erheblich. Nach dem Abendessen bat er uns um einen Eintrag in sein Poesiealbum voller vorgefaßter Fragen: Was ist der glücklichste Moment in deinem Leben, wer ist dein bester Freund, was bedeutet dir Freundschaft, und was ist dein Lebensmotto?

Mir fiel auf, daß in diesem herrschaftlichen Haus ein trostloser Mangel an Gegenständen der Kultur herrschte. Kaum Bilder, Skulpturen, selbst religiöse Objekte waren selten, es gab nur einen winzigen Familienaltar und das Ganeshidol in einem der Innenhöfe, das die Gymnasiastin anläßlich der Hochzeit ihrer Tante aus Styropor hergestellt hatte. Es fehlten Bücher, Musikinstrumente, Kassetten. Das einzige sichtbare Hobby war Paras kleiner Garten in einem halboffenen Außengang; dort wuchsen die Pflanzen, die er von jedem Besuch bei seinen Eltern auf dem Land mitbrachte.

Auf dem dunklen und langen Weg zum Hotel beschwerte sich ein redseliger Cousin von Paras, der als einziger in der Familie mit ›Biotechnologie‹ etwas Ungewöhnlicheres studierte, über sein College, in dem es keinerlei Kommunikation zwischen Dozenten und Studenten gebe. Die Lehrer diktierten, die Schüler schrieben mit. Das anstehende Thema müsse auswendig gelernt und bei der Prüfung abgespult werden.

Als ich gerade in einer Apotheke stand – die Heftpflaster waren uns ausgegangen –, die von einer einzigen Kerze beleuchtet wurde, ging plötzlich das Licht an, und der Apotheker, ein drahtiger Sikh, sprang auf, klatschte in die Hände und stieß einen langen Jubelschrei aus, der von anderen unsichtbar jubelnden Stimmen aufgenommen wurde. Der Apotheker rannte auf die Straße und begann zu tanzen. Dann erinnerte er sich an meine Anwesenheit und hielt inne. Drei Monate, rief er. Seit drei Monaten zum ersten Mal wieder Strom! Ein

Stück die Straße hinunter war der reparierte Transformator bereits mit einem opulenten Blumenkranz geschmückt, wie es sonst nur Göttern, Heiligen, Gurus oder Politikern gebührt. In dem von Paras empfohlenen Hotel rechtfertigte der Manager das schmutzige, unaufgeräumte Zimmer mit dem Hinweis, wir befänden uns in Bihar, in Laloo-Land, und grinste darüber beglückt, als sei er für alle Zeiten von jeglicher persönlicher Verantwortung befreit.

Am nächsten Morgen klopfte es um sechs in der Früh an der Tür; ich ignorierte es. Als einige Minuten später gegen die Tür getrommelt wurde, wehrte ich mich mit einem verschlafenen »Nein«, beim dritten Versuch sprang ich aus dem Bett und riß die Tür auf. Draußen stand ein schmächtiger Kerl, der sich so liebenswert und höflich erkundigte, ob wir Tee wünschten, daß ich meinen Unmut für mich behielt. Kaum war ich wieder eingedöst, hämmerte es erneut, unnachgiebig. Ein anderer junger Mann bot eine Massage an. Gegen sieben klopfte es wieder, ein dritter schmächtiger junger Mann hielt mir ein Blatt Papier unter die Nase, das wir schleunigst auszufüllen hätten. Bei unserer späten Ankunft am Vorabend hätten wir die polizeiliche Anmeldung vergessen. Wir packten unsere Rucksäcke, bezahlten und gingen hinaus, wo wir erfuhren, daß die Tribals einen Generalstreik ausgerufen hatten.

Am nahe gelegenen Ghat, wo ein Pujari mikrofonverstärkt aus der Ramayana vorlas, trafen wir Paras und seinen Cousin. Paras behauptete, der Streik betreffe eine Brücke, die über den Ganges gebaut werden solle, doch sein Cousin widersprach: Es handele sich um politische Agitation. Ja, die wollen dieses und jenes, sagte Paras souverän. Und wer sind ›die‹, wollte ich wissen. Die politischen Kräfte! Welche politischen Kräfte? Die an der Macht sind. Wobei sich Paras nicht sicher war, welche Partei gegenwärtig in Jharkand regierte. Aber eines wußte er gewiß: Die Probleme in Bihar und Jharkand waren Laloo Prasad Yadav zu verdanken. Nun, da Jharkand sich von Bihar gelöst hatte, würde sich alles bessern.

Das St. Xavier's College war um acht Uhr noch ziemlich leer. Die lange Auffahrt zum Hauptgebäude durch eine schöne, gepflegte Anlage erinnerte mich an das Kenton College in Kenia, wo ich zur Schule gegangen bin. Beide Colleges waren Bildungsoasen aus kolonialer Zeit, die der St.-James-Bibel und geometrischen Gärten verpflichtet waren.

In einem der hinteren Trakte waren die Lehrer in zellenkleinen Zimmern untergebracht. Pater Anthony Scerris Tür stand offen; er saß am Schreibtisch und korrigierte Englischaufsätze. Er schielte auf einem Auge stark, das andere hielt er leicht geschlossen. Trotzdem vermittelte er den Eindruck, daß ihm wenig entging. Er stammte aus Malta, aus einer einfachen und frommen Familie mit acht Brüdern, von denen sechs wie er Jesuiten geworden waren. Er sei kurz nach der Unabhängigkeit nach Indien geschickt worden, aufgrund der administrativen Besonderheit, der zufolge die Jesuiten Maltas zu Sizilien gehörten und Sizilien wiederum für Indien verantwortlich zeichnete. Lange Zeit war er für die Santhal zuständig gewesen, mit sechs Millionen die größte tribale Gemeinschaft der Region. Er habe zuerst Hindi, dann Santhal gelernt, eine schöne Sprache, die selbst von zehnjährigen Kindern grammatikalisch fehlerfrei gesprochen werde. Die jüngere Generation der Santhals, jene, die zur Schule gegangen ist und vielleicht sogar studiert hat, habe sich in die indische Gesellschaft eingegliedert; zudem gebe es immer mehr professionell erfolgreiche Santhals, zum Beispiel den Direktor der State Bank in Sahibganj. Doch diese Leute kehrten selten in ihre Dörfer zurück, vielleicht zu besonderen Festen, sie seien vollkommen verstädtert und hätten ihre Wurzeln schon vergessen. Trotz seiner warmherzigen Schilderung der Santhal-Kultur sprach Vater Anthony davon, daß die Santhal-Kinder erst auf der Schule ›zivilisiert‹ werden würden. Alle fünf Jahre dürfe er nach Hause reisen, nächstes Jahr sei es wieder soweit. Das letzte Mal sei er am Herzen operiert worden. Er zog sein Hemd hoch und zeigte uns eine Narbe, die am Hals begann und fast bis zum Nabel reichte, und lachte: ›Open-Heart-Surgery‹. Wir lachten pflichtschuldig mit. Unsere Unterhaltung wurde durch Anrufe besorgter Mütter unterbrochen, die wissen wollten, ob der Unterricht trotz des Generalstreiks stattfinden werde. Nach zwanzig Telefonaten, die Pater Anthony jedesmal mit einem »Ich weiß es nicht« beantwortete, war seine Geduld verbraucht. Beim nächsten Klingeln legte er den Hörer quer über die Gabel und grinste schelmisch. Am Vorabend, sagte er, seien Rikschas mit Lautsprechern durch die Straßen gefahren und hätten verkündet, daß alle Läden am nächsten Tag zu schließen hätten. Die Tribals forderten zusammen mit den ›Scheduled Castes‹, den niederen Kasten, im neuen Bundesstaat Jharkand höhere Quoten in der Verwaltung und im Bildungssystem. Jharkand sei das Resultat eines langen Selbstbehauptungskampfes der Tribals. Schon 1831 hätten sie sich massenhaft gegen die britische Herrschaft erhoben, 1895 ein weiteres Mal. Und viele seien in den siebziger Jahren Mitglieder der Guerillabewegung der Naxaliten geworden.

Der Rektor stürmte herein und bat Pater Anthony inständig, den Hörer doch richtig auf die Gabel zu legen, ständig versuchten Eltern, die Schule zu erreichen. Mit unschuldiger Miene kam Pater Anthony dieser Forderung nach, und unser Gespräch wurde wieder gestört. Wie eine katholische Missionsschule in der tiefen Provinz zurechtkomme, wollte ich wissen. Und wie die Zusammenarbeit mit den Behörden verlaufe? Kein Problem, sagte der Pater, solange wir die Sprößlinge der hiesigen Oberen aufnehmen und durchschleusen. Sobald aber eines dieser Kinder abgelehnt werden muß, sei es, weil es nicht in der Lage ist, dem anspruchsvollen Unterricht in englischer Sprache zu folgen oder weil es einfach zu alt ist, folgt umgehend die Vergeltung. Hat es jemanden von der Stadtverwaltung getroffen, wird die Schule mit Auflagen belästigt. Auf einmal wird festgestellt, daß die Mauer der Schule in die Straße hineinragt, weswegen sie niedergerissen und einen Meter nach hinten versetzt werden muß. Hat es einen Großkopferten von der Telefonbehörde getroffen, kommt es zu Doppelt- und Querschaltungen, oder die Telefonverbindung falle gänzlich aus. Wenn der betroffene Vater eine hohe Position beim staatlichen Elektrizitätsversorger bekleidet, wird die Stromzufuhr unterbrochen, und das Problem läßt sich tagelang nicht ausfindig machen. Und wenn der Leidtragende ein hoher Polizeioffizier ist, wird eine Anklage fabriziert und einer der Lehrer oder Mitarbeiter verhaftet und ins Gefängnis geworfen. Wir sollten, sagte Pater Anthony, eine Klasse extra für solche Pflichtschüler einrichten. Ansonsten gebe es hier keine politischen Probleme. Wenn man mit Hindutva-Leuten einen Tee trinke, lächelten sie nett und seien äußerst freundlich, ja sogar charmant. Aber draußen hielten sie Haßreden. Er werde, sagte der Pater, alles erdulden, und wenn es ihm beschieden sei zu verbrennen, dann werde er eben brennen, er werde, bei all seinem Fett, besonders gut brennen. Alle anderen Schulen, so erfuhren wir weiter, hätten geschlossen. Doch der Rektor des St. Xavier's College, mit insgesamt dreitausend Schülern mit Abstand die wichtigste Bildungseinrichtung der Stadt, hatte beschlossen, den Streik zu mißachten. Er stand in Kontakt mit dem Polizeichef, der ihm zugesichert hatte, unbesorgt weiter Unterricht abhalten zu können. Allerdings wußte niemand, wie die Kinder in die Schule kommen sollten. Die Rikschafahrer wagten sich nicht auf die Straße, und die wenigen privaten Autos liefen Gefahr, angegriffen zu werden. Aus Erfahrung befürchteten im Lehrerzimmer alle, die Spannungen könnten eskalieren. Ein Lehrer erzählte aufgeregt, am Eingangstor hätten sich etwa fünfhundert Aktivisten zusammengerottet, um die Schule zur Schließung zu zwingen.

Vor dem Schultor waren nicht fünfhundert, sondern maximal fünfzig Leute versammelt, von denen etwa zehn Parolen riefen. Ihr Protest wirkte seltsam operettenhaft. Eine Gruppe von etwa hundert mit Hockeyschlägern und Bambusstöcken bewaffneten, skandierenden Aktivisten kam des Weges. Einer von ihnen blieb neben mir stehen.

Wohin?

Ich gehe spazieren.

Spazieren? Wieso?

Nur so, zum Vergnügen. Und was macht ihr?

Wir wollen die Schule schließen.

Warum?

Wir wollen mehr Stellen für Tribals.

Warum müßt ihr deswegen die Schule schließen?

Der Mann atmete tief durch und sagte dann abweisend: Das kann ich dir nicht erklären.

Keine Aussicht auf Bengalen

Bengalen ist ein Kind von Ganga. So, wie die Gefährtin Shivas, Parvati, Ganesh aus ihrem Schorf geformt hat, so hat Ganga das Flachland von Bengalen aus eigenem Schlamm erschaffen. Sie hat Tonne um Tonne hinabgeschleppt und das Land aus dem Meer gehoben. Auf Satellitenbildern kann man erkennen, wie eine 12 000 quadratmeilengroße Halbinsel in der bengalischen Bucht auf dem Meeresboden aufgeschüttet wird. Ganga hat den Menschen die Sunderbans geschenkt, amphibische Welten zwischen Süßwasser und Salzwasser; auf dem Schlammboden des Deltas läßt sie Jute gedeihen, das die Kinder schwimmend ernten und in flachen Garben auf den Brücken zum Trocknen auslegen. Später wird die Jute am Straßenrand gebündelt und in großen Mengen exportiert. Aber dieses Geschenk ist den Bengalen stets auch ein Fluch gewesen. Die angeschwemmten Sedimente lassen die Kanäle verschlammen und verändern die Flußläufe. Die Großzügigkeit des Flusses führt im bengalischen Flachland – 250 Kilometer von der Küste entfernt liegt es gerade einmal zwanzig Meter über Meereshöhe – regelmäßig zu verheerenden Überschwemmungen. Schon der älteste überlieferte bengalische Text warnt vor den Gefahren der Überflutung und regt das Anlegen von Vorräten an. Seitdem sind Überschwemmungen, unter anderem wegen der massiven Abholzung im Himalaja, häufiger geworden, ihre Auswirkungen noch schrecklicher.

Baharampur werde ich immer in Erinnerung behalten als die bengalische Stadt, in der ich einen feuchtheißen Tag lang neben der Anlegestelle einer Fähre, die den Fluß (der inzwischen, wie zu Beginn unserer Reise, wieder Bhagirathi hieß) überquerte, auf einen Gangesschiffer wartete. Der Ganges sah nach der Namensänderung aus wie ein braver Kanal, ein Musterschüler der Irrigation. Der Flußlauf schien wie begradigt, die Deiche waren mit Betonnetzen gesichert. Es konnte nicht so schwierig sein, dachten wir, ein Boot zu heuern und nach Katwa oder Nabadwip zu fahren, die nur fünfzig oder achtzig Kilometer entfernt lagen. Die ersten Bootsbesitzer, die wir ansprachen, verstanden uns nicht, zeigten kein Interesse oder verlangten zuviel. Doch an der Anlegestelle trafen wir einen quirligen Mann, der über Boot, Außenbordmotor und Unternehmungslust verfügte und einen für uns erschwinglichen und für ihn lukrativen Preis verlangte. Wir einigten uns schnell. Er bat sich eine Stunde aus, um nach Hause zu gehen, einige Habseligkeiten einzupacken und sich von seiner Familie zu verabschieden. Wir beschlossen, daß ich an der Anlegestelle bleiben würde, während Pac die Rucksäcke aus dem Hotel holen und auf der anderen Seite ein Stück flußabwärts an einer bequemeren Anlegestelle warten würde.

Ich saß eine Weile im Schatten und beobachtete, wie die Passagiere das Geldstück, mit dem sie die Fähre zahlten, aus allen möglichen Taschen und Falten herausklaubten. Dann unternahm ich einen Spaziergang durch die nähere Umgebung. Auf dieser Seite des Flusses war Baharampur eine typische indische Kleinstadt, ein Dorf und zugleich der Ausbruch daraus: Auf den kastenförmigen Bauten und garagenartigen Werkstätten thronten wie verbannte Großbürger die Werbetafeln mit den eleganten Trademarkdesigns aus klimatisierten Werbeagenturen in Kalkutta oder den stereotypen Verhei-

ßungen der Telekommunikationskonzerne, die preisgün-
stige Ortsgespräche und internationale Verbindungen offerierten. Regionale Eigenarten äußerten sich allenfalls in dem Gebrauch des bengalischen Alphabets. Die Dächer der Häuser
waren oft Fundamente für zukünftige architektonische Ambi-
tionen, die Aufbauten bestenfalls halbfertig und Ausdruck eines Ehrgeizes, der etwas frustriert darauf warten mußte, daß
die Realitäten zu ihm aufschlossen. Die Natur wurde behandelt wie ein Gast, der allmählich lästig geworden war und auf
den keine Rücksicht mehr genommen wurde. Wenn sie zu
sehr störte, wurde sie abgeholzt und mit den Wurzeln voran
auf die Straße geworfen. Wie überall gab es einen kleinen
Tempel, der an einem Banjanbaum festgebunden war, ein
schattiger und trockener Ort, ein Altar des Müßiggangs. Ich
bestellte in einem Teehäuschen einen Chai, den ich im Freien
schlürfte, bevor ich zur Anlegestelle zurückeilte, um den
Bootsmann nicht zu verpassen, und wieder im Schatten Platz
nahm. Auf längeres Warten eingestellt, hatte ich ein Buch mitgenommen, eine historische Studie über einen langjährigen
bengalischen Aufstand gegen die British East India Company
nach der verheerenden Hungersnot Ende des 18. Jahrhunderts, die zum Bau des eiförmigen Speichers in Patna geführt
hatte.

An diesem Aufstand hatten sich, und dies war ungewöhnlich, sowohl Sadhus als auch Fakire beteiligt, hinduistische
und moslemische ›Mönche‹, die sich nicht nur hinsichtlich
ihrer Strategie absprachen, sondern auch gemeinsam kämpften. Nachdem die Ernte in den Jahren 1769 und 1770 fast
vollständig ausgefallen war, verhungerte ein Drittel der Bevölkerung, was bedeutete, daß bis zu zehn Millionen Opfer zu
beklagen waren. Die Verwaltung verschlimmerte die Krise
dadurch, daß ihre Beamten mit den knappen Reisvorräten

spekulierten und auf dem Ganges Boote mit Reis aus anderen Provinzen anhielten und plünderten. Es war unter vornehmen Briten im Kolonialdienst eine Ehrensache, sich persönlich maßlos zu bereichern, auch an Hungersnöten. In den Jahren danach schwoll die Zahl der Sadhus und Fakire durch den Zulauf von hungernden, verzweifelten Bauern stark an; auf dem Höhepunkt des Aufstandes hatten sich etwa fünfzigtausend Gottesmänner bewaffnet. Die East India Company erließ den Bauern im Jahr der Not nur fünf Prozent der Grundsteuer; im Folgejahr konnte sie ihre Einnahmen um zehn Prozent erhöhen. Das ging auch auf Kosten vieler Sadhus, die Handel trieben und Grund besaßen, den sie einst als Gegenleistung für Söldnerdienste erhalten hatten. Im benachbarten Städtchen Murshidabad betrieben viele Sadhus Handelskontore und verschifften Seide, Stoff, Kupfer oder Gewürze den Ganges hinauf bis nach Varanasi, von wo aus die Waren über das zentralindische Dekkan weitertransportiert wurden.

Nach einer guten Stunde versuchte ich, etwas über den Verbleib des Bootsmannes in Erfahrung zu bringen. Vergeblich. Gegen den bengalischen Wortschwall war ich machtlos. Ich deutete gestenreich an, ich wolle mich eben rasieren gehen; sollte der Bootsmann just in den nächsten zehn Minuten auftauchen, möge er bitte warten. Statt dessen ließ der Bootsmann mich warten; ich wandte mich wieder dem Buch zu, in dem ausgiebig ein bengalisches Volksgedicht namens ›Hakikat‹ über den Revolutionär Majnu Shaher zitiert wurde:

Majnu brach auf und reiste
Durch das ganze Land.
Hörte das Klagen, sah den Hunger,
Und sein Herz klagte und hungerte mit.
Bauern waren nur noch Bettler,

Mütter verkauften ihre Kinderschar.
Jene, die kaum am Leben waren,
Nährten sich von Leichen.

Einem alten Weisen erzählte Majnu
Von dem Grauen, das ihn nie verließ.
Worauf der Alte wutentbrannt weinte
Und in seinem Schmerz
Zu den Waffen riet.
Vereint Euch mit den Naga Sadhus,
Stürmt die Lager, wo der Reis gehortet wird.
Verteilt die Nahrung unter allen Hungerleidern
Und vertreibt sie, die Engländer,
Denn wir haben keine andere Wahl.

Tausende Fakire folgten diesem Ruf,
Alle hinter ihrem Führer vereint.
Auch die Sannyasin sammelten sich
Und wurden ihnen zu Brüdern.
Gemeinsam stürmten sie und plünderten
Die kutcheries und kuthis der Company.
Die Briten waren mutlos, voll Angst.
Aber den Bauern war dies Ermutigung.
Und sie schöpften Hoffnung,
daß ihr Leid ein Ende fände.

Inzwischen war ich zu einem integrierten Bestandteil der
Anlegestelle geworden. Der Kassierer ließ einige lümmelnde
Buben alle halbe Stunde etwas zu trinken holen, ich teilte mit
ihm meine Zigaretten. Wir hatten alles, was wir im Moment
benötigten, nur keine gemeinsame Sprache. Mädchen in rot-
gesäumten weißen Saris kehrten aus der Schule heim, Lasten-

schlepper gingen ihrer Arbeit nach, ansonsten war nicht erkennbar, wieso alle zehn Minuten etwa fünfzig Leute den Fluß zu überqueren wünschten. Ein Offizieller auf einem schweren Motorrad brauste herbei, wurde meiner ansichtig und erkundigte sich nach meinem Problem, das ich ihm so ausführlich wie genervt schilderte. Er bellte einige Herumstehende an, dann versprach er sofortige Aufklärung. Er brauste davon und ward nie wieder gesehen. Der Kassierer befragte einen Passanten, der zu mir gewandt mit einer Geste bedeutete, der Bootsmann esse zu Mittag. Das leuchtete mir ein. Er hatte gewiß warten müssen, bis seine Frau mit dem Kochen fertig war. In Ordnung, dachte ich, wir würden mit einem satten und gutgelaunten Bootsmann den Ganges hinabfahren. Ich gestikulierte, daß auch ich etwas essen gehen würde, und begab mich in das Restaurant gegenüber dem Frisiersalon, wo ich einen Eintopf probierte und einige Chapatis verdrückte.

An der Anlegestelle wartete nur das Buch auf mich: Die Aufständischen plünderten die britischen Schatztruhen. Jahrelang kontrollierten sie den größten Teil von Bengalen, vermieden geschickt jede direkte Konfrontation mit den britischen Truppen und vertrauten auf ihre Guerillataktik. Mehr als zehn Jahre nach dem Ausbruch des Aufstandes traten allerdings erste Risse innerhalb der Koalition auf. Immer öfter kam es zu internen Streitigkeiten und Konflikten. Die Sadhus und Fakire hatten keinerlei Absicht, die erkämpfte Macht in organisatorischen Strukturen zu festigen. Der Company gelang es immer besser, die Rebellen militärisch und ökonomisch zu isolieren, bis der Aufstand um 1800 herum verlosch. Aber die Leistung von Revolutionären wie Majnu Shah war einmalig in der indischen Geschichte. In der Nachfolge von Denkern wie Kabir, Guru Nanak und Pranami hatten sie Hindus und Moslems in einer losen Föderation vereint, mit so starken integrativen

Tendenzen, daß jahrelang Gruppen aus verschiedenen Kulturen und Schichten zusammenfanden und gemeinsam kämpften. Eine solche vereinigte Front sollte es auch während des Unabhängigkeitskampfes mehr als hundert Jahre später nicht mehr geben.

Mein Buch hatte ich ausgelesen, aber von dem Bootsmann fehlte immer noch jede Spur. Ich versuchte vergeblich, andere Fährleute zu befragen. Der Nachmittag war schon weit fortgeschritten, es war viele Stunden her, daß sich der Bootsmann von mir verabschiedet hatte. Am gegenüberliegenden Ufer wartete Pac; mehrmals war ich drauf und daran, mit der Fähre überzusetzen, aber jedesmal ließ mich die Hoffnung ausharren, daß der Bootsmann gewiß jeden Augenblick auftauchen würde. Ich lief auf und ab, beobachtete, wie die Passagiere die Fähre bestiegen, schloß mit mir Wetten ab, welche Seite der Fähre sie wählen würden. Ich zündete die letzte Zigarette an, die ich an diesem Ort rauchen würde, und zerknüllte die Packung. Ein gutgekleideter Mann entstieg der Fähre und fragte mich auf englisch, was mich hier festhielte. Er ließ die Herumstehenden meine Geschichte ergänzen, dann schüttelte er den Kopf und sagte: Verschwenden Sie nicht Ihre Zeit. Sie werden sicher nicht per Boot weiterreisen können. Zum einen ist die Strömung zu stark, zum anderen wimmelt es auf der Strecke von hier nach Katwa von Naxaliten. Zu dieser Jahreszeit wird kein Bootsmann eine so gefährliche Reise wagen. Aber wieso hat mir das keiner gesagt, stammelte ich, keiner von all den Leuten hier. Ich entschuldige mich für meine Landsleute, sagte der Mann. »Sorry«, ließen die sensiblen Umstehenden vernehmen. Wieso habt ihr mir das nicht gesagt, schrie ich. Dann rannte ich auf die Fähre und konnte bei der Überfahrt vor Zorn meinen Blick auf nichts anderes richten als auf den unergründlichen Strom.

Auf der Suche nach der Wasserversorgung

An jeder Tür der Stadtverwaltung Kalkuttas, eines kolossalen Baus kolonialer Provenienz, klebt ein Zettel, meistens in der normierten Größe eines Computerausdrucks, der mit ›No Enquiry‹ unmißverständlich klarstellt, daß Leute wie ich mit ihren unbeherrschten Fragen keinen Zutritt haben. Nachdem mich der Pförtner am Haupteingang in den zweiten Stock hinaufgeschickt hatte und ich dieses Stockwerk mehrfach vergeblich auf- und abgegangen war und jedes Türschild, mal handbeschriftet, mal halb abgerissen, aufmerksam studiert hatte, wußte ich zwar, wo sich die Abteilungen ›Recht‹, ›Gesundheit‹ und ›Drainage‹ befanden, aber einen Hinweis auf die ›Wasserversorgung‹ hatte ich nirgends entdecken können, so daß mir schließlich nichts anderes übrigblieb, als jemanden zu fragen, der allwissend wirkte. Just da kam mir ein gutgekleideter, energisch auftretender Mann entgegen, der mir ohne Zögern einen Beamten einen Stock tiefer empfahl, und ich wäre die breiten Treppen wieder hinabgestiegen, wenn er nicht beim Weitergehen noch hinzugefügt hätte: »zweiter Stock«. Auf welchem Stock befinden wir uns denn, begann ich andere Bittsteller zu fragen, und erhielt mal »dritter«, mal »zweiter« zur Antwort. Ich begab mich zur Brüstung, blickte hinab und zählte die Stockwerke, aber sosehr ich mich auch bemühte, halbe Stockwerke oder ein übersehenes Parterre zu entdecken, kam ich nur auf zwei Stockwerke. Ein weiterer

Informant schickte mich eine Zimmerflucht weiter, mit der Anweisung, an deren Ende rechts abzubiegen, doch dort standen drei schwatzende Wächter, die mir beschieden, ›Wasser‹ sei eine Unterabteilung von ›Drainage‹. Für ein paar Rupien wurde neben ihnen in einer Ecke auf Blattellern Essen ausgeteilt, Reis und einfaches Gemüse, das die versammelten Antragsteller und Bittsuchenden auf dem Boden sitzend verschlangen. Bei ›Drainage‹ erfuhr ich, daß sich ›Wasser‹ im ersten Stock befinde, den ich auf und ab lief, bis ich tatsächlich die Abteilung ›Wasser‹ entdeckte, doch von dem ersten Beamten hinter der Schwingtür erfahren mußte, daß sich das Büro des Herrn Chatterjee, bei dem ich einen Termin hatte, im zweiten Stock befinde, worauf ich einwand, wenn er tatsächlich im zweiten Stock arbeite, so sei er dort unauffindbar. In einem Anflug von Gnade beschloß der Beamte, mich zu begleiten. Am Ende des mir inzwischen hinlänglich bekannten Hauptganges im zweiten Stock bog ein schmaler, schulterbreiter Durchgang ab, der mir wie ein Notausgang erschienen war, der aber zu Herrn Chatterjee führte, um einen Fahrstuhlschacht herum, einmal rechts und einmal links herum, schmale Flure hinunter, bis zu einem neueren Gebäudeteil, in dem wohl die obersten Stadtverwalter residierten, denn plötzlich stand ich vor der Tür des Bürgermeisters. Es folgten die Büros der Stadträte, und mein Führer mußte selber suchen, bis er das Türschild mit der Aufschrift ›Wasserversorgung‹ entdeckt hatte und mich allein ließ, meine tiefempfundene Dankesbekundung wie eine Last abschüttelnd. Ich stieß eine Glastür auf, die mir Happy New Year 1999 wünschte, und stand unverhofft vor einem gutinformierten und souveränen Sekretär, der mich in das Büro des Stadtrates Sovan Chatterjee bat, wo mich ein Schild mit der Aufschrift ›If I was organized, I'd be dangerous‹ empfing. Offensichtlich hatte ich nichts zu befürchten, denn der Stadtrat, ein Mitglied des ›Mayor-in-Council‹, zuständig für die Wasserversorgung Kalkuttas, war zu unserem Termin nicht anwesend. In seinem Empfangsraum waren etwa dreißig Stühle aufgereiht, als würde er bevorzugt Vorträge halten. An den Wänden hingen einige Photos eines 1864 für das britische Hauptquartier gebauten Wasserpumpwerks und eine veraltete Karte. Ansonsten war der Raum leer und still, ein klassischer Gegensatz zu den Gängen vor der Tür voller angespannter, abgekämpfter, lethargischer Menschen, die herumgescheucht wurden, wenn sich überhaupt jemand mit ihnen abgab. Im ebenfalls geräumigen Nebenraum saßen zwei lächelnde Beamte, die bedächtig Zigaretten rauchten und sich ungestört unterhielten. Einer von ihnen teilte mir mit, Herr Chatterjee sei plötzlich in dringender Angelegenheit weggerufen worden, er bedaure dies sehr, aber ein nicht vorhergesehener Notfall ... Ich vertrieb mir die erste Viertelstunde des Wartens mit dem Ausdenken möglicher Notfälle. Nach einer halben Stunde im Büro des abwesenden Stadtrates führte mich der Sekretär, ein studierter Historiker, als Notlösung ins Büro des ›Chief Water Engineers‹; allein hätte ich den langen und gewundenen Rückweg nie gefunden.

Der leitende Wasserbauingenieur, ein dröger Mensch namens Roychowdary, führte die völlige Bedeutungslosigkeit meiner Person vor und zeigte offen seine Verärgerung über die Entscheidung des Stadtrates, diesen Termin auf ihn abzuwälzen, indem er mich aufforderte, an seinem Schreibtisch unmittelbar links von ihm Platz zu nehmen, in seinen mysteriösen Verhandlungen fortfuhr und mich eine weitere halbe Stunde warten ließ, ohne mir auch nur ein Glas Wasser anzubieten. Nachdem er sich schließlich mir zugewandt hatte und wir uns gegenseitig vorgestellt hatten, klingelte er seinen Sekretär herbei, damit dieser eine Visitenkarte und zwei Seiten

Text zusammenheftete, ein diffiziler Vorgang, der die gesamte Aufmerksamkeit des leitenden Wasserbauingenieurs von Kalkutta in Anspruch nahm, der wie hypnotisiert auf die faltenden und heftenden Hände seines Untergebenen starrte. Von dieser Aufgabe befreit, wandte er sich mir zu, um mir mitzuteilen, daß er keine Zeit für mich habe – das Telefon klingelte. Er lächelte wie jemand, den das Schicksal mal wieder in seiner pessimistischen Einschätzung bestätigt hat. Er sprach lange auf bengali und trommelte dabei mit seinem Kugelschreiber auf den Schreibtisch, der Sekretär wartete in Habtachtstellung auf Befehle. Sie sehen ja selbst, wie es zugeht, sagte der leitende Wasserbauingenieur, kaum hatte er einen der drei ihn umgebenden Hörer auf die Gabel zurückgelegt. Aber wenn Sie mir eine E-Mail schicken, kann ich Ihnen auf alle Fragen Antwort geben. Da mir dies so wahrscheinlich schien wie eine Kooperation der Stadtverwaltung Kalkuttas mit der Unternehmensberatung McKinsey, bat ich ihn untertänig, ihm die eine oder andere schnelle und völlig unverfängliche Frage jetzt gleich stellen zu dürfen, damit ich in den nächsten Tagen am Bhagirathi mehr sähe und verstünde. Gewiß doch, sagte der Mann charmant, aber sagen Sie, wünschen Sie nicht etwas zu trinken, und schickte seinen Sekretär los.

Es sei weiterhin so, bestätigte er als Antwort auf meine erste Frage, daß die Wasserversorgung Kalkuttas, immerhin eine Stadt von etwa zwölf Millionen Einwohnern, zu hundert Prozent vom Hooghly-Fluß abhänge, der – wie ich gewiß wisse – auch Bhagirathi heiße und eigentlich Teil des Ganges sei. Es gebe zwar einige Bohrstellen, doch aus geologischer Sicht sei das hochgepumpte Wasser auch Gangeswasser. Nun sei es aber so, daß dieser Fluß den Ingenieuren viel Kopfzerbrechen bereite, weil er zum einen zunehmend versalze, zum anderen einen sehr unregelmäßigen Wasserstand verzeichne, so daß in der Trockenzeit nicht alle Pumpen betrieben werden könnten und dadurch die zur Verfügung stehende Wassermenge erheblich sinke. Außerdem habe man mit fortwährender bakterieller Verschmutzung zu kämpfen, was sich unter anderem einer sehr schädlichen Düngemittelfabrik verdanke. Vor dem Beginn des Monsuns überschreite zudem die Menge an Plankton die Grenzen des Erträglichen. Nichtsdestotrotz habe man die Wasserversorgung der Stadt im Griff, aber ich, der ich den gesamten Fluß hinabgereist sei, könne mir bestimmt vorstellen, was es bedeute, wenn eine der größten Städte der Welt in ihrem Überleben völlig abhängig sei von einem so launischen und mißhandelten Fluß wie dem Ganges. Aber nun müsse er sich wieder seinen Aufgaben widmen, er entschuldige sich, aber vielleicht könne ich ihm zum Abschied noch erklären, wieso ich überhaupt ein Buch über den Ganges zu schreiben gedächte.

Abschied ohne Ende

In Diamond Harbour (ein Name, der sich bei Sonnenuntergang erklärt) roch der Fluß nach Meer. Auf der anderen Seite brannten die Feuer der Raffinerien von Haldia, dem modernen Hafen, der 1977 zur Entlastung des zunehmend verstopften Hafens von Kalkutta gebaut wurde. Diamond Harbour war gesäumt von einer schönen Uferpromenade, auf der niemand spazierenging. Ein einsamer Eiscremeverkäufer drehte langsam seine Runden wie das letzte funktionierende Teil eines Spielzeugs, dessen Batterien zur Neige gehen. Die Ebbe hatte einige Schiffe aufgedockt.

Wir fanden die Hauptstraße von Diamond Harbour und erfreuten uns an Kleinigkeiten. Ein Händler hatte seine Bananen so drapiert, daß sie eine riesige Lotusblüte formten. Wenn ich dir einige abkaufe, sagte ich zu ihm, zerstöre ich deine Lotusblüte. Wenn du mir einige abkaufst, antwortete er, kann ich morgen eine neue Blüte machen.

In einem Raum, vor dem kettenrauchende Busse vorbeidröhnten und den Passagieren ihre Hast aufzwangen, bereitete ein Chaiwallah mit dem Flair und der Bravour eines exzentrischen Barmanns Tee für vier Tassen zu. Er freute sich, uns zwei Tassen kredenzen zu dürfen. Ansonsten war der Augenblick trübe wie das mittägliche Licht über dem Land zwischen Diamond Harbour und der Bucht von Bengalen.

Kühe bedeuten in Indien Reichtum, Pferde symbolisieren Macht. Kühe gehören zum täglichen Leben, Pferde aber – wenig an der Zahl und aus fernen Gestaden im Nordwesten importiert – garantieren Herrschaft. Zu besonderen Anlässen, in denen der König seine Autorität zu behaupten wünschte, wurde ein Pferd geopfert. Das blutige Ritual hieß Ashvamedha. Manchmal konkurrierte ein gieriger weltlicher Herrscher mit den Göttern. Als König Sagara von der Sonnendynastie Ayodhyas ein Opferritual plante, dessen Maßlosigkeit niemanden überraschte, denn er hatte bereits sechzigtausend Söhne gezeugt, stahl Indra, als Dämon verkleidet, das Opferpferd. Der König schickte seine Söhne aus, das Pferd wieder einzufangen, denn das Gleichgewicht des Reiches war in Gefahr. Die Söhne suchten lang und weit und breit, oberhalb und unterhalb der Erde. Schließlich sahen sie das Pferd friedlich auf einer Weide grasen, nicht weit vom Refugium des Einsiedlers Kapil Muni, den sie sogleich des Diebstahls bezichtigten. Kapil Muni versuchte ihnen zu erklären, er habe das Pferd weder geraubt noch zu sich gelockt, noch festgehalten. Er habe es einfach sich selbst überlassen, so, wie er alles andere sich selbst überließ. Doch die Königssöhne, die es nicht gewöhnt waren, ihre Urteile zu korrigieren, zogen ihre Schwerter und stürzten sich auf ihn. Es war ein ungleicher Kampf. Kapil Muni schleuderte ihnen einen wutentbrannten Fluch entgegen, der die Haare der Krieger auflodern ließ. Sie brannten, bis von ihnen nur noch ein gewaltiger Haufen Asche übrigblieb. Im Palast wurde der König von der Ungewißheit tyrannisiert. Zuerst war sein Pferd ausgerissen, nun waren auch seine sechzigtausend Söhne wie vom Erdboden verschwunden. Er schickte seinen Enkel Anshuman los. Nach langer Wanderung erreichte auch dieser den Ashram von Kapil Muni, der wahrheitsgemäß Auskunft gab und ihm mit-

teilte, das Totenritual könne nur mit dem Wasser der himmlischen Ganga vollzogen werden, denn es sei eine schwere
Sünde, einen Rishi zu beleidigen. Erst wenn die Asche von
den Fluten der Ganga aufgenommen worden sei, sagte Kapil
Muni, seien die Königssöhne entsühnt.

Es dauerte drei Generationen, bis in der Sonnendynastie
jemand geboren wurde, der imstande war, Ganga vom Himmel zu holen. Er hieß Bhagiratha. In tausendjähriger Askese
sammelte er so viel Energie an, daß Brahma vor ihm erschien
und ihn davor warnte, Ganga vom Himmel, den sie als
Milchstraße durchfloß, herabzuholen: Die Wassermassen
würden die Erde erschlagen. Allein Shiva sei in der Lage, das
Wasser sanft aufzufangen. Bhagiratha wartete am heiligen
Berg Kailash ein ganzes Jahr auf seinem großen Zeh stehend
auf Shiva. Der war so beeindruckt von dieser demütigen
Geste, daß er seine Hilfe zusagte. Als Ganga vom Himmel
platzte, bremste er ihren Aufprall mit seinem Haarschopf
und ließ die Fluten über seine langen Strähnen auf die Erde
gleiten. Bhagiratha ritt vorneweg, Ganga folgte ihm. So erreichten sie die Totenstätte. Ganga floß über die Asche hinweg und nahm sie auf. Die Seelen der sechzigtausend Krieger kamen zur Ruhe, Ganga entspannte sich und breitete
sich zu einem Ozean aus.

Genau an dieser Stelle standen wir, vor uns der Kapil-Muni-
Tempel, ein einfacher Bau, der drei fast formlose Idole beherbergte: zur Linken Ganga, in der Mitte Bhagiratha, rechts Kapil
Muni. Auf der freien Fläche vor dem Tempel waren 501 Pfosten
mit Elektrizitätsanschlüssen in den Boden gerammt, eine Pfostenparade in Erwartung der Mitte Januar stattfindenden Mela,
bei der sich eine halbe Million Pilger von ihren Sünden reinigt.
(Die Gleichungen müssen stimmen: Um sich ihrerseits von
den vielen Sünden zu reinigen, sucht Ganga im Sommer,

wenn die Götter traditionell schlafen, einen Schrein im Süden Indiens auf.)

Am Meer gilt der Hai als Gangas Begleittier und nicht, wie im Inland, das Krokodil. Früher begab sich manch ein Pilger nach einer letzten Puja ins Meer in der Hoffnung, von einem Hai aufgefressen und somit erlöst zu werden. Aber es waren zu viele Pilger, und die Haie waren manchmal satt, weswegen nicht alle Offerten von den Raubfischen angenommen wurden. Die Pilger empfanden die Rettung als Unglück; verzweifelt gingen sie wieder an Land, überzeugt davon, daß ihr Opfer aufgrund der Schwere ihrer Sünden nicht angenommen worden war.

Wir saßen bei Sonnenuntergang an einem breiten und langen Strand neben einem natürlichen Hafen, der durch eine Rinne hinter einer vorgelagerten Sandbank entstanden war. Mit Fischern überladene Boote liefen aus, rote Krebse krochen aus ihren Löchern und liefen zu Tausenden über den hellen Strand. Jeder Krebs schien beim hurtigen Hasten von einem Loch zum anderen eine neue Richtung zu erfinden. Wenn wir uns ihnen näherten, verschwanden sie, und der Strand wirkte leer, als hätten wir die roten Geschöpfe nur geträumt. Sobald wir uns hinsetzten und die Ruhe auch von uns Besitz ergriff, kamen sie wieder heraus und krakelten über den Sand, als würden vier kopflose Diener mit knochigen Beinen eine Sänfte tragen.

Die Sonne war fast untergegangen, da sahen wir einen Sadhu, der sich uns langsam näherte. Er blieb mit seinem ausgemergelten, mit der Haut eines alten Elefanten überzogenen Körper vor uns stehen und bat um eine Gabe. Wir gaben ihm einige Münzen, und er sprach ein Mantra, dann nahm er neben uns Platz und fragte, wohin die Reise führe.

Unsere Reise geht hier zu Ende.

Ganga ka yatra?

Wir bejahten.

Ihr seid gesegnet.

Wir sind traurig.

Wieso traurig?

Weil die Reise zu Ende geht.

Der alte Sadhu lachte.

Ihr habt die Erinnerung. Wirklich und unwirklich, wie die Reise selbst.

Der Sadhu ergriff mein Handgelenk und drückte es so fest, daß es schmerzte.

Ich werde euch etwas sagen. Ein Mann neben dem Bett seines Sohnes. Der Sohn liegt im Sterben. Der Mann schläft ein, er träumt, zeugt fünfzehn Söhne im Traum, schöne, kluge, starke Söhne, die heranwachsen und ihn glücklich machen. Seine Frau weckt ihn. Wie kannst du schlafen? Unser Sohn ist gestorben, und du schläfst. Trauerst du nicht um ihn? Um wen soll ich trauern, antwortet der Mann. Um die fünfzehn Söhne, die ich vergessen werde, weil du mich geweckt hast, oder um diesen Sohn, den wir heute verloren haben und an den ich mich, wenn ich gestorben bin, auch nicht erinnern werde.

Der Sadhu lachte und sah uns an, mußte husten, lachte beim Aufstehen, hustete, lachte beim Umdrehen, hustete, schüttelte sich vor Lachen und ging fort, so langsam, wie er sich genähert hatte. Bald war er nur noch eine Silhouette auf dem grauen Strand; unter einem Himmel, der ausgewaschene Saris trug, entfernte er sich zwischen ein paar Jungen, die Kricket, und ein paar Jungen, die Fußball spielten.

Dichte Wolken türmten sich wie Schaumberge am Horizont, als wäre die Sonne mit einem Bauchklatscher ins Meer gefallen. Bald waren die Wellen nicht mehr zu sehen. Wir hörten, wie sie sich in der Brandung überschlugen und dann verstummten, wie Ganga aufgegangen in einer weiteren Unermeßlichkeit.

ZU DEN HEILIGEN QUELLEN DES ISLAM

Vorab

Dieser Bericht steht in einer alten Tradition. Seit mehr als tausend Jahren existiert der literarische Typus einer Reiseerzählung über die Hadsch, auf arabisch Rihla, auf persisch Safarnameh genannt – Zeugnisse einer Pilgerschaft als Kulmination aller Sehnsüchte, als einzigartige Aus-Zeit, so reich an Mühsal und Zermürbung wie an Belohnung und Beglückkung. Ob Naser-e Khusrau, Ibn Jubayr, Ibn Battuta, Mohammed Farahani, Hossein Kazemzadeh oder Muhammad Asad (um einige der Berühmtesten zu nennen), die Autoren versuchten, zu informieren und zu erleuchten, ohne ihre Erfahrungen zu beschönigen oder ihre Leiden zu verschweigen. Auch sparten sie nicht mit Kritik an den vorgefundenen Zuständen und dem gelebten Islam. Auf der Hadsch klafft seit jeher eine Kluft zwischen Verheißung und Verwirklichung, die den Berichten eine besondere Spannung verleiht. Es ist dem Autor ein Anliegen sowie eine Ehre, in dieser Tradition zu stehen.

Gemeinsam ist allen muslimischen Autoren, daß sie die eigenen Gefühle nicht in den Vordergrund stellen, daß sie nur selten aus dem Brunnen der eigenen Befindlichkeit schöpfen. Der Reiseerzähler, der die Welt um seine Physis und Psyche kreisen läßt, ist ein neueres, ein westliches Phänomen. Unter dem gut halben Dutzend nichtmuslimischer Hadsch-Autoren – so verschieden in ihrem Charakter wie in ihren Alibis oder Maskeraden (Sklaven, Konvertiten auf Zeit, Forscher und Abenteurer) – ragen die Berichte des Schweizers Johann Ludwig Burckhardt sowie des Briten Sir Richard Francis Burton heraus. Sie bemühen sich um Genauigkeit und sind von ideologischer Verleumdung und rassistischer Gehässigkeit weitgehend frei. Bezeichnend ist, daß beide Autoren wenn nicht als »gute« Muslims, so doch zumindest als Sympathisanten des ideellen Islam gelten.

Allah bedeutet auf arabisch Gott und wird in diesem Sinn von arabischen Muslimen und Christen gleichermaßen benutzt – so wie auch die Franzosen einen Gott haben, den sie Dieu nennen. Die Verwendung von Allah in einem deutschen Text steigert nur die Befremdung und legt einen islamischen Gottesbegriff nahe, der sich von dem geläufigen christlichen wesentlich unterscheidet. Dieses Mißverständnis gipfelt in der unsinnigen, aber gängigen Übersetzung der ersten Kalima, des Glaubensbekenntnisses, als: Es gibt keinen Gott außer Allah. Da es keinen anderen Gott gibt außer Gott, da er namenlos ist, weil nicht faßbar, werde ich den Begriff Allah nur bei Zitaten verwenden.

Aufbruch

Vor der ersten Kontrolle wartete eine lange Schlange von Menschen, die alle gleich gekleidet waren. Die Schlange wand sich durch das Terminal bis zum Ausgang und darüber hinaus. Wenige Schritte entfernt trennte eine gläserne Wand die Wartenden von ihren Verwandten, die, in den Farben des Alltags gewandet, aufgeregt, ausgelassen, dichtgedrängt Ausschau hielten nach einem letzten Winken, einer letzten Geste der Zuversicht. Draußen war es – obwohl mitten in der Nacht – warm und feucht, drinnen blies der kühle Atem der Klimaanlage, und den Wartenden war kalt, denn die Männer trugen nur zwei weiße Tücher, das eine um die Hüfte geschlungen, das andere um die Schultern gelegt. Die Frauen waren in ihren langen weißen Kleidern, die ihren ganzen Körper bedeckten, etwas besser geschützt. Draußen, inmitten eines Bazars aus Erwartung und Erregung – das Gepäck umringt von Großfamilien, der Weg versperrt von Reissäcken und Körpern –, herrschte laute Festlichkeit, durchsetzt von einem schleichenden Gefühl der Ungewißheit. Drinnen war die feierliche Atmosphäre ausgedünnt: Wir standen in einer einzigen ordentlichen Reihe und schoben unsere Wagen ruckweise voran, ruhig, als wüßten wir, was uns erwartet.

Stunden zuvor hatten sie mich zu Hause abgeholt. Sie waren bewegt, überdreht, aufgeregter noch, als es Verwandte oder

Freunde bei einem solchen Anlaß sind, denn sie selbst hatten mich in den Monaten zuvor auf diese Reise vorbereitet, sie hatten meine Fragen beantwortet und meine Vorfreude mit mir geteilt – sie waren Zeugen meiner Entwicklung zum Pilger gewesen. Sie hatten den Ihram, jene zwei weißen Tücher aus Frottee, für mich gekauft; nun halfen sie mir, sie anzulegen. Sie umringten mich für das obligate Photo und verscheuchten das Lächeln aus ihren Gesichtern wie ein aufsässiges Kind.

Nach einem kurzen einsamen Gebet stand ich mitten im Zimmer und fühlte mich ausgeliefert; die Freunde begutachteten mich, äußerten ihre Zufriedenheit, und doch spürte ich zwischen uns eine gewisse Distanz. Mit dem Anlegen des Ihram war ich in den Zustand des Pilgers getreten und als solcher ihnen nicht mehr gleich. Nicht nur, weil ich in beneidenswerter Weise gesegnet war, für mich galten von nun an in vielem die umgekehrten Regeln als für sie, die »normalen« Gläubigen. Im Ihram war es mir verboten, Haare und Nägel zu schneiden, genähte Kleidung oder Kopfbedeckung, feste Schuhe oder Socken zu tragen, Parfüm zu benutzen, das Gesicht zu verdecken, Geschlechtsverkehr zu haben, Tiere zu töten (von einigen gefährlichen und giftigen Ausnahmen abgesehen), zu kämpfen und zu streiten. Mit dem Ende der Pilgerschaft würde ich zu den Freunden und den gewohnten Normen zurückkehren, ausgezeichnet allerdings als Hadschi, als jemand, dem Respekt gebührt, weil er die Pilgerreise nach Mekka abgeleistet hat.

Kannst du das Labbayk aufsagen? fragte mich einer der Freunde, und ich stimmte die erste Zeile an, etwas zaghaft anfangs, aber zunehmend sicherer, sobald die anderen in meine Rezitation einfielen und wir gemeinsam, im sechzehnten Stock eines Hochhauses in Bombay, den Pilgerruf sprachen:

Labbayk, Allahumma, labbayk;
labbayk, laa scharika laka, labbayk;
inna-l-hamda wa nimata laka walmulk;
laa scharika laka!
Ich stehe vor Dir, Gott, ich stehe vor Dir.
Ich stehe vor Dir, es gibt neben Dir keinen, ich stehe
vor Dir;
Gewiß sind Lob und Segen Dein, und alle Herrschaft;
es gibt neben Dir keinen.

Auf der Fahrt zum Flughafen sammelte ich die Gebetswünsche meiner Brüder ein. Gebete, die für einen Mitmenschen gesprochen werden, sind wirkungsvoller als Gebete, die man ichbezogen formuliert. Am mächtigsten aber sind die Gebete, die für einen anderen Muslim vor der Kaaba in Mekka und am Grab des Propheten in Medina vorgetragen werden. Ich versprach, für die Mutter und die hochschwangere Frau, für die frisch Verheirateten und den jüngst Verstorbenen zu beten.

Am Terminal 2, zu dieser Jahreszeit »Hadsch-Terminal« genannt, verabschiedeten wir uns voneinander. Burhan, der mir bei der Vorbereitung sehr geholfen hatte, nahm mich konspirativ zur Seite.

Du wirst Sachen erleben, sagte er, die dir seltsam vorkommen werden. Die Hadschis benehmen sich manchmal wie Verrückte. Vielleicht wirst du den Sinn mancher Rituale anzweifeln: das Hinundherlaufen zwischen den Hügeln oder das Bewerfen der Säulen mit Steinen. Und du wirst dich über das Verhalten mancher Hadschis wundern. Aber du mußt verstehen, daß alles aus Liebe geschieht. Der Liebende tut manchmal unvernünftige Dinge, um seine Gefühle zu äußern, um dem Geliebten zu gefallen. Er ist heftig und hemmungslos. Worauf mich Burhan heftig umarmte und ich mich der Warteschlange anschloß.

Zuerst fiel mir die grüne Farbe auf, dann die Aufschrift: Cosmic Travel. Vor mir ein Herr mit kleinem Sohn – sein Wohlstand äußerte sich in einem Ihram aus feinem Stoff und einer eleganten Brille – schob einen Wagen mit grünem Gepäck voran. Eine Familie saß etwas abseits auf dem Boden, umringt von Cosmic-Travel-Taschen. Um mich herum waren viele, die so wie ich eine größere und eine kleinere grüne Tasche mit der Aufschrift des Reisebüros trugen. Wir gehörten alle zu einer Gruppe, wir waren alle abhängig von unseren Reiseleitern, die das Privileg hatten, jedes Jahr auf Hadsch zu fahren. Am vertrautesten von ihnen war mir Hamidbhai, ein Kettenraucher mit Tränensäcken und einer vorstehenden Unterlippe, der beim Reden den Eindruck erweckte, sogleich in den Schlaf der Gerechten zu fallen, selbst wenn es um ihn herum tobte. Er konnte schmunzeln; tief in seinen Augen schlummerte eine grundsätzliche Belustigung über die Menschen und die Welt, die gelegentlich – eher selten – in wachen Witzen zutage trat. Es war nicht einfach, ihn auf Anhieb sympathisch zu finden, und es war unmöglich, ihn nach einiger gemeinsam verbrachter Zeit nicht zu mögen.

Hamidbhai stand am Check-in-Schalter und dirigierte die Gepäckaufnahme. So leichtbekleidet die Pilger waren, so schwerbeladen machten sie sich auf den Weg. Handel zu treiben während der Hadsch ist seit jeher erlaubt; in vorislamischer Zeit strömten die Beduinen nach Mekka, nicht nur um die Götterschreine, sondern auch um den großen Markt zu besuchen, und der Prophet – die menschlichen Bedürfnisse mehr bedenkend als viele andere Religionsstifter – erlaubte diese Tätigkeit, die geeignet war, die Reise zu motivieren und zu finanzieren. Die Basmati-Säcke stapelten sich vor dem Air-

India-Schalter; die Gepäckwagen waren so überladen, daß sie sich kaum bewegen ließen. Und es waren so viele, daß die nicht handeltreibenden Pilger über Kisten und Säcke steigen mußten, um zum Schalter zu gelangen. Auch in einer Epoche, in der man in wenigen Stunden ganze Zeitzonen überspringen kann, war der Weg nach Mekka mit einigen Hindernissen gepflastert.

Hamidbhai überreichte mir eine der besseren Bordkarten. Obwohl bei Hadsch-Flügen formell nicht zwischen Business und Economy unterschieden wird, sind die Sitze auf dem oberen Deck der Boeing 747 stets bequemer; ich freute mich über das Versprechen einer geruhsamen ersten Nacht auf einer Reise, die Schlaflosigkeit garantiert. Ein Mitarbeiter des Reisebüros, der sich von Herzen mit mir gefreut hatte, als ich das Visum erhielt, bat mich inständig um ein Gebet darum, daß es ihm vergönnt sein möge, im nächsten Jahr auf Hadsch zu gehen. Ich nahm die Aufgabe an – es würde reichlich Gelegenheit geben, alle Versprechen einzuhalten. Die anderen Passagiere im Terminal 2 – Geschäftsleute mit Destination Singapur, Yoga-Touristen, die nach Paris heimkehrten – starrten uns an, verblüfft über die Männer in archaischer Bekleidung, die auf ihren Handys letzte Telefonate erledigten, während sie sich in die gewundene Schlange vor der Paßkontrolle einreihten.

Jede Reise beginnt vor ihrem Antritt, auf die Hadsch aber, die Pilgerfahrt nach Mekka, bereitet sich der Gläubige ein Leben lang vor. Von Kindesbeinen an, wenn er zum ersten Mal vernimmt, daß die Hadsch zu den Pflichten eines jeden Muslim gehört, sehnt er sich danach. Verspürt er die Verpflichtung nicht aus freien Stücken, von innen heraus, so helfen seine Nächsten nach, indem sie ihn wie jeden Muslim, der es sich leisten kann, so lange zur Hadsch drängen, bis er sich in die Notwendigkeit ergibt. Täglich wird ihm mit der Richtung jedes seiner Gebete Mekka vergegenwärtigt. Einmal im Jahr erlebt er die Aufregung und Anspannung beim Aufbruch der Verwandten mit, die er am Flughafen feierlich verabschiedet (früher am Bahnhof, am Hauptmarkt). In den Wochen vor den festgelegten Tagen der Pilgerschaft spricht der Imam in der Khutbah, seiner Predigt am Freitag, von der Bedeutung der Hadsch und von den Pflichten des Pilgers.

Das göttliche Gesetz verlangt, erklärt er, daß man seine familiären und geschäftlichen Verhältnisse in Ordnung bringt, bevor man aufbricht. Der Pilger solle ausreichend Geld für seine Familie hinterlassen und keine Schulden; selbst wenn sein Nachbar Not leidet, sagt ein Hadith, muß er die Reise aufschieben. Denn die Hadsch ist nicht nur eine individuelle Pilgerschaft, sondern auch eine Versammlung Gleicher, eine Beschwörung der Umma, der muslimischen Gemeinschaft. Am wichtigsten aber ist, daß der Gläubige sich vorab von seinen Lastern und Schwächen befreit (*Und verseht euch mit Zehrung; aber wahrlich, die beste Zehrung ist Rechtschaffenheit. 2:197*). Die Hadsch wird ihn zwar von allen Sünden reinigen, aber sie wird nicht einen besseren Menschen aus ihm machen. Wer als Lügner oder Heuchler aufbricht, wird als Lügner oder Heuchler heimkehren. Die Hadsch ist kein Selbstzweck, sie wirkt nicht an sich. Eine falsch durchgeführte Hadsch ist weniger wert als keine Hadsch. Deswegen und weil die Hadsch nicht nur ein Höhepunkt im Leben ist, sondern auch einen beachtlichen finanziellen Aufwand bedeutet, muß der Gläubige lange, manchmal jahrzehntelang, darauf sparen und in dem Jahr vor seinem Aufbruch eine Reihe spezieller Gebete und Rituale erlernen.

Ankunft

Die heilige Stadt siehst du erst,
wenn du angekommen bist.

Im ersten der vielen Warteräume des Flughafens von Dschidda wurden wir in den Sprachen der Umma begrüßt: Hoş geldiniz, Mabuhay, Selamat Datang, Hu Soo Dhawada, Bemvindo, Bienvenue, Karibuni, Sanon Dezuwa. Vor uns verließen die letzten Mitglieder einer türkischen Gruppe den Raum, auf uns folgten zentralasiatische Pilger, die sich auf russisch sowie einer mir unbekannten Sprache unterhielten. Im ersten Raum füllten wir ein Einreiseformular aus, das von einigen Beamten, die durch die Reihen gingen, kontrolliert wurde, bevor wir in den nächsten Raum hineingelassen wurden, auf Bänken Platz nahmen (links die Frauen, rechts die Männer) und nach einer Stunde unsere Einreisepapiere einem Uniformierten am Schalter vorzeigten. Computerlesbare Streifen wurden in unsere Pässe geklebt; danach durften wir in die dritte Halle vortreten, wo uns eine erheblich zügigere Zollüberprüfung in die Gepäckabholung entließ. Das Gepäck unserer Gruppe wurde von dunkelhäutigen Arbeitern auf Karren gehievt, gestapelt und hinausgeschoben. In einem letzten Schritt mußten wir vor dem Terminal an einem zu allen Seiten offenen, quadratischen Schalter die finanziellen Formalitäten erledigen. Wir gaben Schecks in Höhe von etwa dreihundert Euro ab, für die wir einen doppelseitigen Einkleber in den Paß erhielten, bestehend aus mehreren Gutscheinen, mit denen in der Folge unsere Busfahrten nach Mekka, von dort nach Medina und von Medina zurück nach Dschidda bezahlt wurden. Endlich standen wir im Freien. Es roch nach Leder, Diesel und einem Reinigungsmittel; eine letzte Brise der Nacht blies über uns hinweg. Zwischen uns und dem Himmel ahmte ein hellbeiges Dach überdimensionierte Zelte nach, unzählige Kuppeln, elegant über eine Fläche von mehreren Quadratkilometern gespannt als Teil des angeblich größten Flughafengebäudes der Welt. Die Pilger waren in Gruppen zusammengeschnürt; manche trugen schon den Ihram, andere noch ihre Landestracht. Oft folgten sie einem Fahnenträger, wie Athleten beim Einmarsch in die olympische Arena, manche Gruppen in Formation, andere in Konfusion. Sie trugen ihre Herkunft auf dem Revers oder auf dem Rücken, meldeamtliche Angaben über Provinz, Stadt und Reisegruppe, gebündelt unter einer weiteren, einer Miniaturfahne, ihr vermeintlicher Schutz gegen die Gefahr verlorenzugehen. Die Zelthalle war in nationale Areale aufgeteilt, die keiner offensichtlichen Ordnung folgten und nicht immer genau eingehalten wurden – als Inder saßen wir im pakistanischen Sektor.

Dort harrten wir sieben Stunden aus, Stunden, in denen wir nicht wußten, worauf wir warteten, in denen wir Tee mit Kondensmilch aus Plastikbechern schlürften – die ersten von unzähligen solcher Tassen. Zwischen den Zeltdächern war jeweils ein Spalt offengelassen worden, durch den die Sonnenstrahlen fielen – grelles Licht, das durch ein Netz von Kanälen über den Boden floß.

Früher, erzählte Hamidbhai, der sich in einer kurzen Pause von seinen Verhandlungen mit den Offiziellen zu uns hockte, hat die Abwicklung am Flughafen schon einmal zwanzig Stunden gedauert. Und noch früher wurden die Pilger am Hafen von Dschidda gelegentlich tagelang festgehalten.

Die Verzögerung, einst der Gier einheimischer Profiteure und osmanischer Verwalter geschuldet, verdankt sich heute dem komplizierten bürokratischen System, das die saudiarabische Regierung entwickelt hat, um die Pilger unter Kontrolle zu halten. Am Flughafen werden alle Pässe eingesammelt, und bis zur Rückkehr zu diesem Flughafen Wochen später bekommt der Pilger seinen Paß nicht in die Hand. Aber er begleitet ihn, inkognito sozusagen; er liegt mit den anderen Pässen in einem Sack neben den Fahrern und Führern, und gelegentlich verschwindet er in den tiefen Regalen amtlicher Büros in Mekka und Medina, wo ihn zu finden – wie ich erfahren sollte – ebenfalls viele Stunden dauern kann.

Die Straße von Dschidda nach Mekka dürfte die am dichtesten befahrene der Arabischen Halbinsel sein. Anfangs lag Müll am Rande der Autobahn, aufgefangen von den Gräben zu beiden Seiten, aber mit zunehmendem Abstand zur Stadt wurde die Wüste sauberer. Nach einigen Kilometern schlängelte sich die Straße über eine Kette niedriger Hügel zur Bahra-Ebene. Heller Sand kroch grimmige, abweisende Hügel hinauf. Wir fuhren der Hauptkette der Westarabischen Berge entgegen. Ein Bogen über der Autobahn in Form eines auf einem Ständer offenliegenden Korans, vierzig Tonnen schwer, bezeichnete die Grenze des Miqats, des Gebiets um Mekka herum, das man als Pilger nur im Ihram betreten darf. Später, nach erfolgten Ritualen, darf man den Ihram wieder ablegen. Doch wir im Bus trugen alle Weiß und zitterten wegen der Klimaanlage. Die Straße war schon hundert Jahre zuvor so gut ausgebaut, daß kräftige Esel die Wegstrecke in sechs bis sieben Stunden zurücklegen konnten. Bei uns dauerte es, aufgrund von Wartezeiten an Kontrollpunkten und wegen des Stoßverkehrs auf den letzten Kilometern, unwesentlich kürzer.

Wir bemerkten nicht, wann wir das Seitental erreichten, in dem die heilige Stadt zweihundert Meter über dem Meeresspiegel liegt. Plötzlich hielten wir an einer Kreuzung, um uns herum Hügel – wo auch immer man in Mekka steht, Hügel versperren einem die Sicht. Auf allen Seiten erhoben sich Häuser, kletterten die Hügel hinauf, bis ihnen die Kraft ausging und die graue Stadt grauem Felsgestein wich.

Der eigentliche Name der Stadt ist Makkah, aber wie alle Orte von herausragender geistiger Bedeutung trägt sie eine Reihe ausdrucksvoller Ehrenbezeichnungen, unter denen ›Mutter der Städte‹, ›Die Edle‹ und ›Der Ort der Gläubigen‹ zu den einfacheren gehören. Wird sie in Rede oder Schrift erwähnt, gebührt es sich, aus Respekt *Dhadaha allahu azmatan wa kerama* hinzuzufügen – Gott der Allmächtige möge Sie erhöhen.

Der Bus hielt vor dem Büro eines Muallim (auch Mutawwif genannt), einem der örtlichen Führer, dem sich jede Gruppe anvertrauen muß. Während wir im Bus ausharrten, stieg ein junger Mann zu, der uns wortlos Getränke und kleine Snacks reichte, eine organisierte Fürsorge, die sich in den Tagen der Pilgerschaft bei jedem Aufbruch, jedem Zwischenhalt und jeder Ankunft wiederholen sollte. Das war die erste Konstante, die zweite – den schreienden Saudiaraber – erlebten wir kurz darauf, als der Busfahrer eine falsche Abzweigung nahm, vielleicht weil ihn unser Reiseleiter nicht richtig informiert hatte. Wir blieben in einer Unterführung stecken, in der Pilger ausgeladen und aufgesammelt wurden. Der Zorn des Busfahrers entlud sich in einer hysterischen Explosion, einer hochoktavigen Schimpftirade. Er wurde nicht leiser, während er den Bus aus der Unterführung manövrierte, er beruhigte sich nicht, als er wendete; er kläffte wie ein Köter, bis wir unser endgültiges Ziel erreichten. Wir Pilger stiegen erleichtert aus und waren mit einem Blick versöhnt: Vor uns, keine zweihundert Meter entfernt, erhob sich die Große Moschee. Unsere Pension befand sich unmittelbar gegenüber der Haram al-Sharif, in dessen Mitte die Kaaba steht.

Besser, sagte ein Pilger hinter mir, kann man es nicht treffen.

Wir schulterten unsere grünen Taschen und versammelten uns an der Rezeption, wo wir aufgeteilt wurden – die Männer ohne weibliche Begleitung zu acht in kleine Zimmer, vier Betten an den Wänden, dazwischen vier Matratzen nebeneinander, wie ein Lager bei den Pfadfindern. Ich legte mich auf die Matratze in der Nähe von Bad und Tür und atmete durch.

Das erste Gebet

Als ich mich auf den Gebetsaufruf hin, mit einiger Verspätung allerdings, nach draußen begab, realisierte ich, daß eine sehr breite, ansteigende Straße die erste Häuserfront, zu der unser Gästehaus gehörte, von der Großen Moschee trennte. So weit das Auge reichte – die Straße hinab und über den gewaltigen Vorplatz –, war jeder Quadratmeter freier Fläche von Pilgern besetzt, die ihre Teppiche und Matten ausgebreitet hatten und sich auf das Nachmittagsgebet vorbereiteten. Es gab kaum noch Platz für Nachzügler. So erfolgte mein säumiges Gebet zwischen einer Abflußrinne und einer sudanesischen Straßenverkäuferin, die sich als einzige keinen Deut um das gemeinschaftliche Ritual scherte. Es war das erste von vielen Gebeten an scheinbar unpassenden Orten: im Schatten von Polizeijeeps, hinter Schaufenstern, an Autobahnausfahrten, in Einkaufszentren, vor Frisiersalons und neben Drainagen. Auf der Hadsch lernt man, überall zu beten, und durch das Eindringen des Gebets in die Nischen des Alltags, in die Niederungen der Banalität, verändert sich die eigene Auffassung vom Gebet, denn es tritt aus der Moschee heraus, um allgegenwärtig zu werden.

Da ich zu spät in das Gebet hineingefunden hatte, benötigte ich etwas länger als die anderen Betenden. Ich sprach gerade das abschließende Tashahhud, als sich die stille Einheit um mich herum in ein brodelndes Getümmel verwandelte. Keiner respektierte mein Gebet, wie ich es aus der Moschee in Bombay gewohnt war. Niemand achtete darauf, nicht auf meinen ansonsten als Intimbereich geltenden Gebetsteppich zu treten, mich nicht zu stören. Knie stießen mich, Füße traten auf meine Matte, Stoffe streiften meinen Kopf, mein Gesicht. Als ich mich aufrichtete, befand ich mich inmitten eines afrikanischen Straßenmarkts, samt resoluten Verkäuferinnen mit lassoartigen Stimmen, die angebotenen Stoffe, Gebetsketten, Käppis und Sandalen in Häufchen auf Tüchern ausgelegt, umringt von Pilgerscharen aus aller Welt.

Inder und Pakistani in Kurta Pajamas, der Fez aus Anatolien, Afghanen im Pathani samt schwerer Weste, das bestickte schwarze Käppi aus Taschkent, Araber aus der Golfregion in langen weißen Dschellabiya, das rot-weiße Kopftuch der Beduinen, Suaheli in Kanzus, die weichen und die starren Topis, Zentralasiatinnen in Matronenkleidern, der Hidschab als einzige Konzession an Ort und Anlaß, iranische Geistliche in wallenden Überhängen, die weißen und die farbigen Topis, unbekannte Wesen in der Burkha, die einfachen und die verzierten Kopfbedeckungen, Marokkaner in reichgesäumten Dschallabas, der aufwendige Turban der Ayatollahs, Westafrikaner in singenden Farben und breiten Boubous, die Käppis, die wie kleine Hauben aufgelegt waren, und jene, die wie Kochmützen hochragten, Türken in schweren grüngrauen Uniformen und Fellachen in Qaftan und Gubba. Und die Tücher, eintönig oder mit Farbe im Spiel, Tücher, die um den Kopf gewickelt, und Tücher, die über den Kopf gezogen waren. Die Vielfalt war unvergleichlich; sie widerlegte die Behauptung, der Islam habe in den Ländern, in denen er sich ausgebreitet hat, alle kulturellen Differenzen ausgebügelt. Obwohl vereint in einem für alle gleichen Gebetsritual (kleinere Unterschiede in Handhaltung oder Bewegungsabfolge zwischen den vier traditionellen Rechtsschulen spielen keine wesentliche Rolle), trugen alle, die nicht im Ihram gekleidet waren, weil sie die erste rituelle Etappe schon absolviert hatten, ihre traditionelle Tracht – nie zuvor hatte ich unter so vielen Menschen so wenige Hemden und Hosen gesehen. Es war auffällig, daß sich im islamischen Kulturkreis die althergebrachte, lokale Kleidung erhalten hat, nicht als Folklore, sondern im täglichen Gebrauch. In den christianisierten Gesellschaften hingegen hat sich die europäische Einheitsmode durchgesetzt, wie der Vergleich etwa zwischen den Philippinen und Indonesien zeigt. Die westlich gekleideten Filipinos hätten ausgesprochen langweilig ausgesehen neben den eleganten Indonesiern in ihren aufgeschlossenen, bunten, mal abstrakt, mal mit Blumen und Vögeln gemusterten Batikhemden, die über einen Sarong fielen, ihre Jacken mit einer Schmuckfarbe versehen, die auch das Kopf- und Halstuch der Frauen zierte.

Rituale

Kein Pilger kann jemals den ersten Anblick
der Kaaba vergessen.

Zu Fuß waren es von unserem Hotel aus keine zwei Minuten zu einem der neunundneunzig Eingänge des Harams, der allerheiligsten Zuflucht. Wären da nicht die Strömungen der Menschenmassen gewesen. So dauerte es eine Viertelstunde, bevor wir – von der Menge abgetastet und schließlich durchgelassen – ins Innere der Großen Moschee gelangten. Hamidbhai, den ich nach dem Nachmittagsgebet auf dem Bürgersteig traf, hatte mir angeboten, mich durch die erste rituelle Aufgabe zu geleiten. Zwei weitere indische Pilger gesellten sich zu uns; zusammen bahnten wir uns einen Weg durch die dichte Menge. Die Hand auf der Schulter des Vordermannes war unsere einzige Navigationshilfe. Frauen knoteten oft ihre Schleier aneinander, um sich nicht zu verlieren, oder verschränkten mit unnachgiebiger Kraft ihre Hände, so daß es unmöglich war, durch eine geschlossene Gruppe zu gelangen. Wir klammerten uns aneinander und wiederholten den Pilgerruf, den Hamidbhai intonierte: *Labbayk Allahumma, labbayk; laa sharika laka labbayk ...*, bis wir die stakkatoartig vorgetragene Lobpreisung im Chor sprachen.

Vor dem Eingang zog mich Hamidbhai zu sich und sagte eindringlich: Der Wunsch, den du äußerst, wenn du das erste Mal die Kaaba erblickst, wird sich erfüllen. Du mußt jetzt die Augen nach unten richten. Blicke erst auf, wenn ich es dir sage.

Ich ließ meine Sandalen am Eingang zurück, dort, wo sich Tausende andere Paare häuften, und trat barfuß durch das Abdul-Aziz-Tor, allein den marmornen Boden im Blick. Von der Menge geknetet, in Eigenlautstärke den Pilgerruf rezitierend, aufgeregt wie vor einer großen Prüfung, schritt ich langsam voran, mich enger und enger in das Gebet hüllend, um mich herum Stimmen, einzeln, im Chor.

Vor der Moschee hatten wir ein wenig drängeln, ein wenig schubsen müssen, um nicht weggeschwemmt zu werden, drinnen mußten wir kämpfen. Offensichtlich achtete kaum ein Pilger auf die Beschwörungen der Führer, rücksichtsvoll zu sein, niemanden zu stoßen, sich nicht grob, rüde, egoistisch zu verhalten, in einem Wort: nicht zu sündigen. Die Menschendichte zwang einen, sich gegen seinen Nächsten zu behaupten, die Mißachtung breitete sich aus wie ein Infekt. Ein Teil von mir spürte eine aggressive Panik aufkommen, der andere Teil schwebte.

Bete darum, sagte Hamidbhai, während wir Treppen hinabstiegen, bete darum, daß du immer nur um das Richtige beten wirst. Bete um die Angemessenheit deines Gebets.

Und dann, einige *Labbayk*-Zyklen weiter, sagte er: Nun schau auf.

Der Anblick war ergreifend. Unmittelbar. Ohne Betrachtung oder Reflexion. Die einfache Form der Kaaba, das schwarze Brokat – die Kiswah, schön wie ein Brautschleier –, der pilgergesättigte Innenhof, der Strudel um den unbeugsamen Kubus herum. Die Atmosphäre von Erregung und Beglückung, aufgeladen mit den Lebensträumen, die sich in diesen Augenblicken verwirklichten. Und ohne nachzudenken, ohne mich vorbereitet zu haben, kam in mir ein bestimmter, klarer Wunsch auf, und meine Augen füllten sich mit Tränen. Wir stiegen vorsichtig über die vielen Menschen, die sich am

Rande des Innenhofs niedergelassen hatten und den Zugang zur Kaaba blockierten, und überließen uns dem Strudel, um das Tawaf zu absolvieren, das siebenmalige Umkreisen der Kaaba.

Fast lösten wir uns auf in dem Gedränge, die Kaaba aber, die wir während des Tawaf eigentlich nicht anblicken sollten, blieb ein ruhender, ein verläßlicher Mittelpunkt. Ihre Ecken zeigen in die vier Himmelsrichtungen. Früher waren sie nach den großen Karawanen benannt, nach Jemen, Syrien, Irak und Ägypten. Die kleine goldene Tür in dem grauen Kubus war verschlossen (einmal im Jahr wird sie für die zeremonielle Reinigung mit Rosenwasser in Gegenwart des saudischen Königs geöffnet), und nichts verzierte den Bau außer das schwarze Kiswah-Tuch, das an den Enden hochgeschlagen war, um die Hadsch-Zeit anzudeuten, vielleicht aber auch, um es vor den vielen gierigen Pilgerhänden zu schützen.

Wir waren am äußeren Rand des Gedränges. Es war undenkbar, die ersten drei Umrundungen wie vorgeschrieben im Laufschritt zu bewältigen, die »Brust herausgestreckt wie ein tapferer Soldat«, die rechte Schulter freigelegt. Die Umrundung beginnt dort, wo der Schwarze Stein eingefaßt ist, dieses mysteriöse Relikt aus Urzeiten – ein Meteorit vielleicht, laut Legende einst weiß wie Kalk, aber von den vielen sündigen Lippen und Händen, die ihn im Laufe der Zeit berührt haben, dunkel geworden. Ein fußbreiter Streifen, der auf dem Marmorboden von dem Schwarzen Stein nach Osten führt, markiert Anfang und Ende des Tawaf, und jedesmal, wenn wir eine Runde vollendeten, hielten wir an und hoben die offenen Handflächen in die Höhe, um die Segnung, die von dem Stein ausgeht, zu empfangen, riefen *Bismillah Allahu Akbar* aus und küßten unsere eigenen Hände.

Die Aufregung der Menge brach durch meine Gebete. Wir taumelten, jemand klammerte sich an meine Schulter, jemand riß mir das obere Tuch fast weg, wir holten kollektiv Luft. Einige Handflächen vor uns fuchtelten Männer mit den Armen, verzweifelt bemüht, die Menge umzuleiten. Auf dem Boden lag eine ohnmächtige Frau, umringt von Pilgern, die hektisch versuchten, einige Sanitäter auf sich aufmerksam zu machen.

Wir hatten erst mühsam zwei Runden vollbracht, als zum Nachtgebet gerufen wurde. Ein Wunder geschah: Das wilde, tosende, schnellende Kreisen erstarb, ein jeder nahm seine Position ein und fand die rechte Haltung zu seinen Brüdern und Schwestern, die ihn umgaben; eine Stille kristallisierte sich heraus, aus der sich eine gedrechselte Stimme hinaufschwang und das Gebet eröffnete.

Könnte man die ganze Welt zur Gebetszeit mit einem Blick erfassen, so würde man die konzentrischen Kreise der Betenden erkennen, die sich zur Kaaba hin ausrichten. Beim Gebet bildet die Umma, die Gemeinschaft aller Muslime, ein islamisches Ornament, und wir standen und knieten nur ein Dutzend Schritte von dem Mittelpunkt dieses lebendigen Musters entfernt.

Nach dem Gebet erhoben wir uns sofort; ein Verbleiben im persönlichen Gebet, wie üblich, wäre angesichts der aufbrausenden Fluten gefährlich gewesen. Bald waren spürbar weniger Pilger unterwegs, das Tawaf verlief ohne weitere Unterbrechung. Wir wichen Sänften aus, auf denen die Gebrechlichen im Laufschritt um die Kaaba herumgeschleppt wurden. Ich stieß gegen einen Pilger, der die Gebete vom Blatt ablas – manche Gruppen folgen einem Vorbeter, dessen einzeilige Rufe sie im Chor wiederholen. Ich wurde überholt von einem Araber, der eifrig telefonierte und sein Gespräch nur unterbrach, um ein *Bismillah Allahu Akbar* vorzubringen. Auf der letzten Runde umarmte mich ein alter Mann aus dem Norden Pakistans, und wir taumelten zusammen weiter, trunken vor Freude, unsere Gebete sowie unsere Schritte einander angepaßt, und für eine Weile war mir der Mann Großvater und Bruder zugleich.

Nach dem Tawaf sollte man eigentlich am Maqam Ibrahim ein kurzes Gebet ausführen, an der Stelle, wo Ibraham (der biblische Abraham) einst gestanden hat – sein Fußabdruck ist in dem Stein zu erkennen. Aber angesichts des Gedränges wäre es rücksichtslos gewesen, sich dort auf den Boden zu werfen, zudem völlig unpraktisch und dem Gebet wenig zuträglich. Wir beteten, etwas entrückt, neben dem heftigen Schluchzen zweier Männer, ein jeder von ihnen auf seine Art überwältigt von dem Ort und dem Augenblick – losgelöst von dem Liebeswahn der Menge, wirkten sie gebrechlich und unsicher.

Zur Zam-Zam-Quelle, heute unterirdisch gelegen, gelangten wir nicht, weil die Menge uns fortriß. Aber in der Moschee fanden sich viele beigefarbene Behälter voller Wasser mit zwei Reihen Plastikbechern davor – links die sauberen, rechts die benutzten. Es war ein schmackhaftes Wasser, stark mineralhaltig und vielleicht deswegen von manch einem früheren Pilger als brackig und faul bezeichnet, von dem man so oft und so viel trinken sollte, wie man kann. Meine Ulema-Brüder hatten keinen anderen Wunsch geäußert, als daß ich ihnen etwas von diesem gesegneten Wasser mitbringen möge, mit dem sie etwa bevorzugt das Fasten zu Ramadan brechen. Früher wurde das Zam-Zam-Wasser teuer verkauft, heute ist es kostenlos – man muß nur für den Behälter zahlen.

Das anschließende Saay (»Das Rennen«), die sieben Weg-strecken zwischen den Hügeln Safa und Marwa, hatte in der Beschreibung geklungen wie ein Härtetest in einem ausge-dörrten Tal, wie eine Selbstkasteiung, wie eine Buße durch Entbehrung. In Wirklichkeit durchquerten wir nur eine der Seitenhallen der Moschee und traten in einen etwa zweihun-dert Meter langen Gang, der zwar etwas abschüssig verlief und in der Ferne wieder anstieg, ansonsten aber eher einem Korridor zwischen zwei Messehallen oder einem Hotel in Las Vegas ähnelte. Lange Neonröhren an den Seiten warfen ein steriles Licht über die Pracht und die Farbe des Marmors, von der Decke hingen zur Verschönerung elaborierte Kronleuch-ter. Die »Gipfel« der Hügel waren in ihrer natürlichen Form belassen. Wir konnten den schwarzen Fels unter den Fersen spüren, als wir uns zur Kaaba wandten und das vorgegebene Ausgangsgebet sprachen, ehe wir uns auf den polierten Geh-weg begaben. Die zwei schmalen, eingefaßten Spuren in der Mitte des Ganges waren für Rollstuhlfahrer gedacht, wurden aber auch von den laufstärkeren Pilgern benutzt. Während ich mit meinen indischen Brüdern gemächlich dahinspazierte, sah ich aus dem Augenwinkel elegante afrikanische Gestalten vorbeischweben, in stolzen langen Schritten, die Arme wie Sensen geschwungen, und in ihren Gesichtern glaubte ich eine gewisse Geringschätzung zu erkennen für jene, die dem Saay weniger physischen Einsatz widmeten.

Die Legende, die diesem Ritual zugrunde liegt, reicht weit zurück, bis tief in die Urgeschichte jener Familie, die alle drei monotheistischen Religionen als Ahnen ansehen, der Fami-lie Ibrahims. Die Mutter seines ersten Sohnes Ismail (Ish-mael), die verstoßene Hajra (Hagar), wurde mit ihrem klei-nen Kind in der Wüste ausgesetzt, bewaffnet nur mit einem starken Gebet. Sie stieg auf den Safa-Hügel, um nach Wasser

Ausschau zu halten, dann rannte sie zu dem Marwa-Hügel und so hin und her, der Verzweiflung mehr gehorchend als dem Verstand, bis sie schließlich, der Selbstaufgabe nahe, erkannte, daß der Kleine mit seinem Stock verspielt gegen die Erde geschlagen hatte und an ebendieser Stelle Wasser herausschoß.

Dort, wo Hagar einst ein steiniges, ausgetrocknetes Flußbett zu durchqueren hatte, sollte jeder Hadschi in Erinnerung an ihre Mühsal seinen Schritt beschleunigen – die dreißig Meter lange Teilstrecke wird durch zwei grüne Neonlichter angezeigt. Frauen müssen nicht laufen, aber eine Gruppe von Nigerianerinnen ignorierte solch unangebrachte Rücksicht auf ihr Geschlecht und flog jauchzend von einem Lichterrand zum anderen.

Vor einer Generation noch, erzählte Hamidbhai, sei das Saay nicht überdacht gewesen, und entlang des Weges erstreckten sich Geschäfte. Seine Eltern seien auf Sand gelaufen und hätten auf dem Weg Geschenke eingekauft. Überhaupt sei die Hadsch viel bequemer geworden, wie jene, die vor zehn oder zwanzig Jahren gepilgert seien, bestätigen könnten. Fast schon zu gemütlich. Denn etwas Mühsal dürfe schon sein, wenn einem alle Sünden erlassen werden. Wer Großes anstrebt, muß große Opfer erbringen, schrieb Ibn Jubayr im zwölften Jahrhundert.

Da es erlaubt ist, das Saay zu unterbrechen (für Stunden, sogar für mehrere Tage), machten wir nach drei Teilstrecken Rast, draußen neben einem Seiteneingang auf den Stufen einer Frisörzeile. Vor jedem Laden stand ein Barbier, eine Klinge zur dramatischen Betonung in der Hand, der lautstark um die Gunst der frischgekürten Ritualabsolventen buhlte. Das Abrasieren des Schopfes war die abschließende Verpflichtung, aber wie so oft auf einem Bazar unterschieden sich die vielen kleinen Läden vordergründig durch nichts voneinander, so daß die Entscheidung, welchen Salon der Ortsfremde aufsucht, von der Bestimmtheit oder dem Charme der Barbiere abhing. Hamidbhai warnte vor diesen Pfuschern, die sich in ihrer Hast oft blutig verschnitten (eine Million Köpfe sind zu scheren), und empfahl statt dessen einen Frisör neben unserem Hotel, einen Landsmann natürlich, der in vielen Einsätzen den Ruf erworben hatte, wenig Blut zu vergießen. Ich hätte auch eine leichtere Alternative wählen können – das Abschneiden von nur einer Locke, wie es den Frauen aufgetragen ist –, aber solche Auswege beinhalten stets einen Verlust an Segen und Ansehen.

Unsere Umrah, die »Kleine Hadsch«, endete eine Stunde später mit einem kahlrasierten Schädel (der Barbier lobte mich, als ich die Klinge dem Rasierapparat vorzog), vielen Glückwünschen und Umarmungen sowie einem mitternächtlichen Mahl im Zimmer von Hamidbhai, der mir zuvor ein neues Paar Sandalen geschenkt hatte, weil er sich für mein unauffindbares Schuhwerk verantwortlich fühlte. Mit der Umrah hatten wir jene Rituale absolviert, die der Besucher in Mekka zu jeder Jahreszeit zu erfüllen hat; wir konnten den Ihram wieder ablegen. Nun waren wir bereit für den Hauptteil der Hadsch, jener festen Verabredung mit Gott und der Gemeinschaft der Gläubigen.

Vorbereitungen

Meine Vorbereitung auf die Hadsch hatte in einem kleinen
Raum nahe dem Crawford Market begonnen, einem dichtbesiedelten, quirligen, überwiegend muslimischen Viertel
Bombays. Es war Dezember, und die fliegenden Händler auf
der Straße, die vom Markt zur Freitagsmoschee führt, boten
Weihnachtsbäume an, aus China und aus Plastik. Am Eingang zu dem Gebäude, das ich gesucht hatte, stand ein Chaiwallah, ein Teeverkäufer, den ich in den nächsten zwölf
Monaten gut kennenlernen sollte, wenn er schmale Teeglä-
ser und Blechtassen mit Wasser in einer Drahttrage in den
ersten Stock hinauftrug und wartete, während wir in drei
Schlucken und im Sitzen zuerst das Wasser und dann den Tee
tranken. Er kochte den Tee samt Milch, Zucker und einer
Gewürzmischung in einem großen Topf vor dem Hausein-
gang; er war dort zu jeder Tageszeit, ein grimmiger Mann,
der einige Zeit brauchte, bis er mich zu grüßen begann. Die
Treppe knarzte über ihr Alter, das Haus war wie oft in Bombay außerhalb der einzelnen Wohnungen und Büros eine
Ruine. Eine Arztpraxis befand sich im ersten Stock, daneben
war das Büro der Organisation Markazul Maarif. Ich klopfte,
die Tür wurde mir geöffnet von einem jungen Mann, der wie
alle jungen Männer, mit denen ich das kommende Jahr verbringen sollte, einfache weiße Kurta Pajama und einen unge-
bändigten Bart trug.

Er begrüßte mich freundlich und führte mich hinein. Das Büro war aufgeteilt in einen großen Gemeinschaftsraum mit sechs Computerplätzen entlang der linken Wand, einem breiten und übervollen Bücherregal an der Wand gegenüber sowie einer abgetrennten Stube am Ende des Raumes, klein, aber klimatisiert: das Büro des Geschäftsführers. Ich kam mit einer Empfehlung eines ebenso berühmten wie aufgrund seines freien Denkens beargwöhnten muslimischen Journalisten und Aktivisten, und mir wurde ein kühler, distanzierter Empfang bereitet. Ich erzählte von meinem Interesse am Islam, der junge Leiter stellte seine Organisation vor. Sie widmete sich der Sozialarbeit und betrieb Waisen- und Krankenhäuser im Nordosten des Landes. In Bombay bestand ihre Aufgabe vor allem in der bald abgeschlossenen Ausbildung von zehn jungen Ulema, Schriftgelehrten, die in allen religiösen Fragen sehr kundig waren, nun aber auch eine solide Kompetenz in Englisch und am Computer erwerben sollten. Sie hatten schon zwei Jahre intensiv studiert, sprachen fließend Englisch und beherrschten Textverarbeitung ebenso wie den Umgang mit dem Internet. Die Organisation hoffte, daß diese jungen Männer eines Tages in der Lage sein würden, gut verständliche Artikel auf englisch zu schreiben, um der fehlenden oder falschen Information über den Islam in der indischen Öffentlichkeit zu begegnen.

Jetzt müssen wir sie eine Stufe höher bringen, sagte der Geschäftsführer.

Es brauchte nur dieses einen Gesprächs, da hatten wir eine Vereinbarung getroffen: Ich würde den zehn jungen Männern gekonntes Schreiben beibringen und im Gegenzug ein profunderes Verständnis des Islam gewinnen. Es war ein gutes Geschäft, ganz im Sinne des Propheten: praktisch, sinnvoll und ehrenwert.

Du mußt verstehen, sagte der Geschäftsführer Burhan, wir haben kein anderes Interesse an dir, als daß du uns behilflich sein kannst. Wir werden eine Übereinkunft schließen. Alles Weitere hängt davon ab, daß beide Seiten sie einhalten. Dann forderte er meinen Paß und meine Aufenthaltserlaubnis ein, um sie zu photokopieren.

Als islamische Organisation, erklärte er, müssen wir uns absichern. Wir stehen unter Beobachtung des indischen Geheimdiensts, der uns jederzeit Fragen stellen kann. Wir müssen sichergehen, daß wir diese zufriedenstellend beantworten können. Heutzutage haben die Leute viel Mißtrauen und Angst, wir müssen vorsichtig sein.

So kamen wir zusammen, die zehn jungen Männer, die allesamt den Namen Qasmi führten, und ich, der ich einige Monate »Sir« oder »Respected Teacher« geheißen wurde, bis wir uns so nahestanden, daß ich sie überzeugen konnte, mich gelegentlich auch Ilias zu nennen (die muslimische Variante der vielen Schreibweisen des Propheten Elija). Dreimal die Woche trafen wir uns. Einer von ihnen, als Mufti auch in Rechtsangelegenheiten eine Autorität, wurde mein persönlicher Lehrer (auch wenn alle anderen jederzeit als seine Assistenten bereitstanden). Nach einer Stunde tauschten wir die Rollen, und ich unterrichtete sie, in einem engen Klassenzimmer mit tiefer Decke, das ihnen auch als Bibliothek und Aufenthaltsraum diente.

Die Kaaba

Manche Bauten überwältigen das Auge, einige, wenige, überwältigen den Verstand. Die Große Moschee zu Mekka ist mit ihren unzähligen Eingängen und Säulen, Rundungen und Fluchten, Ecken und Nischen, mit ihren insgesamt hundertunddreißigtausend Quadratmetern nicht nur unfaßbar groß, die sich wandelnden Sichten, die sich dem Pilger bei jedem Besuch eröffneten, künden von der Unermeßlichkeit Gottes. Die reine Architektur läßt sich schwer beurteilen, so sehr verschmilzt der asymmetrische Bau mit dem Pilgervolk. Die Choreographie der Rituale überflutet das Grau und Weiß und Grün, verdeckt die neun Minarette und die sieben Kuppeln. Wenn Architektur mit Leben gefüllte Substanz ist, dann gehört die Große Moschee zu den schönsten Bauwerken der Menschheit.

Die Gänge, die Bögen, die Kuppeln, die Galerien, sie sind imposant, aber ohne die Kaaba, eindrucksvoll ob ihrer Einfachheit, wären sie wirkungslos. Die goldene Stickerei auf dem schwarzen Stoff erscheint einem fast ein Zuviel an Ornament, eine Ablenkung von der reinen, kubisch gefaßten Idee. Das Symbol wird fortwährend bestätigt durch die Pilger, die zu jeder Tages- und Nachtzeit wie Planeten diese Sonne umkreisen (oder wie Elektronen den Atomkern) und mit jedem ihrer Schritte das rechteckige Objekt menschlich aufladen. Aus dieser Wechselwirkung entstehen erst das Bayt

Allah, das Haus Gottes, und die Umma, die Gemeinschaft der Gläubigen. Es ist wie mit dem heiligen Text: Er benötigt die Hingabe, die Moralität des Lesers, um lebendig zu werden. Die Offenbarung ist in ein menschliches Gefäß gegossen, die Sprache, und somit abhängig von der Kraft und der Wirkung, die ein jeder aus ihr schöpfen und ihr verleihen kann.

Als einzige Moschee auf der Welt ist sie wegen der vorgeschriebenen Ausrichtung zur Kaaba rund. Immer wieder erweitert und einige Male in ihrer Geschichte nach Zerstörungen völlig neu errichtet, wurde sie in den sechziger Jahren des letzten Jahrhunderts für mehr als hundert Millionen Dollar erweitert. Sie steht aber auf einem Gelände, das seit Jahrtausenden bebaut ist.

Denn so neu die Bausubstanz des modernen Mekka ist, so alt ist der Ort selbst, der seine Existenz dem Zam-Zam-Brunnen verdankt, einer Lebensader in der unerbittlichen Wüste. Die Kaaba wurde auf Gottes Befehl hin errichtet von Ibrahim, so wird im Koran berichtet. Der sakrale Bau, den wohl von Beginn an ein heiliges Territorium umfaßte, entwickelte sich zu einem wichtigen Ziel vorislamischer Pilgerschaft. In der Kaaba wurde eine Vielzahl von Idolen, Projektionen unterschiedlicher Kulte, aufbewahrt, darunter auch eines, das Al-Llah genannt wurde. Dieser Pantheon war von pragmatischer Großzügigkeit geprägt: Unter den Heiligenfiguren befanden sich auch Venus und die Jungfrau Maria, Zeugnisse eines lebhaften religiösen Zusammenflusses. Eine Handelsmetropole bildete sich um dieses Pilgerziel herum – schon zu Lebzeiten des Propheten wies sie eine rege Urbanität auf. Die Bräuche und die Verhaltensregeln waren noch nomadisch geprägt, das Leben aber schon städtisch, die Gebäude aus festem Lehm. Mekka war reich, aber der Reichtum war sehr ungleichmäßig verteilt; Mekka war tolerant gegenüber Göttern, aber ungnädig gegenüber Frauen und Waisenkindern, die keine Rechte besaßen.

Vielleicht verlief der Übergang von nomadischer zu urbaner Kultur ähnlich überhastet wie der Übergang von Beduinenzelten zu Betonpalästen, den die Saudiaraber vor einer Generation durcheilten. Die Folge war heute wie damals eine zerrissene, ungerechte, gewalttätige Gesellschaft, und die Offenbarung Gottes an seinen Gesandten mit ihren revolutionären Konzepten muß in dieser Krise die Wirkung einer Explosion gehabt haben. Der Clan der Quraish, Monopolisten der Einnahmequelle Kaaba, befürchtete, die neue Religion würde ihn seiner Privilegien berauben. Doch nach seinem Sieg über Mekka ließ der Prophet, stets ein kompromißbereiter Führer, die Pilgerschaft zur Kaaba fortbestehen; er fügte sie samt einiger ihrer althergebrachten Elemente wie dem siebenmaligen Umrunden und dem Laufen zwischen den Hügeln Safa und Marwah in die Pilgerreise der neuen Zeit – die Hadsch – ein.

Am zweiten Tag ging ich die Treppen hinab zur Zam-Zam-Quelle; es war sehr schwül und sehr voll. Auf der linken, unteren Seite befand sich hinter einer Glaswand eine hochmoderne Pumpstation. Einige Pilger standen davor, doch sie zeigten kein Interesse für die Kolben, sie beteten eifrig, wie ich erst erkannte, als ich mich neben sie stellte. Es war von einer unfreiwilligen Komik, denn das gesegnete Zam-Zam-Wasser war nicht zu sehen, nur eine technische Installation aus Röhren, Hähnen, Behältern und Ventilatoren. Gebildete Muslims betonen immer wieder, weder das Zam-Zam-Wasser noch der Schwarze Stein dürften angebetet werden – das sei Shirk, Vielgötterei, Animismus –, doch in den heftigen

Gebeten zu meiner Linken zeigte sich der Drang, den eigenen Aberglauben zu befriedigen, Ausdruck der Unfähigkeit, die reine Lehre zu leben, den objektbefreiten Monotheismus.

Begleiter

Die Männer, mit denen ich das Zimmer teilte, waren wohlhabende, in der Mehrzahl selbständige Geschäftsleute: zwei Teilhaber einer Firma, die Damenkleidung exportierte, ein Freund von ihnen, der Spielsachen importierte, und ein Bekannter, der einen Kurierservice betrieb. Sie waren alle jung, um Ernsthaftigkeit bemüht, aber von den Angeboten der Hadsch nicht immer ausgefüllt. Ihre Gespräche, wenn sie nicht die komplexen rituellen Anforderungen betrafen, waren profan: Kricket, Autos, Witze. Zwei von ihnen verbrachten Stunden in den Labyrinthen eines Geschicklichkeitsspiels auf ihrem Nokia. Wie die meisten Pilger waren sie von der Aufgabe, mehrere Wochen lang wie Geistliche zu leben, überfordert. Die Ratgeber verlangten von ihnen, den Tag mit Gebet und Koran-Rezitation zu verbringen, und warnten sie vor überflüssigen oder gar bösen Worten. Aber eine Unruhe erfaßte die Pilger, und sie glitten ins Schwätzen ab – es war ein zu großer Sprung vom gehetzten modernen Städter zum weltabgewandten Fakir.

Meine Zimmernachbarn äußerten die übliche Wertschätzung von Ilm, dem rechten Glauben, begnügten sich aber mit Schmalspurkenntnissen über den Islam, mit Legenden und Parabeln. Sie wähnten sich in ihrer Ignoranz sicher, weil sie sich an die Gesetze hielten. Sie waren unter den Pilgern keine Ausnahme. Während der gesamten Hadsch habe ich keinen

Pilger ein religiöses Buch lesen sehen. Vorträge hingegen – informativ und anregend – sind gerade für organisierte Gruppen fester Bestandteil ihres Programms. Und der heilige Koran, den viele in der Moschee vor oder nach dem gemeinschaftlichen Gebet auf einem Miniaturpult aufschlagen, wird weniger gelesen als rezitiert, ein gesegneter Akt an sich, bei dem der Gläubige in einem der sieben etablierten Vortragsstile und forschem Tempo halblaut daraus vorliest. Massenhaft konsumiert werden hingegen die Broschüren mit den notwendigen Gebeten, die besonders geschätzt werden wegen der enthaltenen Übersetzungen, doch Gebete bergen wenig Wissen.

Abu Sufiyun, dessen Zigaretten ich rauchte, wenn mich die Sucht überkam, war der Kommissar, der mich immer korrigierte. Wenn er mich betrachtete, hatte ich den Eindruck, daß er mit einem Zollstock abschätzte, ob ich den religiösen Traummaßen entsprach. Jeder meiner Mängel, meiner Fehler gab Anlaß zu einer Stegreifpredigt. Er war ein gesetzestreuer Mann, dem noch nie eingefallen war, daß Gesetze Ausdruck einer Sinngebung sein könnten.

Gesetze sind Gesetze, sagte er. Da gibt es nichts zu mögen oder zu verstehen.

Seine Strenge sollte vielleicht seine frühere Lebensweise kompensieren. Bis vor einigen Jahren war er ein Bonvivant gewesen, der sich mit seinen Freunden exzessiv vergnügt hatte. Er kannte die hedonistische Seite Bombays und zeigte dieses Wissen mit Stolz vor, als würde es – Ausdruck früherer Verfehlung – zur Folie reichen, vor der sich seine Wandlung besonders eindrücklich abhob. Nun zeichnete er sich durch einen Vollbart und alle anderen äußerlichen Merkmale eines Strenggläubigen aus. Und der Hornhautklumpen auf dem Spann seines linken Fußes bezeugte das beharrliche Gebet –

bei der korrekten Sitzhaltung, die viele Gläubige aus Bequemlichkeit nicht einnehmen, verlagert man sein Gewicht auf das linke, das untergelegte Bein, denn die Zehen des rechten Fußes sind aufgestellt und leicht umgeknickt. Die äußeren Merkmale, verkündete er, als ich deren Notwendigkeit anzweifelte, würden den Glauben stärken. Die jungen Wilden, die eifrigen Handybenutzer Nadim, Salman und Sohrab, hörten auf ihn, schienen sich aber noch auf dem Spielfeld der Kompromisse zu tummeln.

Am anderen Ende des Zimmers schlief ein älterer Herr mit dem gesegneten Nachnamen Ghalib auf einem der Betten und neben ihm auf dem Boden sein Sohn, beschäftigt in Dubai als Einkaufsleiter einer Fabrik. Mr. Ghalib, ein pensionierter Ingenieur von Air India, war ein hochrangiger Gewerkschaftsfunktionär gewesen, der zu Kongressen nach Los Angeles und Frankfurt gereist war und der sich eine gewisse Haltung – eine Mischung aus Skepsis und Eigensinn – bewahrt hatte, die ihn von den anderen unterschied. Sein Sohn, den ich nach einigen herzlichen Gesprächen wie alle seine Freunde Amir nennen durfte, hatte Business Management studiert, der andere Sohn war wie der Vater Ingenieur. Sie formten eine unter muslimischen Indern überdurchschnittlich gebildete Familie, durch die ein Riß ging, der bezeichnend war für die Konflikte derer, die versuchten, Glauben und Bildung zu vereinbaren.

Sein Vater habe die Hadsch seit dem Tod seiner Ehefrau immer wieder hinausgezögert, sagte mir Amir eines Tages, und es klang so, als spreche er von einem unvernünftigen Kind. Er habe den Vater gedrängt, immer wieder gedrängt, bis er schließlich seinem Bruder aufgetragen habe, die Hadsch zu organisieren, alles zu bezahlen und den Vater vor vollendete Tatsachen zu stellen. Er selbst sei aus Dubai zuerst nach

Bombay gereist, um sicherzustellen, daß der Vater auch tatsächlich das Flugzeug besteigen würde. Es herrschte ein angespanntes Verhältnis zwischen ihm und seiner Familie. Mit einem seiner Brüder hatte er jahrelang nicht gesprochen. Die Spannungen hatten zwei Gründe: Als Amir das erste Mal ins Ausland gegangen sei, habe er viel Geld verdient, erzählte er, »viel zu viel Geld«; das habe die Familie belastet. Den zweiten Grund sprach er nie aus, aber er stand offenkundig in Zusammenhang mit dem religiösen Wandel Amirs, dem die Gebete und Gebote nicht immer heilig waren, der im College ein Rabauke gewesen sein mußte, vor dem sich die Dozenten so sehr fürchteten, daß sie auf die andere Seite des Korridors auswichen, wenn er ihnen entgegenkam. Der ein Kettenraucher gewesen war und vielleicht auch Alkohol getrunken hatte (aus angedeuteten Beichten wird man nicht immer schlau), bis er eines Tages eine Wandlung erlebte.

Von Disziplin und Form

Von den fünf Pflichten eines Muslims wird die Hadsch meist zuletzt aufgezählt; an erster Stelle steht das Glaubensbekenntnis, dann folgt das Gebet fünfmal am Tag. So klar und einfach das Glaubensbekenntnis ist – *Laa ilaaha illallaahu Muhammadur rasuulullahi*, Es gibt keinen Gott außer dem Einen, und Mohammed ist sein Botschafter –, so schwierig, fast unergründlich schwierig ist das Gebet.

Nachdem ich anhand eines Textes über Al-Andalus überprüft hatte, wie gut das Englisch meiner neuen Schüler in Bombay war (beeindruckend gut, und ihr Enthusiasmus war groß), überprüften sie, zwischen Bücherregal und Pult, meine Kenntnisse über das Gebet und befanden sie als so mangelhaft, daß sie ein Lachen herauspreßten, um die peinliche Situation zu überspielen. Von Anfang an waren sie vorbildlich höflich und zuvorkommend. Der Lehrer durfte nicht in Verlegenheit gebracht werden, auch wenn er sie selbst verschuldet.

Schon mein Wazu, die rituelle Waschung vor jedem Gebet, war ungenügend. Zwar war ich zum Schluß an Händen und Füßen ausreichend sauber, aber nicht das Resultat ist vorrangig, sondern die Art, wie es erzielt wird. Wir saßen in der Freitagsmoschee am Rand des Beckens, in dem ellenlange rote Fische schwammen; wir tauchten unsere Hände ins Wasser, ließen das selbst an heißesten Tagen kühle Wasser hindurchgleiten; wir säuberten unsere Finger aufmerksam, bedächtig; wir nahmen einen Schluck Wasser, spülten den Mund aus; wir zogen Wasser in die Nase hinein und schneuzten uns mit der linken Hand; dann schöpften wir Wasser und führten es zum Gesicht. Dreimal wäscht man das Gesicht und danach dreimal die Arme, vom Ellenbogen bis zum Handgelenk, und etwas auszulassen bedeutet, die Gültigkeit des Gebets zu gefährden. (In dem Waschraum eines Einkaufszentrums in Mekka vergaß ich – gehetzt und abgelenkt –, meinen rechten Ellenbogen zu waschen, woraufhin mich jemand von hinten anstieß und mich auf meinen Fehler hinwies.) Auf die Arme folgt der Kopf. Drei zusammengedrückte Finger gleiten über das Haar bis zum Nacken, dann streichen die Handballen an den Seiten des Kopfes zur Stirn zurück. Schließlich werden die Ohren gewaschen. Das Wazu endet mit dem ausgiebigen Schrubben der Füße, der schmutzigsten Körperteile im Land von Hitze und Sandalen.

Gewiß ist Hygiene ein wichtiges Motiv für Wazu, aber die zwingend vorgeschriebene Waschung hat auch einen spirituellen Grund. Mit jeder meiner Reinigungen begriff ich klarer, wie mit dem Wazu auch der Alltag abgewaschen wird, wie man durch die aufwendigen Abläufe zur Ruhe kommt, wie die Nässe erfrischt und belebt und man schließlich in einem gesammelten und beglückten Zustand zum Gebet schreitet.

Im Vergleich zum Gebet selbst nimmt sich das Wazu wiederum einfach aus. Es gibt Bücher, die sich nur dem Salah widmen, und sie führen unzählige Möglichkeiten auf, Fehler zu begehen. Die Körperhaltung ist wichtig, die Bewegungen sind wichtig, die Geschwindigkeit, in der sie ausgeführt werden, ist wichtig, und natürlich ist die innere Einstellung wichtig. In den ersten Wochen wurde ich gerügt, weil ich meine Hände nicht richtig über den Knien gehalten (die Finger auseinandergestreckt) und auch nicht richtig auf den Boden gelegt hatte (Finger zusammengedrückt und nach vorne zeigend), weil ich meine Ärmel nach dem Waschen nicht hinuntergerollt und meine Arme beim Knien nicht vom Oberkörper weggedreht hatte, weil ich beim Stehen den Kopf nicht gesenkt und beim Sitzen nach oben geblickt hatte. Meinen Lehrern entging kaum etwas, und nach dem Gebet mußte ich oft im Innenhof nachsitzen. Besonders aufmerksam und streng war Shihabuddin, mein persönlicher Lehrer. Er war der Ansicht, daß man zuerst die Gesetze des Islam richtig lernen sollte, bevor man ihren Sinn hinterfragte, und da ich eher zur umgekehrten Herangehensweise neigte, mußte er einige Male streng mit mir sein und war ich einige Male enttäuscht von ihm. Er war überzeugt, daß Disziplin im Glauben ebensowichtig ist wie Liebe.

Eines Nachmittags bei Asr – wir waren verspätet zum Gebet gekommen – wiederholte ich in meiner Ratlosigkeit alles, was Shihabuddin in der Reihe vor mir tat, und erfuhr im nachhinein durch seine erstaunte Nachfrage, daß ich einen Fehler begangen hatte. Ich entschuldigte mich, ich sei nur seinem Vorbild gefolgt. Ich müsse ihn nicht in seinen Fehlern nachahmen, sagte er mit einem kleinen Lächeln und erklärte mir den komplizierten Grund für sein Versäumnis und meine Verwirrung.

Hast du noch andere Fragen über dein Gebet? fragte er mich dann.

Nein, alles klar, antwortete ich.

Beim Gebet ist nie alles klar, sagte mein Lehrer.

Mehr Gebete

Immer seltener wurde ich vom Azaan überrascht. Meine innere Gebetsuhr war gestellt. Während ich überlegte, wo ich mich niederlassen sollte, löste sich Gewusel in Geometrie auf. Auf der abschüssigen Allee vor der Großen Moschee versiegte der Menschenstrom. Teppiche und Matten wurden ausgebreitet, Positionen eingenommen, bis sich Reihen formten, schnurgerade wie Setzlinge in einem Gewächshaus. Ein jeder achtete auf den gleichmäßigen Abstand zu denen vor ihm und seinen Nachbarn. Lücken wurden rasch geschlossen, der eigene Gebetsteppich mit jedem geteilt, der sich dazustellte. Als sich einmal vor mir ein Mann zwischen zwei Pilger quetschte, die schon eng aneinandergedrückt standen, wies einer von ihnen den Eindringling auf die Lücke hin, die sich in der Reihe vor ihnen auftat. Der Eindringling deutete auf den nackten Asphalt dort, wiederholt und widerspenstig. Woraufhin der Eigentümer des Gebetsteppichs schließlich selbst in diese Lücke trat und auf dem Straßenbelag betete, der Eindringling hingegen dessen saubere und weiche Unterlage nutzte.

Die Vorbereitung zum Gebet ist ein beeindruckendes Beispiel von Selbstorganisation, das Gebet selbst ein Akt von erheblicher sozialer Symbolik. Ein jeder verneigt sich vor Gott unmittelbar hinter den Sohlen seiner Mitmenschen, egal, wer der Höhergeborene oder der Bessergestellte ist. Die Gleichheit aller Menschen wird im gemeinsamen Gebet angemahnt. Wenn aber ein Prinzip so zentral ist im Ritual, wenn es so kompromißlos inszeniert wird, wie kann es dann außerhalb des Gebets völlig mißachtet werden? Soziale Mißstände sind immer und überall eine Schande, in islamischen Ländern verletzen sie aber die heilige Ordnung, verhöhnen das Gebet und sind somit neben dem weltlichen Versagen auch Ausdruck religiöser Verfehlung.

Wenn alle aufgereiht sind, die Füße in einer geraden Linie, weicht die aufgeregte Polyphonie einem stillen Intermezzo, in dem die Welt innehält und sich sammelt, bevor sie von dem Solo des Imam auf eine andere Umlaufbahn gestoßen wird. Das Gebet, eine Struktur aus geraden und ungeraden Zahlen – *Und bei den Geraden und bei den Ungeraden* (89:3), bei den Lebewesen also, und bei Gott –, vervollständigt die angelegte Symmetrie. In keiner anderen Religion ist dem Gebet ein so fester Rahmen vorgegeben, für den einzelnen wie für die Gemeinschaft.

Auf der Hadsch beten alle zusammen. Das Haus Gottes in Mekka ist die einzige Moschee der Welt, in der keine räumliche Trennung der Geschlechter stattfindet. Im Gedränge sind alle gleich, auch Frauen und Männer. Ansonsten beten sie getrennt, in verschiedenen Räumen, und wenn sich, im eigenen Haus etwa, ein Anlaß für ein gemeinsames Gebet bietet, stehen die Frauen in der Regel hinter den Männern, um vor ihren Blicken geschützt zu sein.

Wandlungen

Bis zum Beginn der eigentlichen Hadsch, des Auszugs in die Wüste, der Zeit der Läuterung, Opferung und Steinigung, waren es noch einige Tage; Tage zur freien Verwendung, an denen ich, wie viele andere, täglich ein Tawaf absolvierte, so viele Stunden wie möglich in der Großen Moschee verbrachte und gelegentlich eine saudiarabische Zeitung auf englisch las. Darin wurde überwiegend aus der islamischen Welt berichtet. Neben mir saßen mal iranische Frauen, mal ein algerischer Vorarbeiter, mal ein in Frankreich studierender Senegalese, mal ein indonesischer Ortsverband. Schon in der Früh füllte sich die Moschee, etwas später war jeder Quadratmeter besetzt, von Gruppen meist, die ein Areal okkupierten und den ganzen Tag dort verbrachten, die Gebete voneinander getrennt durch einige Schlucke Zam-Zam-Wasser. Der Raum wirkte wahrlich wie eine Zuflucht, eine Zuflucht vor der Hast der Welt, vor der eigenen Umtriebigkeit. Die Stille war ein Wunder, ein ruhiges Meer ohne Gezeiten. An einem guten Tag erzeugte ein einziger saudiarabischer Busfahrer mehr Lärm, als von dem zarten Murmeln und den barfüßigen Schritten in der elliptischen Zuflucht ausging.

Die Meditation der anderen Pilger wirkte ansteckend. Ich spürte das Bedürfnis, mich zu versenken, nur wußte ich nicht, worin. Ich konnte den Koran nicht auf arabisch rezitieren; ich las eine Sure oder einige Ayaat in der Übersetzung und begann dann über Inhalt und Sinn nachzudenken, bis ich feststellte, daß ich von der Ruhe wieder weggetrieben wurde. Ich versuchte zu beten, aber die Gebete gingen mir aus, nachdem ich alle meine Versprechen gehalten und alle meine Nächsten bedacht hatte. Für den Frieden der Welt zu beten hat mir noch nie eingeleuchtet, und für mich selbst – nun, es war lehrreich zu erfahren, daß es nicht so viel gab, wonach ich mich sehnte. Also betete ich mit den Augen, blickte von der ovalen, nicht überdachten Terrasse auf die Kaaba hinab: Die Menschheit rotierte in einem gleichmäßigen Tempo, als stünde sie auf der Töpferscheibe Gottes. Stundenlang betrachtete ich dieses Perpetuum mobile der Hingabe; der Tag wechselte seine Farben, ich versenkte mich in den Anblick bis in die Dämmerung hinein.

In der Wüste – und man spürt die Wüste in Mekka trotz der allgegenwärtigen Klimaanlagen – sind die Farben am Tage wie weggewischt, und die Formen zerfließen. In der kurzen Phase des Übergangs zur Nacht aber versöhnt die Wiederkehr der Schattierungen mit der Kargheit des Tages. Es ist, als wäre ein Farbfächer auseinandergefallen, und das Auge staunt ob der vielen Weißtöne, die es auf einmal in den Ihrams entdeckt. Wenn die Moschee erstrahlt und der Himmel sich einschwärzt, wenn ein schmaler Mond über einer Minarettspitze balanciert, beginnt der neue Kalendertag mit einem Zauber. Ein Raubvogel schwebt zwischen Neumond und wachsendem Mond, abseits der Kaaba (Vögel können sie nicht überfliegen, und den Flugzeugen ist es nicht erlaubt). Wenn eine Taube sich dem Haus Gottes nähert, schrieb im Mittelalter Ibn Jubayr, einer der ersten Berichterstatter von der Hadsch, dreht sie nach rechts oder links ab.

Auf der Terrasse umrunden jene die Kaaba, die unten keinen Platz gefunden haben, oder jene, die Abwechslung suchen.

Für ein wenig Freiraum nehmen sie die um ein Vielfaches größere Entfernung auf sich. Wir schreiten zwischen den Minaretten hindurch, unbedrängt, gelegentlich von einem federleichten Wind gestreichelt. Mein Blick schleift über den Boden, und ich wiederhole *Allahu Akhbar* ohne Unterlaß – auf dem hellen Marmor hinterlassen Füße keine Spuren, jeder Schritt ist ein flüchtiger Schritt, einzig der Name Gottes bleibt, unverändert, unveränderlich. Andere Füße treten ins Blickfeld und wieder heraus, genauso flüchtige, vergängliche Schritte, die ihren Sinn nur im Bezug zur Kaaba finden, Hinweis auf das, was über Vergessen und Vergeblichkeit hinausreicht. Wie die Gebetskette, die immer wieder aufs neue durch die Finger gleitet, ohne ein Ende zu nehmen.

Okzident im Orient

Die Große Moschee ist umzingelt von Palästen, Hotels und Wohnblöcken, schmucklosen Gebäuden zumeist, die den westlichen Stil auch in Mekka festzementiert haben und sowohl in ihrer Ästhetik als auch in ihrer Funktionalität den alten saudischen Häusern unterlegen sind. Einst waren die typischen hohen Häuser so angelegt, daß sie im oberen Stockwerk die Brise einfingen, daß die offenen, ausgebuchteten Jalousienfenster das Sonnenlicht aussiebten und der Luft erlaubten, durch die Räume zu zirkulieren. Doch die Klimaanlage hat dieser Tradition ein Ende gesetzt. In Dubai ist das einzige altmodische Lüftungs- und Kühlungssystem im Museum zu bewundern, wo es als Beispiel einheimischer Erfindungsgabe gefeiert wird. Einige der Gebäude – an vorderster Stelle das Hilton Hotel gegenüber dem Abdul-Aziz-Tor – zeigen mit den Anleihen, die sie bei längst niedergerissenen Stadthäusern nehmen, eine gewisse architektonische Kreativität. Schmale Balkons mit hölzernen Gitterfenstern ragen aus der Fassade heraus, einst konstruiert, um den weiblichen Bewohnern kühlen Ausblick zu gewähren bei einem Höchstmaß an Diskretion. Zwei Gebäudeflügel gewinnen stufenweise an Höhe, verbunden durch ein mehrstöckiges Einkaufszentrum, in das sich die wohlhabenderen Pilger zurückziehen, um sich an dem weltumspannenden Geschmack von Burger King, Dunkin' Donuts und Pizza Hut zu laben.

Konzipiert wie eine amerikanische Shopping Mall, offeriert dieses Zentrum alles, was ein Pilger braucht (Essen, Trinken, CDs mit dem gesamten Koran), sowie vieles mehr, wonach es ihn gelüstet, wenn er sich seines Lebens außerhalb der Pilgerschaft besinnt. An einem der Seiteneingänge bieten einige vollautomatisierte Massagestühle fünfminütige Entspannung von den Anstrengungen des Betens. Von vermeintlicher Antimoderne spürt man in den stets übervollen Hallen wenig. McDonald's, Kentucky Fried Chicken und Wimpys haben sich in Mekka ebensofest etabliert wie Gucci und Cardin, Longines und Swatch. Die Tragetasche meiner Gebetsmatte heißt New Yorker. Ihr Emblem: eine Silhouette von Wolkenkratzern. In jedem der Geschäfte ist jedes Produkt importiert – die Streichhölzer, die Fruchtsäfte und sogar die Gebetsteppiche aus Belgien. Die Auslagen, die Theken und die Kassen sind angeordnet wie in Paris oder Mailand, und die unwirsche Bedienung hätte in einer der Boutiquen der Münchner Maximilians- oder der Friedrichstraße in Berlin geschult sein können.

Es sind die vielen Pilger, die den Bazargeist in die sterile Shopping Mall einbringen. Sie verwandeln die aufwendig dekorierten, vollklimatisierten Hallen in Picknickstätten, legen in den Gängen ihre Tücher aus und verspeisen ihre Pizza, ihr Hühnchen oder ihr Falafel auf dem Boden vor den kreditkartenlegitimierten Glasfassaden. Die Boutiquen hinter ihren Rücken bieten die feinsten Stoffe und die schicksten Schuhe an; die Hadschis setzen sich ab mit der Bescheidenheit ihres Ihram und der Einfachheit ihrer Sandalen, bestärken das Angebot aber zugleich mit ihrer (neu)gierigen Anwesenheit. Der Ihram verbirgt die Zeichen, anhand deren man die Betuchten von den Schaulustigen unterscheiden kann – ein für manche Pilger unglücklicher Umstand, gegen den sie sich mit schweren Golduhren zur Wehr setzen.

Selbst strenggläubige Muslims würden doch nach westlichen Gütern gieren, behaupten manche, die den Haß auf das »Abendland« als Heuchelei oder Schizophrenie entlarven wollen. Gewiß, beim Konsum sind alle Vorurteile und Antagonismen außer Kraft gesetzt (wo Coca-Cola einen schlechten Namen hat, springt Pepsi ein), Askese wird nur zu bestimmten Anlässen praktiziert, doch obwohl die Überlegenheit des Westens im Materiellen allseits anerkannt wird, folgt daraus keineswegs eine Akzeptanz seines Lebensstils und seiner säkularen Grundwerte.

Amir

Amir liebte Eiscreme, vor allem die Fruchtmischungen von Mövenpick, aber er verdächtigte sich selbst der Gier und lehnte meine Einladungen daher meistens ab. Manchmal aber gab er nach; wir gönnten uns zwei große Kugeln, nahmen auf den Treppen zwischen den zwei Flügeln des Hilton Hotel Platz und genossen unsere Waffeltüte. Unter uns saßen auf jeder Stufe Pilger, eine dünne Wasserfontäne schoß neben uns in die Höhe, und der Blick auf die größte aller Moscheen wurde von einigen Palmen eingerahmt. Wir leckten das Eis, und Amir begann, stets unvermittelt, in seiner etwas untergetauchten Stimme zu erzählen:

Als Gott die Menschen schuf, gaben die Engel zu bedenken:
Wieso hast du denn die geschaffen, riefen sie aus. Die werden doch nur Unfug anstellen und die Erde zerstören.
Ich weiß manches, wovon ihr keine Ahnung habt, sagte Gott. Seht euch mal das Paradies genauer an und sagt mir, wer würde nicht eintreten wollen?
Die Engel nickten stumm.
Ja, sagten sie nach einer Weile, gewiß wird jeder eintreten wollen.
Aber dann führte Gott Mushaqqat ein – die harte Arbeit, all die Erwartungen, denen ein Mensch gerecht werden, all die Aufgaben, die er zuvor erfüllen muß –, und dann fragte Gott

die Engel ein weiteres Mal, ob jeder Mensch ins Paradies streben werde.

Ja, schon, sagten die Engel gedämpft und schwiegen eine Weile, bevor sie ausriefen: Aber kaum einer wird es schaffen!

Immer wenn Amir solche Parabeln zum besten gab, leuchteten seine Augen, und er lächelte verklärt. Er empfand eine intensive Freude über ihre schöne Weisheit. Er war ruhig, ausgeglichen. Er verstand nicht, daß sich sein Vater aufregte, wenn jemand auf seinen Gebetsteppich trat. Ihm sei das nicht aufgefallen, er merke solche Sachen nicht. Sie seien ihm nicht mehr wichtig. Er habe so viel gebetet in letzter Zeit, selbst sein Chef, ein vornehmer, toleranter Mann, ein Kashmiri Pandit (eine Brahmanenkaste, die traditionell dem Sufismus gegenüber sehr aufgeschlossen war), habe ihn beim Abschied ersucht, auf der Hadsch für ihn zu beten.

Amir vertraute mir die Gründe für seinen religiösen Wandel nicht an, aber er muß stark gewesen sein, um seine Prioritäten so sehr zu verändern, daß er der Tabliqh Jamaat beitrat und für vier Monate in die Wüste Gujarats zog. Wie alle Aktivisten dieser Graswurzelorganisation mußte er sich für diese Zeit von allen weltlichen Verpflichtungen befreien und ausreichend Geld ansparen, um sich selbst unterhalten zu können. Er kündigte seinen Job und gab seine Wohnung auf. Er schlief in einem Dorf in Kutch in einfachen Räumen neben der Moschee, in der er sich die restliche Zeit aufhielt. Von der Umgebung hat er wenig gesehen. Während seines ganzen Aufenthalts hat er nur zweimal gepredigt. Als er zum ersten Mal das Wort ergriff vor dieser Gemeinde einfacher Fischer, Handwerker und Hilfsarbeiter, hat es ihm die Sprache verschlagen.

Ich bin nicht hier, sagte er schließlich, um euch etwas beizubringen. Ich bin nicht hier, um euch zu belehren. Ich bin gekommen, um von euch zu lernen.

Die Tabliqh Jamaat – gegründet 1926 in der Altstadt von Delhi von einem eher unscheinbaren und scheuen, aber willensstarken Mann namens Maulana Ilias – ist die wohl größte Massenbewegung der Gegenwart, ein erstaunlicher, unorganisierter Aufbruch von Millionen, die ihren Glauben zu stärken suchen, indem sie in eine ihnen unbekannte Gegend, oft sogar in ein unbekanntes Land reisen. Dort haben sie keine andere Aufgabe, als zu beten und sich mit den Einheimischen auszutauschen. Die Zentrale befindet sich immer noch im Basti Nizamuddin in Delhi, heute ein höhlenartiger Bau von mehreren Stockwerken, in dem eine Atmosphäre der Flüchtigkeit vorherrscht. Kleinere und größere Gruppen von Männern mit geschulterten Bündeln ziehen ein oder aus, lassen sich irgendwo nieder und verbringen einige Stunden oder Tage hier, bevor sie weiterziehen. Ehrwürdige Maulanas geben Vorträge, ansonsten sind keine organisierten Strukturen sichtbar. Die Tabliqh Jamaat ist so erfolgreich, weil sie das Prinzip der Hadsch aufgegriffen und in einem anderen Zusammenhang angewandt hat. Sie fordert Muslims zu einer Aus-Zeit auf, die zwar länger währt und anders definiert ist, die aber ähnliche Folgen zeitigt: die Verdichtung des Glaubens.

Eines Nachts, fuhr Amir fort, habe er einen Dschinn gesehen, einen Geist. In seiner Nähe sei eine Plastiktüte gewesen, die vom Zugwind herumgewirbelt wurde. Er wollte sie entfernen, weil sie sein Gebet störte. Als er sie anfaßte, verspürte er einen mächtigen Schlag und taumelte nach hinten. Am nächsten Tag litt er unter hohem Fieber. Er war tagelang krank, bis ein alter Mufti ihm eine Strophe von heilender Kraft aus dem heiligen Koran empfahl.

Du glaubst gar nicht, sagte Amir, wieviel ich gebetet habe. Während dieser Zeit kamen mir oft die Tränen, weil ich über meine Verantwortung nachdenken mußte, über das Versäumte – wieso habe ich nicht die richtige Frau getroffen –, über die Fehler, die ich begangen, die vielen Minuspunkte, die ich angesammelt hatte. Islam ist ein einfacher Glaube, und er ist auch meist einfach, aber er kann einem als sehr schwer erscheinen, wenn man zu sehr daran denkt, was man alles falsch machen kann, welche Sünden man begehen kann. Gott ist streng, da gibt es kein Vertun. Immer wieder steht im Koran: Wenn ihr dies nicht tut, wenn ihr jenes nicht befolgt, dann werde ich euch bestrafen.

Der Azaan hatte uns noch nicht gerufen, aber Amir drängte, daß wir frühzeitig zum Maghrib-Gebet aufbrachen, denn die Zeit unmittelbar vor Maghrib sei hervorragend geeignet für persönliche Gebete. Dann wechselten die Engel gerade ihre Schicht, und es sei gut, wenn sie Gott sogleich von unseren Gebeten berichten könnten. Also standen wir auf, warfen unsere Servietten in den Mülleimer und stiegen über die anderen Konsumenten hinweg die Treppe hinab. Der Geschmack von Erdbeeren verweilte noch in meinem Mund, als ich bei den Engeln von meiner Maßlosigkeit klagte.

Ramadan

Gelegentlich sollte der Mensch sich in Bescheidenheit und Demut üben, einmal im Jahr wenigstens. Er sollte sich der Segnungen bewußt werden, die er im Leben genießt, den Mangel verspüren, den andere leiden, und sein Herz öffnen, indem er seinen Magen zuschnürt.

Etwa ein halbes Jahr nach dem Beginn meiner Vorbereitung für die Hadsch klingelte spät am Abend mein Telefon, und Burhan erklärte mit gravitätischer Stimme, der Neumond sei gesichtet worden, ich könne mit dem Fasten beginnen. Ich ging in die Küche und bereitete mein Frühstück vor, um am nächsten Morgen keine Zeit zu verlieren. Ich stellte den Wecker auf 4.30 Uhr und schlief schlecht – mein Unterbewußtsein befürchtete, ich würde nicht rechtzeitig aufwachen. Vor der Zeit schaltete ich den Wecker wieder aus und kroch aus dem Bett. Es war die ruhigste Stunde in Bombay – der Moloch holte Luft, sammelte sich. Der Indische Ozean war eine schwarze Leere hinter dem ausgedünnten Lichtermeer. Ich versuchte, soviel zu essen, wie ich nur konnte – um diese Uhrzeit ein schwieriges Unterfangen. Obwohl ich mir den langen Tag ohne jegliche Mahlzeit vor Augen führte, schwächelte mein Appetit.

Nach Fadschr stellte ich mich ans Fenster und betrachtete zum ersten Mal seit vielen Jahren, wie sich der Sonnenaufgang ankündigte, wie sich die Leere des Ozeans in ausgelaufene Tinte verwandelte, wie das Firmament von den Rändern her sein einheitliches Schwarz aufgab. Irgendwann war jener flüchtige erste Augenblick der Dämmerung erreicht, an dem man einen schwarzen von einem weißen Faden unterscheiden konnte. Von nun an durfte man nichts mehr hinunterschlucken, nicht einmal die eigene Spucke.

Während des Fastens war unser Unterricht ausgesetzt, die Ulema widmeten sich dem Gebet und der Koran-Rezitation. Sie hatten das Privileg, nicht arbeiten zu müssen. Berufstätige Muslims nehmen Urlaub, oder sie arbeiten mit halber Kraft. Für jene, die körperlich hart schuften müssen, ist Ramadan eine Qual.

Am späten Nachmittag trafen wir uns in der Moschee. Im Innenhof waren Matten ausgelegt. Jeder legte das Essen, das er mitgebracht hatte, in die Mitte und nahm irgendwo Platz. Wir saßen nebeneinander in langen Reihen und warteten still auf Iftar, das Brechen des Fastens unmittelbar nach Sonnenuntergang. Vor uns lag eine Komposition unterschiedlicher Früchte und Nüsse sowie ein Linsenbrei namens Kitschri. Die Papaya war prall orange, die Wassermelone stark rot – die Farben schienen wie gerade erfunden, und der Geruch, der von der Matte aufstieg, versprach einen betörend frischen Neuanfang am Ende eines langen und heißen Tages. Wir saßen still, die Augen gesenkt, in Gedanken oder in gar keinen Gedanken versunken.

Am ersten Tag war das Fasten leicht, die Spannung ob der neuen Erfahrung überwand den Hunger. Aber an den folgenden Tagen wurde ich im Laufe des Nachmittags zunehmend müder, konnte mich nicht konzentrieren, war gereizt, lustlos. Es gab Schübe, da war ich außerordentlich klar im Kopf, und Zeiten, da war der Erschlaffung nur mit Schlaf beizukommen.

Der Muezzin rief, und wir griffen nach einer Dattel, einem Glas Wasser. Es ist Pflicht, das Fasten sofort zu brechen, ein scheinbar überflüssiges Gebot, aber in diesem Moment drängte ein Teil von mir, das Essen noch ein wenig hinauszuzögern, die beglückende Erwartung auf den ersten saftigen Bissen zu verlängern, und gewiß gibt es Menschen, die sich in eine schädliche Ekstase des Fastens hineinsteigern. Wir nahmen Papaya- oder Melonenstücke von der Matte, und wenn sie zu groß waren, brachen wir sie entzwei und teilten sie mit unserem Nachbarn. Die Stille setzte sich beim Essen fort. Die versammelten Männer waren überwiegend arm. Wer selber nichts zu essen hatte, setzte sich an eine der Matten und aß wie selbstverständlich mit. Außerhalb der Hadsch habe ich nichts erlebt, was ein so starkes Gefühl von Gemeinschaft vermittelt.

Etwa zehn Minuten lang wurde konzentriert gegessen, dann brachen alle in einer gewissen Hast auf, weil die Zeit des Maghrib-Gebets angebrochen war, drängten sich an den Waschstellen und eilten tropfend in die Moschee. Ich empfand es immer als schwierig, den erlösenden Geruch der Papaya aus meinem Kopf zu verbannen – ich widmete das Gebet dem Wunder der kleinen Schöpfungen.

Zu Ramadan wird das Nachtgebet erheblich in die Länge gezogen, denn innerhalb der vier Wochen muß der gesamte Koran rezitiert werden (Tarawih). Und da der heilige Text nicht abgelesen werden darf, waren am Abend die Hafiz unter meinen Ulema-Brüdern sehr beschäftigt. Sie hatten meist schon in sehr jungen Jahren den gesamten Koran auswendig gelernt, und einige von ihnen, vor allem Sajjid und Khalid, rezitierten mit geübter, kunstvoller Stimme. Sie wurden eingeladen, in den wohlhabenderen Häusern der Stadt das Tarawih zu verrichten – für die Frauen, die es meist bevorzugen, zu

Hause zu beten, zumal manche der Moscheen keinen gesonderten Raum für Frauen aufwiesen. Für all jene, die wie ich des Arabischen nicht mächtig sind, ist Tarawih entweder eine meditative Übung oder aber eine manchmal mühsame Angelegenheit, eine abendliche Stunde der starren Pflichterfüllung, die besser damit zugebracht wäre, selbst den Koran zu lesen und darüber nachzudenken.

Mit vollem Magen ging ich allabendlich ins Bett, und was ich befürchtet hatte, geschah zu Beginn der zweiten Woche: Ich verschlief, und der Tag, der ausgeruht begann, endete mit Hungerkrämpfen.

Die letzten Tage des Fastenmonats kann man, nach einer Tradition, die Iteqaaf genannt wird, zur Gänze in der Moschee verbringen. Einige der Ulema waren für zehn Tage umgezogen; sie hatten einen Vorhang in einer Ecke der Moschee gespannt, der ihre Taschen verbarg und ihren Schlafbereich absteckte. Sie freuten sich sehr, daß ich für die letzten zwei Tage hinzukam. Iteqaaf war eine hervorragende Vorbereitung auf die Hadsch, denn in dieser Zeit erlebte ich zum ersten Mal eine Umkehrung, bei der nicht der Alltag durch das Gebet unterbrochen wurde, sondern das Gebet durch einige alltägliche Bedürfnisse. Und ich erfuhr die Schlaflosigkeit der gesteigerten Hingabe.

In der ersten Nacht wurde ich durch einen Singsang geweckt. Suleiman saß im Innenhof der Moschee und rezitierte mit einer Stimme, die lauter war, als ich es von den anderen gewohnt war. Ich setzte mich zu ihm.

Einer muß immer rezitieren, erklärte er mir zwischen zwei Suren. Etwas später raschelte es um die Ecke, und Suleiman warf mir einen beunruhigten Blick zu.

Hörst du das? Das sind Dschinns, aber sie trauen sich nicht

heran, solange wir den heiligen Koran sprechen. Und er fuhr mit der Rezitation fort.

Es dauerte nur einen Tag, da empfand ich schon einen Abstand zu jenen, die nur kurz für das Gebet hereinschneiten (so schien es mir), um danach wieder nach draußen zu verschwinden, in einem Tempo, das mir wie Hetze erschien. Wir hingegen füllten die erste Reihe hinter dem Imam aus, wir beteten vielleicht nicht intensiver, gewiß aber ausführlicher. Wir ließen uns nach dem gemeinsamen Gebet Zeit, blieben lange sitzen, sprachen stumm alles an, was sich als Sorge oder Unsicherheit angesammelt hatte. Es war leicht zu glauben, daß wir Gott näherstanden.

Den Ramadan zu erleben – einen Kampf, der täglich mit einer Belohnung endet – hat etwas Heroisches an sich. Es bestätigt die eigene islamische Identität (das erklärt, wieso viel mehr Muslims sich an das Fasten als an die fünf Gebete halten), es durchbricht den Alltag, den Kreislauf des ewig Gleichen, und es endet in Id al-Fitr, dem großen Fest, mit Geschenken und einem Mahl, das für alle Entbehrungen entschädigt.

In unserem Klassenzimmer waren alle Mitglieder von Markazul Maarif versammelt, am Lehrertisch saß Badrudin Qasmi, der Direktor der Organisation, die den Rahmen bot für meine Lehr- und Lernzeit mit den Ulema. Badrubhai, wie er von allen genannt wurde, war eine barocke Gestalt, ein Gargantua des Glaubens. Er lebte eine selbstverständliche Hingabe, die jeden Zweifel in einer gewaltigen Umarmung erdrückte. Zusammen mit seinem Bruder, der neben ihm saß, leitete er ein Wirtschaftsimperium namens Ajmal, das sich international einen Namen mit hochwertigen, alkoholfreien und sehr kostspieligen Parfüms erworben hatte.

Die Ulema defilierten an ihm vorbei, und er fütterte sie mit einem Stück Fladenbrot, getunkt in Hackfleischsauce. Nachdem jeder einen symbolischen Bissen erhalten hatte, nahmen wir gemeinsam ein Mahl ein, und Badrubhai redete unentwegt, unter anderem über die Hadsch, die zu begehen er in diesem Jahr ein weiteres Mal die Gelegenheit haben würde, dank Allah und seinem Bruder, der auf die Geschäfte aufpassen würde.

Und dann drehte Badrubhai sich zu mir und fragte: Warst du schon auf Hadsch?

Ich verneinte, worauf er ohne Zögern und Zweifeln erklärte: Dann kommst du dieses Jahr mit uns!

Pilger

Immer wenn ich einen schmerzhaften Schlag im Rücken verspürte, wußte ich, daß ich Nigeria im Nacken hatte.
Take it easy, man, bat ich den Riesen aus Kano, dessen
Oberkörper von dem knapp zwei Meter langen Ihram-Tuch
kaum bedeckt wurde.
Many many people, maulte er unzufrieden.
If you go slow, there will be no »go slow«, sagte ich in
Anspielung auf die nigerianische Bezeichnung für Verkehrsstau, worauf der Riese bellend lachte, bevor er mir einen weiteren Stoß versetzte, der mich gegen eine arabische Frau
drückte, die aus den Untiefen ihrer Burkha »Schwey, schwey«
rief, ein weiterer Ausdruck für das Gebot der Stunde: mit
Bedacht. Ich fühlte mich an den Taxifahrer in Nigeria erinnert, der aufs Gas gedrückt hatte, als ich ihn anflehte, nicht
mit hundertvierzig Stundenkilometern auf dem Highway von
Kaduna nach Onitsha zu rasen.
Es war verblüffend, das unterschiedliche Verhalten der Pilger in Mekka zu beobachten. So groß waren die Unterschiede,
man hätte in manchen Momenten meinen können, die Menschen hätten nichts miteinander gemeinsam außer den zwei
weißen Tüchern, in die sie gehüllt waren. Schon die Art, diese
zu tragen, hob sie voneinander ab. Den Schwarzafrikanern
gelang es, selbst im Ihram lässig auszusehen, dank ihrer Ath-
letik, ihres Gangs und der Tatsache, daß sie das obere Tuch

manchmal mit einem Schal verwechselten und um ihren Hals schlangen, was ihnen etwas Dandyhaftes verlieh. Die Afghanen gewannen dadurch, daß sie ihr einschüchterndes Gewand abgelegt hatten und man nun ihre regelmäßigen Gesichtszüge und hellen Augen bewundern konnte. Kaum zogen sie sich in ihre traditionelle Kleidung zurück, stolzierten sie wieder herum, standen aufrecht und breitbeinig da, durch ihren Turban um zwei Köpfe gewachsen, und küßten und umarmten sich in elaborierten Ritualen – Ausdruck einer Verbindung, die von jenseits des Islam stammte. Ganz gegensätzlich zu den Afghanen waren die Indonesier, das größte muslimische Volk auf Erden und vielleicht das sympathischste, ihrem öffentlichen Verhalten auf der Hadsch nach zu urteilen. Ob aus Java oder Sumatra, die Indonesier waren stets zurückhaltend, sanft, umsichtig; sie redeten leise, und selbst ihre Körpergröße trug zu ihrem guten Benehmen bei: Sie versperrten einem nie die Sicht. Sie verhielten sich vorbildlich, so wie es der Prophet gewünscht hatte.

Die Hadsch wird überwiegend von wohlhabenderen Muslimen unternommen, weswegen man in Mekka einen übergewichtigen Eindruck von der Umma erhält (die Anatolier etwa stehen offensichtlich unter dem Einfluß von Kadaif und Kebab). Auch das Durchschnittsalter ist alles andere als repräsentativ. Im Normalfall muß man seinen wichtigsten weltlichen Verpflichtungen schon nachgekommen sein, bevor man zur Hadsch aufbricht. Zudem wird gemunkelt, junge Männer würden oft kein Visum erhalten, weil die saudiarabischen Behörden befürchteten, sie würden Schwarzarbeit suchen.

Die eindrücklichste unter den vielen flüchtigen Begegnungen auf der Hadsch war jene beim ersten Freitagsgebet. Zu meiner Rechten saß ein älterer Mann mit schwerem Schnurrbart; auf seiner Pilgertasche stand IRAQ geschrieben. Nichts an ihm ließ vermuten, daß ihm das Leben irgendwelche Privilegien gewährt hatte. Sein Gesicht war abgenutzt, seine Hände und Füße rauh, gezeichnet. Er trug eine einfache Hose, der Stoff seines Hemdes war für die Hitze viel zu dick. Wir begrüßten uns und überließen einander dem Gebet. Er verschlang jedes Wort der beiden zähflüssigen Predigten, die sich über Lautsprecher über uns ergossen wie Honig. Nachdem wir *Assalaamu alaikum wa Rahmatullahi wa Barakaatuhu* über beide Schultern gemurmelt hatten, merkte ich, daß er weinte. Wir umarmten uns, wie in vielen Ländern nach dem Freitagsgebet üblich, wir sahen uns an, und ich versuchte zu lächeln. Er wandte sich ab, meine rechte Schulter war naß, und der Friedensgruß war keine Verheißung – einige Wochen später fielen die ersten Bomben auf sein Land.

Mekka – einst und heute

Mekka ist eine geschichtsträchtige Stadt ohne antike Bauten. Die Geschichte wird nicht nur von der vorherrschenden Lehre mißachtet, sie wird sogar als gefährlich angesehen. In einer offiziell verordneten Amnesie sollen die Gläubigen auf nichts hören, was in den vierzehn Jahrhunderten seit dem Propheten und den Sahabah erörtert, entwickelt und entschieden wurde, sondern dem Koran und den Ahadith allein vertrauen und als Pilger nur die Kaaba aufsuchen – die ein quasi außerhistorisches Artefakt ist. Der Drang, Orte aus der Leidens- und Offenbarungsgeschichte des Propheten zu sehen, wird als schändlicher Tourismus angesehen. Die Saudiaraber haben den vermeintlichen Geburtsort des Propheten zerstört, die Grabstätten zur Anonymität verdammt. Sogar König Abdul Aziz Al-Saud, Begründer des Königreiches, liegt in einem nicht ausgezeichneten Grab. Der einst vielbesuchte Friedhof in Medina ist heute ein Plattensee; hinter einer hohen Steingittermauer erstreckt sich eine riesige, trostlose Fläche, wie ein Paradeplatz für alle Dschinns dieser Welt.

Ebenso ist Mekka ein kulturelles Zentrum, aus dem die Kultur vertrieben worden ist. Theater und Musik sind natürlich verpönt, aber es fehlen auch die Kaffeehäuser – selbst im Hilton wurde nur Nescafé serviert – und die öffentlichen Bäder. Auch Süßspeisen sind von der Kulturverachtung betroffen – ich habe die scheußlichste Baklava meines Lebens

in Mekka gegessen. In den Buchhandlungen fehlen die großen arabischen Denker der Vergangenheit wie der Gegenwart, wohl weil Denken ein suspekter Akt an sich ist. Die
Araber des Hijaz, die einst die großartigen Mo'allaqaat-
Dichter hervorgebracht haben, begnügen sich heute mit
Volksausgaben des heiligen Koran. Anläßlich der Hadsch,
die ich erlebte, ließ König Fahd, Hüter der zwei heiligen Moscheen, 1 770 186 Bücher in 19 Sprachen kostenlos verteilen
(ich erhielt mein Exemplar unmittelbar vor dem Abflug in
Dschidda). Ungewöhnlich an dieser englischen Übersetzung sind die Erklärungen, die in den Text eingefügt worden
sind, eine eigentlich blasphemische Anmaßung, die dem
eigenen Verständnis des Korans eine von Gott autorisierte
Verbindlichkeit zuspricht. Dabei weicht die saudiarabische
Interpretation oft von der klassischen erheblich ab. Gemäß
allen anderen mir bekannten Übersetzungen werden etwa
die Frauen aufgefordert, *ihre Reize nicht zur Schau zu tragen, es sei
denn, was außen ist, und ihren Schleier über ihren Busen zu schlagen*
(24:31). In der saudiarabischen Version hingegen wird der
erste Halbsatz spezifiziert (d.h. *beide Augen, um den Weg zu
erkennen, oder die äußeren Handflächen ...*) und danach das bewußt nicht übersetzte Wort *Dschuyubihinna* in Klammern fol-
gendermaßen erklärt: *ihren Körper, ihr Gesicht, ihren Hals und
ihren Busen.* So wird das Tragen der Burkha zum göttlichen
Gebot erklärt, und das im Rahmen einer Theologie, die freie
Interpretation verbietet!

Das Verhältnis der meisten Pilger zu den Gastgebern der
Hadsch ist entsprechend zwiespältig, kritische Meinungen
werden aber nur vorsichtig geäußert: Die Saudiaraber haben
zuviel auf einmal bekommen ...

*Und wenn Gott seine Diener im Überfluß versorgte, so würden sie
übermütig werden auf Erden,* zitierte ein verärgerter Jordanier,

der einige Stunden mit mir zusammen in einer Behörde ausharren mußte, den Koran.

Pilger aus Istanbul, Damaskus und Kairo betrachten die
Saudiaraber als Parvenüs, als Neureiche, denen es an Zivilisation fehlt. Und die Saudis geben sich alle Mühe, diesem
Urteil mit ihrem groben, unhöflichen und lauten Verhalten
gerecht zu werden. Die Einwohner Mekkas werden seit jeher
die Nachbarn Gottes genannt, zugleich verantworten sie im
Zentrum des Glaubens ein Maß an menschlicher Schwäche,
an Gier und Arroganz, das jeden idealistischen Pilger provozieren muß.

Schon Ibn Jubayr schrieb: Von allen islamischen Ländern
verdient kein anderes es mehr, durch das Schwert von all dem
Schmutz und dem vergossenen Blut gereinigt zu werden ... in
diesem Land, dessen Menschen die Ehre des Islams nicht
teilen und die sich die Güter der Pilger aneignen und ihr
Blut aussaugen. Wenn es heute in Al-Andalus Rechtsgelehrte
gibt, die behaupten, es gebe keine Pflicht mehr zur Hadsch,
dann ist diese ihre Meinung gerechtfertigt durch die Art, wie
schlecht die Pilger behandeln werden, ganz im Gegensatz zu
Gottes Willen.

Wie alle anderen Hadsch-Autoren fand auch Johann Ludwig Burckhardt Grund zur Beschwerde: An dem Festtage lud
er (der Gastgeber) mich zu einem glänzenden Mittagsmahl,
in Gesellschaft eines halben Dutzend seiner Freunde, in meinem Zimmer ein, und am folgenden Morgen brachte er mir
die Rechnung für die Ausgaben des ganzen Gastmahls.

Und in der Khutbah, die ich vor meiner Hadsch in Bombay
und nach meiner Hadsch in Kapstadt gehört habe, wurden die
Gläubigen aufgefordert, sich dagegen zu wehren, daß sie auf
der Hadsch von den Muallim und anderen Einheimischen
betrogen werden.

Mißstände haben in Mekka eine lange Tradition. Die Stadt war schon immer ein Zentrum des Sklavenhandels – der entsprechende Markt war ein Katzensprung von der Kaaba entfernt. Als der osmanische Gouverneur des Hijaz einen Befehl an den Regionalgouverneur von Mekka schickte, in dem er den Sklavenhandel verbot, formulierte Sheikh Jamal, damals der führende Alim der Stadt, folgende Fatwa: Die Türken sind mit Vorschlägen wie diesem zu Ungläubigen geworden.

Schon zu vorislamischer Zeit herrschte ein ausgeklügeltes System von Entführungen, das im Laufe der Zeit nicht abgeschafft, sondern verfeinert wurde. Jahrhundertelang fürchteten die Hadschis nichts mehr als die Raubüberfälle der Beduinen zwischen Dschidda und Mekka, zwischen Mekka und Medina. Die großen Karawanen zahlten Schutzgelder an die jeweiligen Anführer (ein beachtlicher offizieller Posten im osmanischen Budget), aber trotzdem spricht jeder Bericht von nächtlichen Attacken, von erdolchten oder verschwundenen Pilgern. Niemand wird behaupten, die Araber des Hijaz wären sich zu irgendeinem Zeitpunkt ihrer Geschichte der materiellen Vorzüge ihrer Lage als Hüter und Nachbarn des Heiligen nicht bewußt gewesen.

Auch heute trägt das öffentliche Leben die Maske der Heuchelei, ein besonders problematisches Übel, denn der Prophet verspürte eine tiefe Abneigung gegen Heuchelei (sie findet häufige Erwähnung im Katalog der Sünden). Die herrschende Ideologie des Wahhabismus – eine puritanische Lehre, benannt nach dem Erweckungsprediger Mohammed ibn Abd al-Wahhab (1703–1792) – bedient sich nach Belieben aus dem Angebot der Tradition. Auslegung und Einhaltung der Gesetze werden nach Opportunität verhandelt. Schon bei der ersten Einnahme von Medina durch die Wahhabiten vor zweihundert Jahren wurden die Schätze der Großen Moschee geraubt, angeblich, um sie an die Armen zu verteilen, doch der Anführer Saud verkaufte einen Teil an den Sharif von Mekka und behielt den größeren Teil selbst. Obwohl die Gebote des Propheten unveränderte Gültigkeit haben sollen, werden bestimmte Ahadith als Grundgesetze postuliert, andere schlichtweg übersehen. So bestimmt etwa ein Hadith, man solle sein Haus nicht viel größer als das seines Nachbarn bauen, auf daß sich dieser nicht erniedrigt fühle, doch der gewaltige Königspalast in Mekka stellt nicht nur seine Nachbarn, sondern das Haus Gottes selbst in den Schatten.

Ein anderes Hadith mahnt: Bezahle die Leute, die für dich gearbeitet haben, bevor ihnen der Schweiß auf der Stirn getrocknet ist. Doch saudiarabische Arbeitgeber bleiben ausländischen Bediensteten, die zu Hunderttausenden aus den ärmeren Regionen des Islam sowie aus einigen nichtislamischen Ländern wie den Philippinen eingeflogen werden, regelmäßig das Gehalt schuldig. Es werden auch bedenklich viele Vorwürfe der Mißhandlung laut. Im philippinischen Konsulat harren Kindermädchen aus, in einem Fall seit achtzehn Monaten, denen man Lohn für ein halbes Jahr oder mehr schuldet und die das Land nicht verlassen können aus Angst, ihren Anspruch zu verlieren. Und die Prasserei der saudiarabischen Oberschicht verstößt gegen ein weiteres, sehr bekanntes Hadith: Allah verachtet dich, weil du seinen Reichtum verschwendest.

Der Wahhabismus, im Westen ohne Erklärungswert als »fundamentalistisch« bezeichnet, verwirklicht das holistische Programm des Islams nicht einmal in seinen Grundzügen. Weder die absolutistische Monarchie noch die totalitäre Unterdrückung von freier Meinungsäußerung finden im Koran eine Rechtfertigung. Die fürstliche Elite läßt streng über die Gesetze wachen, doch wenn es dem eigenen Interesse dient, schließt sie beide Augen. Die angebliche Rückkehr zum ursprünglichen Islam entpuppt sich bei genauerer Betrachtung als eine Instrumentalisierung der Religion zum Zwecke des Machterhalts und der Manipulation der Massen. Aber weil sie die heiligen Stätten sauber und zugänglich halten, weil sie die Infrastruktur laufend verbessern, weil sie die Hadsch gefahrloser und gerechter gemacht haben, schlägt den Gastgebern auch viel Wertschätzung entgegen. Mit der Machtübernahme von König Saud im Jahre 1925 trat zum ersten Mal in der Geschichte Rechtssicherheit ein, die Erpressung von Schutzgeldern wurde abgeschafft, die Macht der Pilgerführer ebenso eingeschränkt wie das Monopol des Sharifs auf das Zam-Zam-Wasser, das die Pilger zuvor teuer zu stehen kam, heute hingegen kostenlos verteilt wird. Die Saudiaraber nehmen ihre Aufgabe als Hüter der heiligen Moscheen und Stätten sehr ernst, und sie scheuen keine Investition, um die Hadsch sicherer und bequemer zu gestalten. Dankbarkeit wird daher ebenso häufig geäußert wie Kritik.

Der achte Tag des Monats Zuul Hijjah –
Der Tag des Aufbruchs

Der Busfahrer überreichte das Bordmikrophon einem älteren Herrn in der ersten Reihe, und dieser stimmte den Pilgerruf an, den wir mit müden Stimmen aufnahmen.

Ich stehe vor Dir, Gott, ich stehe vor Dir.

Es war zwei Uhr in der Früh, und der Verkehr floß zäh. Wir hatten lange gewartet.
Haltet euch nach dem Abendessen bereit, war uns gesagt worden. Wir nahmen ein Bad, rasierten uns glatt unter den Achseln und um das Geschlecht herum. Wir legten erneut den Ihram an, ein zweites, ein sauberes Paar Tücher, um während der Hadsch nicht waschen zu müssen. Wir ruhten uns aus.

Ich stehe vor Dir, es gibt neben Dir keinen,
ich stehe vor Dir.

Wir lasen zum wiederholten Mal die Aufgaben, die uns bevorstanden. Die Abfahrt nach Mina wird erst nach Mitternacht erfolgen, wurde uns mitgeteilt. Wir rauchten und dösten eine Weile.

Gewiß sind Lob und Segen Dein,
und alle Herrschaft.

Schreie drangen durchs Treppenhaus. Wir hasteten nach unten, wir wurden gedrängt, rasch in die Busse zu steigen. Wir warteten im Bus weiter. Die Nacht war auf Standlicht geschaltet.

Es gibt neben Dir keinen!

Als uns jegliche Erwartung ausgegangen war, fuhren wir ab. Unser *Labbayk* nahm Fahrt auf, während wir Trabantenstädte durchquerten, vor kurzem fertiggestellte Wohnklons eines weltweit einheitlichen Typus: hohe, monotone Blocks mit Ladenzeilen im Erdgeschoß. Die Bauten wirkten wie aufgepfropfte Fremdkörper in einer zerklüfteten Wüste, die nur Nischen zur Besiedlung freigab. Die Stadtplaner, die sich solche Begrenzungen selten gefallen lassen, hegen die Absicht, die Täler zu erweitern und die Berge zu verrücken. Wir fuhren durch einen Tunnel, durch einen weiteren Vorort, Tunnel, Vorort, bis wir in einem so hellbeleuchteten Tal eintrafen, das man die Nacht übersah.

Mina, zu beiden Seiten von steilen Granithügeln eingeengt, bestand aus endlosen Reihen gleichförmiger Zelte, die in dieser Nacht mit Leben gefüllt wurden. Für einige Tage im Jahr hausen in Mina zwei Millionen Pilger, ansonsten ist dieses Dorf so gut wie unbewohnt. Die Zelte waren mit Klimaanlage und Teppich ausgestattet, einfach, aber durchaus bequem – früher schliefen die Pilger auf Sand oder im Schlamm. Ich war vorerst allein in dem mir zugewiesenen Zelt. Nach dem Morgengebet legte ich mich schlafen.

Am späteren Vormittag wurde der Reißverschluß aufgerissen, und eine Stimme wirbelte durch das Zelt, bevor eine untersetzte, kräftige Figur eintrat: Badrubhai samt großem Anhang. Als er mich erblickte, eilte er auf mich zu, umarmte und beglückwünschte mich zur Umrah, vermerkte voller Stolz, mein Gesicht würde glühen, es sei voller Nuur (Licht – er verwendete bei wichtigen Begriffen stets das arabische Wort). Allerdings, und darin war er sich mit einem alten Freund, der neben ihm stand, sogleich einig, müsse ich mir jetzt einen Bart wachsen lassen. Ich protestierte, mein Bart wachse an den Wangen nicht dicht genug und sei entsprechend unansehnlich; er wiegelte ab mit dem Hadith über einen Mann, der nur ein einziges Barthaar gehabt habe, das er wachsen ließ. Eines Tages begegnete er einem weisen alten Mann auf der Straße, der laut lachen mußte, als er seiner ansichtig wurde. Der Mann fühlte sich ausgelacht, also schnitt er das Barthaar ab.

Als er den Weisen nach einiger Zeit wieder traf, rief dieser traurig aus: Was hast du nur mit deinem Bart gemacht?

Du hast mich doch ausgelacht, sagte der Mann.

Was für ein Mißverständnis, klagte der Weise, ich habe vor Glück gelacht, weil ich mir vorgestellt habe, wie die Engel auf deinem Barthaar turnen.

Badrubhai lachte selber, lauter als der Weise in seiner Erzählung, gleichzeitig hieß er mich hinsetzen, verteilte seinen Anhang im Zelt, rief seiner Familie etwas zu (die Frauen und Kinder waren durch eine Querwand von uns getrennt) und ließ ein Chicken Curry auftragen. In seinem Verhalten, ausladend und herzlich, war er großzügig und herrisch zugleich. Er sparte nicht an Worten und nicht an Gesten. Es war beruhigend, daß er sich regelmäßig Gott unterwarf.

Das erste Mal war ich 1977 hier, sagte er beim Essen.

Ob sich etwas verändert hat?

Alles hat sich verändert. Ich kann sagen, die Hadsch hat sich hundertfach verändert. Damals gab es noch das alte Mekka, die alten, brüchigen Häuser, es gab kein fließendes

Wasser, und die Pilgerreise war wirklich beschwerlich, eine Prüfung, nicht wie heute, *Alhamdulillah*, heute ist sie sehr einfach. Es war eine andere Hadsch damals. Auch in Mina, alles ist besser geworden, *Alhamdulillah*. Heute ist es viel sicherer. Vor einigen Jahren gab es einen großen Brand hier im indischen Gebiet, das Feuer wütete stundenlang, Hunderte von Toten, man sagte, eine Zeltplane habe Feuer gefangen, und die Zelte brannten damals wie Stroh. Es war schlimm, danach haben die Saudis alles neu aufgebaut, alles neu organisiert, *Mashallah*, was sie alles für uns gemacht haben, wieviel bequemer ist es geworden! Ich kann sagen, fast zu bequem. Das Tal war überzogen mit breiten Autobahnen, Brücken, Überführungen und Fußgängerwegen. Abgesehen von der gewaltigen Kaif-Moschee, der modernen Schlachterei und einigen Wohnkomplexen, die sich auf einem der Hügel erhoben, war jeder freie Meter von Zelten besetzt – uniformen weißen Zelten. Alle Hadschis waren gleich untergebracht, zumindest alle, denen ein Zeltplatz zugewiesen war. Badrubhai, der Millionär, schlief auf einer Decke neben mir, er aß, was wir alle aßen (indische Curries, gekocht in gewaltigen Töpfen) – äußerlich verbrachte er die Hadsch wie jeder andere auch.

Das Grau des Asphalts entsprach dem Grau der Berge. Allein die Nationalfahnen am Eingang der Zeltareale wehten etwas Farbe hinein. Wenn die einheitliche Kleidung und Unterkunft Ausdruck der Gleichheit aller Gläubigen war, der Einigkeit innerhalb der Umma, so symbolisierten die Flaggen das Konzept der Nation, ein Widerspruch zur traditionellen Idee des Kalifats, in dem Muslime verschiedener Herkunft und Sprache vereint sind. Es war kein Zufall, daß die türkische Fahne, Symbol des radikalen Bruchs mit der politischen Ordnung des Kalifats, der Anfang des 20. Jahrhunderts unter

der säkularen Führung des Feldherrn Kemal Atatürk durch-
geführt wurde, visuell dominierte.

Bruder Ilias, warte! rief jemand. Ich habe von dir gehört. Ich
wollte dich unbedingt kennenlernen. Endlich jemand von
meinem Kontinent!
Ein knochiger Mann meines Alters stand vor mir und stellte
sich auf englisch als Arif vor.
Welcher Kontinent mag das wohl sein? fragte ich.
Er war verunsichert. Stammst du nicht aus Deutschland?
Doch, sagte ich, ein wenig.
Na, also, ich meinte Europa, ich bin aus England, dort
geboren und aufgewachsen.
Bevor er diesen Satz zu Ende gesprochen hatte, hatte sein
Akzent den Inhalt schon vorweggenommen.
Wie ist das Leben in Blackpool? fragte ich.
Viel Fitna, Bruder, viel Fitna. (Fitna bedeutet Unordnung
und bezeichnet einen Mangel an jener Moral, die der Prophet
den Gläubigen aufgetragen hat.)
Und was genau? fragte ich.
Ach, du weißt schon: Frauen in kurzen Röcken und durch-
sichtigen Tops. Es ist nicht einfach, dort als Muslim zu leben.
Arif war offensichtlich frustriert, und es schien, als habe
der konzentrierte und allgegenwärtige Glaube auf der Hadsch
seine Unzufriedenheit eher verschärft. Zu Hause stand er den
ganzen Tag hinter dem Tresen des Familienladens; außerhalb
der Arbeit verschanzte er sich hinter einer Vorstellung vom
richtigen Leben, die sich nur schwer verwirklichen ließ. Es
war mühsam, in Blackpool alle Gebote des Islam einzuhalten – das gemeinschaftliche Erleben kann durch kein Maß
an Selbstdisziplin ersetzt werden. Es hat islamische Rechtsgelehrte gegeben, die deshalb ein Leben unter einer christ-

lichen Mehrheit abgelehnt haben. Ibn Jubayr etwa schwelgt in Mitgefühl, Zorn und Trauer über das Schicksal seiner Brüder und Schwestern in der Levante, die zu seiner Zeit die Herrschaft der Kreuzritter erdulden mußten.

Wir müssen die Schuld für die Schwäche der Muslims bei uns selbst suchen, fuhr Arif fort. Wir leben nicht richtig als Muslims, Bruder, wir sind nicht fest in unserem Glauben. Wenn wir ein Vorbild wären, könnten wir den Islam wieder stark machen und Westeuropa bringen. Der Westen hat vieles, aber ihm fehlt die innere Kraft. Wir sind aber leider schwach, viel zu schwach. Als die Sahabah nach China kamen, haben sie nichts anderes getan, als den Islam zu leben. Sie waren die ehrlichsten Händler auf dem Markt, sie verkauften ihren gesäuberten Reis zum gleichen Preis, den die anderen Händler für ungesäuberten Reis verlangten. Die Konkurrenz beschwerte sich beim König, den Muslims wurde untersagt, auf dem Bazar zu handeln. Doch dann protestierte das Volk, und das Verbot wurde zurückgenommen. Heute gibt es in China wie viele Muslims ... zwanzig Millionen? ... das sind die Nachfahren, das ist die Frucht dieses Vorbilds.

Arif träumte davon, nach Indien heimzukehren (er sagte »heimkehren«, obwohl er in England geboren war), sobald seine Kinder erwachsen seien, auf eigenen Beinen stünden. Aber er hatte keine Antwort auf die Frage, ob das reine islamische Leben sich in Gujarat, woher seine Familie stammte, um so viel leichter verwirklichen ließe. Gewiß, er würde mehr Gleichgesinnte um sich scharen, die Entfernung zur Moschee wäre kürzer, der Ruf des Muezzins lauter, das Einkaufen weniger aufwendig, aber ob seine Sehnsucht damit allein befriedigt wäre?

Wieder war die Zeit zwischen den Gebeten ein vages Provisorium, das sich mit dem Verrichten alltäglicher Notwendigkeiten nur unzureichend überbrücken ließ. Am späten Nachmittag stieg ich auf einen der Hügel, die Mina einschließen. Am Hang hatten einige Pilger ihre Zelte aufgeschlagen, mit schweren Steinen gegen das Gefälle geschützt. Manche schienen im Freien zu kampieren. Sie saßen stumm neben ihren gebündelten Habseligkeiten. Auf den flachen Felsvorsprüngen standen vereinzelt Gestalten, aufrecht und stramm wie Wachen. Der Sonnenuntergang rückte näher. Als der Azaan aus der Kaif-Moschee erklang, bereiteten sich die Gestalten auf das Gebet vor, über ihnen ein rotaufgeladener Wolkenstreifen, der Saum eines verrauschten Tages. Die Stimme des Vorbeters erklang im Tal, wir aber, die wir provisorisch auf einem Felsvorsprung oder einer Terrasse des Hügels beteten, richteten uns nach unserem eigenen Rhythmus – einsame Sucher, die sich von der Gemeinschaft entfernt hatten.

In den großen, zentralen Strömungen des Islam gibt es keinen Platz für Eremiten, für Einsiedler, für einen lebenslang weltabgewandten Weg; weder Klöster noch Mönche sind vorgesehen. Wie das Tal von Mina symbolisiert, ist der Islam der Versuch, eine soziale Ordnung aufzubauen, indem sich die Gemeinschaft an ein göttliches Gesetz hält und ein spirituell wahrhaftiges Leben inmitten des Gewusels führt, inmitten des Menschen Überschuß.

Der neunte Tag des Monats Zuul Hijjah –
Der bezeugte Tag

Heute ist der Tag, auf den es ankommt!
Diesem Weckruf konnte keiner widerstehen.
Verbringe den ganzen Tag im Gebet, deine Gebete gelangen heute direkt zu Gott. Und bete für mich, Bruder!
Alles brach auf zum Berg Arafah. Auf den Brücken zogen sich die Busse und Lastwägen zusammen wie brütende Wolken. Es war der heißeste Tag auf der Hadsch, und der größte Verkehrsstau der Menschheit fand mitten in der arabischen Wüste statt.

Die Putzkolonnen, die zur Verabschiedung aufmarschiert waren, standen in Reih und Glied, wie Brigaden. Die Männer stammten aus Pakistan und Indien, sie waren orangefarben gekleidet. Vor ihnen gestikulierte ein Saudi in langem weißen Gewand, erklärte, wie sie das Lager zu säubern hatten, und teilte das Säuberungskommando ein, während die Millionen tiefer in die Wüste zogen, um sich selbst zu läutern.

Eigentlich hätten wir unmittelbar nach Ishrak, dem Gebet nach Sonnenaufgang, aufbrechen sollen, aber wir mußten bis in den späten Morgen hinein auf unseren Bus warten. Ich setzte mich zusammen mit den anderen jüngeren Männern auf das Dach. Wir benötigten zwei Stunden für die fünfzehn Kilometer – viele der Pilger bewältigten diese Wegstrecke zu Fuß. Auf der mehrspurigen Ringstraße, die den Berg Arafah umschloß, kam der Verkehr kaum voran. Vor uns schlich ein

Jeep mit offener Ladefläche voller hochgestapelter Kartons. Drei Männer waren damit beauftragt, die Pakete an die Pilger zu verteilen. Sie warfen uns einige Kartons zu – wir rissen sie auf und entdeckten Orangen, Croissants und Wasserflaschen. Wir versuchten die Orangen mit gezielten Würfen an die weiter entfernten Busse zu verteilen, auf denen viele Arme aufgeregt winkten, aber manche Orange verfehlte ihr Ziel, landete zwischen den Bussen und rollte in die Wüste. Wir reichten die Croissants und die Plastikflaschen mit Mineralwasser nach unten, zu den Frauen und den älteren Männern, den Rest teilten wir unter uns auf. Vieles auf der Hadsch hat sich seit Jahrhunderten nicht verändert. Ibn Battuta beschreibt schon im vierzehnten Jahrhundert, daß seine Karawane von einigen Kamelen begleitet wurde, die mit Wasser, Nahrungsmitteln und Medizin für die ärmsten Pilger beladen waren.

Die Sonne erhob sich über uns wie ein Scharfrichter und strafte unser geschorenes Haupt. Auf allen Seiten des Hügels erstreckte sich ein einziges, dichtbesiedeltes Lager, in dem die meisten Pilger Buße taten, denn auf dem Hügel selbst konnte nur noch eine Minderheit Platz finden. Die Pilger saßen in Zelten, die gewölbten Handflächen vors Gesicht gehalten, oder sie standen auf den Pfaden und Freiflächen, gegen den Berg Arafah gerichtet, weder von der Sonne noch von der eigenen rigorosen Beichte geschont.

An diesem Hügel, diesem »vulkanischen Negativ des Himmlischen Gartens«, haben sich die Eltern der Menschheit, Adam und Hauwa (Eva), nach ihrer Vertreibung aus dem Paradies, nach hundertjähriger Trennung und leidvoller Suche, wiedergefunden – Arafah bedeutet Wiedererkennen. Im Islam tragen beide gleichermaßen Schuld an ihrer Gier nach der verbotenen Frucht, und an diesem Ort hat Gott beiden verziehen. Wenn die Stellung der Frau aus dem Geiste des ursprünglichen Islam heutigen Erfordernissen angepaßt werden soll, dann könnte diese Gleichberechtigung in Verfehlung sowie in Vergebung eine nicht unerhebliche Rolle spielen.

Als wir unseren Zeltplatz erreichten, lud mich Badrubhai zu einem Hühnchen-Biryani ein. Es war leicht gewürzt, und die Reiskörner perlten von den Keulen herab.

Nimm mehr, sagte Badrubhai, du wirst gleich Kraft benötigen.

Nach dem Essen war ein jeder seinem eigenen Geständnis überlassen, seiner eigenen ehrlichen Bilanz. Die Schatten füllten sich mit Hitze; wir saßen im Schneidersitz und schwitzten wie unsichere Kantonisten. Manche Pilger murmelten, andere bewegten ihre Lippen stumm. In Gedanken an meine gravierenderen Schwächen stellte ich einen Katalog von Vorsätzen auf, den ich mental korrigierte, erweiterte und schließlich entschieden zusammenkürzte, weil mir bewußt wurde, daß dies nicht der Ort war für frivole Absichten mit kurzer Verfallsdauer. Um mich herum widmeten sich alle der schweigsamen Innenschau – es war völlig still bei dieser Kontemplation der vielen.

Das Nachmittagsgebet markierte eine Wendung. Nach Asr standen alle auf, und ein älterer Herr wurde eingeladen, über Lautsprecher ein Gebet zu sprechen, das sich in Lautstärke und Intensität kontinuierlich steigerte, bis alle den Tränen nahe waren und viele schluchzten – ein Gebet, das an Adam und Hauwa erinnerte, die Verfehlungen der Menschen benannte und Gott um Gnade anrief. Die Tränen waren wichtig als Ausdruck von Zerknirschung und tiefer Empfindung. Tränen verhelfen zum Eintritt ins Paradies. Adam betete an diesem Ort monatelang und vergoß so viele Tränen, daß sich ein Teich ansammelte, von dessen süßem Wasser die Vögel tranken.

Die heulenden Stimmen – die Vorbeter erhielten elektrische Verstärkung – erklangen aus allen Richtungen. Was als Strohfeuer begann, wuchs sich zu einer Feuersbrunst aus. Je rötlicher der späte Nachmittag sich färbte, desto dichter wurde unser Flehen. Keiner der zwei Millionen stand in dieser Stunde außerhalb des Gebets. Wir nutzten die Zeit, die allerletzten Minuten vor dem Sonnenuntergang, um noch einmal um Vergebung zu flehen, um Gottesfurcht zu beten, um einen leichten Tod, eine positive Bilanz am Tag des Gerichts und die Erfüllung der Gebete ein Leben lang.

Mit dem Sonnenuntergang erklangen die Glückwünsche: Hadsch Mubarak ... Hadsch Mabruk. Die Hadsch galt mit dem Ende dieses islamischen Tages als erfüllt. Unsere Sünden waren vergeben, wir waren wie neugeborene Kinder, und wir durften uns von nun an Hadschis nennen. Es klang stolz, und alle wirkten ausgelassen, soweit sie es in ihrer Erschöpfung zeigen konnten, als seien sie von einem schweren Gewicht befreit.

Kaum war die Sonne gänzlich verschwunden, verwandelte sich das Lager der ergriffenen Büßer in einen Bienenstock. Jeder suchte seinen Bus. Es wurde aufgeladen, eingestiegen oder, wie in unserem Fall, über die Leiter auf das Dach geklettert. Ein stinkiger Dunst machte sich breit – die Fahrer von Tausenden und Abertausenden von Schwerfahrzeugen ließen ihre Motoren laufen, damit ihre Passagiere in den Genuß der Klimaanlage kamen. Die Hadschis husteten, während sie zwischen den Bussen hindurchgingen.

Ich fand Platz neben einem Arzt, der ebenfalls Ilias hieß,

und seinem zehnjährigen Sohn, der bald darauf unter den Ihram seines Vaters kroch. Wir beglückwünschten uns, strahlten uns an; er holte ein Handy aus seiner kleinen Tasche und telefonierte aufgeregt mit seiner Familie in Bombay.

Der zehnte Tag des Monats Zuul Hijjah –
Der Tag des Opfers

Wenn die Sonne nicht mehr sichtbar ist, schreibt Mohammad Nasiruddin Al-Albani in seinem Hadsch-Führer, sollen die Pilger Arafah in Richtung Muzdalifah verlassen, einem Dorf bei Mina, wo sie die Nacht bis zum ersten Gebet zu verbringen haben, in Ruhe, mit Gelassenheit. Sie sollten sich besondere Mühe geben, nicht zu drängeln und nicht zu rempeln.

Wir lagen ruhig auf dem Dach, wir unterhielten uns mit viel Gelächter und ohne großen Ernst; wir waren gelassen, aber um uns herum hob ein irres Hupen an, das sich für eine lange Weile nicht beruhigte. Offensichtlich lesen saudiarabische Busfahrer ihren Mohammad Al-Albani nicht. Vom Dach aus hatten wir einen guten Überblick. Unsere Stimmung war euphorisch. Die Ehefrauen und Mütter der Männer um mich her um warfen Leckereien zu uns hinauf. Wir teilten alles miteinander, redeten durcheinander. Einer der jungen Männer hatte vor kurzem geheiratet. Es war in seiner Familie wie in vielen anderen Familien Brauch, daß sich die frisch Vermählten mit der Mutter des Bräutigams auf Hadsch begeben und jeweils eines der jüngeren Geschwister mitnehmen. Er gestand mir, daß er es zu Hause mit den fünf täglichen Gebeten nicht so genau nehme.

Aber hier, sagte er, hier ist alles anders.

Einige Stunden später – keiner der Busse um uns herum hatte sich bewegt – legten wir uns zum Schlafen hin, in unse-

432

rem Ihram spärlich gegen die schleichende Kälte geschützt. Ich wurde vom Fahrtwind geweckt – eine Schlucht, Mondhügel, um uns herum eine motorisierte Völkerwanderung. Die Autobahn mit ihren zehn Spuren (vielleicht waren es auch zwölf) zog sich wie ein Alptraum durch die archaische Landschaft. Bald wurde der Fahrtwind wieder gestaut, und wir skandierten *Labbayk* im Stoßverkehr.

Gegen Mitternacht hielten wir mitten in der Kurve einer Ausfahrt, und der Busfahrer hieß uns auszusteigen. Vor uns lag die Zeltstadt von Mina. Wo war Muzdalifa? Einer der Hadschis erklärte mir, die große Zeltstadt umfasse heutzutage auch Muzdalifa. Die Pilgermassen hätten zwei Dörfer zu einer einzigen bewohnten Einheit zusammengefaßt. Wir stolperten den Hang hinab und über die verstreuten, vermummten Körper von Schlafenden hinweg zur nächsten Waschstelle; danach versammelten wir uns auf dem Asphalt zum Gebet. Wir hätten die ganze Fahrbahn blockiert (und der Verkehr hätte unser Gebet nicht unterbrechen dürfen), wenn uns ein herbeigeeilter Polizist nicht auf die linke Spur zurückgetrieben hätte. Das Abend- und das Nachtgebet wurden ausnahmsweise zusammen verrichtet. Allerdings herrschte zwischen den Älteren in unserer Gruppe einige Unsicherheit über die gebotene Anzahl an Iqemats und Rakas.

Als ich später in einem der Bücher nachschaute, fand ich heraus, daß wir einen Fehler begangen hatten. Kein Wunder. Die Komplexität der Rituale ist legendär, Fehler sind von jedem zu erwarten. Als Mullah Ali Qari, der Autor des berühmtesten Ratgebers über die Hadsch, bei einer seiner Pilgerreisen einen offensichtlichen Fehler beging, gab ihm ein anderer Pilger den freundlichen Rat, wenn er sich eines Details nicht sicher sei, solle er sich doch vertrauensvoll an Mullah Ali Qari wenden.

Nach dem Gebet legten sich die Frauen aus unserer Gruppe auf Matten am Straßenrand schlafen, die Männer brachen auf, um Steine für die rituelle Steinigung zu sammeln, und ich schulterte meine Tasche, nicht gewillt, die Nacht nach dem Höhepunkt der Hadsch auf einer Autobahnausfahrt zu verbringen.

In dieser Nacht stößt die Hadsch an ihre logistische Grenze. Die Pilger sollten in Muzdalifa verweilen und erst nach dem Morgengebet nach Mina zurückkehren. Doch Muzdalifa ist nur ein Areal zwischen Auf- und Abfahrten, eine fiktive Demarkation, gekennzeichnet allein durch eine Tafel auf der breiten Fußgängerzone. Manche der Zelte befinden sich in Muzdalifa, andere hingegen in Mina; manche Pilger können somit in ihren eigenen Zelten übernachten, ohne einen rituellen Fehler zu begehen, die anderen müssen sich irgendwo auf Sand oder Asphalt zusammenrollen und den Gebetsaufruf abwarten. In vielem ist die Hadsch sehr einfach, sehr bequem geworden, die Nacht zwischen Muzdalifa und Mina jedoch bietet verläßliche Plagen.

Spätnachts gab es keinen Platz mehr in Muzdalifa, und viele Pilger lösten das Problem, indem sie die Regeln mißachteten. Ein Strom von Menschen floß in Richtung Mina. Ich suchte an den Hängen nach den neunundvierzig kleinen Steinen, die ich für die symbolische Steinigung des Teufels benötigen würde, aber ich wurde nur mühsam fündig. Bei zwei Millionen Pilgern werden selbst in der Steinwüste die Steine rar, zumal sie so klein sein sollten, daß sie niemandem weh tun, groß genug aber, um aus einer Entfernung von etwa fünf bis zehn Metern mit einiger Treffsicherheit geworfen zu werden. Ich sammelte eher zu kleine als zu große Steine auf.

Schließlich rutschte ich den Hang hinab und schloß mich dem Strom an. Wir trieben schweigend in der Kälte dahin, eine Kolonne, die durch eine Lagune des Schlafes watete. Manche Hadschis taumelten, manche drängelten, manche traten auf die Ausgestreckten zu beiden Seiten. Alles wie gewohnt – der Zustand völliger Reinheit konnte nicht lange anhalten. Als ich nach einer Weile stehenblieb, um einen Tee zu trinken – der Somalier und seine Thermoskanne waren umringt von mumienhaften Gestalten –, fragte ich nach der Uhrzeit. Es war schon drei Uhr. Es lohnte sich nicht mehr, einen Schlafplatz zu suchen.

Gegen vier Uhr erreichte ich die Zeltstadtmitte von Mina und verspürte Hunger. Der Supermarkt war geöffnet. In einer Ecke waren arabische Süßigkeiten aufgehäuft. Ich kaufte ein Stück Baklava, Orangensaft und Buttermilch, setzte mich auf die Treppen und betrachtete die Ungeduldigen auf ihrem Weg durch die ausgeleuchtete Nacht zur voreiligen Steinigung. Mir schwante Böses.

Der Tag von Arafah, sagen die Weisen, ist der bitterste Tag für Satan. Das mag stimmen. Doch am nächsten Tag ist Satan wieder im Rennen. In Mina gehört Übermut gewiß zu seinen Lieblingssünden.

Der Festtag von Id al-Adha, in der ganzen islamischen Welt feierlich begangen, auf der Hadsch hingegen ein wichtiger Tag in einer Aufeinanderfolge von wichtigen Tagen, verpflichtet den Pilger, ein Tier zu opfern und eine Säule zu steinigen, zwei Rituale, die auf eine gemeinsame Urgeschichte zurückgehen. Ibrahim wurde von Gott aufgefordert, seinen Sohn zu opfern – laut Altem Testament den jüngeren Isaak (Ishaq), laut Koran hingegen den älteren Ismail. Auf dem Weg zur Opferstätte wird Ismail dreimal vom Teufel in Versuchung geführt, seinem Vater nicht zu gehorchen, sich ihm zu widersetzen, und jedesmal verscheucht Ismail den Teufel mit gezielten Steinwürfen. Später, als der unbedingte Gehorsam Ibrahims gewürdigt wird, darf er statt seines Sohnes ein Tier opfern. Die Adha, die Opferung, ist an diesem Tag allen Muslims auferlegt; nur Hadschis müssen auch die Jamarat, die Steinigung, wiederholen.

Wenn du jetzt zur Jamarat gehst, warnte mich Badrubhai im Zelt, wirst du erleben, was für ein leichtes Spiel der Satan hat. Die Leute benehmen sich schlimmer, als er es sich erhoffen könnte. Ihr ganzes Verhalten widerspricht dem Geist des Islam.

Um Viertel nach zehn in der Früh – Zeitungsberichte bestätigten am nächsten Morgen die Gerüchte – wurden auf einer der Brücken, die zur Teufelssäule führen, zweiundzwanzig Pilger zu Tode getrampelt. Um Viertel vor zehn stand ich nahe der Großen Säule und dachte: So fühlt es sich an, wenn man zerdrückt wird. Ich wußte nicht mehr, wo mein Körper endete und die Masse begann, und wie alle anderen um mich herum geriet ich in Panik. Ich wollte um mich schlagen, aber etwas – ein Rest Anstand oder eine plötzliche Lähmung – hinderte mich daran. Ich nahm die Menschen um mich herum kaum wahr, ich spürte nur: Jeder Bruder und jede Schwester ist mein Todfeind und zugleich mein einziger Halt.

Ich war aufgebrochen, kaum hatte Badrubhai seine Warnung ausgesprochen. Die Polizei hatte die Menschenströme zwar kanalisiert, aber die Hadschis begannen wild zu drängeln, sobald sie der Säule ansichtig wurden. Je näher wir ihr kamen, desto mehr schwankte die Menge, wie ein rollendes Schiff. Schreie warfen sich auf Schreie. Die Rücksicht und Geduld, die manche Pilger gerade noch beherzigt haben mochten, wurden erdrückt. Hadschis warfen ihre Steine aus viel zu großer Entfernung, sie trafen nicht das Symbol des Teufels, sie trafen ihre eigenen Brüder und Schwestern. Selbst jene, die warteten, bis sie nahe genug an die Säule herangekommen waren, hatten Schwierigkeiten, das Gleichgewicht zu halten, um gezielt werfen zu können. Ich verschoß, wie die meisten der inzwischen völlig verängstigten Hadschis, meine Munition schnell, ohne an die erforderlichen Gebete zu denken, an die tiefere Bedeutung des Rituals. Eigentlich sollten wir so stehen, daß die Kaaba zu unserer Linken und Mina zu unserer Rechten lag, eigentlich sollten wir die Steine zwischen Daumen und Zeigefinger halten und vor jedem Wurf ein Gebet sprechen. Aber wir achteten nicht mehr auf Regeln, wir waren nur noch darauf bedacht, lebendig aus dem Ritual herauszukommen. Keiner von uns ähnelte Ismail, dem unerschütterlichen Sohn Ibrahims, wir waren wie eine Armee auf der Flucht, wie Soldaten, die ihre letzte Munition verschießen.

Ich hatte in meinem Bemühen, niemanden zu treffen, zu zögerlich geworfen und hatte nicht bemerkt, daß ich immer weiter nach vorne gedrängt wurde. Auf einmal stand ich neben der Umfassung der Säule. Steine fielen auf meine Schultern, auf meinen Nacken. Ich hob meine zusammengefaltete Gebetsmatte hoch und verwendete sie als Schild, und mit der anderen Hand versuchte ich mich von der Mauer wegzudrücken, um nicht zerquetscht zu werden. Ich blickte um mich. Die Mauer war eine etwa einen Meter hohe Einfriedung, die Steine rasselten einen Trichter hinab und fielen durch eine Öffnung nach unten, auf die Ebene der Straße – wir waren auf einer Überführung.

Zur Steinigung zu gelangen war einfacher, als ihr den Rücken zuzudrehen. Sobald die Hadschis ihre sieben Steine geworfen hatten, schubsten und drängten sie sich einen Weg durch die Masse nach außen, ungeachtet dessen, was möglich war. Sie schlugen mit den Ellbogen um sich und drückten mit ihrem ganzen Gewicht gegen diejenigen vor ihnen. Sie ließen Querende nicht vorbei, die ihrerseits mit Gewalt durchzubrechen versuchten. Jeder nährte den Teufel in sich selbst. Vielleicht war es doch kein Fehler, daß die Steine auf die Pilger niedergingen, denn dort trafen sie den Teufel eher als an der Säule. Die Steine, die eine Säule treffen, dachte ich, als ich am Ausgang der Überführung endlich Luft holen konnte und meine Nerven sich ein wenig beruhigt hatten, sind so selten wie gute Menschen.

»The Saudi Project for utilization of sacrificial animals, managed by the Islamic Development Bank«. Ein Schalter wie beim Lotterieverkauf. Glanzlaminierte Broschüren lagen aus, beschrieben das ultramoderne Schlachthaus, die vorgenommenen Verbesserungen an Hygiene, die Verteilung der Fleischspenden. Ein effizienter Mitarbeiter erklärte das Angebot: ein Schaf oder ein siebtel Kamel. Er deutete auf einen Aushang, der die Länder aufführte, die in diesem Jahr mit Fleisch von der Opferung beliefert würden. Jährlich werden etwa eine halbe Million Tiere geschlachtet und das Fleisch als Spende in über zwanzig Länder gebracht – Hauptnutznießer in den Jahren, über die eine Statistik Auskunft erteilte, war Bangladesch, gefolgt von Jordanien und Libanon. Es stand mir frei, meine Spende einem bestimmten Land zuzusprechen. Ich entschied mich zugunsten Bosniens, zahlte einhundert Dollar und erhielt einen Coupon, der so aufwendig gedruckt war wie ein Börsenpapier. Die zweite Pflicht am Festtag des Id al-Adha ließ sich also mit einem Zücken des Geldbeutels im Nu erledigen.

Arme Pilger können das Fleisch auch selbst abholen, sie können sogar gänzlich auf das Opfer verzichten und statt dessen mehrere Tage fasten. Traditionsbewußte Pilger können ihr Tier selbst opfern. Sie müssen es mit einem sehr scharfen Messer in einem einzigen schnellen und kräftigen horizontalen Schnitt durch die Kehle töten und dabei ausrufen: *Im Namen Gottes, Gott ist groß. Oh Gott, dies ist von mir für Dich, bitte nimm es von mir an.*

Aber auch jene, die das Opfer selbst darbieten oder das Fleisch abholen, dürfen nur ein Drittel für sich behalten und müssen den Rest an Notleidende beziehungsweise an Verwandte und Nachbarn abgeben ... *und speiset den demütig Bittenden und den verschämten Armen* (22:36).

Am Rande von Mina, zu weit entfernt, um bloß aus Neugier hinzugehen, befand sich die automatisierte Schlachterei sowie ein altmodischerer Schlachthof für jene, die selbst Hand anlegen wollten. Die Hadsch hat sich im Laufe des 20. Jahrhunderts wohl nirgends so sehr verändert wie bei der Opferung. Richard Burtons Beschreibung aus dem Jahre 1853 dürfte symptomatisch sein für die einstigen Zustände:

Der ganze Boden des Tals, schreibt er, entsprach dem schmutzigsten Schlachthaus ... voller Fliegenschwärme. Die blutgetränkte Erde begann nach widerlichen Dünsten zu stinken. Nichts bewegte sich am Himmel außer Geiern. Sechstausend Tiere waren in dieser Teufelsschüssel geschlachtet und aufgeschnitten worden.

Nur wenige Jahre nach der Machtübernahme von Ibn Saud 1925 ließen die sanitären Zustände kaum noch zu wünschen übrig. Harry St. John Philby, ein britischer Nomade, der jahrzehntelang am Hofe des Königs Abd al-Aziz ibn Saud gearbeitet hatte, versicherte seinen Lesern im Jahre 1931:

Ich habe die Opferzeremonie an diesem Morgen verpaßt, und mein persönliches Opfer wurde am nächsten Tag in Vertretung dargereicht, aber ich muß hinzu-

fügen, daß ich in den drei Tagen in Mina nichts von der
großen Schlachtung gesehen oder auf noch unangeneh-
mere Weise mitbekommen habe. Die Schlachterei wird
vernünftigerweise weit von den Lagerplätzen der Pilger
entfernt vorgenommen ... Ich habe einige Schafsköpfe
dort herumliegen sehen, wo sie vielleicht nicht hätten
liegen sollen, aber ansonsten gab es weder den Gestank
noch den anstößigen Anblick sonnengegrillter Fäulnis.
Die medizinischen Autoritäten haben ihre Arbeit zwei-
felsohne hervorragend erledigt, und sie sind belohnt
worden mit der niedrigsten Todesrate auf der Hadsch,
seit Buch geführt wird.

Auch ich merkte von der Schlachtung nur, wie sich beachtliche Stücke Schaf oder Ziege vor der offenen Küche am Eingang unseres Lagers stapelten und später in den riesigen
Töpfen, in denen täglich zwei Mahlzeiten für uns zubereitet
wurden, stundenlang zu einem exzellenten Curry geschmort
wurden.

Harry St. John Philby war Zeuge einer Wende in der Geschichte der Hadsch. Noch im neunzehnten Jahrhundert
waren die heiligen Orte erstklassige Brutstätten und Übertra-
gungszentren für Seuchen und Krankheiten. Ab 1831 stellte
Cholera die Behörden in Mekka vor unlösbare Probleme. Die
Pilger kamen geschwächt und infiziert dorthin, steckten sich
oder andere in Mekka an und zogen danach in alle Erdteile
und die Krankheit mit ihnen. 1865 starben sechzigtausend
Menschen allein in Ägypten. Die Pilger schleppten die Krankheit bis nach New York und Guadeloupe; erst 1874 konnte der
Choleraepidemie Einhalt geboten werden. Damals gaben die
Straßen von Mekka ein erbärmliches Bild ab; zu beiden Seiten
häuften sich die Leichen. Die Pilger, die sich nach Dschidda
abzusetzen versuchten, starben in der Wüste oder erkrankten

in der Hafenstadt. Dort wurden sie in Baracken zusammengetrieben, Nahrung und Wasser wurde jenen verweigert, die ihr ganzes Geld schon ausgegeben hatten.

Auch heute sterben Pilger an Schwäche, Auszehrung, Herzinfarkt oder Sonnenstich, aber seit der Einführung präventiver Gesundheitsmaßnahmen hat es keine Epidemien mehr gegeben. Überall begegnet man Stationen der Vorbeugung. Selbst in der Großen Moschee findet sich eine medizinische Anlaufstelle, und am Flughafen von Dschidda empfängt einen das Haj Epidemiological Studies Centre K.A.I.A. Auch Mina und Arafah verfügen über eigene, hervorragend ausgerüstete Krankenhäuser.

Zu Fuß nach Mekka. Ich laufe, wie Tausende andere auch, die sechs Kilometer von Mina nach Mekka. Nach einem Tawaf und dem neuerlichen Scheren des Kopfes werde ich später am Tag wieder zurückgehen. Fast der gesamte Weg ist überdacht. Die Fußgänger überholen Fahrzeuge, die im Stau stecken. Kurz vor Mekka ist ein Fußgängertunnel durch den Berg geschlagen, davor ein kleiner Park mit satten Grasflächen und einigen Bänken. Plötzlich ist Müßiggang eine Option und unterscheidet sich von dem angespannten Nichtstun vorangegangener Tage. Ich habe den Gipfel der Pilgerschaft erklommen, mit ausgestreckten Beinen genieße ich ein Gefühl des Glücks und der Dankbarkeit; meine Gedanken sind kleinäugig, es geht bergab, ich muß mich nicht anstrengen, ich habe Zeit und keine Absichten.

Der lange Tunnel wirkt wie eine Kulisse: Wir alle, gehüllt in einfaches weißes Tuch, sind auf dem Weg zum Letzten Gericht. An schmucklosen Wänden vorbei, im unschmeichelhaften Neonlicht; jeder, der sich schleppt, ist nur er selbst, die Summe seiner Handlungen. Es war die Vision, daß der Weg zum Letzten Gericht uns immer subterran begleitet, als existiere er gleichzeitig zu unserem Dasein – und nicht erst am Ende der Zeit. Solange wir leben, gehen wir durch diesen Tunnel, aber nur hier, zwischen Mina und Mekka, erfahren wir davon.

Der Tunnel entließ uns in ein unerträglich grelles Licht. Die Hadschis kniffen ihre Augen zusammen, einige von ihnen holten Sonnenbrillen heraus, an deren Existenz ich mich auf einmal erinnerte wie an einen vergessenen Namen. Wir waren mitten in Mekka, oberhalb der Haram al-Sharif, auf einem großen Platz, leer bis auf einige Buden, die Gebetsketten in allen Farben und Formen anboten.

Es erschien mir wie eine Ewigkeit, seit ich zum letzten Mal die Große Moschee aufgesucht hatte. Sie war nicht annähernd so voll wie vor unserer Abreise nach Mina. Während wir außerhalb Mekkas geweilt hatten, war die Kiswah gewechselt worden. Bei unserem Tawaf Al-lfaza, dem Tawaf zum Ende der Hadsch, kreisten wir siebenmal um die Kaaba, die mit neuem Stoff, reiner Seide, angekleidet wurde. Früher wurde die Kiswah jährlich von dem Kalifen beziehungsweise dem ägyptischen Vizekönig gespendet, der es in Kairo von einer seit alters damit beauftragten Familie herstellen ließ, und es wurde von der ägyptischen Karawane mit viel Trara nach Mekka gebracht. Heute wird die Bordüre von Hunderten von Händen in monatelanger Feinarbeit mit Goldfäden bestickt – in Mekka selbst, in einer speziell hierfür eingerichteten Werkstatt.

In Mina wie auch in Mekka gab es kaum Bettler, aber die wenigen waren allesamt Inder. (Die Inder, stets extrem, schrieb Richard Burton, sind entweder Bettler oder Millionäre.) Noch vor wenigen Jahren wurden zu Ramadan Gastbettler aus

Indien importiert, damit die in diesem Monat vorgeschriebene Großzügigkeit nicht an einem Mangel an Bedürftigen scheiterte. Die Bettler sollen angeblich Profis sein, hierarchisch streng organisiert von Menschenhändlern. Sie müssen ihre Einnahmen abgeben und erhalten dafür ein Gehalt, das bei etwa vierhundert Rial, gut hundert Euro, liegt.

Laß dich von ihrem Ihram nicht täuschen, sagte ein Inder, der neben mir stehenblieb und den Bettler, mit dem ich mich unterhielt, unwirsch verscheuchte. Sie lügen alle. Sie behaupten, aus Kaschmir zu stammen, um Mitgefühl zu erregen, denn jeder Muslim kennt Kaschmir. Gestern wandte sich einer an mich, der stammte eindeutig aus Indien, und er trug ein kleines Kind im Arm, ein einige Monate altes Baby. Der Mann bettelte um Hilfe für sein Kind, aber das Kind war schwarz, pechschwarz. Es sah eher sudanesisch aus.

Wie soll das denn gehen, fragte ich ihn. Hast du dir dein Kind mal genauer angesehen?

Am nächsten Tag wurde ich im Flüsterton von einem jungen Inder in erstaunlich flüssigem Englisch angesprochen. Er sei Student aus Aligarh in Nordindien und schon seit vierzig Tagen unterwegs – das Geld sei ihm ausgegangen. Er konnte mir allerdings nicht erklären, wieso er so lange in Mekka verweilen mußte, wenn ihm die Mittel dazu fehlten, und als ich ihn daran erinnerte, daß ein Hadschi weder betteln noch ohne ausreichende Mittel die Pilgerreise antreten dürfe, war er mit einem Schlag keines einzigen englischen Wortes mehr kundig. Sein Unbehagen trieb ihn zur Flucht, als ich ihm dieses allseits bekannte Gebot in ein gestottertes Urdu übersetzte.

Früher, vor den Zeiten von Telefon, Konsulaten, Western Union und anderen Institutionen, waren viele Pilger auf Almosen angewiesen, sei es, weil sie beraubt worden waren oder weil ihnen das Geld ausgegangen war.

Da sind all die armen Kerle, schreibt der iranische Hadschi Kazemzadeh im Jahre 1912, in einem Zustand völliger Entbehrung, die fast nackt am Wegrand liegen und etwas Labsal im Schatten der Büsche suchen, der einzigen Vegetation in der Wüste. Wer vorbeikommt, gibt diesen Unglücklichen, die der Gnade der Sonne und des Sandes ausgesetzt sind, etwas zu essen, und gelegentlich nimmt eine großzügige Person sie auf ihrem Kamel mit nach Mekka.

Der elfte Tag des Monats Zuul Hijjah –
Der Tag der großen Steinigung

Badrubhai betete, als ich das Zelt betrat. Sein Kopf schwang rhythmisch von einer Seite zur anderen, die Worte wurden heftig gesetzt, rasant betont, die Stimme schien aus der Brust zu brechen.

Zeige mir dieses Gebet, bat ich ihn, als er sich aus der Sitzstellung gelöst und auf seiner Decke ausgestreckt hatte.

Ich kann es dir nicht beibringen, du bist dafür noch nicht weit genug fortgeschritten, sagte er, erklärte es mir dann aber doch: Das Gebet fängt im Herzen an. Du mußt alles aus deinem Herzen verbannen außer Gott. Beginne mit *Laa ilaaha* (Es gibt keinen Gott), lasse dein Kinn nach links wandern, und drücke es mit Kraft auf deine linke Seite, um die Sünden, die sich als Flecken in deinem Herzen angesammelt haben, zu vertreiben, und sage dabei *illallaah* (außer den Einen). Zweihundertmal mußt du dies wiederholen, gefolgt von *illallaah* alleine, vierhundertmal, und schließlich von sechshundert *Allahu Allah*. Aber du solltest dieses Zikr nicht üben, es ist nur für Fortgeschrittene. Du mußt klein anfangen. In der ersten Klasse. Du mußt *Bismillah* und *Subhanallah* sprechen, hundertmal am Tag. Ein Jahr lang, dann kannst du aufsteigen, zu schwierigeren Gebeten. Sonst wirkt das Zikr nicht, weil du es nicht richtig ausführst. Es kann sogar eine schlechte Wirkung entfalten. Es wird dauern, bis du meine Stufe erreichst. Ich bin schon in der neunten Klasse. Nach der zehnten Klasse ist Schluß. Ich kann sagen, ich spiele jetzt im Halbfinale.

Das Zikr mit Badrubhai am nächsten Morgen erwies sich als einer der Höhepunkte meiner Hadsch. Die beste Zeit für Zikr sei früh am Morgen, erklärte er mir, wenn Gott sich im ersten der sieben Himmel aufhalte und sich umhöre, wer Hilfe benötigt. Wir setzten uns nach Fadschr im Schneidersitz nebeneinander, jeder von uns eine Perlenkette in der Hand. Badrubhai gab den Gebetsschlag vor, langsam zu Beginn, als taste er den Pfad ab, auf dem er uns führen wollte, die Stimme leise und der Oberkörper kaum in Bewegung; *Laa ilaaha* klang fast wie eine Frage, und *illallaah* wurde vorsichtig abgelegt, bevor es mit zunehmender Vehemenz hingeschleudert wurde. Alles steigerte sich – Lautstärke, Bewegung, Betonung –, bis wir einem Rhythmus der Trance folgten, einem Choral mit Crescendo, aus der Zeit getreten und befreit von allen Gedanken. Unser Zikr hatte eine knappe Stunde gedauert, stellte ich danach fest. Ich fühlte mich erfrischt und beglückt. Ich mußte an die Aussage des großen al-Ghazali denken: »Musik, rhythmisch und wohltuend, bringt ans Licht, was das Herz verbirgt, offenbart Schönheit und Unvollkommenheit.« Mit anderen Worten: Musik und Rhythmus sind göttlich.

Wenn man einmal mit Zikr begonnen hat, schärfte Badrubhai mir ein, darf man mit Zikr nie mehr aufhören. Nicht einmal auf Reisen. Das Zikr, das wir gebetet haben, ist nur eine schwächere, eine kürzere Version des wahren Zikr. Aus Rücksicht auf die anderen, auf unsere Nachbarn, die sich vielleicht wieder schlafen gelegt haben. Unser Prophet Mohammed, Sallallahu alaihi wa-sallam, sagt, wir sollen Sorge dafür tragen, daß unsere Gebete nie einen anderen Menschen stören. Es ist sehr wichtig, beim Zikr deine Gefühle freizulegen. Wenn du eine Träne dabei vergießt, eine einzige Träne, kann diese Träne das Höllenfeuer lindern. Ich kann dir sagen, Zikr ist wie eine Impfung gegen Heuchelei. Später, viel später wirst du lernen, das Zikr stumm zu sprechen, nur mit dem Herzen. Und die höchste Stufe ist es, wenn jeder deiner Atemzüge Gottes Namen beinhaltet, während du deinen täglichen Aufgaben nachgehst, während du dich unterhältst, so wie ich mich jetzt mit dir unterhalte. Dann brauchst du keine Gebetskette mehr, Gott und Atmung sind eins. Durch Zikr verschmilzt du mit Allah. Er ist in dir, wenn du dich an ihn erinnerst. Wenn du dich ihm um eine Handbreite näherst, nähert er sich dir um eine Elle. Wenn du dich ihm um eine Elle näherst, nähert er sich dir um einen Schritt. Wenn du auf ihn zugehst, rennt er dir entgegen.

Wer gut ißt, sollte an die Armen denken.
Wer gute Kleidung trägt, sollte an seine
eigene Beerdigung denken. Wer in guten Häusern lebt,
sollte an das Grab denken.

Müde Gestalten schleppten sich durch die Hitze. Die Anstrengungen zeitigten Spuren; die Straßenverkäufer trauten kaum noch ihren eigenen, nur noch als Krächzen vernehmbaren Werberufen. Eine farblose Ermattung lag in der Luft. In dem mehrstöckigen Badehaus neben der Kaif-Moschee waren Hunderte von Kabinen besetzt mit Hadschis, die das Wasser lange über ihre ausgelaugten Körper strömen ließen. Manche zogen danach ihre weltliche Kleidung an, andere blieben im Ihram. Nun, da die Hadsch vorbei war, vergegenwärtigte ich mir eine weitere Symbolik dieser zwei weißen Tücher: Sie wiesen auf den eigenen Tod hin. Eines endlichen Tages würde ein jeder von uns Hadschis in sie eingewickelt ins Grab gelegt werden. Sie werden das einzige sein, das man auf die letzte Reise mitnimmt. An diesem Tag, übernächtigt und von der Sonne erschlagen, erschien mir die Vorstellung versöhnlich.

In der Kaif-Moschee selbst, einem über zehntausend Quadratmeter großen Raum, ging es zu wie in einer Lagerstätte: Die Pilger aßen, dösten, schwätzten zwischen ihren Taschen und Säcken. Schon zu Burckhardts Zeiten hatten viele ihr Quartier in der Moschee aufgeschlagen und zwischen den Säulen Därme gespannt, an die sie das frischgeschlachtete Fleisch zum Trocknen hängten. Der Hamburger, der von einem Hadschi neben mir verzehrt wurde, war so betrachtet eine erhebliche Verbesserung.

So wie das Sakrale während der Dauer der Hadsch die weltlichen Räume besetzt, so kriecht das Profane in die religiöse Sphäre hinein, bis beide nur noch durch einen Gebetsaufruf, der wie ein Schalter die momentane Priorität umstülpt, voneinander getrennt sind. Nach dem Nachtgebet verwandelte sich der Gebetsraum in einen Schlafsaal voller weiß verhüllter Leiber.

Kaum hatte ich am Tag zuvor die erste Steinigung mit Schrecken überstanden, graute es mir vor der zweiten, der großen Steinigung, bei der man drei Säulen zu attackieren und das Gedränge somit dreimal zu erdulden hat. Spät am Vorabend war ich zu den Säulen spaziert und hatte sie sowie die Umgebung wie einen Parcours inspiziert, den ich am nächsten Tag überwinden müßte. Unter der Überführung, ebenerdig, würde das Gedränge, so schien es mir, vielleicht weniger dicht sein, da die Pilgerscharen nicht zu beiden Seiten eingeengt waren.

Die Vermutung bestätigte sich am nächsten Tag; es strömten tatsächlich weniger Pilger auf die Säulen zu, aber ihr Ver-

halten war keineswegs gemäßigter. Die irrationale Begier, die
überflüssige Eile, die Aggression gegen die Säule, die sich auf
die Mitmenschen entlud – es war wie am Vortag und durch die
Wiederholung noch schlimmer. Neben mir war plötzlich eine
Frau mit verbiestertem Gesichtsausdruck; sie warf die Steine
in rascher Folge – eine Frau, die in diesem Augenblick mit keinem verwandt war, die mit ihrem rechten Ellbogen anderen
Pilgern heftige Stöße versetzte. Nahe der zweiten Säule wurde
in vier Krankenwagen ein stetes Rinnsal an Opfern behandelt – Kreislaufzusammenbrüche und einige Platzwunden.
Ein Mann kam mir entgegen mit einem runden, blutigen Verband über seinem linken Auge.

Während unserer Raserei wurden Durchsagen in allen
wichtigen Pilgersprachen auf uns abgeworfen – wir traten die
Mahnung mit Füßen. Am gefährlichsten waren große Gruppen, weil sie über die Stoßkraft verfügten, sich überall und zu
jeder Zeit hineinzuzwängen und schwächere Konkurrenten
wegzudrängen. Wenn ich eine Gruppe erblickte, meist schon
aus dem Augenwinkel erkennbar an dem einheitlichen Farb-
fleck in der Menge, versuchte ich, möglichst großen Abstand
zu halten. Bei der großen Säule rollten raschelnde Steine
durch den Trichter von oben herab; sie hatten den Teufel
schon halb zugedeckt. Am Ende der Steinigung würde er
kaum noch zu sehen sein – eine kosmetische Veränderung par
excellence.

Arif war von seinen Erlebnissen bei der Steinigung ähnlich
entsetzt wie ich – eher noch mehr, denn er glaubte stärker als
ich an das Gute in der Umma. Wenn er sich ärgerte, schien
er seinen Nacken einzufahren, und seine Schultern formten
einen leichten Buckel, als sei jeder Muskel zwischen seinem
Herzen und seiner Zunge verspannt.

Du hast erlebt, rief er mit der Inbrunst eines Wanderpredigers aus, was für ein leichtes Spiel Shaitan (Satan) heute hatte. Es ist verboten, einen anderen Muslim zu rempeln, geschweige denn ihn zu verletzen. Die meisten Hadschis wissen nicht, was sie tun. Sie verletzen nicht nur ihre Brüder und Schwestern, sie verletzen den Geist des Islam selbst. Auch an der Kaaba. Um den Schwarzen Stein zu berühren, um ihn zu küssen – was nichts bedeutet, was völlig wertlos ist, eine symbolische Handlung, mehr nicht –, sind sie bereit, Sünde um Sünde auf sich zu laden. Das geht nicht auf, das ist der reine Wahnsinn. Viel zu wenige wissen, was Islam wirklich bedeutet.

Ich zeigte ihm die Heftchen, die mir einige junge Aktivisten auf der Straße in die Hand gedrückt hatten. Die Wahl der Themen war überraschend. »Isbaal« war das eine Heftchen betitelt – »Die zugelassene Länge der Beinbekleidung«, in dem ein gewisser Dr. Saleh as-Saleh auf sechzehn Seiten über die Höllenstrafen referierte, die dem Träger kurzer Hosenbeine angedroht werden. Falsche Prioritäten – Arif und ich waren uns einig –, blinde Pedanterie. Die Paragraphenhengste hatten im gegenwärtigen Islam eine viel zu laute Stimme, die Moralisten und die Mystiker hingegen flüsterten.

Sag mir, fragte Arif unvermittelt, was ist deine Lieblingssure?

Sura Al-Mau'un, sagte ich.

Ein gutes Beispiel, hervorragend.

> *Ara' aytalladhi yukadhdhibu biddiin*
> *Fazaalikal ladhii yadu: ul-yatiim*
> *Wa laa yahuddu'alaa ta'aamil miskiin.*

Hast du den gesehen, der den Glauben leugnet.
Es ist jener, der die Waise verstößt
Und nicht sorgt für die Speisung der Armen.

Was sagt uns das? Überlege dir mal, wie viele Sünden Allah ta'ala hätte anführen können, um jene zu bezeichnen, die schwach sind im Glauben. Doch er hat von all diesen Sünden den Egoismus ausgesucht, die Kaltherzigkeit, das fehlende soziale Gewissen. Was für ein klarer Aufruf! Wir standen in einer Ecke des Lagers und frönten der kleinen Sünde einer Zigarette. Gewiß war die Krise des gegenwärtigen Islam nicht zuletzt durch einen Mangel an sozialer Verantwortung bedingt. Obwohl der Koran, mehr noch als das Neue Testament, soziale Gerechtigkeit und mitmenschliche Solidarität zu einer Pflicht des einzelnen und einem Pfeiler der Gemeinschaft ernennt, herrscht in den meisten muslimischen Ländern eine eklatante Diskrepanz zwischen Fürsorge und Indifferenz. Erst am Vorabend hatte Badrubhai das Gebot klar in Worte gefaßt:

Wenn wir wahre Menschen sein wollen, müssen wir die Nöte und das Wohl unserer Mitmenschen berücksichtigen. Der Prophet, Sallallahu alaihi wa-sallam, hat gesagt, daß man erst dann ein Muslim ist, wenn man jeden Morgen an seine Brüder und ihre Bedürfnisse denkt.

Die Verantwortung für das allgemeine Wohl ist in den Hintergrund getreten, die Sorge um das eigene Wohl überwiegt. Das Konzept der Umma ist nur mehr ein sentimentales Sofa, auf dem man es sich bequem machen kann. Die Identifikation reicht im Alltäglichen nicht einmal so weit, daß man seinen Bruder nicht wegschubst, daß man ihm seinen Platz in der Schlange nicht streitig macht (das Warten auf eine freie Kabine in einer der vielen Telefonzentralen wäre hervorragend geeignet gewesen für Hobbesianische Studien).

Der Islam, fuhr Arif erregt fort, wird von vielen nur nach den Buchstaben des Gesetzes befolgt, nicht aber nach seinem

Geist. Man steht vor dem Sonnenaufgang zum Morgengebet auf, aber man legt sich danach wieder schlafen, obwohl Fadschr eigentlich den Tag einläuten sollte. Man hält die Disziplin der fünf Gebete ein, aber ansonsten nicht viel von Disziplin. Man achtet peinlichst genau darauf, daß der Koran immer obenauf liegt und nie mit unreinen Händen angefaßt wird, aber man liest ihn nicht. Man ist großzügig zu einem Verwandten, aber ausfallend gegenüber einem Bettler. Man schimpft seine Kinder aus, wenn sie fluchen, aber man zahlt Schmiergelder. Man achtet peinlichst genau darauf, Halaal zu essen, aber vergiftet seinen Geist mit dämlichen Fernsehserien. Man ist achtsam beim Gebet und schlampig in seinem Denken.

Diese Inkonsequenz war Arif ein Dorn im Auge, und ich konnte seine Enttäuschung nachvollziehen. In ihren schönsten Momenten läßt die Hadsch einen glauben, daß ein anderes Leben und eine andere Menschheit möglich sind. Pilgerfahrten zählen zu den großen Euphoriestiftern. Ein Ruck geht durch die Masse, ihre Trägheit ist kurzfristig aufgehoben, und in diesem Zeitraum des Aufrüttelns scheint ein Richtungswechsel möglich. Um so ernüchternder ist die Erkenntnis, daß bald alles wieder zusammenfällt, an seinen althergebrachten Platz.

Der zwölfte Tag des Monats Zuul-Hijjah –
Der Tag des Regens

Der Mond kam auf, über einem mit Lichterketten ausgeleg-
ten Tal. Ich lag auf einem Felsvorsprung oberhalb von Mina,
die Hitze des Tages im Rücken, und dachte an eine von Amirs
Lieblingsgeschichten, eine Parabel aus dem Koran. Eines
Tages beschloß Ibrahim, einen besonders hellen Stern anzu-
beten. Doch als der Vollmond erstrahlte, wechselte er seine
Ergebenheit und begann, den Mond anzubeten. Doch der
Mond verschwand, und die Sonne ging auf, und Ibrahim
wandte sich der Sonne zu. Als er über seine wankelmütige
Treue nachdachte, stieß er auf die endgültige Lösung: Er
würde jene Kraft anbeten, die den Stern, den Mond und die
Sonne erschaffen hat.

Etwas am Himmel lenkte mich ab: Aus der einen Richtung
krochen Wolken heran, schwere, absichtsvolle Wolken, die
vom Rande des Himmels aus nacheinander die Sterne verschlangen und dann auch den Mond. Es wird doch nicht,
dachte ich amüsiert, auch noch regnen – ich eilte den Hang
hinab zu unserem Zelt.

Stunden später, beim zweiten Aufwachen kurz vor acht,
sah ich meine Vorahnung bestätigt: Der Himmel über der
Wüste war verhangen, er warf eine düstere Plane auf die Zeltstadt. Dann platzte er auf, und es begann heftig zu regnen.
Gelegentlich überfallen solche Stürme Mekka; mehrmals ist
der Platz um die Kaaba herum überflutet worden. 1629 ver-

wüstete eine Überschwemmung die Stadt, fünfhundert Menschen kamen dabei ums Leben, und die Kaaba wurde zerstört. 1877 stand die Flut zwei Meter hoch. In den Buchläden kann man ein Photo in Sepiafarbe aus dem Jahre 1941 erwerben, auf dem einige Jungs vor der Kaaba planschen und die scherzhafte Frage der Betrachter provozieren, ob sie zum Tawaf siebenmal um die Kaaba schwammen. Zu Zeiten der Karawanen waren gewisse Täler berüchtigt für saisonale Überschwemmungen. Nasir-i-Khusrao berichtet von unzähligen Pilgern, die in einer plötzlichen Flut ertrunken seien, weswegen der betreffende Ort Juhfa (weggeschwemmt) genannt worden sei.

Wir sollten uns Zeit lassen, sagte Badrubhai. Alle müssen heute nach Mekka zurückkehren, zur Mittagszeit wird ein schreckliches Gedränge herrschen. Laß uns lieber im Zelt warten und später aufbrechen.

Die anderen Mitbewohner waren ausgegangen, und zum ersten Mal war ich mit Badrubhai allein und konnte eine ruhige Unterhaltung mit ihm führen. Sein Sinnbild von den zehn Klassen, die ein Gläubiger durchlaufen könne, hatte mich neugierig gemacht. Ich fragte ihn, wie er selber von einer Stufe zur nächsten aufsteige.

Jeden Ramadan, erklärte er, reise ich nach Deoband und verbringe zehn Tage mit meinem Sheikh. Ich nutze die Zeit, um von ihm zu lernen. Ich übe und übe, viele Stunden lang. Er weist mich an, er fragt mich aus, und erst wenn er völlig zufrieden ist, darf ich in die nächste Klasse vorrücken.

Ich hatte oft von Deoband gehört, von dem gewaltigen islamischen Seminar in diesem nordindischen Städtchen, in dem alle meine Ulema-Brüder studiert hatten. Sie sprachen von Deoband wie von einer zweiten Heimat, voller Achtung und mit großer Verbundenheit. Sie hatten sogar den Nachnamen des Gründers von Deoband übernommen, und deshalb hießen sie nun alle Qasmi.

Das Studium dort, sagte Badrubhai, hat mein Leben verändert, auch das Leben meiner Familie, *Alhamdulillah*, und das Leben meiner Verwandten. Ich kann sagen, es hat sogar meine Freunde, Muslims wie Nichtmuslims, beeinflußt.

Nicht nur aus Neugier sollte ich einige Monate später mit Burhan nach Deoband reisen; ich hoffte, zu der beglückenden Stimmung der Hadsch, zu Ruhe und Konzentration zurückzufinden. Von Delhi aus fuhren wir einige Stunden mit einem Bummelzug durch die staubige Ebene des Doabs, ein Zweistromland zwischen Ganges und Jamuna. Nichts auf dem kleinen Bahnhof von Deoband deutete auf eines der größten Seminare der Welt hin. Eine Riksch fuhr uns durch die enge, dichte und schmutzige Altstadt. Buchläden und Verlage zwängten sich zwischen Schneiderwerkstätten und Eisenwarenläden. Die Hauptgasse des Bazars endete plötzlich vor einem gewaltigen Bau aus weißem und rötlichem Marmor, eine eklektische, vom Tadsch Mahal inspirierte Architektur – die jüngst fertiggestellte Moschee des Seminars, die alle dreitausend Studenten fassen kann.

Der Campus war eine Oase der Ordnung im Vergleich zu dem Gewühl der Stadt. Nach Maghrib saßen die Studenten in offenen Klassenräumen, die sich um einige Innenhöfe gruppierten, und lernten die heiligen Texte in einem dissonanten Singsang auswendig, während sie ihren Oberkörper hin und her wiegten. Das Neonlicht in den Räumen reflektierte die unterschiedlichen Farben der Wände, so daß die Zimmer, von den Innenhöfen aus betrachtet, grün und blau schimmerten.

Burhan war sichtbar stolz, mich durch seine alte Alma

mater zu führen. Wir wurden begleitet von einigen seiner Freunde aus Studientagen, die in Deoband geblieben waren, um zu unterrichten. Gelegentlich blieben einige Studenten stehen, um sich zu erkundigen, woher ich stammte.

Nach dem elften September, erklärte Mohammed Afzar, ein sehr eloquenter und nachdenklicher Mann, besuchten uns viele ausländische Journalisten. Sie vermuteten, wir würden hier Terroristen ausbilden, weil sich die Medrasa in Pakistan, in denen viele Taliban gelernt haben, Deobandi nennen. Sie sind allerdings mit unserem Seminar in keiner Weise verbunden.

Die Kritik an Darul Uloom Deoband, wie das Seminar offiziell heißt, ist inzwischen differenzierter geworden: Es verhindere eine Modernisierung des Islam, es kapsele die reine Lehre vor fremden Einflüssen ab, es schränke die individuelle Denkfreiheit ein.

Unsere Ausbildung, erklärte mir Ijaz Qasmi, ein anderer Dozent, der eine Kolumne für mehrere Urdu-Zeitungen schreibt, befaßt sich mit der religiösen Erziehung. Die Studenten sollen sich in weltlichen Dingen nicht zu gut auskennen, sie sollen nicht westlich erzogen, sondern befähigt werden, auf einfache Weise ihrer eigenen Gemeinschaft zu dienen. Dafür sind acht Jahre nötig, acht Jahre, in denen die heiligen Texte gelernt werden: der Koran samt seiner Interpretation (Tafsir) sowie die Ahadith (die verbindlichen Äußerungen, die auf den Propheten Mohammed zurückgeführt werden können).

Wir stiegen in den ersten Stock, von dem aus wir in den größten Hörsaal blicken konnten. Der Lehrer trug eine Textstelle zuerst auf arabisch vor und erklärte sie dann auf urdu, der Muttersprache oder Lingua franca der etwa vierhundert Millionen Muslims auf dem indischen Subkontinent.

Jedes Hadith wird besprochen, flüsterte mir Ijaz zu, bis am Schluß alle sechs Ahadith-Sammlungen so detailliert durchgepaukt worden sind, daß die Absolventen in der Lage sein sollten, die Echtheit jedes behaupteten Hadith zu beurteilen, ohne nachschlagen zu müssen.

Diskussionen waren offensichtlich nicht vorgesehen. Die Studenten mußten ihre Fragen auf einen Zettel notieren und nach vorne reichen, wo der Präfekt der Klasse sie auf Wiederholungen oder Unsinnigkeiten überprüfte, ehe er sie an den Lehrer weiterreichte.

Die meisten Studenten stammen, wie ich in den folgenden Tagen erfuhr, aus armen, unterprivilegierten Verhältnissen. Das Seminar, das seit jeher für kostenlosen Unterricht sowie freie Unterkunft, Ernährung und Bekleidung sorgt, bietet ihnen die einzige Chance, eine Ausbildung zu erhalten. Den staatlichen, säkularen Schulen in den Dörfern ihrer Herkunft fehlt es an Klassenzimmern, Lehrern und Unterrichtsmaterial. Selbst wer die kostenlose Grundschule abschließt, kann höchstens ein wenig lesen, schreiben und rechnen. Für die meisten Schüler lautet die Alternative zum Seminar lebenslange Schufterei als Hilfskraft oder Saisonarbeiter. In Deoband werden die jungen Männer (ein kleineres Seminar für Frauen befindet sich in einer benachbarten Kleinstadt) sozial ermächtigt – die Absolventen sind auffällig würdevoll und selbstbewußt.

Es herrschte eine Atmosphäre der Entbehrung und Bescheidenheit in Deoband vor. Mohammed Afzar lud uns an einem der Abende zu einem Essen bei sich ein. Er teilte sich mit einem Kollegen zwei Zimmer, die abgesehen von zwei Matratzen auf dem Boden, einer Kochnische und einem niedrigen Bücherregal leer waren. Die Koffer der beiden lagen mitten im Zimmer, um wie Möbel zu wirken. Während

Mohammed ein Chicken Curry zubereitete – und sein Kollege Mangos aufschnitt und der reife Geruch das Zimmer durchsetzte –, unterhielten wir uns über die Ursprünge des Seminars.

Die Deoband-Bewegung entstand Mitte des neunzehnten Jahrhunderts als eine örtliche Antwort auf die Herausforderung der Kolonialisierung. Sie unternahm eine Kodifizierung der religiösen Ausbildung, die unmittelbar vom Vorbild der verhaßten britischen Herrscher angeregt war. Gleichzeitig hat sie die zentralen sozialen Aspekte des Islam – Gerechtigkeit, Ablehnung von Hierarchien, Wertschätzung von Bildung – wieder in den Mittelpunkt gerückt. Als eine der ersten religiösen Institutionen in Indien hat sie die Printmedien für ihre Zwecke genutzt und öffentliche Streitgespräche mit Gelehrten anderer Religionen initiiert. In einer feudal geprägten und hierarchisch gegliederten Gesellschaft setzte dies ein folgenreiches Signal. Mit der Vereinheitlichung der theologischen Schulung trat ein verbindlicher Lehrplan an die Stelle eines zuvor intimen und oft unzuverlässigen Verhältnisses zwischen einem Lehrer und seinen ausgewählten Schülern. Der soziale Appell inspirierte zudem die Freiheitsbewegung und führte zur Gründung einer Reihe einflußreicher islamischer Organisationen.

Kaum einer ist sich dieses Anspruchs mehr bewußt als Badrubhai, der seine Zeit in Deoband nicht nur – wie ich nun erfuhr – meditativ, sondern auch mit Besprechungen verbrachte, denn er gehörte dem Verwaltungsrat (Shura) an. In jüngster Zeit hatte er immer wieder für die Eröffnung neuer Fakultäten plädiert. Nach heftigen Debatten konnten sich seine Vorschläge behaupten; heute können die Absolventen in einem Aufbaustudiengang Journalistik, Informatik oder Englisch belegen. Eine zentrale, technisch auf dem neuesten

Stand befindliche Bibliothek ist ebenso geplant wie die umfangreiche Ausstattung mit Computerplätzen.

Die orthodoxen Lehrer hingegen befürchten, daß die technologische Anpassung im Laufe der Zeit auch zu einer inhaltlichen Öffnung führen wird. Nicht zu Unrecht, denn jene Deobandi, die Englisch beherrschen, sind meiner Erfahrung nach weltoffener und diskursfähiger. Meine Ulema-Brüder etwa hatten, als ich sie um ihre ehrliche Meinung bat, auch einiges an Kritik vorzubringen. Sie klagten über Korruption bei den Aufnahmeprüfungen – ein schwerer Vorwurf, denn Bestechlichkeit gilt im Islam als Sünde – und über den allgemeinen Leistungsabfall. Die Klassen seien viel zu groß, die Lehrer würden den Lehrplan nur mehr abspulen.

Die Lehrer haben nicht mehr jene Hingabe wie früher, sagte Khalid, sie haben ihre Spiritualität eingebüßt, sie sind vom Materialismus beeinflußt, viele denken nur noch ans Geld.

Womit Darul Uloom Deoband endgültig in der globalen Gegenwart angelangt wäre, gewiß zum großen Leidwesen seiner idealistischen Gründer.

Zu meinem eigenen Leidwesen gelang es mir in den Tagen von Deoband kein einziges Mal, Zikr mit Badrubhai zu beten. Eines frühen Morgens, als wir von unserer Schlafstätte zum Campus gingen, hörte ich vertraute rhythmische Laute aus einem der Häuser dringen. Ich schlich mich ans Fenster und ergötzte mich an dem Klang, doch kaum hatte ich mich aufgerafft, mich dem Zikr anzuschließen, verebbte es, und einige Männer traten heraus, unter ihnen Badrubhai. Ich schimpfte mit ihm, weil er mich und meine Einweisung in das Zikr vergessen hatte, und er entschuldigte sich kraftvoll.

Nächstes Mal, sagte er.

Auf das nächste Zikr – das wurde uns von nun an zum Motto.

Längst hatte es aufgehört zu regnen. Badrubhai und seine Gruppe warteten auf einen Bus, der sie erst abends von Mina zurück nach Mekka fahren würde. Amir, sein Vater und ich beschlossen, zu Fuß nach Mekka zurückzukehren. Zuvor mußten wir ein letztes Mal die drei Säulen steinigen. Wir schleppten unser Gepäck mit. Intuitiv setzte ich meine Sonnenbrille auf, die ich erst an diesem Vormittag in einer Seitentasche wiedergefunden hatte. Wir wateten durch Plastikmüll, die Styroportassen knackten unter unseren Füßen, die offenen Saftbehälter klebten an unseren Sandalen fest; die Putzkolonnen kamen mit der Arbeit nicht mehr hinterher. Wer am Straßenrand ein provisorisches Lager aufgeschlagen hatte, wurde von Müll überhäuft.

Wir beratschlagten und entschieden, daß ich auf das Gepäck am Rande der Unterführung aufpassen würde, während Amir und sein Vater als erste zur Steinigung gingen. Aber sie kamen nach einigen Minuten frustriert zurück – es sei unmöglich, sich der Säule zu nähern. Wir kehrten um und begaben uns auf die Überführung. Nach wenigen Schritten wurde Amir von der Polizei gestoppt. Er mußte seine Tasche abgeben, um sie nach der Steinigung wieder abzuholen, eigentlich eine sinnvolle Verfügung, aber ich konnte mir nicht vorstellen, den Weg der Prüfung ein weiteres Mal zu durchlaufen, und so hielt ich in einer Anwandlung von Egoismus meinen eigenen kleinen Rucksack verborgen und gelangte unbesehen durch die Kontrolle. Arm in Arm erreichten wir die Säule. Während ich meine Steine warf, allein darauf bedacht, den Akt schnell hinter mich zu bringen, krachte ein Stein gegen das linke Glas meiner Sonnenbrille. Das Glas erhielt eine Delle, das Auge aber blieb unverletzt.

Bei dem Versuch, heil aus dem Gedränge herauszukommen, verloren wir uns aus den Augen. Eine kleine afrikanische Gruppe kam jenen, die mit brachialer Gewalt von der Säule wegdrängten, in die Quere. Die schmächtigen Frauen hatten keine Chance, sie wurden gestoßen, getreten, verzweifelt versuchten sie sich aneinander zu halten, und der einzige Mann unter ihnen streckte in einer berührend hilflosen Geste seine Hände schützend aus. Aus den Augenwinkeln sah ich, wie eine der schwarzgekleideten Gestalten zu Boden fiel, und mein Hals schnürte sich zu.

Ich weiß nicht, ob es diese Frau war oder eine andere, aber jemand schrie hysterisch. Es war einer jener Schreie, die man nicht vergißt.

An diesem Punkt stieg ich aus dem Ritual aus. Wenn man eine Tradition nicht hinterfragt, den sich verändernden Gegebenheiten nicht anpaßt, dann verliert die Tradition letztendlich ihren Sinn. Ich schüttelte die letzten vierzehn Steine aus der Tasche meiner Kurta, wich zur Seite aus und eilte davon.

Am anderen Ende der Steinigung, an der Ausfahrt sozusagen, standen einige sudanesische Verkäuferinnen, umringt von jenen Hadschis, die ihre Sandalen ungewollt dem Teufel geopfert hatten und sich nun ein neues Paar kaufen mußten. Die Marktwirtschaft blühte im Schatten des Teufels.

Es war eine lange Wanderung nach Mekka, verlängert von der Hitze, und wie jeder andere auch war ich durstig. Ich erblickte einen offenen Lastwagen in der Nähe, von dem aus Saftpackungen verteilt wurden.

Es war eine Szene wie bei einer Hungersnot. Dichtgedrängt hatten unzählige Hadschis ihre Hände erhoben, als würden Freiwillige gesucht werden, und alle schrien, um auf sich aufmerksam zu machen. Ich stellte mich in die Mitte, bewegte mich nicht, sagte nichts, suchte nur Augenkontakt mit einem der jungen Männer auf der Ladefläche. Als er mich sah, breitete sich ein Lächeln über sein angespanntes Gesicht, und er nickte mir zu. Er griff in einen der Kartons, holte einige Safttüten heraus und warf mir eine davon gezielt zu. Dann zwinkerte er mir zu.

Der dreizehnte Tag des Monats Zuul-Hijjah –
Der Tag des letzten Tawaf

Weil ich am nächsten Tag nach Medina abreisen sollte, verbrachte ich diesen, meinen letzten Tag in Mekka, von frühmorgens bis spätabends in der Großen Moschee. Ich fühlte mich von allen Aufgaben befreit; ich konnte mich an der Schönheit berauschen wie ein Kunstliebhaber. Jeder Quadratmeter der Moschee war ornamentiert, mit Kalligraphien, mit Stuck oder Fries, mit abstrakten Mustern – es schien, als begleiteten die verzierten Wände und Decken die Pilger bei der Rezitation des Korans.

Das Grundprinzip war Symmetrie. Es begeistert die Sinne, es feiert die Schöpfung und reflektiert in seiner strengen Form eine größere Wahrheit. Gott hat die Welt, wie der Koran mehrfach sagt, in richtiger Proportion geformt. Symmetrie ist mehr als nur eine ästhetische Regel, sie ist eine Qualität der göttlichen Schöpfung. Indem der Mensch die Regeln der Symmetrie und Proportion auf sein Leben überträgt, folgt er sozusagen Gottes Fußstapfen. Symmetrie als Tugend.

In den Mustern und Ornamenten des Islam, in den kleinen gleichmäßigen Einheiten, die auf Stoff und Marmor zusammenwirken und die von den Innenwänden zu den Außenwänden und von dort in die weite Welt hineingeschrieben werden, herrschen einige Grundprinzipien: Gleichgewicht, Wiederholung, Wechselbeziehung, Gleichförmigkeit. Keines der Elemente erfährt durch Perspektive oder Positionierung größere Bedeutung als die anderen, so wie kein Mensch höher steht als ein anderer. Die Motive werden unentwegt repetiert, so wie die Gebete beständig wiederholt werden. Der Mikrokosmos spiegelt sich im Makrokosmos. Das Geheimnis der Schönheit liegt in der verschlungenen und verwickelten Beziehung zwischen den gleichgewichtigen Teilen.

Um das gesamte Ornament zu erkennen, muß man außerhalb des Musters stehen. Die Schöpfung ist größer als die Summe aller Teile. So repräsentiert der Schmuck der Welt sowohl die göttliche Ordnung als auch die Verpflichtung zu ihr. Die islamische Kunst ist in allen ihren Formen ein einziger Lobgesang. Sie verdeutlicht die Unermeßlichkeit Gottes.

Aber mit welchem Effekt und mit welchem Ziel, dachte ich, als ich ein letztes Mal um die Kaaba kreiste, so langsam, wie ich nur konnte, um bewußt zu genießen, was sich dem Ende neigte. Die Schönheit lädt zur Kontemplation ein, das hatte ich an diesem wie an den Tagen zuvor erfahren. Sie fördert die Meditation, sie schärft die Sinne, um einen inneren Sinn, eine höhere Realität wahrnehmen zu können. Ibn Ishaq, der berühmte frühe Biograph des Propheten, spricht davon, wie der Islam in die Herzen jener eindrang, die dem Koran aufmerksam zuhörten, wie die Herrlichkeit der Poesie und der Rezitation durch alle Wände des Vorurteils und der Angst drang. Die Schönheit ist ein Dieb, der bei uns einbricht, um uns unserer behutsamen, kurzsichtigen und engstirnigen Existenz zu berauben.

Das Rezitieren des Korans, das Betrachten der Ornamente, das Lesen der Kalligraphien ist keine intellektuelle Erfahrung mit dem Ziel, Informationen zu sammeln oder Anweisungen zu erhalten, sondern eine Übung in spiritueller Disziplin. Disziplin ist ein oft übersehener Bestandteil der islamischen Ästhetik. Disziplin nährt Beständigkeit, und Beständigkeit ermöglicht Harmonie und Gleichgewicht, auf der Ebene der Kunst wie der eigenen Existenz. Disziplin ist das Gegenteil von der im Koran so heftig verdammten Heuchelei. Aber sie stellt die Menschen auch vor Aufgaben, die diese nur mit Mühe bewältigen. Und wenn sie das Ideal aus den Augen verlieren, verlieren sie an Schönheit. Wie ein Spiegel ewiger Wahrheit zeigt die Schönheit der Ornamente dem Menschen seine Mängel auf.

Aber wie kann man nach der Schönheit streben, die man mit den Augen und den Ohren wahrnimmt? Die geistigen Gaben, die Instrumente, mit denen man sich für die Gemeinschaft schönmachen kann, sind Denken und Phantasie. Jeder Gläubige ist aufgefordert, allgemeine Wahrheit in persönliche Relevanz umzusetzen. Denn Gott hört und sieht alles, wie im Koran oft festgestellt wird, die sinnlichen Wahrnehmungen des Menschen aber sind beschränkt. Daher erfahren die Offenbarungen des Korans zwei Brechungen. Zum einen wird göttliche Wahrheit in eine menschliche Form gegossen: die Sprache, ein – wie wir alle wissen – limitiertes Medium. Und zum anderen muß die universelle Botschaft von jedem einzelnen in seiner Individualität verstanden werden, mit all seinen persönlichen Prägungen und Begrenzungen. *Es ist eine Taubheit in euren Ohren,* sagt der Koran, *und ein Schleier liegt zwischen uns und euch.* Durch den Prozeß des Tafsir, der symbolischen Interpretation, soll der Mensch nach dem tieferen, dem inneren Sinn suchen. Tafsir bedeutet wörtlich, etwas zu seinen Anfängen oder Ursprüngen zurückzuführen. Der Koran fordert die Muslims auf, bei jedem heiligen Text von dem Äußeren (Zahir) zu dem geheimnisvollen Inneren durchzudringen. Dabei ist Phantasie das mächtigste Werkzeug. Mit ihrer Hilfe kann man die Zeichen der Schönheit lesen und sie in eine sinngebende Erfahrung übersetzen. So kann man die

Versammlung der Gläubigen als ein Ornament erfahren, das größte und schönste aller islamischen Ornamente.

Die Symmetrie beginnt in einem selbst, in den eigenen Bewegungen und Handlungen. Am Ende des Tawaf Al-Wadaa, des Abschieds-Tawaf, betete ich, aufgelöst im Ornament der Jamaat. Aber kurz darauf begann ich, an eine der Säulen gelehnt, mich zurückzuziehen. Mein Blick schweifte noch einmal über die Kiswah, das Kreisen der Pilger, das Schimmern der Lichter, bemüht, die Erinnerung mit Proviant zu versorgen. Ich spürte einen starken Widerwillen, diesen Ort zu verlassen. Die Große Moschee war ein überwältigender Platz, zu dem ich eine persönliche Beziehung entwickelt hatte, der mir zur Heimat geworden war – im Gebet, in Gedanken und vor allem in der Phantasie.

Während aller meiner Reisen genoß ich niemals
eine solche Ruhe wie zu Mekka.

Alles scheint in Paaren geordnet zu sein, in binären Strukturen zu verlaufen. Man ist entweder im Gebet oder außerhalb des Gebets. Man bewegt sich und nimmt Bewegung wahr; oder man steht still und nimmt den eigenen Stillstand wahr. Man ist im Ihram, aus den üblichen Normen ausgetreten und äußerlich allen anderen gleich; oder man ist im Ihlal, in der Rücknahme der Umkehrung, und gemäß seiner eigenen Herkunft und Persönlichkeit gekleidet.

Die Tage in Mekka vergehen mit außergewöhnlicher Klarheit. Der Pilger lebt eine Kompromißlosigkeit, die im Alltag unmöglich ist. Er verspürt eine Ahnung von einem perfekten religiösen Leben, einem einfachen, geordneten, zielstrebigen, reinen Leben. Eigentlich sollte er diese Einsicht nach der Rückkehr auf seinen Alltag anwenden, und es gibt auch einige, die ihr Leben nach einer Hadsch verändern. Die meisten aber kehren zum Gewohnten zurück und behalten die Hadsch in magischer Erinnerung, wie einen wunderschönen, beglückenden spirituellen Urlaub.

Reise nach Medina

Obwohl Hamidbhai uns einen Zettel mit der Adresse mitgegeben hatte, war es nicht einfach, die Bushaltestelle zu finden. Es war mitten in der Nacht, und unsere ungenaue Wegbeschreibung traf auf einen übelgelaunten Taxifahrer. Mekka wirkte nachts wie Los Angeles oder Singapur, ein Netz von Stadtautobahnen, Überführungen, Ausfahrten, Kreuzungen, kalt beleuchtet und ohne Verheißung. Vorne versuchte Amir radebrechend den Taxifahrer zu dirigieren. Wir hatten uns von der Gruppe getrennt, weil wir aus unterschiedlichen Gründen nicht weitere zwei Wochen in Mekka bleiben wollten. Als Hamidbhai mir mein Flugticket aushändigte, schärfte er mir ein, ihn auf jeden Fall anzurufen, bevor ich von Medina nach Dschidda aufbrach. Ich steckte das Ticket ein, ohne es anzuschauen oder es mit ihm zu besprechen. Das sollte sich als Fehler herausstellen. Der Taxifahrer hielt auf der rechten Spur an und deutete auf einen Parkplatz gegenüber. Es würde weitere fünf Minuten dauern, mit dem Taxi auf die andere Straßenseite zu gelangen, also stiegen wir aus, ergriffen unser Gepäck (Zam-Zam-Wasser in einem Zehnliterkanister war hinzugekommen) und kletterten über die Brüstung, das einzige Hindernis auf dem Weg nach Medina.

Eine Stunde später fuhr unser Bus ab. Auf den unbequemen Sitzen konnte man nicht schlafen. Wir hielten irgendwo in der Wüste an einer Moschee-Raststätte für das Fadschr-Gebet.

Bald darauf offenbarte sich die Landschaft aus Andeutungen heraus, und solange das Morgengrauen die abgenagten Hügel mit sanften Farben drapierte, war sie verführerisch. Nach einer Stunde war der Zauber verflogen – rostrote Erhebungen begleiteten uns zur zweiten heiligen Stadt.

Im Gegensatz zu Mekka liegt Medina in einer fruchtbaren, nach Süden hin offenen Ebene, die überwiegend mit Dattelpalmen bepflanzt ist. Gegen zehn Uhr erreichten wir den riesigen Busbahnhof am Rande der Stadt, wo wir zwei Stunden festsaßen, als wären wir zu verzollendes Gut. Wir wurden im Ungewissen gelassen, aber bestens verpflegt mit einer weiteren Ration Milch, Saft, Keksen und Kuchen.

Die Unruhigeren unter uns liefen vor dem Bus auf und ab. Ein würdiger älterer Herr, der besorgt und niedergeschlagen wirkte, hielt die Warterei kaum aus und mußte am selben Abend noch zum Flughafen nach Dschidda weiterreisen. Er war mit seiner unverheirateten Tochter unterwegs. Die Eile war durch ein Unglück bedingt – er war seines ganzen Geldes beraubt worden. Bei der Steinigung des Teufels war ihm jemand auf seinen lädierten linken Fuß getreten, und in dem Schmerz hatte er nicht bemerkt, wie sein Geldgurt, den alle Pilger unter dem Ihram tragen, von hinten durchgeschnitten wurde. Erst nach der Steinigung, als er sich aus der Menge befreite, fiel ihm auf, daß der Gurt nicht mehr an seinem Bauch anlag. Es war eine traurige Geschichte, aber sie gewann an unfreiwilliger Komik, als der Mann erzählte, er sei vor seiner Pensionierung der stellvertretende Polizeichef von Kaduna gewesen.

Wir standen im Schatten des Busses, und der Frust des nigerianischen Hadschis ergoß sich über die Wartenden.

Was ist aus dieser Welt nur geworden, klagte er, wenn selbst im Haus Gottes geklaut wird. (Trotz der drakonischen Strafen!)

Schlimmer noch, empörte er sich, er habe persönlich gesehen, wie ein Raubversuch während des Tawaf schiefgegangen sei, wie das Messer den Pilger aufgeschlitzt habe und dieser an Ort und Stelle bald darauf verblutet sei. Aber des Menschen Schlechtigkeit sei nicht auf Saudi-Arabien beschränkt. Der Mann begann von Nigeria zu erzählen, von dem Wahn, den manche Anführer entfacht hatten, indem sie Religion für persönliche Ziele mißbrauchten.

Junge, arbeitslose Männer werden zur Randale angestiftet, sie werden bestochen, Geschäfte und Häuser in Brand zu setzen, zu plündern. Der eskalierende Konflikt wird zum religiösen Kampf deklariert, und die ganze Welt nimmt das für bare Münze. Eine kleine Oberschicht schürt diesen Konflikt. Die Religion hat keinen Einfluß auf die Unmoral der Politik, aber sie läßt sich von den Politikern bestens mißbrauchen.

Der tiefe Schmerz dieses ernsthaften Mannes war anstekkend: Er war aus einem Land der permanenten Gewalt und Unordnung in eine vermeintliche Oase gereist, nur um im Heiligtum selbst vom Bösen eingeholt zu werden.

Nach zwei ruhelosen Stunden fuhren wir nach Medina hinein und hielten vor dem National Adilla Establishment, einem Amt, wie ich mir zusammenreimte, das die Pilger zu beaufsichtigen und ihre Papiere zu verwalten hatte.

Keiner im Bus wußte, wie es weitergehen sollte. Ein Tunesier, der schon seine dritte Hadsch beging, erklärte zuversichtlich, der Bus würde uns bis zu unseren Hotels bringen. Ein junger Saudiaraber schwebte herbei, nahm Kenntnis von unserer Ankunft und verschwand sogleich wieder. Bei seinem zweiten Auftauchen konnte er uns nur begreiflich machen, daß er kein Englisch sprach. Der Busfahrer, der vielen Fragen überdrüssig, steigerte sich in eine Trotzphase hinein, kletterte auf das Dach und begann, unser Gepäck herunterzuwerfen, während weitere Amtsträger vorbeischauten und auf alle Fragen eine Antwort schuldig blieben. Der Nigerianer wurde von einem Mitglied des örtlichen Hadsch-Büros seines Landes in ein Auto gepackt und weggefahren. Amir und ich nahmen ein Taxi zu unserem Hotel. Es war noch besser gelegen als jenes in Mekka – direkt gegenüber der Großen Moschee! Ein weiteres Mal versöhnte uns der Anblick mit dem Verhalten der Menschen.

Zwar gibt es keine Verpflichtung, nach Medina zu pilgern, wohl aber einen guten Grund: die Masjid an-Nabi, die Moschee des Propheten, in der er selbst zusammen mit den beiden ersten Kalifen Abu Bakr und Umar begraben liegt. Die Moschee ist ein flacher geräumiger Bau mit acht schlanken Minaretten. Die angedeuteten Spitzbögen, abwechselnd in rosafarbenen und grauen Steinen ausgeführt, weisen eine gewisse Ähnlichkeit mit romanischer Architektur auf. Das Grab des Propheten befand sich auf der Südseite, unter einer berühmten grünen Kuppel. Die Wahhabiten sollen versucht haben, diese Kuppel zu zerstören, denn der Prophet war nur ein Mensch, weswegen sein Grab nicht angebetet werden sollte. Aber zwei der Arbeiter stürzten vom Dach, was als göttliches Zeichen gewertet wurde, das Grab unbeschädigt zu lassen.

Andere Kulturschätze wurden allerdings mangels himmlischer Zeichen nicht verschont: Einst wies die Qiblatayn-Moschee zwei Qibla auf – ein besonderes historisches Merkmal, denn der Prophet hatte das Gebet zuerst nach Norden gewandt, in Richtung Jerusalem, so wie es die Juden praktizierten, bevor er im zweiten Jahr der Hidschra das Gebet gen Mekka richtete. Die Wahhabis, die der Geschichte mehr mißtrauen als ihrem ärgsten Feind, hatten diesen bedeutsamen

Ausdruck der Meinungsänderung des Propheten überbaut – denn es kann nicht sein, was nicht sein darf.

Um die ganze Moschee herum erstreckte sich ein gewaltiger Platz, der unentwegt gesäubert wurde von Tennant-Fahrzeugen der Saudi Bin Laden Group, die vorsichtig zwischen den Schluchzern der betenden Hadschis hindurchfuhren. An der Nordseite schloß sich eine Reihe gleichförmiger, moderner kubischer Bauten an – langweilige Betonblocks, die der Tradition mit einigen Gitterfenstern eine obligatorische Referenz erwiesen. Die meisten dieser Bauten beherbergten Hotels: Hilton, Intercontinental und Sheraton. Das Viertel versprühte den auf Plänen entwickelten Charme von Berlin-Mitte. Dahinter war das historische Medina zu erahnen, in dem Gewirr von grauen, gesichtslosen Häusern, die von einem kahlen Gebirge Rückendeckung erhielten. An der Ostseite hingegen begann der altmodische Bazar, in dem sich die meisten Hadschis zwischen den Gebeten aufhielten.

Eigentlich gelten die Einwohner Medinas seit den Zeiten des Propheten im Vergleich zu denen von Mekka als freundlich – etwas, das allen Muslims bekannt ist, auch wenn sie noch nie in diesen zwei Städten waren –, und tatsächlich, die Atmosphäre in Medina war entspannter, der Umgang im Bazar herzlicher. Doch der Betreiber unseres Hotels, fett an Groll, war die Ausnahme. Er saß in seinem schmutzigen Überhang an der Eingangstür und rauchte eine Zigarette nach der anderen, während er die Welt beäugte, die sich ihm teuer aufdrängte, ohne daß er die geringsten Anzeichen von Höflichkeit oder Gastfreundschaft aufbieten mußte. Sein persönlicher Stil hatte auf die Mitarbeiter abgefärbt, eine Kollektion saudiarabischer Kauze, die sich von der Erhabenheit des Ausblicks und des Anlasses überhaupt nicht anstecken ließen. Die redselig ausgelassene Stimmung der Hadschis verflüchtigte sich beim Eintreten – die Lobby wurde schnell durchquert – und stellte sich erst wieder im Lift ein.

Amir und ich teilten das Zimmer mit einem Methusalem, der sich den Magen verdorben hatte. Das raubte ihm zwar den Schlaf, nicht aber die Kraft, zu jeder Tages- und Nachtzeit lautstark aus dem Koran zu rezitieren. Der alte Mann weckte uns am nächsten Tag mit kräftiger Sure um vier Uhr in der Früh, als bestünde die akute Gefahr, daß wir das Fadschr-Gebet, das um halb sechs erfolgte, verpassen könnten. Am ersten Morgen wusch ich mich automatisch, ohne nach der Uhrzeit zu fragen, und eilte im Halbschlaf zum Gebet, nur um eine völlig leere Moschee vorzufinden. Die Uhr über dem Eingang stand auf Viertel nach vier, und die Putzleute blickten mich erstaunt an.

Die Strömung vor den Gräbern war so stark, daß wir wie Treibholz an ihnen vorbeigeschwemmt wurden. Amir klammerte sich an dem Gitter fest, um seine wichtigsten Gebete zu sprechen, ich aber ließ mich treiben. Später lagen wir ausgestreckt auf dem weichen Teppich mitten in der Großen Moschee.

Wenn du im Bazar die 4. Kalima einmal aufsagst, bemerkte Amir unvermittelt, erhältst du 125 000 Bonuspunkte. Weißt du, wieso? Weil die Menschen im Bazar am meisten vom Glauben abgelenkt sind.

Er schwieg eine Weile, bevor seine nachdenkliche Stimme mich weiter in die Buchhaltung der Gebete einführte:

Ein Gebet hier gilt soviel wie 1000 Gebete im Alltag. Und unsere Gebete in der Haram al-Sharif in Mekka waren 100000mal mehr wert. Dabei ist es einfacher, hier zu beten als im Alltag. Eigentlich sollten wir acht Tage in Medina bleiben, damit wir die gesegneten 40 Gebete zustande bringen. Aber ich habe keine Zeit. Eine lausige Entschuldigung, nicht wahr? Ein Sheikh hat mir mal die Geschichte erzählt von einem, der keine Zeit hat. Er wollte das Salat-u-Tasbiih lernen – ein langwieriges Gebet, bei dem man die dritte Kalima innerhalb von 4 Rakas spricht und dies 75mal wiederholt. Dieser Mann bat also seinen Onkel, ihm das Gebet beizubringen. Als er von den 75 Wiederholungen hörte, protestierte er:

Das kann ich doch nicht jeden Tag beten.

In Ordnung, lenkte der Onkel ein, dann einmal die Woche.

Was, jede Woche?

In Ordnung, beschwichtigte ihn der Onkel, wenn dir das zuviel erscheint, dann bete nur einmal im Monat.

Jeden Monat?

Okay, einmal im Jahr.

Muß es jedes Jahr sein? fragte der Mann, der keine Zeit hatte.

Ist schon gut, sagte sein Onkel, bete es wenigstens einmal im Leben.

Da wir nicht mehr in einer Gruppe reisten, mußten Amir und ich uns selbst um die behördlichen Formalitäten kümmern. Am Abend des Ankunftstages begaben wir uns, wie uns empfohlen worden war, zum Büro des National Adilla Establishment. Uns wurde beschieden, wir sollten am nächsten Tag wiederkommen. Am nächsten Morgen – der Himmel war seltsam zerfasert, manche Wolken ähnelten Fingerabdrücken, andere zerfetzten Blättern – spazierten wir erneut dorthin. Wir wurden darauf hingewiesen, daß das Mittagsgebet nahe und unser Anliegen erst danach behandelt werden könne. Am Nachmittag wollte ein junger Mann hinter dem Schalter uns auf die Zeit nach dem Nachtgebet vertrösten, aber wir blieben stur, frustriert und zudem unter Zeitdruck, denn Amir mußte in derselben Nacht von Dschidda aus abfliegen. Wir wurden davon in Kenntnis gesetzt, daß sich viel Arbeit aufgetürmt habe, und zur Verdeutlichung eröffnete man mir einen Blick in das Büro, wo ich beachtliche Haufen von Pässen und Papieren erblickte, aber auch einen Mann, der mit dem Kopf auf den verschränkten Armen am Schreibtisch döste, sowie eine Gruppe von Beamten, die eifrig diskutierten.

Wir verbrachten vier Stunden in dem klimatisierten Büro. Ich lernte die Schilder an der Wand auswendig, auf denen in arabisch und englisch der Stolz zum Ausdruck gebracht wurde, sich um die Hadschis kümmern zu dürfen, gefolgt von dem Versprechen, immer das Wohlbefinden und den Komfort der Pilger im Auge zu behalten. Jedesmal, wenn Amir oder ich aufstanden und an den Schalter traten, wurde uns unwirsch mitgeteilt, wir sollten uns gedulden. Ein übergewichtiger junger Mann rief uns schließlich zu sich, damit wir unsere Pässe aus einer Plastiktüte heraussuchten. Mein deutscher Paß wäre inmitten der indischen Dokumente farblich aufgefallen, aber alle Pässe steckten in einer Schutzhülle von Cosmic Travels, und so mußten wir fast alle Pässe aufschlagen, ehe wir unsere gefunden hatten. Danach durften wir uns wieder hinsetzen. Als wir erneut vertröstet werden sollten, klagten wir dem Beamten unser Leid, und unsere laute Empörung führte uns schnurstracks zu mehreren Vorgesetzten, darunter zu einem hochgewachsenen Mann, unter dessen weißem Kopftuch ein schmales Gesicht und eine ehrliche Entschuldigung hingen. Er überprüfte unsere Pässe und Tickets aufmerksam und entdeckte, daß Amirs Flug nicht rückbestätigt war, so daß dieser zusammen mit einem der Beamten zum Air India Office fahren mußte, um die fehlende Bestätigung schriftlich einzuholen.

Ich wartete derweil, und mit mir warteten zwei Beamte auf der anderen Seite des langgezogenen Schalters. Ich stand auf, zeigte auf die Tafel, zeigte auf mich und zuckte mit den Schultern. Das provozierte eine schläfrige Belustigung. Der Vorgesetzte mit den eingefallenen Wangen hastete hin und her. Amir kam erledigter Dinge zurück, die Zuständigen, die wir kannten, verschwanden, ersetzt von anderen, denen unser Fall erst schmackhaft gemacht werden mußte. Etwa eine Stunde nach Sonnenuntergang – Amir hatte mir schon mindestens fünfmal erklärt, wieso er unbedingt übermorgen zur Arbeit erscheinen müsse –, übergab uns der Vorgesetzte mit dem schmalen Gesicht zwei Schriftstücke, auf denen unsere Namen, unsere Paßnummern und das Datum unseres Abflugs vermerkt waren. Das war alles, was wir benötigten. Mit diesem Papier durften wir Medina verlassen, auf dieser Grundlage würden wir unsere Pässe am Flughafen zurückerhalten. Der Mann bat uns, mindestens zwanzig Stunden vor dem Abflug von Medina aus aufzubrechen, entschuldigte sich erneut bei uns und verabschiedete sich stilvoll. Wir hatten gerade noch ausreichend Zeit, Amirs Gepäck im Hotel abzuholen und uns hastig zu verabschieden.

Am nächsten Tag fühlte ich mich einsam, ausgelaugt und lustlos. Nach dem Mittagsgebet las ich ein wenig im Koran und schlief in der fast leeren und erstaunlich kühlen (eiskaltes Wasser zirkuliert unter dem Boden) Großen Moschee ein. Ich wurde geweckt von einem Laken Licht, das über meinen Körper gezogen wurde. Die goldene Kuppel glitt fast geräuschlos zur Seite, und ein quadratisches Atrium entstand, in dessen Mitte ich lag, aufgerüttelt von den nachmittäglichen Sonnenstrahlen, die aus einem wolkenlosen Himmel auf mich hinabpeitschten.

Beim Abendessen – ich saß mit meinem Schawarma auf den Treppen, die von dem Platz der Großen Moschee in den Bazar hinabführten – sprachen mich zwei britische Muslims an.

Kennst du die neuesten Fußballergebnisse?

Ich erklärte ihnen, daß ich aus Indien stamme und daher keine Ahnung hätte von Fußball, aber wenn sie sich über Kricket unterhalten wollten ... Die beiden Männer reagierten ungläubig. Sie waren aus Bradford und fieberten mit einem Verein mit, von dem ich nie zuvor etwas gehört hatte. Sie forderten mich auf, ebenso ehrlich von meiner Herkunft zu berichten. Ich beteuerte, ein Inder zu sein, und sie waren von dieser Behauptung so fasziniert, daß sie sich wenige Minuten später – auch mit Fast food versehen – zu mir setzten und mich auszufragen begannen. Ich berichtete von dem Leben in Bombay, sie schüttelten aber den Kopf.

Du kannst kein Inder sein.

Wieso? fragte ich.

Du bist zu hell.

Du hast eine Obsession mit Hautfarbe, sagte ich zu dem Älteren, und er lachte. Er stimmte mir zu, wollte aber dennoch genauer wissen, woher meine Familie ursprünglich stamme, woraufhin ich ihm, nicht gänzlich aus der Luft gegriffen, von zentralasiatischen Vorfahren erzählte. Das beruhigte ihn.

Die beiden Männer waren wie ich im Aufbruch begriffen, sie trugen Plastiktaschen mit den letzten Einkäufen. Sie hatten die Hadsch ähnlich erlebt wie ich: überwältigend an der Kaaba, intensiv am Berg Arafah und ernüchternd im Alltag. Sie empfanden das Verhalten vieler Muslims als Zumutung, die Handys, das Drängeln, die Unhöflichkeit.

Lack of civility, meinte der eine.

Wir unterhielten uns über das Leben in England, und obwohl den beiden vieles mißfiel – zur Schau gestellte Nacktheit, Rassismus, Alkoholismus –, äußerten sie ihre Wertschätzung für die dortige Bürgergesellschaft und den noch existierenden Gemeinsinn.

Es mag paradox erscheinen, meinte der Ältere, aber manche Ideale des Islam sind im Westen eher verwirklicht.

Auf dem gewaltigen Busbahnhof von Medina – Stunden unverständlicher Warterei befürchtend – wandte ich mich hilfesuchend an einen jungen Offiziellen, der sich meiner sofort annahm. Während er mich zum richtigen Büro führte, meinte er, nicht unfreundlich, dies sei eigentlich nicht seine Arbeit, aber er wolle mir trotzdem helfen. Nur eine kleine Bitte habe er, wenn ich mich erkenntlich zeigen wollte.

Ja, natürlich, sagte ich.

Bete für mich. Bitte bete für mich.

Bist du denn verheiratet? fragte ich, auf eine plötzliche Eingebung hin.

Nein, sagte er, aber ich wünsche es mir so sehr.

Ich werde dafür beten, daß du eine gute Ehefrau findest.

Er schenkte mir ein kleines, aber warmes Lächeln und verabschiedete sich.

Abflug

Am Flughafen in Dschidda erlebte ich mehrere Untergänge:
Ein saudiarabischer Offizieller schrie uns an, weil wir es
gewagt hatten, in dem Haufen, den er auf einen Stehtisch
ausgeleert hatte, nach unserem Paß zu suchen. Er wollte es
ordentlich haben, einen Paß nach dem anderen. Er schlug
einen der Pässe auf, blickte uns reihum ins Gesicht und gab
diesen an seinen Eigentümer. Während dieser zeitaufwendi-
gen Zeremonie, fürchtete ich, mein Paß sei vielleicht doch
nicht von dem Büro in Medina zum Busbahnhof gelangt oder
er sei nicht dem richtigen Busfahrer mitgegeben worden. Ich
hatte eine beängstigende Vision, daß er irgendwo in einem
Fach lag, verloren zwischen den Pässen von neunundneunzig
Usbeken. Der Offizielle blickte mich an und warf mir einen
Ausweis in der grünen Schutzhülle von Cosmic Travel zu. Ich
riß ihn auf: Das Photo zeigte mich, mit mehr Haaren auf dem
Kopf und weniger Bart am Kinn, aber es war eindeutig mein
Gesicht. Erleichtert schleppte ich mein Gepäck zum nächsten Schalter – das Zam-Zam-Wasser mußte eingeschweißt
werden.

Meine Zuversicht schwand rapide, als ich bei Air India
erfuhr, ich müsse zu den Charterflügen am Ende der Halle
gehen und auf dem Weg dorthin schon von weitem eine
gewaltige Menschenmenge erblickte, die zwei Check-in-Schalter belagerte. Von nahem zeigte die Menge ihr Gesicht: Drei

Gruppen standen sich auf den Füßen, eine Schar Afghanen (nur Männer), eine Reisegruppe Türken (überwiegend Männer) und eine Jumbo-Jet-Ladung Inder (zur Hälfte Männer, zur Hälfte Frauen). Die Afghanen warteten vor dem linken Schalter und waren durch eine eiserne Barrikade von den anderen getrennt. Sowohl die Türken als auch die Inder hatten den zweiten Schalter im Visier. Die Türken sollten nach Köln fliegen, soviel wurde angezeigt, den Rest erfuhr ich bruchstückhaft zwischen Flüchen und Drohungen: Die Maschine hatte erhebliche Verspätung, der planmäßige Abflug hätte am Tag zuvor erfolgen sollen. Nun drängten die Inder, deren Flugzeug bereitstand, nach vorne, um ihr Gepäck aufzugeben, wurden aber von den Türken daran gehindert. Das Flugzeug aus Köln war vor kurzem gelandet, und die Türken befürchteten, noch länger warten zu müssen, wenn sie ihre Position aufgaben. Die Inder – flexiblen Lösungen nicht abgeneigt – hatten begonnen, ihr Gepäck über die rechte Barrikade zu werfen, so daß sich, als ich ankam, ein Hügel von grünen Taschen vor der Sperre auftürmte. Es schien, als würden Morgenland und Abendland gemeinsam untergehen.

Dann sah ich etwas, das mich enorm erleichterte: Hamidbhai saß auf der Waage des Schalters, die Arme auf den Oberschenkeln abgelegt. Aber so ruhig er dasaß, wie ein Mandarin auf einem ungewohnten Thron, so aggressiv und chaotisch war das Treiben der Männer um ihn herum. Flughafenmitarbeiter, Air-India-Bodenpersonal sowie die Reiseleiter der türkischen und der indischen Gruppe schrien sich gegenseitig an.

Ich drängte mich durch die Beschwerden der Türken zum Schalter vor und begrüßte Hamidbhai mit Aplomb, der keinerlei Wiedersehensfreude zeigte, sondern nur verstört meinte: Was machst du denn hier?

Ich deutete auf mein Ticket.

Nein, er schüttelte den Kopf, nein, das war nur pro forma, damit die Behörden dich aus Medina herauslassen. Ich habe dir doch gesagt, du sollst mich anrufen, bevor du losfährst. Du hast gar keine Buchung.

Es fiel mir schwer, mich auf den Beinen zu halten.

Und was machen wir jetzt?

Bete und warte. Mal sehen. Wenn es nicht klappt, kommst du mit uns nach Mekka zurück.

Ich blickte mich um: die wütenden Gesichter der Türken, die ruhige Unverschämtheit der Inder, die langsam den engen Raum infiltrierten, die Gepäckberge – es schien nicht gerecht, all dies umsonst zu erleiden.

Das Einchecken der Afghanen hatte begonnen. Sie standen diszipliniert und ruhig in einer Schlange, doch nachdem sie ihr Gepäck aufgegeben hatten, war ihnen der Rückweg von den vielen Zam-Zam-Behältern versperrt, so daß sie auf die Lösung verfielen, über die Barrikade zu steigen und sich einen Weg durch die gereizten Türken zu bahnen. Es war bemerkenswert – die Türken, die über jede Bewegung der Inder protestierten, akzeptierten die Aufdringlichkeit der Afghanen stumm. Der Streit am Check-in-Schalter eskalierte, zwei Männer begannen sich zu prügeln. Die anderen schlichteten, die unterschiedlichen Interessenten zogen sich zeitweilig zurück. Auf deutsch sagte eine Stimme in der Nähe: Das ist verrückt, völlig verrückt.

Ich drehte mich um und erblickte einen Herrn mit Ziegenbart, wohl ein Konvertit, der inmitten der Positionskämpfe von Türken, Afghanen und Indern auf verlorenem Posten stand.

Als die Frage, wer als nächster einchecken durfte, geklärt war – unser Flug hatte sich durchgesetzt –, mußten die Inder das aufgestapelte Gepäck ein weiteres Mal umladen. Die jungen Männer bildeten eine Brigade und trugen das Gepäck von der rechten Seite zur linken, wobei sie die türkische Ballung mitten im Raum mieden wie einen gefährlichen Sumpf. Leider kamen ihnen aber auf dem Weg zum Schalter einzelne Afghanen entgegen, denen sie ausweichen mußten. Die Inder knallten gegen die Barrikade, die Afghanen stolperten über die Taschen, und die Türken beobachteten all dies, ohne Platz zu machen oder zu helfen – sie waren keineswegs gewillt, ihren Grimm abzuschwächen. Ich machte Anstalten, einige Zam-Zam-Kanister nach vorne zu schleppen, doch die jungen Männer meinten, zuerst müsse das restliche Gepäck aufgegeben werden. Die Taschen und Kartons wurden weder gewogen noch einem Ticket zugeordnet, sondern nur mit einem Aufkleber versehen und nach hinten hinausgetragen.

Am Ende war alles leicht. Die Afghanen waren verschwunden, die indische Gepäcklawine war nur mehr ein Steinschlag, und die zweite Waage unseres Schalters wurde benutzt, um die ersten türkischen Taschen entgegenzunehmen. Ich hatte während der ganzen Zeit nervös jede Handlung von Hamidbhai beobachtet, in der vergeblichen Hoffnung, etwas über meine Aussichten ablesen zu können. Er löste sich von der Schar am Schalter und setzte sich etwas abseits auf den Boden, neben ihm sein Assistent. Gemeinsam teilten sie die Bordkarten aus. Ich hielt mich zurück, bis er mich erblickte und anlächelte.

Bleib in Kontakt, sagte er, laß dich in Bombay mal blicken.

Dann überreichte er mir eine Bordkarte, mit einer ihm eigenen, bedächtig nebensächlichen Geste. Ich hätte ihn umarmen können. Erst im Flugzeug stellte ich fest, wie gut er es wieder einmal mit mir gemeint hatte. Es war typisch für Hamidbhai. Zuerst schien es lange Zeit so, als würde ich zurückbleiben, und dann flog ich erster Klasse.

Die Stewardeß war verwirrt und überfordert. Obwohl sie mehrfach kundgetan hatte, daß aus sicherheitstechnischen Gründen das Beten im Gang nicht erlaubt sei, stand ein Hadschi nach dem anderen auf, für das kurze Maghrib-Gebet, das genau in Richtung Bug zu verrichten war, weil wir Mekka den Rücken kehrten. Jedesmal, wenn sie versuchte, diese sonderbaren Passagiere an das Verbot zu erinnern, wurde ihr bedeutet, es dauere nur Ek Minit, eine läppische Minute. Eigentlich darf man in solchen Situationen auch im Sitzen beten, aber als frischgebackene Hadschis war uns nicht nach bequemen Kompromissen zumute.

Zu meiner Überraschung bestand die Besatzung nicht aus Muslims – unsere Stewardeß etwa trug einen Parsee-Namen. Sie erkundigte sich, wann sie das Abendessen am besten servieren sollte, und sie erkundigte sich interessiert über Einzelheiten der Hadsch. Aber die Art, wie sie uns anblickte, sprach von der befremdlichen Exotik, die wir verströmten. Wenn wir uns in Bombay in einem Restaurant kennengelernt hätten, wäre ich ihr wohl kaum fremd vorgekommen. Ein alter Mann, der vor mir saß, wurde aufgefordert, ein Gebet über das Bordmikrophon zu sprechen, und ein letztes Mal steigerten wir uns gemeinsam in eine überwältigte Erregung, wie zuletzt am Berg Arafah. Dann wurde das Essen serviert, die Dunkelheit schluckte uns, und die Hadschis schlummerten ein.

Da mein Sitznachbar keine Neigung zur Konversation zeigte, blätterte ich mein Notizbuch durch und las Photokopien mit Texten früherer Hadschi-Autoren. Ich spürte eine Verwandtschaft mit den Pilgern, die Zeugnis abgelegt, und mit den Christen, die Bericht erstattet hatten. Von den vielen Büchern, die ich über die Hadsch gelesen hatte, ragte jedoch eines heraus, nicht wegen seiner inhaltlichen Kompetenz oder seiner sprachlichen Kunst, sondern wegen seiner kuriosen Popularität. Seit mehr als einem Jahrhundert hat dieser Text die Vorstellung deutscher Leser vom Islam im allgemeinen und der Hadsch insbesondere geprägt: Karl Mays »Durch die Wüste«. Über Karl May mit heutigen Maßstäben zu urteilen wäre ungerecht – er ist in seiner Haltung gewiß nicht hochmütiger gewesen als andere westliche Autoren bis in unsere Tage hinein; im Vergleich zu V.S. Naipaul etwa erscheint er einem geradezu als ein Vorbild an kulturellem Einfühlungsvermögen. Auch könnte man ihm zugute halten, daß er die Fremde benutzt, um die Phantasie anzuregen, nicht aber, um sie zu entlarven, zu diskreditieren oder zu verdammen. Gewiß, der Islam ist bei ihm eine dem Christentum unterlegene Religion, aber als Held dient ein Mann, der aus profunden Kenntnissen heraus beobachtet und urteilt und der die anderen Sitten respektiert, wenn auch nicht immer gutheißt.

Ich las erneut die verblüffend kurze Szene, in der Kara ben Nemsi versucht, der Hadsch beizuwohnen. Sein dramatisches Scheitern war angelehnt an die Erlebnisse eines Franzosen namens Léon Roches, der viele Ähnlichkeiten mit dem Helden Karl Mays aufwies: Er sprach ausgezeichnet Arabisch, er hielt sich lange im Maghrib auf, er verliebte sich in eine unglücklich verheiratete junge Araberin, er trug stets einheimische Kleidung, und er konnte es nicht über sich bringen, die gesamte Hadsch als Pilger maskiert zu unternehmen, weil dies, in den Worten von Kara ben Nemsi, »eine Versündigung gegen unsern Glauben« gewesen wäre. Sowohl das reale Vorbild als auch die literarische Figur waren also bestrebt, die Hadsch zu beobachten, und nicht, an ihr teilzunehmen. Am Tag seiner Nemesis begegnete Roches alten Feinden aus Algerien. Er verlor sie wieder aus den Augen, aber von da an fühlte er sich unwohl in seinem Ihram. Kurz nach Sonnenuntergang wurde er genauso wie Kara ben Nemsi aufgeschreckt durch die Rufe: »Ho, der Giaur! Fangt den Giaur! Ungläubiger, Sohn eines Ungläubigen!« Doch während Kara ben Nemsi sich selbst vor der Urgewalt der wütenden Meute rettete – »das Getöse eines Wasserfalls, das Geheul eines Sturms, das Stampfen und Trampeln einer nach Tausenden zählenden Büffelherde« –, wurde Léon Roches von sechs kräftigen schwarzen Sklaven, die aus dem Nichts auftauchten, gepackt, gefesselt und auf ein Kamel gehievt. Er dachte, er sei verloren, in Wirklichkeit aber war gerade sein Leben gerettet worden. Denn die sechs Sklaven waren von dem Sharif von Mekka ausgesandt worden, um ihn zu behüten, und durch die vorgebliche Verhaftung konnten sie den Zorn der Menge beruhigen. Kurz darauf wurde er in einem schnellen Ritt nach Dschidda gebracht und auf ein auslaufendes Schiff gesetzt.

Erstaunlich, daß Karl May an der spannendsten Stelle von der Vorlage abweicht. Im Roman galoppiert der Held auf einem Kamel durch die Wüste, der Bösewicht ist ihm auf einem flinken Pferd auf den Fersen, und es folgt ein einfallsloser Showdown mit Schießerei. Im Falle von Léon Roches aber hatte die höchste Autorität Mekkas, in Absprache mit dem Kadi, den fremden Frevler geschützt – eine beachtliche Umkehrung des Mythos von den fanatischen Muslims und der Lebensgefahr, in die sich ein Christ in Mekka begibt. Diese Auflösung der Geschichte hätte wohl dem Image von Kara ben Nemsi als Übermensch unter noblen, aber niemals gleichwertigen Fremden geschadet. Manches ist der Autor seiner Zeit schuldig – Kara ben Nemsi ist progressiver, als Karl May es sein konnte.

Rückkehr

Wir warteten auf unser Gepäck. Ich hatte niemanden über den Zeitpunkt meiner Rückkehr informiert, alle anderen Hadschis wurden aber sehnsüchtig erwartet. Jenen, die einen der Flughafenmitarbeiter kannten, wurden schon in der Gepäckhalle die Hände geküßt, als seien sie mit etwas Heiligem aufgeladen. Burhan schimpfte mich am nächsten Tag aus, weil ich meine Ankunftszeit nicht mitgeteilt hatte; es sei Sitte, den Hadschi abzuholen. Aber ich wollte ihm keine schlaflose Nacht bereiten, und zudem freute ich mich auf eine einsame Fahrt nach Hause. Hunderte von grünen Taschen rollten vorbei und zwischen ihnen gelegentlich größere Kartons, deren Aufkleber von Stereoanlagen oder Fernsehern berichteten. Allein, was fehlte, war das Zam-Zam-Wasser. Ich wartete bis vier Uhr in der Früh. Als ich merkte, daß einige Pilger ohne Wasser aufbrachen, erkundigte ich mich.

Das Zam Zam sei nicht mitgekommen, meinte einer aus dem Reisebüro. Er habe gerade eben mit Hamidbhai telefoniert. Es würde mit einem der nächsten Flüge mitgeschickt werden.

Doch leider kam es nie an, trotz meiner vielen Anrufe bei Air India. Ich tröstete mich mit dem Gedanken, daß meine zehn Liter einen anderen Hadschi nach Mauretanien oder Malaysia begleitet hatten.

Ich schulterte mein leichtes Gepäck, trat hinaus, stieg in

ein Taxi und lehnte mich zurück. Auf einmal spürte ich, daß ich seit drei Wochen nicht mehr richtig geschlafen hatte. Ich war so voller Eindrücke, es würde Monate dauern, sie zu verarbeiten. Gerade als wir die Brücke vor unserem hohen Wohnhaus überquerten, erhob der Muezzin der roten Moschee am Bahnhof von Bombay Central seine Stimme und forderte die Gläubigen zum Morgengebet auf.

Beten ist besser als schlafen, rief er.

Beten ist besser als schlafen.

Du hast die Wahrheit gesprochen, antwortete ich in Gedanken, und du hast gut daran getan, aber jetzt muß ich schlafen. Danach wird das Leben weitergehen, und es wird ein reicheres Leben sein.

Der Reisende ist ein gesegneter Narr
Nachwort

Oh reizendes Land der Phantasie, den Menschen gegeben, um sie mit den Realitäten des Lebens zu trösten, es ist Zeit für mich zu gehen! Dies ist der Tag, an dem einige Leute so tun, als würden sie mir die Freiheit zurückgeben, als ob sie mir diese jemals wegnehmen könnten. Als ob es in ihrer Macht läge, mich daran zu hindern, nach Belieben den endlosen Raum vor mir zu durchwandern.

Xavier de Maistre

Neulich in Ella, einem Bergdorf in Sri Lanka, einer Station entlang der schönsten Bahnstrecke der Welt, ein kolonialer Kurort, wo der Urwald neben Teeplantagen wuchert und große schwarze Ameisen ihre Straßen dicht neben dem Internet-Highway ausbauen, hatte ich mit einem Schlag keine Lust mehr, unterwegs zu sein, keine Freude mehr am Reisen. Es regnete, wie schon seit Tagen, der Nebel hatte Ella die Augen verbunden, in jedem Café saßen einige grummelnde Touristen und tranken Papaya-Saft oder schlürften Cappuccino. Die Stimmung war wie nach einem Mittagsschlaf, der zu lange gedauert hat. Der verbleibende Tag bis zum Sonnenuntergang war zu einem kleinen Fenster geschrumpft, zu einem Blick auf etwas Zufälliges, im nächsten Augenblick wieder Vergessenes. Die Wanderlust war aus mir herausgeflossen wie aus einem geplatzten Wassersack. Ich stand da und wunderte mich, was ich an diesem Ort verloren hatte. Auf einmal traten all die unangenehmen Aspekte des Reisens zutage:

die schlechten Matratzen, die Moskitostiche, der wässerige Hotelkaffee, die matschigen Sandwichs, das lange Warten – auf den nächsten Bus, auf den zuständigen Beamten, auf den Sonnenuntergang, auf die Mondfinsternis. Alles am Reisen war eine Prüfung, und nichts schien damit gewonnen, diese Prüfung ein ums andere Mal zu bestehen. Die Sehnsucht nach meiner Wohnung mit ihrer vor kurzem eingerichteten Bibliothek befiel mich wie ein Bauchkrampf. Wenn an der nächsten Ecke ein Reisebüro die direkte Überführung nach Hause angeboten hätte, ich hätte jeden Betrag für dieses Privileg gezahlt. Ich setzte mich auf mein Bett und schloß die Augen.

Wohin reist man, wenn man die Augen schließt? Steht man vor einer Tafel, auf der alle erdenklichen Ziele verzeichnet sind, reale wie imaginierte, frei, sich eines davon auszusuchen, ermächtigt, auf selbstbestimmten Wegen dorthin zu gelangen? Oder steht man mit einem unleserlichen Ticket in der Hand auf einem Bahngleis, ohne zu wissen, wohin der einfahrende Zug einen entführen wird? Oder findet man sich in einem langen, schmucklosen Tunnel wieder, dem man folgen muß, umgeben von Unbekannten, die sich ebenfalls voranschleppen, ein jeder die Summe seiner Handlungen, die Summe seiner Versäumnisse? Mit anderen Worten: Reist man anders, wenn man im Kopf reist? Und spielt es eine Rolle, ob der Kopfreisende sich gerade in der Fremde befindet oder nicht? Gibt es einen wesentlichen Unterschied zwischen einem, der die ganze Welt umrundet hat (wie der bemerkenswerte blinde Engländer James Holman), und einem, der nur sein eigenes Zimmer erkundet hat (so wie der französische Offizier Xavier de Maistre im Laufe eines 42tägigen Hausarrests)? Verwandeln sich unsere geographischen Reisen, zumal wenn sie niedergeschrieben und veröffentlicht werden, nicht irgendwann einmal zu Phantasien, hinter denen die Spuren der realen Erlebnisse kaum noch gelesen werden können? Das sind so die Fragen, die man sich stellt, wenn man zurückblickt auf eigene vergangene Reisen.

Beim Lesen der in diesem Band versammelten, vor vielen Jahren einzeln herausgekommenen Bücher fällt mir auf, daß die Texte die Reisen zugleich ausbreiten und verdecken. Es ist wie mit den Kindheitserinnerungen: Wenn reichlich Zeit vergangen ist, kann man die eigene Erinnerung nur schwerlich von fremden Erzählungen (etwa der Eltern) unterscheiden. Als ich entschied, was mir erzählenswert erschien, habe ich wohl mit einer gewissen Endgültigkeit bestimmt, welche Erinnerungen ich in Zukunft würde vergegenwärtigen können. Jenseits des gedruckten Wortes beginnt die graue Zone des Vergessens, nur ein Stöbern in den aufgehobenen Reisenotizen von einst kann Licht in diese weite Landschaft voller diffuser Schemen werfen. Was ich nicht einmal handschriftlich notiert habe, das ist gänzlich vergessen.

Der Abend im Hotel in Ella wollte nicht vergehen, ich hatte mein letztes Buch ausgelesen, im Fernsehen lief »Wer wird Millionär« auf singhala (so etwas wie eine zeitgemäße Höllenstrafe), ich wollte mich nicht mit schlechtem Bier volllaufen lassen, und da es wieder zu regnen angefangen hatte, lockte auch kein später Spaziergang, zumal der Buddhatempel am Straßenrand in der Nähe den Charme einer Drive-in-Imbißstube vermittelte. Ich saß auf dem Hotelbett (ich sank ein) und wartete darauf, daß sich meine Gedanken interessant machten. Sie zierten sich, wie so oft, wenn ihre Spritzigkeit gefragt wäre. Mir kam in den Sinn, daß mich einige Tage zuvor der srilankische Autor und Tausendsassa Ashok Ferrey gefragt hatte, inwieweit meine Reiseerfahrungen mich und mein Schreiben verändert hätten. Es war eine dieser Fragen, die offensichtlich von Bedeutung sind und die man sich selbst trotzdem nie stellt, grundiert von zwei zweifellos wesentlichen Annahmen: Wenn man von den Reisen nicht verändert wird, wieso unternimmt man sie überhaupt, und wenn man als Autor von seinen Erzählungen nicht geprägt wird, wieso schreibt man über sie? Gewiß vermutet ein jeder von uns, daß ausgiebige Reisen ins schrille, derbe, fiebrige Fremde uns verändern, aber diese Transformationen im Detail nachzuzeichnen dürfte die meisten von uns überfordern. Die vielen Reisen durch Ostafrika etwa gehören zu meiner Sozialisierung, doch es würde mir schwerfallen, die Prägungen genauer zu beschreiben. Die Reisen entlang des Ganges und nach Mekka waren ein zentraler Teil meiner interreligiösen Wanderschaft, die fortdauert und noch lange fortdauern wird, da das rastlose Suchen zum Kern meiner Überzeugung gehört. Manchmal falle ich zurück in die meditative Ruhe, die ich am Ufer des breiten Flusses und inmitten der Großen Moschee empfunden habe – es fühlt sich gut an und richtig, aber es vergeht und hinterläßt das Salz der Sehnsucht.

Unsere Vorstellungen von Rast und Unrast werden bestimmt vom metaphysischen Konzept des Homo viator, des reisenden Menschen, der vom Hier zum Dort, vom Eigenen zur Fremde unterwegs ist. Der Homo viator kommt eigentlich nie wirklich an, er kehrt zurück und plant schon die nächste Reise, während er noch den Koffer der letzten Reise entleert. Für ihn ist jeder Aufbruch ein Ausbruch aus dem Gefängnis des Alltags, ein Verlassen des eingeschlagenen Lebenswegs. Die Geschichten, die er aus der Fremde mitbringt, sind seiner Wahrnehmung geschuldet. Auch wenn er anderen zugehört hat, er hat die fremden Erzählungen ungenau in seine individuelle Sprache übersetzt. Wenn er abseits der abgetretenen Pfade unterwegs war, hat er eine Ahnung von den alternativen Versionen der Geschichte gewonnen. Der Reisende ist ein gesegneter Narr und daher zu Recht unsterblich versinnbildlicht von Don Quixote – selbst wenn seine Lanze das Ziel verfehlt, trifft ihr Schatten mitten ins Herz.

Am nächsten Tag hörte es auf zu regnen. Ich öffnete die Augen und trat auf den kleinen Balkon, der zwischen zwei massiven Hügeln einen Ausblick über die bis zum Indischen Ozean führende Ebene bot. Wohin als nächstes? fragte ich mich. Unter mir tuckerte eine motorisierte Rikscha vorbei, von dem Fahrer nur die Sandalen und das Ende eines flatternden Schals sichtbar. Und ich überließ mich der schönsten aller Reisephantasien: daß ich einstiege in die Rikscha und mich irgendwohin fahren ließe, ohne zu wissen, wie der Ort heißt, an dem ich nichts zu tun hätte und wo ich nichts notieren, nichts festhalten würde. Eine wirkliche Reise ins Ungewisse, eine Meditation.

Wien, im April 2011

 GLOSSAR

Indische Begriffe

Aarti   Abendliches Ritual
Adivasi   Ureinwohner Indiens
Ahimsa   Gewaltlosigkeit
Arjuna   Hauptfigur in der Mahabharata
Ashram   eigentlich jeder Ort, an dem spirituell Geneigte zusammenfinden; bezeichnet meistens das hinduistische Äquivalent einer Einsiedelei
Avatar   göttliche Inkarnation
Baba   respektvolle Bezeichnung für einen Eremiten
Bhagvan   Gott
Bhagavadgita   »Das Lied Gottes«, Lehrgedicht
Bhajan   Gesang voller Verehrung und Hingabe
Bhajia   paniertes Gemüse
Bharat   Indien
BJP   Bharatiya Janata Party, Indische Volkspartei
Bol   die Silben der Tabla-Sprache
Bollywood   flapsiger Ausdruck für die Filmindustrie Bombays
Brahma   innerhalb der Hindu-Trinität der Repräsentant der göttlichen Schöpfungskraft
Chai   Tee, gekocht mit Zucker und Milch
Chakra   »Rad, Kreis«, im Yoga die Energieknoten im menschlichen Körper
Chapati   nordindischer Pfannkuchen

Charpoy Bett, dessen Liegefläche aus nachgiebigem Flechtwerk besteht

Chillum (Haschisch-)Pfeife

Daaba einfache Gaststätte

Dacoit Räuber

Dalit »die Gebrochenen«, Eigenbezeichnung der Kastenlosen

Damru Trommel Shivas

Devanagiri Schrift, in der Hindi geschrieben wird

Dharma die inhärente Natur eines Menschen oder Objekts, Lebenspflicht, Gesetzesordnung

Darshan Segnung des Sehens und des Gesehen-Werdens

Devganga zweite Ganga

Dhoti Stoff, der um die Hüften gewickelt wird

Dhruv Nordstern

Diwali das Lichterfest, Jahreszeitenwechsel

Dosa dünner südindischer Pfannkuchen

Draviden Einwohner Südindiens

Dubki Eintauchen

Durga Puja vor allem in Bengalen gefeiertes Fest zu Ehren der Göttin Durga

Ganesh der Gott mit Rüsselkopf, der alle Hindernisse aus dem Weg räumt

Ganga Jal gesegnetes Wasser aus dem Ganges

Ghat Treppe, Badeplatz am Fluß, See oder Wasserbecken

Ghee geklärte Butter

Gita Lied, Gesang; oft verwendete Kurzform für Bhagavadgita

Gotra jeder Brahmane gehört einer bestimmten Gotra an, die sich bestimmt nach der Abstammung von einem mythischen Rishi. Traditionell können nur Brahmanen aus verschiedener Gotra sich verheiraten.

Gulab Jamun Süßspeise aus gekochter Milch

Guru geistiger Lehrer

Gurukul geistige Schule

Halwa Süßspeise

Hanuman König der Affen, Verbündeter von Rama (Ramayana)

Haridwar Stadt: »das Tor von Vishnu«

Hindutva Begriff für eine extrem nationalistische und intolerante Auffassung vom Hinduismus

Ishwar »Herr des Universums«, Konzept eines personifizierten Gottes als Weltschöpfer

Jain »Anhänger des Jina, des Siegers«, Religion, die der Askese und der Gewaltlosigkeit große Bedeutung beimißt

Jelebi gekringelte Biskuits

Kailash heiliger Berg, im heutigen Tibet gelegen, Sitz Shivas

Kali »die Schwarze«, Partnerin von Shiva, einerseits heilige Mutter, andererseits zerstörerische Kraft

Kama Lust, Verlangen, Begehren; die göttliche Verkörperung dieses Prinzips

Karvat Säge

Kashi »Stadt des Lichts«, Varanasi

Kurta lange Kleidung für Männer, vor allem in Nordindien getragen

Kusha heiliges Gras; längliches Rohr mit weißem Blütenkopf, blüht am Ende des Monsuns und wird bei der Puja um den Ringfinger gewunden

Langoti langes Stück Stoff als traditionelle Unterhose

Lingam Linga bedeutet Zeichen, ein Lingam ist das Zeichen des Geschlechts, nämlich des Penis, nichtikonisches Fruchtbarkeitssymbol Shivas

Lingamyoni Symbol für Shiva und Parvati, für Penis und Vagina

Lota kleines Gefäß für Rituale am Wasser

Mahabharata »die große indische Geschichte«, umfangreichstes Epos der Menschheit, ursprünglich auf Sanskrit verfaßt

Mahant, Mahatma »große Seele«, Heiliger

Mandir Tempel

Moksha Erlösung

Mrityu Göttin des Todes

Namahashivay Anrufung von Shiva

Nandi Bulle, Reittier von Shiva

Naxaliten maoistische Revolutionäre, die seit 1967 gewaltsam gegen die »semifeudalen und semikolonialen« Strukturen auf dem Land kämpfen

Ohm mystischer Klang, Symbol der Essenz des spirituellen Wissens

Paan Betelnuß

Paanwallah Verkäufer von Betelnuß in allen Kombinationen und Formen

Pakora paniertes Gemüse, Käse oder Fleisch

Pandit Meister, weiser Mann

Parishad Rat, Versammlung

Parvati »Tochter eines Berges«, Partnerin Shivas

Pranam »Verbeugung«, respektvolle Begrüßung

Prasad von Göttern gesegnet, von Menschen gegessen

Puja Ritual der Verehrung

Pujari Tempelpriester

Purana »alte Texte«, Sanskrittexte mit Schöpfungslegenden, göttlichen Biographien und Genealogien von Heiligen

Puri dünne Teigtasche

Raja König

Ram Gott

Rama König, Inkarnation von Vishnu (Ramayana)

Ramayana klassisches Sanskritepos

Ravana dämonischer König von Sri Lanka (Ramayana)

RigVeda »Wissen in Strophen«, ältester Sanskrittext

Rikscha manchmal motorisierte Dreiräder

Rikschawallah Fahrer einer Rikscha

Rishi weiser Mann, oft mit übernatürlichen Kräften versehen

Rishikesh Stadt: »Haar der Weisen«

RJD Rashtriya Janata Dal, Nationale Volksbewegung

Roti Fladenbrot

RSS Rashtriya Swayamsevak Sangh, Bund zur Nationalen Selbsthilfe

Rumaal Taschentuch

Sadhu Meist in safranfarbene Tücher gekleidete Asketen, die in der Regel schon in jungen Jahren zu Sannyasi werden, eigentlich die letzte der vier Stufen im prototypischen Leben eines Hindus, nach den vorhergehenden Aufgaben als Lernender, Familienvater und Ältester. Dieser vorgezogene Sprung zum Sannyasi ergibt sich aus der Gewichtung der indischen Philosophie, die dieser letzten Stufe des Lebens größte Bedeutung beimißt. Nur durch die richtige Lebensführung in dieser Phase kann man *moksha*, die angestrebte Erlösung, erlangen.

Samosa gefüllte Teigtasche

Sangam Zusammenfluß

Sanskrit wichtigste Sprache der klassischen indischen Literatur

Sarangi Saiteninstrument

Sari sechs bis acht Meter langer Stoff, den sich die Frauen umschlingen

Sarpanch Dorfvorsteher, -sprecher

Scheduled Castes administrativer Begriff für die niedrigen Kasten

Shanti   Friede

Shishia   Schüler eines Guru

Shiva   »der Beglückende, Gütige«, der große Asket, Zerstörer von Ignoranz, von vielen als allmächtiger Gott verehrt

Shloka   vierzeilige Strophe in einem religiösen Text

Shtotra   Sammlung von Shlokas

Sita   Ehefrau von Rama (Ramayana)

Skanda   auch Saravanodbhava, Sohn Shivas

Snaan   rituelles Bad

Shurpanakha   dämonische, häßliche Schwester von Ravana (Ramayana)

Sufi   islamischer Mystiker. Sufismus ist: »Freude finden im Herzen, wenn die Zeit des Kummers kommt.« (Rumi)

Susa   auch Susu, Delphin

Svayambhu   von der Natur geformter Lingam

Tabla   Doppeltrommel, heute wichtigstes Rhythmusinstrument in der klassischen Hindustani-Musik

Taraka   mächtiger Dämon

Tata Sumo   indischer Geländewagen

Thugs   Räuber, ursprünglich eine Kultgemeinschaft von mörderischen Wegelagerern

Tribals   Adivasi, Ureinwohner

Upanischaden   »nahe dem Lehrer sitzen«, geheime philosophische Texte, auch als Vedanta bekannt

Valmiki   mythischer Autor der Ramayana

Vibhuti   gesegnete Asche von verbranntem Kuhdung

Vyasa   mythischer Autor des Mahabharata

Wah   Ausruf des Entzückens

Weden   älteste Sanskrittexte

Yagna   Opferritus am Feuer

Yatra   Pilgerreise

Zamindar   Eigentümer des Bodens

Anmerkungen:

Die Zitate zu Beginn der Kapitel in »An den inneren Ufern Indiens« stammen, wenn nicht anders angegeben, aus klassischen indischen Texten.

Zum Wechselkurs: Zur Zeit der Reise im Sommer/Herbst 2001 entsprach eine Mark etwa 21,50 Rupien; ein Euro dementsprechend etwa 44 Rupien.

Arabische Begriffe

Ahadith Plural von Hadith

Alhamdulillah Gott sei gelobt

Alim Schriftgelehrter, insbesondere des Islam

Asr Gebet am Nachmittag; Teil des rituellen Gebets (Salah)

Ayat eine Strophe einer Sure

Azaan informieren, rufen; der Gebetsaufruf des Muezzin

Bhai Bruder (Urdu/Hindi)

Bismillah Im Namen Gottes

Burkha schwarzer Überhang, den Frauen tragen und der ihren Körper verdeckt, manchmal sogar das ganze Gesicht

Dschinn Geist, unsichtbares Wesen aus Feuer, zum Teil gläubig, zum Teil ungläubig

Dua persönliches Gebet

Fadschr Gebet vor Sonnenaufgang; Teil des rituellen Gebets (Salah)

Fatwa Rechtsurteil einer qualifizierten Person

Fidya Kompensation für die Nichteinhaltung gewisser Vorschriften

Fitna Unheil, Unglück, Unordnung; Nichteinhaltung der islamischen Regeln

Hadith Erzählung, eine beglaubigte und daher verpflichtende Überlieferung über einen Ausspruch oder eine Handlung des Propheten

Hafiz jemand, der den gesamten Koran auswendig gelernt hat

Halaal allgemein: was gesetzlich ist, im speziellen: die Entbindung aus dem Zustand des Ihram

Haram was ungesetzlich ist

Hidschra die Flucht des Propheten im September 622 von Mekka nach Yathrib (Medina); sie markiert den Beginn der islamischen Zeitrechnung

Hijaz das Gebiet im zentralen Arabien, das Mekka und Medina umfaßt

Id al-Adha Tag des Opfers, Feiertag am 10. Zuul Hijjah

Id al-Fitr Feiertag am Ende des Fastenmonats Ramadan

Iftar das Brechen des Fastens nach Sonnenuntergang

Ihram Verbot, das Gegenteil von Ihlal; beinhaltet ein Ritual der Reinigung sowie das Tragen zweier nahtloser Tücher während der Hadsch beziehungsweise der Umrah – für Frauen ein einfaches Kleid

Iteqaaf das Verbleiben in der Moschee während des Ramadan für einige Tage

Ilm Wissen

Imam Führer, Vorbild; derjenige, der das Gebet anführt

Iqemat aufstehen, aufnehmen; einführende Ausrufung vor dem Gebet

Ishaa Gebet spät am Abend; Teil des rituellen Gebets (Salah)

Ishrak (er)leuchten; Gebet am Morgen nach Sonnenaufgang

Jamaat die Gemeinde einer Moschee

Jamarat symbolische Steinigung des Teufels

Kalima Glaubensbekenntnis

Khutbah Predigt am Freitag beim Mittagsgebet und an den zwei großen Festen von Id al-Fitr und Id al-Adha nach Sonnenaufgang

Kiswah der schwarze, mit Brokat verzierte Stoff, der die Kaaba bedeckt

Kurta Pajama typische Bekleidung der muslimischen Inder, bestehend aus breiten Hosen und einem knielangen Hemd

Mabruk Glücklicher, Beglückter, Segnung, Glückwunsch (auch Mubarak)

Maghrib Gebet nach Sonnenuntergang; Teil des rituellen Gebets (Salah)

Mashallah was Gott wollte; Ausdruck des eigenen Glücksgefühls

Medrasa Koranschule für die Ausbildung von Kindern und Jugendlichen

Miqat die Stationen an der Grenze zum heiligen Gebiet um Mekka herum, an denen die Pilger spätestens den Ihram anzulegen haben

Muezzin der Ausrufer, der die Gläubigen zum Gebet mahnt – früher vom Minarett aus, heute über Lautsprecher

Mufti ein Alim, der besondere Kenntnisse des islamischen Rechts (Scharia) besitzt

Qibla die Gebetsrichtung zu Mekka hin, gekennzeichnet in Moscheen durch die Gebetsnische

Raka ein Abschnitt der täglichen Gebete, sozusagen ein ritueller Zyklus

Saay das Rennen, die vorgeschriebenen sieben Wegstrecken zwischen den Hügeln Safa und Marwa

Sahib (Sahaabah pl.) Freund, Begleiter; meist verwendet für die Gefährten des Propheten

Salah das rituelle Gebet bestehend aus Fadschr, Zohar, Asr, Maghrib und Esha

Sharif nobel, sanft, ehrenwert; ursprünglich ein Nachfahre des Propheten

Sheikh (Sheikha f.)   ein Mann beziehungsweise eine Frau, die wegen ihres Wissens und ihrer Weisheit respektiert werden

Shirk   Vielgötterei, Animismus

Subhanallah   Gott sei gepriesen

Tabliqh Jamaat   predigende Gruppe

Tafsir   Interpretation des Korans

Tarawih   Rezitation des gesamten Korans während der Abendgebete im Fastenmonat Ramadan

Tashahhud   abschließende Gebetsformel bei jedem rituellen Gebet

Tawaf   das vorgeschriebene siebenmalige Umkreisen der Kaaba

Ulema   Plural von Alim

Umma   die Gemeinschaft aller Muslime

Umrah   besuchen; kleine Pilgerreise

Wazu   rituelle Reinigung vor dem Gebet

Zikr   Gedenken an Gott

Zohar   Gebet zur Mittagszeit; Teil des rituellen Gebets (Salah)

Anmerkungen:

Die Schreibweisen der arabischen Namen und Begriffe richten sich nach Gebräuchlichkeit und Phonetik im Deutschen.

Afrikanische Begriffe werden im Text von »In Afrika« erläutert und daher nicht mehr eigens im Glossar aufgeführt.

MALIK

Ilija Trojanow und Susann Urban
Fühlend sehe ich die Welt

Die Aufzeichnungen des blinden Weltreisenden
James Holman. 320 Seiten. Gebunden

Mit 25 verliert der britische Marineleutnant James Holman
sein Augenlicht. Doch anstatt sich in sein Schicksal als Mi-
litärinvalide zu fügen, erfüllt er sich einen Kindheitstraum: die
Umseglung der Welt. Ganz ohne Helfer bricht er im Jahre
1819 auf, zur Grand Tour durch Europa, zu den neu gegrün-
deten Kolonien an der Westküste Afrikas und bis ins Innere
Sibiriens. Zeitgenossen wie Charles Darwin und Richard
F. Burton bewunderten ihn für seine Beobachtungsgabe
und seinen Wagemut. Als vehementer Kritiker der Sklaverei
war er seiner Zeit weit voraus. Seine Reisebeschreibungen
wurden schon zu Lebzeiten Bestseller. Jetzt sind Holmans Aufzeichnungen erstmals auf Deutsch zu entdecken, ausgewählt und kommentiert von Erfolgsautor Ilija Trojanow.

02/1120/01/R

PIPER

Ilija Trojanow

Gebrauchsanweisung für Indien

176 Seiten. Gebunden

Schicksalsergebene Fahrradfahrer, altmodische Eselskarren und stinkende Autorikschas; schweißtreibend scharfe Curry-Gerichte und farbenfrohe Feste; Straßen, die sich zur Regenzeit binnen Stunden in reißende Kanäle verwandeln, und High-Tech-Experten, die den Weltmarkt überschwemmen – auch wer noch nie in Indien war, hat schon ein festes Bild im Kopf. Ilija Trojanow, der über sechs Jahre in Indien lebte, sieht genauer hin und begibt sich auf eine vergnügliche Entdeckungsreise in das Land der Widersprüche. Anhand mehrdeutiger Begriffe wie Guru, Tamasha oder Mantra unternimmt der Autor einen erfrischend anderen Streifzug durch den heutigen Alltag zwischen Chutney und Cricket, Armut und Ayurveda, Cybergöttern und Pop-Idolen. Er kennt die Vorzüge indischer Waschmaschinen und weiß um die Vielfalt des Fernsehens, das mehr Programme hat als mancher Hindugott Arme und Beine. Er schlachtet heilige Kühe und andere Klischees – vor allem die der europäischen Wahrnehmung –, wobei er auf unterschiedlichste eigene Erfahrungen zurückgreifen kann: etwa als Gast einer typischen Monsun-Willkommens-Party oder als Nebendarsteller bei einem Bollywood-Film …

01/1596/01/L

MALIK

Ted Conover

Die Wege der Menschen

Auf den Straßen, die unsere Welt verändern. Aus dem
Englischen von Thomas Bertram. 352 Seiten mit 8 Seiten
farbigem Bildteil und 6 Karten. Gebunden

Wie prägen Straßen den Alltag von Menschen auf der ganzen
Welt? Von dieser Frage hat sich Ted Conover auf einer
spektakulären Reise über drei Kontinente leiten lassen. Er
erkundet die Straßen durch den Urwald Perus, auf denen
das Tropenholz für New Yorker Luxusappartements transportiert wird. Im indischen Ladakh wandert er mit Schul-
kindern über eine »icy road« – einen zugefrorenen Gebirgs-
fluss – zur Schule des nächstgelegenen Dorfes. In Nigeria
begleitet er Rettungssanitäter bei ihren Einsätzen auf den
gefürchteten Schnellstraßen der Megacity Lagos, und in
China erlebt er den rasanten Aufbruch des Milliardenstaates
ins hochmobile Zeitalter. Eine faszinierende Reportage von
enormer erzählerischer Wucht.

02/1127/01/R

MALIK

Michael Obert

Die Ränder der Welt

Patagonien, Timbuktu, Bhutan & Co. 288 Seiten mit
16 Seiten Farbbildteil und einer Karte. Gebunden

Was nicht im Mittelpunkt des Geschehens ist, wird nur zu gern
vergessen. Gerade von diesen Gegenden außerhalb unseres
Gesichtskreises, die Michael Obert die »Ränder der Welt«
nennt, fühlt er sich immer schon magisch angezogen. Obert
besucht für uns die letzten Zauberreiche ebenso wie krisen-
geschüttelte Regionen, reist nach Island, Afghanistan,
Panama und ins deutsche Teufelsmoor, durch Patagonien und
zum westlichsten Ende Europas, erlebt den Alltag auf der
winzigen Azoreninsel Corvo und die Sprechstunde bei einem
Heiler in Malawi. Er spürt versunkene Hochkulturen auf,
sieht Landschaften, die einen nicht mehr loslassen. Und er
trifft berührend liebenswerte Menschen, die den Kontakt
mit Reisenden ersehnen und ihn wie einen alten Freund
beherbergen.

02/1088/01/L

Kari Herbert
Polarfrauen

Mutige Gefährtinnen großer Entdecker. Aus dem Englischen
von Frank Auerbach, Theresia Übelhör und Linde
Wiesner. 368 Seiten mit 22 schwarz-weiß Fotos. Gebunden

Die größte Rettungsaktion der Polargeschichte leitete Lady
Jane Franklin. Josephine Peary pflegte ihren Mann Richard
auf seiner Grönlandexpedition im Jahre 1891 gesund, nach-
dem dieser bereits mit dem Tod gerungen hatte. Zwei Jahre
später brachte sie im arktischen Winter die gemeinsame Tochter zur Welt. Mit ihrem Mut und Tatendrang standen die
Gefährtinnen der großen Polarfahrer diesen in nichts nach.
Und doch weiß man bis heute kaum etwas über sie. Kari
Herbert, Tochter des britischen Polarforschers Sir Wally
Herbert, hat jahrelang recherchiert und bisher ungesichtete
Aufzeichnungen, Tagebücher und Briefe der Polarfrauen
studiert. Mit ihren einfühlsamen Lebensbildern rückt sie
200 Jahre Polargeschichte in ein neues Licht.

»Kari Herbert hat nicht nur ein Buch über Polarfrauen geschrieben, sondern ein Abenteuerbuch über Frauen und
Männer, ein Buch über das heroische Zeitalter, über Zwänge
und Freiheiten und auch über große Liebe.«
Süddeutsche Zeitung

02/1123/01/R

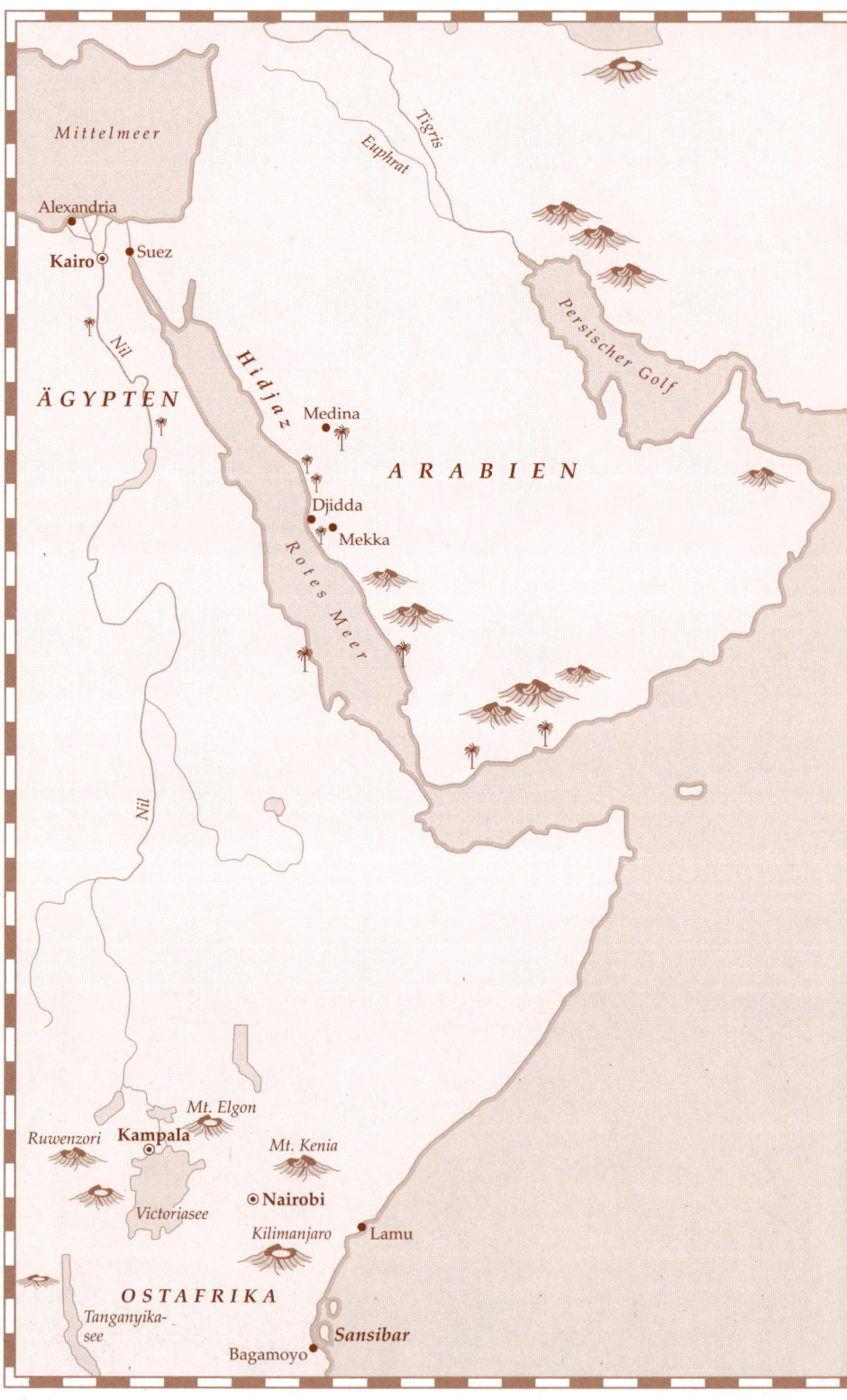

Mittelmeer

Alexandria

Kairo ◎ ● Suez

Nil

ÄGYPTEN

Nil

Tigris

Euphrat

Persischer Golf

Hidjaz

Rotes Meer

Medina ●

ARABIEN

Djidda ●
● Mekka

Mt. Elgon

Ruwenzori   Kampala ◎

Victoriasee

Mt. Kenia

◎ Nairobi

Kilimanjaro   ● Lamu

Tanganyika-
see

OSTAFRIKA

Bagamoyo   Sansibar